창조적 경영을 위한

경영학원론

강신성 · 오장균

청목출판사

머리말

기업시스템은 한정된 자원을 가지고 외부 환경변화에 효율적으로 적응하면서 높은 성과를 도출해야 한다. 즉, 사회시스템 구성원들이 요구하는 재화와 서비스를 경영이론의 일반 원칙에 따라 효율적으로 생산하여 욕구를 충족시키는 기업만이 성장할 수 있다는 것이다. 그리고 이러한 기업 성장으로 창출된 성과를 기업구성원들에게 공정하게 분배함으로써 그 구성원들의 생활수준을 향상시키고 나아가 사회 구성원들의 생활수준을 향상시킬 수 있게 되는 것이다.

이러한 입장에서 독자들이 경영학 이해에 필요한 사고를 형성하는 데 어렵지 않도록 하기 위해 많은 경영학 학자들의 이론이 나타나게 되는 사고의 배경을 정리하여 각 장의 서두에 제시하였다. 즉 독자들이 사전지식이 없어도 경영학 패러다임의 변화과정을 명료하게 이해할 수 있도록 기술하였다. 특히, 고객관계관리, 기업의 도덕성이 요구되는 윤리경영, 경영자의 사회적 책임, 기업가정신이 요구되는 중소기업 경영과 창업경영, 창조적인 경영을 위한 경영관리에 중점을 두고 기술하였다.

본서는 경영의 주체인 현재 또는 미래의 경영자를 위해 경영 전반에 대한 체계적인 이론과 경영마인드를 제공하여 전문적인 경영능력을 배양하고 실제에 적용할 수 있도록 기술하였다. 특히, 경영학을 전공하려는 학생, 교양으로 공부하려는 학생, 급변하는 경영환경 하에서 경영에 힘쓰는 중소기업 경영자나 창업 경영자들에게 실질적인 도움이 되도록 경영이론을 쉽고 체계적으로 기술하였다.

본서는 5부 14장으로 구성하여 기술하였다.

제1부에서는 경영학의 이해를 돕기 위하여 기업과 경영의 기본 개념, 기업의 목적, 독일과 미국에서 경영학 사상이 전개되어 온 과정을

설명하고, 사기업과 공기업의 유형에 대해 기술하였다.

제2부에서는 급격한 경영환경의 변화를 이해하기 위하여 현대 경영에서 환경의 중요성, 기업이 적응해야 하는 일반 환경에 대해 서술하였고, 통제적 환경인 과업환경을 어떻게 적응할 것인지를 기술하였다.

제3부에서는 중소기업과 창업경영을 중심으로 중소기업의 경영과 세계적 중소기업의 벤치마킹 요인, 벤처기업 경영에 대해 기술하였다. 또한 기업가정신이 요구되는 창업경영의 과정을 상세하게 기술하여 창업을 희망하는 독자들에게 도움이 되도록 하였다.

제4부에서는 경영주체와 기업 성장에 필요한 경영자의 역할, 도덕성이 요구되는 윤리경영, 경영자의 사회적 책임을 기술하였고, 경영자 의사결정에 의한 기업의 성장 · 발전에 대한 이론을 체계적으로 기술하였다.

제5부에서는 창조적 경영관리에 필요한 경영관리과정을 중심으로 기업이 목표를 설정하고 계획화, 조직화, 충원화, 지휘화 및 통제화 과정을 기술하여 기업 구성원들이 효율적으로 목표를 달성할 수 있도록 경영자의 창조적인 경영을 수립하고 수행하는 데 필요한 이론들을 체계적으로 기술하였다.

본서를 집필하는 과정에서 활발한 토의에 적극적으로 참여해 주신 선배, 동료 교수님들께 감사를 드리고, 출판을 독려해 주신 청목출판사의 유성열 사장님께 감사드린다. 본서를 통하여 독자들이 경영이론을 습득하고 경영 사고를 확장하고 창조적 경영을 수행하는데 도움이 되기를 간절히 기원한다. 저자들은 독자들과의 지속적인 소통과 대화를 통하여 많은 내용의 개선에 힘쓸 것을 약속드린다.

2014년 12월

저자 일동

차 례

제2부 환경변화

제3부 중소기업·창업경영

제4부 경영주체와 기업성장

제 1 부

경영학의 이해

경영사상 한 마당 과학적 관리법

1. 테일러의 생애

F. W. Taylor

테일러(F.W. Taylor)는 필라델피아의 부유한 가정에서 태어나 하버드대학교 법과대학에 우등생으로 합격하였으나, 안질로 시력이 나빠져 법과대학을 포기하였다. 테일러는 1875년에 필라델피아 수력공사에서 모형제작자 및 기계 견습공으로 일을 하였고, 1878년에는 미드베일(Midvale) 철강회사에 기계기술자로 근무하면서 스티븐스 공과대학에서 야간학업을 통해서 기계공학분야의 학위를 취득한 후 이 회사의 수석기술자로 승진하였다.

테일러는 초고속 강철절삭기를 발명하였으며, 평생을 기계기술 자문가로 보냈다. 그는 과학적 관리의 아버지로 불리며, 초기의 경영관리 발전에 지대한 공헌을 하였다. 또한 그는 견습공, 일반 노동자, 공장장, 숙련기계제작자 및 미드베일 철강회사의 최고기술자를 지낸 경험이 있기 때문에 노동자들이 직면하고 있는 문제와 태도를 잘 이해하고 있어서 경영관리의 내용을 개선하는 데 귀중한 기반이 되었다. 그는 직장을 그만 두고, 과학적 관리에 대한 자신의 사상을 보급하기 위해 무보수 상담 및 강연으로 여생을 보냈다.

2. 사회의 당시 상황

미국은 1880년대부터 약 30여 년간 공업화 과정을 통해서 큰 발전을 하였다. 당시 미국은 영국, 독일, 프랑스보다 공업화 정도에서 뒤떨어진 후발국이었으나, 대량이민을 통한 풍부한 노동력과 미국식 이념이 성장 배경이 되어 급속한 성장을 하였다.

미국의 산업화 과정을 뒷받침하는 이념은 평등, 개인주의, 적자생존이라고 할 수 있다. 당시 미국 사회는 성공하지 못한 노동자를 주어진 기회를 적극적으로 활용하지 못하는 사람으로 취급하는 풍토였다. 당시 기업가들은 성공하지 못한 것에 대한 책임을 전적으로 노동자 자신에게 돌리는 시기였다.

그러나 노동자들은 나름대로 지위향상을 위해 성실히 노력하면서 개인주의적 이념을 버리고, 노동자 다수가 단결해야 할 필요성을 주장하였다. 즉, 적자생존을 위한 경쟁까지도 개인기준이 아니라 노동자들이 단결하여 조직된 힘을 통해서 기업가에 대응해야 한다고 주장하던 시기였다.

따라서 기업가들은 노동자들의 물리적 힘의 사용을 야만인들이나 하는 폭도의 행위라고 비판하면서 미국 사회가 존중해야 하는 판단의 독자성과 인도주의를 해치는 것이라고 생각하였다.

그럼에도 불구하고 노동자들은 직업별로 조직의 확장을 통하여 세력을 확장한 결과 기업가의 권위가 점차 흔들리기 시작하였다. 이러한 흐름은 미국 사회 내에서 기업가들의 성공이 찬사를 받아야 할 것인지에 대해 의심을 제기하면서 평등, 개인주의, 적자생존 등의 이념은 점차 변화되기 시작하였다.

3. 과학적 관리법의 등장배경

19세기 후반에 미국에서는 철도, 통신, 철강, 화학, 기계 산업의 눈부신 발전에 힘입어 기업규모가 점차 커지고 시장규모도 확대되었으나, 기업조직이 복잡해지면서 기업의 노동생산성이 현저하게 떨어지는 현상이 나타났다.

테일러는 기계제작 공장에 근무하는 노동자들이 생산성을 높이면 직장을 잃게 되지 않을까 하는 두려움 때문에 일을 게을리 하고, 실제 생산할 수 있는 능력보다 적게 생산하는 태업이 만연하였다고 보았다. 테일러는 이러한 태업을 일종의 시스템으로 보았고, 비합리적인 태업을 제거할 수 있다면 훨씬 높은 생산성이 가능하다는 것을 경험적으로 알고 있었다.

테일러는 노동자들의 생산성이 형편없이 낮았지만, 노동자들의 잘못이 아니라 비과학적인 경영 때문이라고 생각하였다. 즉, 노동자들의 직무분석이 부실하게 이루어지고, 성과급제도의 기준이 부적절하였으며, 노동자들의 생산량이 증대하여 많은 보수를 받게 될 때에는 사용자가 일방적으로 임금률을 절하하는 관행이 보편화되어 있어서 노동자들은 조직적으로 태업을 벌이는 좋지 못한 상황들이 전개되고 있었다.

테일러는 이러한 생산성 문제를 사용자와 노동자 양측의 상호 무지에서 비롯된 문제라고 판단하였다. 즉, 사용자와 노동자가 공정한 하루 작업량 및 공정한 하루 임금이 어떤 것인지를 모르기 때문이라고 생각했다. 테일러는 사용자와 노동자 양측이 모두 생산성이 높아질 때 나타나는 잉여가치를 어떻게 분배해야 하는지에만 관심이 있었고, 더 많은 보상을 받을 수 있도록 잉여가치를 증가시키는 일 즉, 파이(pie)를 키우는 일에는 거의 관심이 없다는 것을 알았다.
따라서 테일러는 생산성 향상이 노동자들의 높은 임금과 높은 이익을 가능하게 해주는 해결책이라고 보고, 관습이나 주먹구구식 관리보다는 과학적 관리를 적용하면, 인적자원이나 노력을 더 들이지 않고도 생산성을 높일 수 있다고 생각하였다.

이러한 사고를 바탕으로 테일러의 과학적 관리는 능률을 가장 중요한 가치기준으로 삼아 과학적 기법의 수용뿐만 아니라 노사협조를 위한 정신혁명, 관리자의 역할 변화 및 과학적 관리의 기본원리 등을 연구하여 생산업체의 하급계층의 업무수행을 능률화할 수 있는 기법을 개발한 것이다. 테일러는 전통적인 주먹구구식(old rule of thumb)을 비판하면서 적절한 하루 업무량, 즉 노동자의 책무(duty)를 시간과 동작연구(time and motion study)에 의해 세분화하여야 한다는 관리의 과학화 개념을 도입하였다.

테일러는 노동생산성의 향상을 위하여 기계설계, 공장배치, 작업방법 등 작업관리를 과학화해야 한다고 생각하였기 때문에 생산 능률을 올리기 위하여 작업과정에서 시간연구와 동작연구를 수행하여 과업의 표준량을 정하고, 표준 작업량에 따라 임금을 차등적으로 지급하는 차별 성과급제를 도입함으로써 조직적인 태업을 방지하여 생산성을 향상시키는 관리방식을 수행하였다. 그 결과 과학적 관리론(principles of scientific management)을 탄생시키는 데 결정적인 공헌을 하였다.

4. 과학적 관리법의 기본사상

당시 미국의 제조 산업에서는 공장에서 체계적인 규율과 방식이 존재하지 않았으며, 일정한 하루 생산량을 정해 놓지 않고, 숙련된 노동자들에 의해 처음부터 끝까지 공정을 운영하는 시기였다. 노동자들도 주먹구구 방식을 통해 비효율적으로 제품을 생산해 내고 있었다. 또한, 공장 내의 노동자들 사이에서는 의도적으로 자신의 능력 이하로 일의 성과를 내는 태업이 만연해 있었다. 이러한 잘못된 시스템으로 인하여 높은 임금을 요구하는 경험 많은 숙련된 노동자를 중심으로 공장이 운영되고 있었다.

이러한 상황에서 테일러의 관심사는 생산의 효율성을 제고하여 기업측면에서 비용을 감소시키고, 이윤을 증가시켜 높아진 생산성으로 노동자들에게 높은 임금을 지불할 수 있도록 하는 것이었다.

이러한 문제해결 방법을 찾기 위한 테일러의 기본 사고는 노동자들 간에 조화와 협동의 정신혁명을 노사 쌍방에게 강조하는 것에 바탕을 두고 있다. 즉, 문제를 해결하기 위해서는 기업가와 노동자 모두가 최대의 이익을 얻는데 목표를 두고, 최고 수준의 생산효과를 내어 회사가 최대이익을 얻어 노동자들에게 이익을 배분하는 방법을 생각하게 된 것이다.

따라서 테일러는 작업을 분화시키면 그 만큼 노동의 효율성이 증가할 것이라는 사고에서 공장의 모든 제조과정을 최대한 세분화시킴으로써 공장에서는 더 이상 숙련된 노동자들이 필요 없게 만들었고, 노동자들이 수행해야 할 작업의 범위가 줄어들어 전문화되었기 때문에 노동자들을 같은 시간 내에 더 많은 제품을 생산할 수 있게 되었다.

5. 과학적 관리법의 내용

테일러 시스템(Taylor system)은 당시 경험적 관리가 시행되던 시대에 합리적이고 과학적인 관리를 주장하였기 때문에 '과학적 관리법(scientific management method)'이라는 이름이 붙여졌다. 테일러는 과학적 사고의 실천을 위해 단순노동에 관한 최선의 방법을 발견하여 능률 제고를 위한 기법을 개발하는데 주력하여 하급계층의 업무능률화에 관심을 가졌다. 이것은 작업과정의 능률을 최고로 높이기 위하여 시간연구와 동작연구를 기초로 노동의 표준량을 정하고, 임금을 작업량에 따라 지급하는 등 합리적인 방법을 연구한 것이다.

테일러는 노동자의 창의와 경험에 의존하던 작업관리를 노동자의 과학적인 과업설정이라는 계획적 관리로 전환시켰다. 또한 그는 노동생산성을 높이고 조직적 태업을 방지하고, 임금문제를 해결하기 위하여 과학적이고 객관적인 표준작업량을 설정하여 고임금 저노무비를 이루어 노동자와 사용자 쌍방이 만족하도록 하였다. 이러한 과학적 관리법의 내용은 다음과 같다.

1) 과업관리

과학적 관리법은 사용자와 노동자의 직무가 분업화되어야 한다는 과업관리(task management)의 원리이다. 즉 사용자는 노동자의 직무와 직무수행 방법을 노동자 자신에게 맡길 것이 아니라, 노동자의 직무를 설계하고 직무수행 방법도 구체적으로 설정하는 기획업무에 치중해야 하며, 노동자는 사용자가 설정한 직무를 그대로 수행해야 한다는 것이다.

과학적 관리법은 시간연구와 동작연구(time and motion study)를 하여 직무내용과 작업환경을 표준화하여 가장 합리적인 직무수행 방법(one best method)을 설계하고, 이를 기준으로 표준생산량(production standard)을 설정하는 등 사용자의 기획기능을 강조하였다. 이와 같이 사용자와 노동자의 직책과 기능을 분명히 구분하여 노동자의 임의적인 판단을 방지하고, 사용자의 적극적인 직무연구와 직무설계를 통하여 공장의 생산관리를 효율화시켜야 한다는 것이 과업관리의 핵심이다.

2) 과학적인 선발과 훈련

테일러는 노동자들의 개별적인 업무를 과학적 분석에 의해 설정함으로써 업무수행에 있어서 최선의 방법을 강구하였고, 과학적인 방법으로 노동자를 선발하고 훈련하였다. 과학적 관리법은 동작연구에 의하여 설계된 직무내용과 합리적인 직무수행 방법을 기준으로 하여 직무를 수행하는데 필요한 노동자의 자격조건을 명시하고, 이러한 자격조건에 따라 노동자를 과학적 선발과 훈련(scientific selection and training)을 시켜야 한다고 주장하였다.

3) 성과에 의한 보상

과학적 관리법은 노동자를 보상하는데 있어서 성과에 비례하여 임금을 지불해야 한다는 것이다. 테일러는 노동자의 성과를 생산량으로 측정하였고, 이것을 기준으로 성과급제(piece rate payment)를 주장하였다. 그런데 테일러는 단순히 생산량에 정비례하여 지불하는 순수 성과급제를 넘어서서 일정한 표준량을 설정하고, 이러한 표준량을 초과하는 부분에는 더 높은 임금률을 적용하는 차별성과급제(differential piece-work payment system)를 창안하였다. 이러한 차별 성과급제를 통하여 노동자의 경제적인 동기를 유발시켜 공장의 생산성을 극대화시키려는 것이 과학적 관리법의 중요한 목적이었다.

4) 노사 간의 일치된 목표

과학적 관리법은 사용자와 노동자의 목표가 서로 화합을 이룰 수 있고, 이러한 화합관계는 노동자의 성과에 대한 정당한 보상을 통하여 이루어질 수 있다는 것이 기본 전제이다. 따라서 테일러는 사용자와 노동자 양자의 목표를 일치시키려면 생산실적에 대하여 정당한 보상을 통해 노동자의 경제적 요구를 충족시켜 줄 수 있는 성과급제, 특히 차별 성과급제가 도입되어야 한다고 주장하였다.

테일러는 과학적으로 설계된 업무와 과학적으로 선발·훈련된 인력을 적정하게 결합시켜 노동자들이 정신적·육체적으로 가장 적합한 업무에 배치되도록 하였으며, 사용자와 노동자가 책임을 동등하게 분담하고 업무의 과학적 수행을 보장하기 위해 지속적이고 긴밀하게 서로 협력하도록 하였다.

5) 기능적 감독제도

과학적 관리법은 공장의 생산성을 올리기 위해 노동자의 직무설계 뿐만 아니라 공장의 관리조직에까지도 적용하였다. 테일러는 공장의 생산성에 가장 중요한 역할을 하는 일선감독자(first-line foreman)에게 주어진 임무가 너무 많기 때문에 감독자의 관리기능이 제대로 발휘되지 못하여 생산성을 저하시키는 요인이 된다고 보았다.

그래서 테일러는 감독자의 직무에도 분업의 원리를 적용하여 일선감독자들은 구성원들의 생산을 감독하는 감독업무에만 치중하게 하고, 기타 생산계획이나 품질점검 및 노동자 훈련 등 다른 관리업무는 이를 전문적으로 취급하는 감독자를 채용하여 이들에게 맡겨야 한다는 기능적 감독제도(functional foremanship)를 창안하였다.

6. 경영관리의 4대 원칙

테일러의 과학적 관리의 근간을 이루는 관리원칙의 내용을 보면 테일러의 과학적 관리에 깔려있는 기본강령이 현대 경영자의 기본 신념과 크게 다르지 않음을 알 수 있다. 테일러는 철학과 원칙들을 실행하기 위하여 그의 동료와 추종자들이 개발했던 기법들이 어떤 기계적 측면을 가지고 있다는 것을 인정하고, 작업을 관리하는 4가지 원칙을 주장하고 실천하였다.

- 모든 조직 내의 노동자들에게는 하루에 완수해야 할 명확하게 정해져 있는 1일 업무량을 부여하였다.
- 노동자들에게는 그 업무를 완수하기 위한 표준 도구와 조건을 제시하였다.
- 노동자들이 업무를 성공적으로 완수하면, 성과에 대해 상당액의 보수를 지불하였다.
- 노동자들이 배당된 업무를 완수하지 못했을 경우에는 개인적으로 값비싼 대가를 부담하도록 하였다.

이러한 원칙을 적용하여 테일러는 공정한 하루의 노동량을 결정하고 노동자로 하여금 주어진 직무를 가장 완벽하게 수행하는 방법을 찾아낼 수 있도록 시간과 동작연구에 대한 결과를 널리 적용하였다. 또한 잉여가치를 증가시키는 노동자들에게 생산성에 따른 임금 지불을 보장할 뿐만 아니라 성과에 대한 인센티브를 주기 위하여 산출량에 기초한 다양한 급여 계획을 사용하였다. 이와 같은 기법들은 테일러의 철학을 현실화하는데 필수적인 것으로 생산성을 증진시키고, 노동자들에게 보다 생산적으로 일할 수 있는 유리한 기회를 주었으며, 개인의 생산성에 따라 임금을 지불하는 기초로 활용하였다.

7. 과학적 관리법에 대한 평가

과학적 관리법은 기술적 논리를 중시하는 연구활동에 영향을 끼쳤으며, 산업전반에 관리지침으로 수용되었고, 조직이론의 발전에 지대한 영향을 끼쳤다. 그러나 과학적 관리법은 조직과 인간에 관한 합리적 가정이 편파적이어서 학문적으로 균형을 잃은 것이라는 시각이 있으며, 산업생산조직에 국한되어 있어 적용가능성도 한계가 있다는 점을 지적할 수 있다. 또한 조직사회에 적용된 과학적 관리운동은 조직의 기계화, 비인간화를 조장하여 노동자와 사용자의 조화 및 노동자의 이익증대를 도모한다는 본래의 취지를 벗어나 사용자들의 필요에 부응하는 내용을 담고 있다는 비판을 받았다.

관리자들은 기존 관리방식을 포기하지 않으려고 저항하였고, 노동자들은 사람을 기계의 부품처럼 취급한다는 것, 계속적으로 최고의 능률을 올리도록 강요한다는 것, 과학적 관리운동의 혜택이 주로 기업가에게 귀속된다는 것, 실직의 위험이 커졌다는 것 등의 이유를 들어 저항행동을 보이는 경우가 많았다.

제 1 장 기업과 경영

제 1 절 기업 및 경영의 기본개념

1. 기업의 개념

우리가 살아가는 삶의 질(quality of life)은 수입, 수명, 교육수준, 건강, 위생, 복지, 여가 등 다양한 요소에 의해 결정된다. 이러한 삶의 질을 결정하는 중요한 요인 중의 하나가 기업의 역할로 구성원들에게 일자리 제공과 재화와 서비스의 제공이다. 그러나 이러한 삶의 질을 보장함에도 불구하고, 인생의 목적을 달성하지 못하거나 시간과 돈을 낭비할 가능성인 위험(risk)을 수반하게 된다.

이처럼 인간에게 재화와 서비스를 제공하는 기업은 어떤 조직인가? 기업은 의도적으로 설정된 목표를 달성하기 위해 여러 사람이 모여 활동하는 인위적인 조직으로 사회·경제시스템이 요구하고, 소비자들이 필요로 하는 재화와 서비스를 생산하고 판매하여 이윤을 추구하는 조직이다. 즉, 기업은 이윤추구의 목적에 의해서 운영되는 경제·사회

·기술시스템으로서 생산경제의 조직시스템인 것이다.

따라서 현대사회에서 기업은 구성원들이 공동 목표를 설정하고, 경제성 원리를 기본원칙으로 하여 수익성 원리를 추구하는 활동으로 이윤을 추구하는 조직시스템이라 할 수 있다. 기업은 사회시스템으로서 구성원들 간의 원만한 이해와 협동이 선행되어야 하는 사회적 특성을 가지고 있다. 본질적으로 기업은 사회가 요구하는 재화와 서비스를 생산하기 위해 기업의 자원을 결합하고 변환시키는 과정인 생산기능을 수행하며, 경쟁우위적인 기술을 보유하고 기술 환경의 변화에 능동적으로 대응할 수 있는 기술개발능력을 보유하고 있어야 한다.

2. 경영의 개념

기업은 인위적으로 설정한 목표를 달성해야 존립이 가능하기 때문에 기업의 목표를 달성하기 위해 계획을 수립하고 실행하고 통제하는 과정을 수행하는 것이 경영이다. 즉, 경영은 조직의 목적을 효율적·경제적·과학적으로 달성하기 위한 일련의 과정이다. 기업 입장에서 보면, 경영은 인적·물적 자원을 투입하여 재화나 서비스를 생산하고 이를 마케팅하는 기능을 원활하게 수행하는 과정인 것이다.

따라서 경영은 사회시스템(social system)의 하위시스템(sub-system)인 기업시스템이 생존하고 성장하기 위해서 조직의 목적을 효율적으로 달성하는데 필요한 인적·물적·기술적 자원을 투입하여 재화나 서비스를 생산하고, 제공하는 기능을 효율적으로 수행하기 위해 계획화(planning), 조직화(organizing), 충원화(staffing), 지휘화(leading), 통제화(controlling) 과정을 통해 체계적으로 관리하는 것이다.

이러한 경영은 기업시스템의 목표를 달성하는데 있어서 효율성과 효과성이 전제되어야 한다[그림 1-1]. 효율성(efficiency)은 투입과 산출을 대비시켜서 최소의 투입으로 최대의 산출을 얻는 것이고, 효과성(effectiveness)은 정확한 목표의 선택과 달성 여부에 관한 것이다. 즉, 효율적인 경영은 투입된 양에 비해 상대적으로 많은 부가가치를 산출하는 것이고, 효과적인 경영은 조직이 지향하고 있는 목표를 정확히 달성하는 것이다. 이 두 가지 개념이 확보되어야 성공적인 경영이 이루어질 수 있다.

[그림 1-1] 효율성과 효과성

	효율성 (efficiency)	효과성 (effectiveness)
평가대상	자원의 사용 정도	목표의 달성 정도
의 미	일을 올바르게 함 (Do things right)	옳은 일을 함 (DO right things)
지향하는 것	최소한의 자원투입으로 최대한의 산출	목표의 최대한 달성
조직의 목표달성과의 관계	목표달성을 위한 수단 -효율성이 높으면 목표달성이 쉬움	목표를 달성하는 것 -효과성이 높아야 목표달성이 됨
성공적인 조직이라면 효율성이 높고 효과성도 높음		

3. 기업관

또 하나 중요한 개념은 기업이 무엇인지 즉, 기업을 보는 패러다임(paradigm)이다. 경영경제학상으로는 연구대상을 기업으로 볼 것인지 아니면 경영으로 볼 것인지 하는 논쟁이 있다. 이것은 어느 것을 선택원리로 기업을 볼 것인지에 따라 기업관이 달라지기 때문이다.

이러한 기업관의 기본이 되는 것이 기업의 목적이다. 기업의 목적을 어떻게 정의하느냐에 따라 기업관이 달라진다. 즉, 우리가 기업 자체를 독자적인 존재로 보느냐, 아니냐에 따라 견해의 차이가 나타나는데,

이것이 기업관에 영향을 미치게 된다. 이러한 기업관은 [그림 1-2]와 같이 기업도구설과 기업주체설로 나누어 볼 수 있다.

[그림 1-2] 기업관

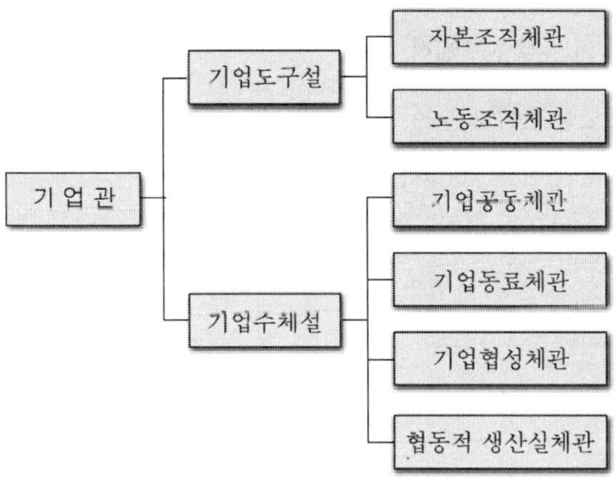

1) 기업도구설 입장

자본주의 기업을 전제로 보면, 처음에는 소유자가 기업을 영리성 · 경제성 원리를 달성하기 위한 도구로 보았다. 즉, 기업 활동의 결과 나타난 이익이나 손실을 자본을 제공한 소유자의 권리로 보는 입장이다. 이러한 기업도구설 입장은 기업을 둘러싸고 있는 이해자 집단의 이익을 실현하는 도구 또는 수단으로 기업을 보는 입장이다. 즉, 소유자의 수익성을 달성하기 위한 도구로 기업 활동을 보는 것이다.

이러한 견해는 기업이 소유자와 경영자로서의 이중적 성격을 가지는 기업가의 도구라는 점을 강조하는 것으로 기업소유자설이고도 한다. 이러한 입장에는 누구의 이익실현을 위한 도구로 보느냐에 따라 자본조직체관과 노동조직체관이 있다.

(1) 자본조직체관

자본조직체관은 자본주의에서 기업을 보는 관점이다. 이는 기업을 자본을 투자한 소유자 집단의 이익을 실현하는 도구 내지 수단으로 보는 관점이다. 자본과 노동으로 구성되는 기업을 자본 중심으로 형성된 조직시스템으로 보는 견해이다. 즉, 기업은 자본가나 투자가가 투자한 자본에 의해 형성되었기 때문에 창출된 부가가치는 당연히 자본가에게 귀속되어야 한다고 보는 관점인 것이다.

(2) 노동조직체관

노동조직체관은 사회주의에서 기업을 보는 관점이다. 기업을 기업가에게만 도구가 되는 것이 아니라 노동자, 은행, 국가, 공급자 등에게서도 그들의 이익 실현의 도구가 될 수 있다는 것에 근거하고 있는 관점이 노동조직체관이다.

이러한 관점은 기업을 노동을 제공하는 노동자의 이익 실현의 도구로 보는 것이다. 기업을 자본과 노동 중에서 노동을 중심으로 형성되는 것으로 보기 때문에 기업노동자설이라고도 한다. 즉, 기업은 노동자의 노동력에 의하여 부가가치가 창출된다고 보기 때문에 창출된 부가가치는 당연히 노동자에게 배분되어야 한다고 보는 관점이다. 사회주의 경영학에서 주장되는 노동자 자주관리 기업설이 이에 속한다.

2) 기업주체설 입장

기업 규모가 점차 성장하면서 기업도구설 입장에서 기업이 자본가와 노동자의 이익을 실현하는 도구라기보다는 스스로 자주적인 활동의 주체라는 입장의 기업주체설 입장이 등장하게 된다. 즉, 기업을 특정 이해관계자의 이익을 실현하는 도구로 보기보다는 기업 자체를 하나의 사회목적을 형성하는 시스템으로 보는 입장이다. 즉, 기업 자체를 하나의 독자적인 기업시스템으로 보는 관점이기 때문에 기업체적 기업관이라고도 한다.

이러한 입장은 기업의 규모가 커지면서 많은 이해관계자가 관여하게 되고 이들이 기업의 의사결정에 영향을 미치기 때문에 기업관도 달라질 수밖에 없다. 이것은 기업을 하나의 독자적인 활동 주체로 보는 입장을 반영하는 것으로 기업공동체관, 기업동료체관, 기업협성체관, 협동적 생산 실체관 등으로 분류할 수 있다.

(1) 기업공동체관

기업공동체관은 기업을 노동자와 사용자가 형성하는 공동체로 보는 관점이다. 즉, 기업은 자본과 노동으로 구성되어 있으며, 창출된 부가가치는 자본가인 투자자와 노동자에게 배분되어야 한다고 보는 견해이다. 따라서 노동자와 사용자가 공동 이익을 추구한다는 점에서는 바람직한 관점이라 할 수 있으나, 지나치게 전체 이익을 강조할 수 있어서 전제주의 기업관으로 변질될 우려가 있고, 노동자와 사용자가 유착하여 기업이기주의를 유발할 수 있다는 단점이 있다.

(2) 기업동료체관

기업동료체관은 기업을 노동자와 사용자가 자주적인 입장에서 계약에 의해 손익을 공동으로 분담하는 조직체인 기업동료체로 보는 관점이다. 이는 기업공동체관에서 공동이익을 추구하기 때문에 조직체 내에서 무시되었던 개인의 자주성과 창의성을 존중하는 입장이다.

(3) 기업협성체관

기업협성체관은 기업을 노동자와 사용자가 협동에 의해 형성되는 조직체로 보는 관점이다. 따라서 노동자와 사용자가 적대적 관계가 아니라 동일한 목적을 달성하기 위해 협동하는 존재로 보는 관점인 것이다. 따라서 개인의 자주성과 창의성은 기업동료체 관점보다 더욱 자율적으로 존중하는 입장이다.

(4) 협동적 생산실체관

협동적 생산실체관은 기업을 노동자와 사용자뿐만 아니라 이해관계자 집단의 협동을 통하여 생산을 효율적으로 수행하기 위해 조직된 독자적이고 자발적인 행동주체로 보는 관점이다. 기업은 소비자, 투자자, 구성원들, 원재료 공급자 등 기업 활동에 참가하는 모든 이해관계자 집단들과 협동에 의해 부가가치를 창출하기 때문에 창출된 부가가치는 이들 모두에게 배분되어야 한다고 보는 견해이다. 따라서 기업은 효용을 창출·부가하는 모든 활동을 포함하여 본질적으로 생산기능을 수행하고, 기업은 경제·기술적 시스템이면서 동시에 사회적·심리적 시스템의 실체(entity)로서의 독립적 존재로 보는 관점이다.

(5) 현대의 기업관

그러면 우리는 어떠한 관점으로 기업을 보는 것이 타당한 것인가? 현대의 기업관에서 기업을 특정 개인이나 특정 집단의 이익을 실현하는 수단으로 보는 것은 노동자와 사용자의 대립적 관점이기 때문에 바람직하지 못하다. 따라서 기업은 인적자원인 노동과 물적 자원인 자본의 유기적 결합체이기 때문에 노동자와 사용자의 협동에 의해 존속한다는 입장에서 기업주체설을 따르는 것이 타당할 것이다. 즉, 기업공동체관은 개인의 자주성과 창의성이 침해되기 쉬우므로 기업동료체관이나 기업협성체관이 보다 바람직하다고 할 수 있다.

이렇게 기업을 협동시스템으로 볼 때 조직체 형성의 조건은 노동자와 사용자 사이에 공동목표(common goal)가 존재해야 하고, 공동목표에 대한 구성원들의 협동의욕(will to cooperate)이 있어야 하며, 협동에 대한 합의를 이루기 위해 커뮤니케이션(communication)이 전제되어야 한다. 또한 계속기업의 목표를 달성하기 위해서는 협동관계가 지속적으로 유지되어야 하는데 기업 구성원들 사이에 상호의존성(interdependence), 대등성(equality), 자주성(autonomy) 등이 형성되어야 협동관계가 지속적으로 유지될 수 있다.

4. 경영학의 연구대상

1) 개별경제로서의 연구대상

경영학은 개별경제를 연구대상으로 하는 학문이다. 그러면 모든 개별경제가 경영학의 연구대상인지 하는 문제가 오래 전부터 다양하게 제기되었으나 오늘날 일반적으로 국민경제를 구성하는 개별경제를 4가지 즉, 재정경영, 가정경영, 기업경영 및 비영리 경영으로 구분하는데, 재정경영을 제외한 개별경제를 경영학의 연구대상으로 보는 것이 가장 타당하다는 견해가 지배적이다.

재정경영은 그것을 연구대상으로 삼는 학문으로 경제학의 한 분야인 재정학(public finance)이 학문으로 발달되어 왔기 때문에 경영학의 연구대상에서 제외하고 있다. 재정경영은 한 나라의 개별경제이면서도 전체 경제를 구성하는 경제 활동적인 면에서 생산 경제적 개별경제인 기업경영과는 성격이 다르다. 그러나 가정경영은 소비 경제적인 개별경제인데도 불구하고, 경영학의 연구대상으로 포함되고 있는 것은 가계를 연구대상으로 삼는 과학이 아직 발달되어 있지 못하기 때문이다.

경영학은 여러 형태의 개별경제 가운데 영리를 목적으로 하는 기업 특히, 사기업에 주된 관심을 두고 있다. 이는 자본주의 경제시스템에서는 영리적인 기업이 핵심적인 역할을 하고 있기 때문이다.

2) 연구대상으로서의 인식대상

경영학은 주된 관심대상을 사기업의 기업경영에 두고 있어서 사회학, 심리학과 같은 인접 학문들의 모든 측면을 연구대상으로 삼게 되는 것이 아니라, 경영에 관련된 특정 측면을 연구대상으로 하고 있어서 나름대로 학문적 특색을 지니고 있다.

개별경제로서 경영을 연구대상으로 할 때, 우선 경영의 사회적인 측면을 다루게 된다. 즉, 사회적인 문제를 주로 다루게 되는 학문이 사회학인데 경영을 둘러싸고 일어나는 경영과 관련된 사회적인 측면을 연구대상으로 할 때 산업사회학이다. 또한 경영의 심리적인 측면을 연구대상으로 할 때 산업심리학이다. 더 나아가서 경영의 공학적인 측면을 연구대상으로 할 때 산업공학이며, 경영의 기술적인 측면을 연구대상으로 할 때 경영과학이다.

이와 같이 경영학이 '경영의 어떠한 측면을 연구하는지'에 따라 학문 자체의 성격이 달라지기 때문에 '경영의 어떠한 측면을 연구하는지'에 관련된 것이 경영학 연구대상에서 인식대상의 문제이다. 경영학은 '경영의 어떠한 측면을 연구하는지'에 관한 인식대상이 분명해야 고유의 연구대상이 어느 정도 명확해진다.

그러나 경영의 인식대상이 명확해졌다고 해서 연구대상 자체가 명확해지는 것은 아니다. 경영학의 연구대상은 '측면의 문제'인 인식대상과 '관점의 문제'인 경험대상으로 나누어 다루는 것이 타당하기 때문이다. 즉, 경영학의 연구대상 문제는 '경영의 어떠한 측면을 어떠한 관점에서 연구하는지' 하는 문제와 직결되기 때문에 경영학이 지니는 고유의 연구대상이 확립된다고 할 수 있다.

경영학의 인식대상은 개별 경제적 측면으로 보면 경영에서 생산기능과 마케팅기능이 초점으로 부각된다. 따라서 경영학은 기업경영에서 생산기능과 마케팅기능을 인식대상으로 하는 학문이다. 이 경우 생산과 마케팅이라는 기능을 지원하는 활동으로 재무기능과 인적자원기능을 추가시킬 때 경영의 경제적인 측면은 생산·마케팅·재무·인적자원이라는 핵심기능으로 요약된다. 여기서 생산과 마케팅은 기업경영의 기본적인 기능이라 해서 라인(line)기능이라 하고 재무와 인적자원관리는 보조적인 기능이라 해서 스탭(staff)기능이라 한다. 따라서 경영학의 인식대상으로서 경제적인 측면은 기업경영의 생산·마케팅·재무·인적자원의 4대 기능이라고 할 수 있다.

이러한 인식에서 경영학의 양대 조류인 독일경영학과 미국경영학의 차이가 나타나고 있다. 독일경영학은 기업경영의 경제적인 측면을 인식대상으로 하고 있어서 경영경제학이라 하고, 생산경제·판매경제·재무경제·인사경제 등 기업경영의 경제 활동적인 측면이 거론된다. 그러나 미국경영학에서는 경영의 경제적인 측면이 인식대상인 점은 똑같지만, 미국경영학은 'business management'로 표현되어 경영관리론으로 경제적이라는 표현이 관리적이라는 표현으로 대체되는 것이 일반적이다. 따라서 구체적으로는 생산관리 · 마케팅관리 · 재무관리 · 인적자원관리 등 기업경영의 관리기능 측면이 거론된다.

이들 양대 조류의 경영학은 인식대상의 표현이 다를 뿐이지 양자가 어디까지나 개별경제를 둘러싼 인간의 경제활동에 관한 학문인 점에는 동일하다.

3) 연구대상으로서의 경험대상

(1) 경제목적으로서의 영리원칙

경영학의 연구대상으로서 인식대상이 경영의 경제적인 측면인 것이 분명해졌으나 경제적인 측면을 어떠한 관점에서 추구해야 하는지가 분명해져야 연구대상이 명확해진다. 이것이 경영학에서 연구대상으로서 경험대상의 문제이다. 경영학의 연구대상은 경영의 경제적인 측면을 어떠한 관점에서 연구해야 하는지를 분명히 해야 명확해지는 것이다.

어떠한 관점에서 연구되어야 하는지 하는 경험대상의 문제는 경영학의 인식대상을 경영의 경제적 측면을 '어떠한 입장에서 어떠한 목적하에서 어떠한 원리 하에서' 연구할 것인지 하는 문제이다. 결국 경영의 경제적 측면을 어떠한 원리 하에서 추구하느냐 하는 것이 경험대상의 문제라 할 수 있다. 이것은 경영 목적을 달성하기 위한 경영행동의 원리라고 할 수 있다.

이러한 기업 목적인 동시에 경영 목적(business objectives)을 기업경영의 지도원리(guiding principles)로서 이해한다면 이것은 영리원칙(commercial principles)인 것이다. 즉, 경영학은 경영의 경제적 측면을 인식대상으로 하고 영리원칙의 지도원리 하에서 추구하게 되는 학문이라 할 수 있다. 경영학의 경험대상으로서 영리원칙을 앞세워야 하는 이유는 경영학의 주된 관심대상이 영리추구를 위해 활동하는 기업경영인 사기업에 놓여 있기 때문이다.

이러한 의미에서 경영학의 경험대상은 기업경영의 목적이고 지도원리로서 영리원칙에 초점이 맞춰지게 된다. 다만 영리원칙은 이윤추구라는 형태로 나타나지만 이러한 영리원칙의 내용이자 이윤추구의 방식에 문제가 있다. 이것이 영리원칙을 전제로 하는 경영학의 연구대상으로서 경험대상의 문제이다.

(2) 영리원칙으로서의 선택원리

자본주의 경제시스템에서는 경영의 목적이 어디까지나 영리원칙에 있다. 이러한 경영의 목적을 달성하기 위한 지도원리를 바탕으로 보면, 몇 개의 선택원리에 따라 경험대상이 명확해진다. 경영학의 연구에서 이러한 선택원리는 여러 학파(school)나 접근법(approach)이 생겨나는 이유의 하나가 되고 있을 정도로 다양한 학설이 존재하고 있다. 경험대상의 선택원리로는 수익성 원칙(principles of profit)과 경제성 원칙(economic principles)이 있다.

① 선택원리로서의 수익성 원칙

수익성 원칙은 자본에 대한 이익의 관계를 뜻하며 자본에 비해 이익이 크면 클수록 좋다는 원칙이다. 즉, 수익성 원칙을 수익률에 따른 기업의 행동원리로 기본이 되는 수익성을 수식으로 나타내면 다음과 같다.

$$\text{수익성} = \frac{\text{이익}}{\text{자본}} \qquad \text{수익률}(\%) = \frac{\text{이익}}{\text{자본}} \times 100$$

실제로 기업경영의 행동원리를 어떻게 하면 수익성이나 수익률이 커질 수 있는지에 맞추거나 경영학 연구의 초점이 맞춰질 때 이를 수익성 원칙에 따른 선택원리라고 한다. 즉 이론과 실제의 양면에서 추구되는 지도원리는 영리원칙이고 선택원리는 수익성원칙이다. 이 경우 수익성의 원칙은 일반적으로 기업 활동의 대가로서 극대의 수익성을 의미하는 이윤극대화원리(principle of profit maximization)와 직결되는 것이다.

② 선택원리로서의 경제성원칙

기존 경영학에서 기업 목적은 수익성 원칙을 기본으로 하는 단일 목적론(single goal)이었다. 그러나 기업환경이 복잡화 되고 규모가 커진 현대기업의 경영은 수익성 원칙만으로 기업 활동을 하는 것이 어렵게 되었다. 즉, 고도 산업사회에서는 소비자가 있어야 기업이 존재하게 된다는 마케팅 개념(marketing concept)이 소비자를 중심으로 하는 기업환경의 변화로 인하여 이해관계자 집단(interest group)에 대한 이해 소성이 복삽해심에 따라 기업의 사회적 책임이 강조되는 시대가 된 것이다.

따라서 기업 목적도 단일목적론보다는 다원목적론(plural goal)으로 발전할 수밖에 없다. 즉, 복잡한 환경 하에서 유지되는 기업은 단일목적으로서 수익성원칙만을 추구하면 기업 자체의 존립이 어려워진다고 할 수 있다. 왜냐하면 기업이 이익극대화 원리에 집착하면 소비자 주권사회(consumer's sovereignty society)에서 소비자를 중심으로 한 이해자 집단으로부터 어떠한 형태로든 외면당하게 될 것이기 때문이다.

현대 기업경영은 소유와 경영이 분리되어 기업의 소유경영자나 고용경영자가 아닌 전문경영자에 의해 경영되고 또 전문경영자의 책임하에 의사결정이 이루어지기 때문에 기업이 언제나 이윤 극대화에만 관심을 갖기는 어렵다. 오늘날 전문경영자는 기업의 사회적 책임이라는 경영이념을 앞세움으로써 되도록 하나의 사회적인 봉사기관으로 기업을 생각하는 경향이 있다. 따라서 기업 활동은 적정이윤을 중심으로 전개되어야 하며 기업의 목표가 되기도 하는데 이것이 선택원리로서 경제성원칙(economic principles)이다.

경제성 원칙은 기업의 목적을 달성하기 위해 투입된 재화와 서비스에 대한 투입과 산출과의 관계로 다음과 같이 나타낼 수 있다.

$$경제성 = \frac{산출(output)}{투입(input)}$$

경제성원칙에서는 투입(input)과 산출(output)의 관계가 어디까지나 사회적으로 납득될 수 있는 적당한 비율이어야 한다. 즉, 수익성원칙은 이러한 비율이 크면 클수록 바람직하지만 사회적으로 비난의 대상이 될 수 있기 때문에 경제성원칙은 적정이윤을 초과하는 부분에 대해서는 어떠한 형태로든 사회에 환원시켜야 한다는 윤리 규범적인 사고방식이다.

이처럼 경영학의 연구대상으로서 경험대상은 원칙적으로 영리원칙에 의한 선택원리로서 수익성원칙과 경제성원칙으로 양분되는데 현대 기업의 다원 목적론의 특성으로 보면 경제성원칙이 적합하다.

제 2 절 기업의 목적

1. 기업목적의 의의

기업은 구성원들이 가진 개별적인 한계를 극복하여 보다 능률적인 만족을 얻고자 구성원들이 공동 목표를 설정하고 협동적 노력을 통해서 목표를 달성해야 한다. 그러면 기업 구성원들의 협동적 노력이 지향하는 기업 목적은 무엇일까?

우리는 목적과 목표를 구분하지 않고 혼용하고 있다. 목적(objectives)은 최종적으로 달성하려고 의도하는 결과이고 목표(goals)는 측정가능하고 구체적인 질적·양적 목표로 기업 활동의 구체적인 관리기준이 되는 것이다. 따라서 기업 목표는 기업 목적이 어느 정도로 달성되었는지를 측정 가능하도록 설정한 것이다. 즉, 기업의 목적은 기업 활동이 수행되는 모든 과정에서 기업을 이끌어주는 판단기준으로서 기능을 수행한다.

협동적 생산실체관의 입장에서 보면, 이러한 기업 목적을 하나로 보는 단일목적론과 둘 이상으로 보는 다원목적론으로 나눌 수 있다. 다원목적론은 목적 계층성을 고려하지 않고 모두 동일하게 인식하는 견해이므로 합리적이라 할 수 없다. 따라서 기업이 하나의 실체로서 가지는 단일목적론의 입장에서 보면 〈표 1-1〉과 같다.

〈표 1-1〉 단일목적론 입장의 기업목적

• 이윤목적론	• 기업가 이익목적론
	• 주주 부의 극대화목적론
	• 기업가치의 극대화목적론
	• 투자자 이익목적론
• 경제성목적론	
• 봉사목적론	
• 고객창조목적론	

1) 단일목적론

자본주의 초기의 소규모 기업형태에서는 오직 경제적 이윤추구가 기업목적이었다. 당시 기업환경은 안정적이고, 예측가능한 차원의 환경으로 이윤극대화의 원리가 가능하였다. 그러나 자본주의가 발전함에 따라 기업 환경은 점차 불확실해지고 예측이 어려워짐에 따라 소유와 경영이 분리되고 기업규모가 커지면서 시장 상황이 공급과잉 상태로 변화되면서 기업의 목적론이 단일목적론에서 다원목적론으로 변화되었다. 그러나 단일목적론 입장에서 기업목적은 이윤목적론, 경제성목적론, 봉사목적론, 고객창조목적론 등이 있다.

(1) 이윤목적론

초기 경영학에서는 이윤목적론은 기업형태가 발전함에 따라 기업가, 주주, 기업가치, 투자자의 이익극대화 목적이 지배적이었다. 전통적으로 기업은 이익을 추구하기 위해 형성된 인위적인 조직으로 인식됨으로써 선택원리도 이윤추구라는 목적에 한정되어 왔다. 기업의 이윤목적론은 가장 기본적인 목적으로 기업을 창설한 소유경영자인 기업가의 이익을 추구하는 것으로 보았다. 그러나 기업의 성격이 바뀌어 짐에 따라 독일의 경영학에서는 동일한 경험 실체에 대해 별도의 경영이라는 대상을 인식하는 목적을 경제성 또는 생산성의 실현으로 보았다.

이러한 주장은 기업이 수행하는 경제적 기능으로서 생산기능을 합리적으로 수행하기 위한 수단을 합리적으로 선택하는 측면을 강조한 것이다. 이러한 이윤목적론은 기업가의 이익을 목적으로 보는데 기업가의 유형에 따라 기업가 이익목적론, 주주 부의 극대화 목적론, 기업가치의 극대화 목적론, 투자자 이익목적론 등이 있다.

(2) 경제성목적론

오늘날 기업의 개념이 확대됨에 따라 영리기업으로서 사기업뿐만 아니라 비영리 기업도 포함되기 때문에 선택원리를 이익극대화에만 추구할 수 없게 되었다. 따라서 경제성 목적론이 대두되는데 이는 투입가치에 대한 산출가치의 관계로 나타낼 수 있다. 경제성은 기술적 합리성이라고 할 수 있는데 일정한 투입으로 최대의 산출을 얻어 효율적으로 생산을 하고 성과를 공정하게 배분하는 것을 목적으로 하는 것이다. 따라서 독일 경영경제학자들은 경영공동체의 이념을 바탕으로 경제성을 주장하고, 미국 경영학자들은 생산성 목적론을 주장하고 있다.

(3) 봉사목적론

미국 포드자동차 설립자인 포드(H. Ford)가 주장한 봉사목적론은 저가격·고임금 원리(principle of low price and high wage)에 따라 능률적인 생산을 통하여 생산성을 높이고, 고객에게는 저가격으로 판매함으로써 봉사하고 노동자에게는 고임금을 지급함으로써 봉사하는 것을 기업목적으로 하였다. 그러나 이러한 목적론 하에서 미국 기업들은 고임금을 지급하였는데도 노동자들이 인간성 소외를 느끼면서 불만이 싹트게 되었고 기업은 도산의 위험을 겪었다.

(4) 고객창조목적론

드러커(P. F. Drucker)는 봉사목적론의 단점을 극복하기 위하여 고객창조목적론을 주장하였다. 이는 기업목적의 계층성으로 고객창조를 통해서 반복 구매하는 소비자의 증대를 주장하였다. 이는 이윤목적론을 목적 계층상 하위에 있는 시장개척을 뜻하는 고객창조(creation of customer)로 설명한 것이다. 그는 고객창조의 목적을 달성하기 위하여 마케팅(marketing)과 혁신(innovation)의 기본적인 기능이 수행되어야 한다고 주장하였다. 고객창조는 기업의 매출액을 증대시켜 주는 것으로써 비용이 일정하다면 이익의 증대를 가져다주는 것이다.

3M의 혁신(Innovation)사례

미국 3M사의 혁신(innovation)의 핵심은 혁신적인 인력의 지속적인 채용에 있다. 이는 근본적인 혁신을 주도할 만한 인재를 영입하는 것이 조직에 창의적이고 혁신적인 분위기를 가져와 변화를 이끌어 낼 수 있다는 사고에 기인한다.

이러한 뛰어난 혁신가를 가리켜 3M에서는 인벤터프리너(Inventorpreneur)라고 부른다. 이들의 신규인력 선발기준은 혁신 잠재성 여부에 있다. 3M사는 혁신 잠재성을 나타내는 특성으로 창조성 · 폭넓은 관심 · 문제해결사 · 자기 동기부여 · 정열적인 활동가 · 강한 직업윤리관 · 뛰어난 업무수완 등으로 구성하고 있다.

3M사는 정규채용 외에도 30여 개의 독립적인 채용팀을 운영하고 있다. 그 중 하나인 신속채용팀은 상위 10여 개 대학과 협력관계를 유지하면서 캠퍼스 리쿠르팅에 적극적인 박사급 인재의 신속한 채용에 주력하고 있다. 또한 인적자원센터는 유능한 구성원들을 육성하고 관리하는 데 주력하고 있다.

그러면 3M사의 인재들은 왜 자신의 열정을 발휘할까? 이들은 혁신을 통해서 진보를 추구하여 단순한 신제품 개발이 아니라 생산적인 사업방식을 개발하는 데 도움을 준다. 3M사는 항상 명확하고 합리적인 사내 승진 문화를 갖추고 있어서 주어진 일을 잘 하는 사람은 승진하며 그 사람의 지식과 기술, 경험도 그대로 그를 따라 이동한다. 이는 시스템의 안정에 많은 기여를 하였다.

3M사는 인재유지를 위해 금전적 보상에서 경쟁우위를 중시하지만, 자기계발, 인정, 배려, 권한부여, 흥미, 창의적 분위기, 동료와의 관계 등 업무과정에서 발생하는 비금전적 보상을 더욱 중요하게 다루고 있다. 즉, 일속에서의 즐거움, 새로운 도전과 성장, 새로운 것에 대한 도전, 총명한 동료와 같이 일하는 즐거움, 즐거운 작업 등 이들이 무엇에 열정을 느끼는지 이해하고 있다.

3M사의 인재양성을 위한 리더십개발은 리더십역량(LCP: leadership competence profile)프로젝트를 통해 부분적으로 혁신을 지원하고 혁신가를 육성할 수 있는 세계적인 리더들을 키워내는 데 중점을 두고 있다. 12가지로 구성된 리더십역량은 70여 명의 지도자들을 대상으로 심층 인터뷰를 통해 주요 사례, 중요 사건, 행동 사례 등을 연구하고 있다. 이러한 노력을 통해 회사의 리더들과 구성원들 사이에 조직적인 대화시스템을 만들고 있다.

또한 3M사는 조직간 원활한 커뮤니케이션이 창의적인 조직의 밑거름이 된다는 전제하에 개인 차원에서 노력도 강조하지만, 조직 내부의 의사소통을 위해 순환근무제도와 사내방송을 적극적으로 활용하고 있다. 전 세계 3M사의 구성원들은 상호 협력관계를 유지하면서 회사의 혁신경영을 적극적으로 지원하고 스스로 혁신가가 되기 위해 노력하고 있다. 기술인력 중시로 인해 사무인력의 혁신 능력이 미흡한 것이 문제로 대두되면서 회사 전체의 혁신분위기 조성을 위해서 사무인력들도 예외가 없다.

유럽 3M사의 경우 라인부서와 스탭부서 간 순환근무를 강화하고 있고 급성장하고 있는 라틴아메리카, 아시아, 아프리카에서 근무하는 구성원들을 대상으로 체계적인 직무교육을 확대하고 있다. 또한 지식과 기술 교류를 위해 3M TV라는 사내방송을 적극적으로 활용하고 있다. 기존의 전통적인 기술이나 지식 교류를 넘어서 방송회의를 통해 보다 혁신적으로 지식교류를 가능하게 하고 있다.

2) 단일목적론에 대한 비판

기업의 이윤목적에 대한 주장은 기업이 수행하는 경제적 기능으로서 생산기능을 합리적으로 수행하기 위한 수단의 합리적 선택을 강조하는 것이므로 현대기업의 목적으로는 바람직하지 못하다. 또한 포드가 주장한 봉사목적론은 저가격·고임금 원리에 따라 능률적인 생산을 하여 고객과 구성원들에 봉사하는 것을 기업 목적으로 하는 것이었으나 실제로는 고임금인데도 불구하고 인간성 소외의 문제가 대두되면서 노동자의 불만이 싹트게 되어 기업이 도산의 위험을 겪었던 것이다.

이에 대해 드럭커는 혁신과 마케팅을 중심으로 한 고객창조목적론을 주장하였는데 기업 목적의 성격에 따라 볼 때 수단을 기업목적으로 인식하고 있는 것이다. 왜냐하면 기업의 이익은 수익과 비용의 차액이므로 수익의 대부분은 매출액이며 이러한 매출액은 고객들이 구매하는 대가로서 형성되는 것이므로 고객창조라는 기업 목적은 단골로서 지속적으로 구매하는 고객의 증대를 의미하기 때문이다. 그러므로 고객 창조는 결과적으로 고객의 구매력을 증대시켜 주는 것으로서 기업의 입장에서 보면 매출액의 증대를 의미하므로 비용이 일정하다면 이익의 증대를 가져다준다. 따라서 드럭커는 이익목적을 목적계층상 하위에 있는 시장개척과 같은 뜻인 고객창조로 우회적으로 설명하고 있는 것이다

3) 다원목적론

존속목적론이나 성장목적론은 기업 자체의 존속 내지 성장을 내세우는데 이것도 결국 이익을 전제로 하는 목적론이다. 즉, 현대 기업이 목적을 협동적 생산실체관의 입장에서 보면 수많은 이해관계자들의 협동적 노력으로 기업이 창설되고 운영되는 것이기 때문에 경영성과로 얻어지는 이익은 자본이나 노동의 어느 한편의 노력만으로 얻어지는 것이 아니라 기업과 이해관계를 가진 여러 구성원들의 협동적 노력의

결과로 얻어지는 것이다. 따라서 다원목적론은 단일목적론 중에서 2가지 이상을 동시에 기업목적으로 추구하는 것이다.

2. 이익의 의의

이러한 이윤목적론 이외의 기업목적론이 이익을 부정하는 것이 아니라 이익을 암묵적으로 인식하지 않으려는 것이라 할 수 있다. 이처럼 기업은 왜 이익을 기업목적으로 내세우는 것을 꺼리는 것일까? 그것은 기업이 성장하여 기업의 규모가 확대되고 활동범위가 넓어져 기업과 이해관계를 가지고 있는 이해관계자 집단이 많아지게 됨으로써 기업이 사회에 미치는 영향력이 커졌기 때문이다.

또한 소유경영자에 의해 창설 · 운영되던 초기의 기업가 이윤목적을 기업목적으로 보는 입장에서 성립되었던 전통적 이익개념이 아직도 그대로 이어져 오고 있기 때문이다. 이러한 이익개념은 실제로 협동적 생산실체로서 성격을 갖는 기업 목적으로서는 적합하지 않다. 오늘날 기업은 자본의 투자만으로 기업이 창설되고 운영되는 것이 아니며 수많은 이해관계자들의 협동적 노력에 의해 창설되고 운영되는 협동적 생산실체이기 때문이다.

그러면 기업목적으로 추구하는 이익은 정당성을 갖는 것일까? 이익(profit)은 기업 활동을 수행하는 데 투입된 총비용을 상회하는 총이익의 부분이다. 오늘날 전문경영자가 수행하는 기업가적 성장에 의해 결정되는 기업의 이익은 다음과 같이 나타낼 수 있다.

이익(profit) = 수익(revenue) - 비용(cost)

이 때 이익은 수익을 얻고자 자원을 배분하는 투입과 결과로 나타나는 산출과의 차액이기 때문에 경영자가 중심이 되어 협동을 통해 위험부담을 줄이고 혁신을 이룩한 대가로서 나타나는 사회적 보수이다. 이러한 이익이 실현될 수 있는 것은 불확실하고 변동적인 경영환경을 경영자가 정확하게 예측하고 이를 바탕으로 불특정 다수의 소비자 욕구를 충족하기 위해 수행하는 생산기능을 혁신적으로 수행하는지 여부에 따라 달라지는 것이다. 따라서 실패한 경우에는 손실이 생기며 이익(profit)이 비용(cost)을 간신히 보상하는 수준에 머무는 경우도 있다.

또 다른 이익을 보는 관점은 기업의 자본순환과정으로 설명할 수 있다. 기업은 자본으로 화폐를 조달하는 데서 비롯되며 조달된 화폐로 생산수단(P_m: 기계 · 원재료 및 건물 등)을 구매하고, 노동력(A_r)를 고용하여 기술적 생산과정(P)을 통해 생산한 생산물(W')을 판매한다. 판매의 결과(G') 처음 투자한 자본으로서의 화폐(G)는 이익(g)과 함께 회수되며 그 이익은 다시 재투자되는 과정을 거친다. 이는 [그림 1-3]과 같이 나타낼 수 있다.

[그림 1-3] 자본순환과정

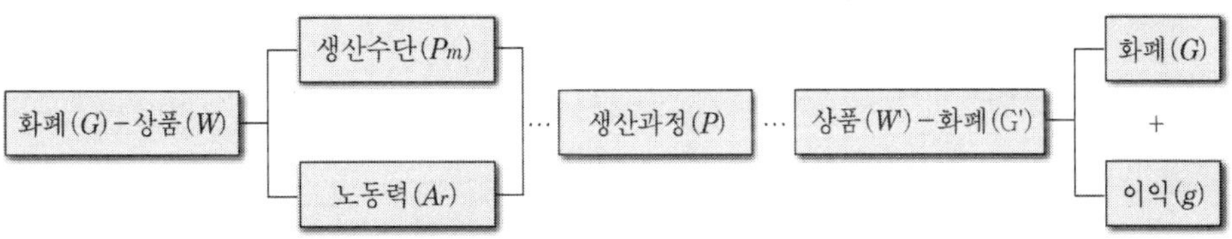

여기서 이익을 보는 관점에 차이가 나타난다. 마르크스(K. Marx)는 개별 자본의 순환과정을 통해 얻어지는 이익의 궁극적인 원천은 노동력이며 잉여가치 생산은 노동시간 연장, 노동 강화 및 노동 생산성의 향상에 의해 이루어진다고 보았기 때문에 이러한 이익을 자본가에게 분배하는 것은 노동력의 착취이며 이러한 메커니즘의 기초는 사유재산제에 있다고 보았다.

이러한 사유재산제도가 착취하는 이익을 무산자계급에 의해 타파됨으로써 착취와 억압이 없는 자유로운 사회주의 사회가 도래하리라고 주장하였다. 그러나 이러한 주장은 생산수단이 사회적으로 소유화되는 계획경제 사회라 하더라도 화폐가 재화의 교환·지급 수단으로서 존재하는 한 실물경제체제가 아니라 근대적인 화폐경제체제를 취하는 한 사회주의 사회의 상품생산의 형태를 통해 이루어질 수밖에 없다.

이는 자본주의이건 사회주의이건 기업에서 생산물인 상품으로 생산되는 한 개별 자본의 운동법칙이 존재하며 이익은 기업이 어느 정도로 성과 달성을 하였는지를 측정하는 최적의 척도가 됨을 나타내 주는 것이다. 왜냐하면 인간의 행위를 통해 잉여가치 즉, 이익을 창출하는 것은 생산적 노동과 기업뿐이며, 자본주의 사회건 사회주의 사회건 이익의 창출가치는 필수불가결한 것이기 때문이다.

3. 이익의 유형

기업의 이익 유형에는 소요최저이익과 적정이익의 형태로 분류하여 볼 수 있다.

1) 소요최저이익

드럭커(P. Drucker)가 주장하고 있는 소요최저이익(required minimum profit)은 기업이 존속하는데 최소한으로 필요하며 사회적으로 용인될 수 있는 이익을 말한다. 그는 최저소요이익으로 미래비용·사회비용·미래 확장대비비용 등이 포함되는 최저소요이익의 내용을 주장하고 있다.

- 미래비용(future cost): 기업이 존속하는 데 직면할 수 있는 미래 위험을 회피하는 데 필요한 비용으로 대체·치환비용, 구식화·진부화 비용, 시장위험비용, 불확실성 비용 등이 있다.
- 사회비용(social cost): 사회에 대해 주어진 책임을 준수하기 위한 비용으로 조세, 공과금 등이 있다.
- 미래 확장대비비용(future expansion cost): 자기금융에 의한

자금조달 및 차입을 용이하게 하는 데 필요한 이익이 있다.

이러한 관점에서 보면, 소요 최저 이익은 최저 임금에 맞먹는 임금 부담액, 기업의 존속에 필요한 최저의 정액 감가상각분, 은행지급 이자분, 은행이자 정도의 배당률에 맞먹는 배당금 부담액, 기술 개발을 위한 최저의 연구개발비, 최저한의 사내 유보액 및 세금과 공과금을 포함하고 있어야 한다.

2) 적정이유

기업은 소요최저이익을 초과하여 공정한 방법으로 이익극대화를 추구해야 한다. 그러나 이익극대화는 사회에 반발을 불러일으킬 수 있어서 기업은 다음과 같은 이유로 적정이윤을 추구하게 되는 것이다.

- 기업은 장기적으로 존속 · 유지해야 하고
- 낮은 가격을 설정하는 경쟁저지 가격설정전략을 통해 잠재적 경쟁자의 신규 진입을 최대한 억제해야 하며
- 공중관계를 양호하게 유지하고 독과점 규제를 피해야 하고
- 완전한 지배시스템을 유지해야 하며
- 쾌적하고 안전한 노동환경을 유지하고
- 기업의 유리적 이념 때문에 단기적인 이익극대화는 추구하지 못하게 된다.

경영사상 두 마당 포디즘

1. 포드의 생애

1914년 생산된 포드모델 T

미시건 주 디어본(Dearborn)에서 태어난 포드(H. Ford)는 공부보다는 기계수선에 관심이 아주 많았다. 어느 날 모친이 병으로 위험한 상태에 빠지자 마차를 타고 가서 의사를 모시고 왔지만, 어머니는 이미 세상을 떠난 후였다. 그는 마차가 조금만 더 빨리 달릴 수 있었다면 자신의 어머니는 살 수 있었을 것이라고 눈물을 흘렸다. 그래서 그는 마차보다 더 빨리 달릴 수 있는 자동차를 만들겠다는 꿈을 갖게 되었다.

포드는 물건을 파는 점원생활을 거쳐 기차 수선공 생활을 하였고, 당시 유명한 발명가 에디슨과 같이 기사생활을 하면서 에디슨과 절친한 친구로 지내면서 그의 영향을 받아 1909년에 T모델의 자동차를 만들 수 있었고, 세계 최초로 자동차를 생산하는 포드자동차의 사장이 되었다. 그의 회사는 4년 후에 1년에 약 4만대를 생산하는 회사로 도약하게 되었다.

2. 포드의 사고

포드의 사고는 포디즘(Fordism)으로 집약되는데, 이는 표준화된 상품을 낮은 가격으로 생산하여 소비자들이 구매할 수 있도록 하고, 노동자들에게 높은 임금을 지급할 수 있도록 설계된 제조시스템이다. 이는 자동차 산업에서 자동화되고 숙련된 노동을 사용하여 표준화된 제품을 대량생산을 통하여 생산성을 향상하는데 사용된 방법이다.

이러한 방법은 모든 유형의 제조공장에 적용할 수 있다. 특히, 포디즘은 제품의 표준화를 통하여 숙련도가 낮은 노동자를 동일한 조립라인에서 반복적으로 작업을 수행하도록 설계되었다. 반복 작업을 통해서 노동자가 높은 임금을 받을 수 있도록 하였고, 높아진 수입으로 인하여 그들이 만드는 자동차를 구입할 수 있도록 하였다.

포디즘은 조립라인을 혁신적으로 변화시킨 것이지만, 기술 혁명과 결합되면서 노동자들에게 호평받는 노동의 혁명적 양식이었다. 그의 가장 독특한 공헌은 작업의 전문화를 통해서 복잡한 작업을 단순화하였다는 것이다. 이는 조립할 때마다 조립라인의 구성요소를 변경할 수 있도록 융통성을 부여하여 변화를 허용한 것이다. 이러한 조립라인은 현실적으로 포드가 채용하기 전에 이미 사용되고 있었으나, 포드와 동일한 효과를 얻지는 못하였다. 포드는 현실 세계에서 최적의 방법을 도출하는 데 보다 효율적이고 생산적인 조합을 구축할 수 있었다. 이러한 변화의 가장 큰 장점은 생산비용을 절감하고, 노동 자체를 단순화하여 공장 운영에 필요한 노동력을 줄여 생산비용을 낮출 수 있다는 것이다.

3. 포디즘의 내용

포드자동차(ford motors)는 1890년부터 1910년 사이에 등장한 수백 개의 소형자동차 제조업체 중의 하나였다. 포드는 자동차를 생산하기 시작한 5년 후, 일반도로에서 운전할 수 있을 만큼 튼튼하면서도 단순하고 가벼운 '모델 T(1914)'를 도입하였는데, 이 자동차는 대량생산을 통해서 단위가격을 인하할 수 있어 일반 소비자에게 적당한 가격으로 낮추었고, 노동자의 임금을 높여 그들이 고객이 될 수 있는 방법을 제공하는 부수적인 효과를 가져왔다. 이러한 요인들은 미국 내에서 대규모 소비로 이어졌고, 자동차 생산의 60%의 피크를 달성하였기 때문에 모델 T는 기대이상의 성공을 거두었다.

당시 물가가 3배로 상승하는 동안 포드자동차의 가격을 50%로 절감시켰기 때문에 포드는 기업경영을 일반 소비자에 대한 봉사활동으로 간주하였다. 또한 노동자들에게 높은 임금을 지급하여 대중의 생활수준 향상과 구매력 증대를 실현하려 노력하였는데, 컨베이어시스템은 이러한 봉사활동을 가능하게 하는 한 방법이었다.

이러한 포디즘(Fordism)은 기업 목표와 사회발전이 선순환 구조를 가질 수 있도록 하는 근본 사상이 되었다. 물론 경영학의 가장 큰 흐름은 경영목표를 실현시킬 경영전략도 중요하지만, 경영목표 자체와 근본사상에 대해 더 생각하고, 기업의 존재 의미에 대해 더 생각해볼 것을 권고하고 있다. 이러한 포드의 사상은 기업의 반사회적 행동에 대해 묵인하고, 이윤과 실적만을 맹신하는 우리나라 대중들에게 시사하는 바가 크다.

그러나 포드가 주장하던 효율성의 목표는 유럽에서 이동식 조립라인, 표준화 및 대량시장의 수단을 통해서 전체 생산과정을 포디즘으로 이동하였다. 유럽에서 포디즘의 가장 큰 매력은 기술적 합리성의 엄격한 기준을 경제, 사회 심지어는 인간의 개성을 종속시킴으로써 자본주의 사회의 병폐를 전부 없앨 수 있다는 것이다.

포디즘은 자동차 생산공장의 컨베이어시스템에서 유래된 것으로 조립라인 및 연속공정 기술을 이용한 표준화된 제품의 대량생산과 대량소비의 축적시스템을 일컫는 말이다. 포드가 T형 포드자동차 생산 공장을 지은 이래, 산업사회는 컨베이어시스템이 도입된 공장을 선택하였다. 그리고 이러한 포드모델과 같은 기계화된 대량 생산시스템을 포디즘이라고 부른 것이다.

4. 포디즘에 대한 평가

포드는 16세 때부터 기계의 힘으로 도로 위를 힘차게 질주할 수 있는 마차를 꿈꾼 비전(vision)을 가진 사람이었다. 그의 비전은 나중에 아주 멋진 소형 자동차를 만들어 실제로 그의 꿈은 이루어졌다. 포드는 꿈과 비전을 가지고 목표를 세우고 도전하는 일을 멈추지 않은 결과, 마차보다 빨리 달릴 수 있는 기계 엔진을 발명하여 그가 꿈꾸었던 자동차를 만들 수 있었던 것이다.

포디즘에 의한 대량생산은 곧 에너지 · 자원의 고갈, 대량의 폐기물을 가져왔고, 또 대량소비는 생활 폐기물의 급격한 증가로 이어져 결국 에너지 및 생태환경의 위기가 자본가의 핵심적 위기의 하나로 나타나는 단초가 되었으나 포디즘은 노동자들의 결근과 이직률을 낮출 수 있었다.

제 2 장 경영학 사상의 발전

제 1 절 경영학의 성격

경영학의 성격을 논할 때 경영학이 '이론과학인가 실천과학인가' 하는 질문과 '과학인가 기술인가' 하는 논쟁이 지속적으로 있어 왔다. 경영학의 학문적 성격에 대한 논의는 독일경영학이 경영경제학으로서 성립되기 이전부터 논의의 대상이 되어 왔으며, 이것은 경영학에서 연구방법론의 핵심을 이루는 문제이기도 하지만, 오늘날까지 여전히 연구방법론이 핵심문제가 되고 있으며, 독일경영학에서는 1차, 2차, 3차 방법논쟁을 거쳐 오늘날 제 4차에 이르기까지 지속적인 쟁점이 되어 왔다. 반면에 미국경영학은 1960년대에 접어들면서 이러한 방법론 문제를 둘러싼 논쟁이 시작되었다.

1. 이론과학인가 실천과학인가?

과학은 특정 영역을 한정하여 연구대상으로 하고, 일정한 연구방법론을 선택하고 있어야 독립된 과학으로서 지위가 확보된다. 사회과학에 속하는 경영학은 사회현상 가운데 경영현상을 연구대상으로 하는데, 경영현상은 인간의 복잡한 의사결정에 의해 발생하는 것이고, 경영이라고 하는 영역에서 경험적 지식을 논리적으로 체계화하는데 경영학의 목적이 있다.

이러한 경영현상을 통하여 경영학은 모든 사람이 지식으로 인정할 수 있는 객관성(objectivity)과 이론대로 실천하면 목적을 달성할 수 있다는 응용성(applicability)을 과학적인 방법으로 입증해야 하고, 객관적인 지식이 확립되면 검증가능성(verifiability)이 확보되어야 학문으로써 인정받게 된다.

이러한 토대에서 경영학의 학문적 성격이 이론과학(theoretical science)인가, 실천과학(practical science)인가 하는 논쟁이 있어 왔다. 이론과학은 일반적인 보편적 규정을 문제로 해서 존재의 본질, 존재간의 상호관계, 법칙의 인식을 목적으로 하며, 현상 사이에서 법칙의 발견과 정립에 한정하는 것이다. 즉 경영학은 경영현상을 있는 그대로 관찰하고, 경험적 사실을 설명하고 가설을 검증하는 방법을 통해서 법칙 관계를 인식하는 이론과학의 특성을 갖는다.

경영학은 이론과학 차원에서 경영에 관한 이론을 구축하는데 목적이 있다. 이러한 이론을 추구하게 되는 학문이 이론적 경영학이지만, 이는 경영의 경험적 사실을 분석하여 새로운 경영의 법칙을 추구하고 발견하며 구축해 나가는 것이다. 따라서 이론 경영학에서는 경영의 경험적 사실을 설명하며, 예상할 수 있는 경영이론의 구축에 학문적인 편향성이 있게 된다.

그러나 실천 경영학은 실천과학에서 주된 학문적 편향성을 찾게 되는데 경영이 인간행동의 장이라는 관점에서 주로 인간행동에서 실천을 문제로 삼고, 실천의 지침을 탐구하게 되는 경영학이다. 즉, 경영목적을 달성하기 위한 행동의 원리나 방법, 구체적으로 경영목적을 실천적으로 달성할 수 있는 여러 경영기술이나 관리기법을 모색하는 것이다.

그러나 실천경영학이 이론적 인식이나 과학적 인식을 무시하고 있는 것이 아니라, 실천경영학도 하나의 학문이자 과학이기 때문에 이러한 인식을 기초로 하고 있다.

이처럼 학문적 성격을 이론적 경영학과 실천적 경영학으로 나누는 조류가 있지만, 객관적인 관점에서 경영학의 학문적 지위를 이론적 경영학이나 실천적 경영학의 어느 한 측면으로 인식하는 것은 쉽지 않다. 따라서 경영학은 학문적 성격상 이론적 경영학과 실천적 경영학의 성격을 모두 지닌 이론과 실천의 양생적 학문이라는 결론에 도달하고 있다. 즉, 경영학의 학문 자체가 다른 사회과학과는 달리 단순히 지식을 위한 지식의 체계보다도 실천을 위한 지식의 체계에 특색이 있다는 것이다.

2. 과학인가 기술인가

경영학사적인 관점에서 볼 때 17~18세기에 출발하여 경영학이 '과학인가 또는 기술인가' 하는 학문적인 성격에 대한 논쟁은 지속적으로 있어왔다. 이러한 논쟁은 지금도 계속되고 있지만, 근본적인 의미에서 경영학이 무엇보다도 하나의 과학이론에 가깝다는 학설이 압도적인 견해가 되고 있다.

경영학이 이론과학과 실천과학의 양생적 성격을 지닌 점에 특색이 있다면, '과학인가, 기술인가(science or arts)'의 논쟁에서도 당연히 이준적 성격을 지날 수밖에 없다. 이는 경영학이 고유의 연구대상과 연구방법을 지니고 있는 하나의 독자적인 학문이자 과학이고, 실천적 경영학의 성격상 기술면에도 상당한 관심을 기울이지 않을 수 없기 때문이다.

경영학이 기술과학이나 논리실증주의를 떠난 기술론에 불과한 성격이라면 경영자 개인의 경험이나 직관에만 의존하게 될 수밖에 없다. 따라서 경영학이 기술론적 성격을 부정하는 것이 아니다. 경영학의 성격이 실천적 이론과학에 있는 이상 기술의 원용은 필수불가결한 것이다. 이것은 이론을 기반으로 한 응용의 범위 내에서 이루어지는 것이지, 이론을 초월한 기술론에 전적인 편향을 뜻하는 것이 아니기 때문이다. 이것이 과학론을 전제로 한 경영학의 기술론으로서 이중적 성격을 뜻하게 된다.

3. 경영학의 성격

현실적으로 경영학은 과학과 기술의 이중적 성격을 지니고 있고, 경영 현상을 있는 그대로 관찰하고 예측하며 가설을 검증하는 이론과학의 특성을 지니고 있다. 동시에 기업의 목적 달성을 위해 경영이론을 현실에 적용 가능한 관리기술로 구체화시키는 문제를 규명한다는 점에서 실천과학의 성격을 가지고 있다. 따라서 경영학은 과학과 기술적 측면, 이론과학과 실천과학의 이중적 성격을 동시에 지니는 학문적 특성을 갖는다[그림 2-1].

[그림 2-1] 경영학의 학문적 성격

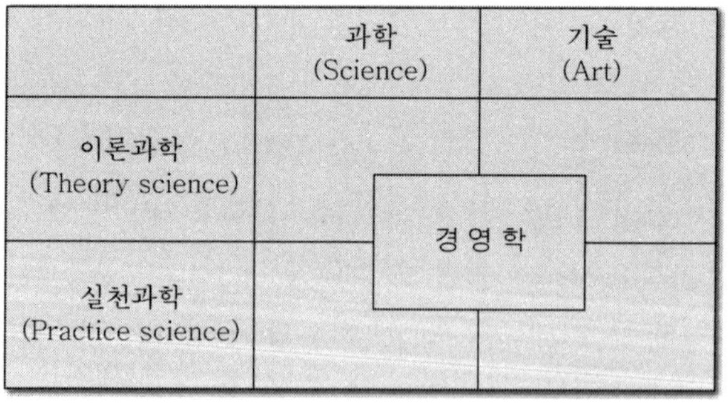

경영학의 영역은 여러 과학에 기초를 두고 있는데 사회과학, 행동과학, 자연과학, 심리학, 사회학, 인류학 등에 기초를 둔 종합학문으로서 인접과학과 밀접한 관계를 가지며 새로운 분야를 개척하고 있다. 즉,

경영학은 기본적으로 실용적인 응용과학으로서 경영실무에 적용시키면서 독립과학의 영역을 확충하고 있다

따라서 현재까지 결론은 과학적인 면과 기술전인 면이 절반씩 가지고 있는 학문이라는 것이다. 즉, 경영학은 이론과학과 실천과학이라는 양생적인 성격을 지님과 동시에 과학론과 기술론의 이중적 성격도 지니는 양생적이며 이중적인 성격을 지니는 학문이라고 볼 수 있다.

제 2 절 독일 경영학의 사상전개

독일의 경영학은 오랜 역사를 통해서 발전해 왔다. 경영경제학의 선구적 형태인 상업학이 과학성이 부족한 집적과학이라는 비판을 받으면서 사경제학으로 발전하게 된다. 이러한 비판을 극복하기 위해 과학화하려는 노력의 일환으로 상업학의 사경제학화가 추진되었다. 이때부터 독일의 경영경제학이 성립되는 계기가 되는데, 1910년까지는 사경제학이라는 명칭이 주로 사용되었다. 사경제학은 연구대상을 전적으로 영리기업으로 보았지만, 개별경제학은 가계나 공기업을 포함하는 개별경제로 보는 관점이었다. 또한 경영사회학적인 연구에서 공업경영 전반에 걸쳐 연구하는 공업경영론이 전개되었는데, 이는 미국의 테일러 이후의 관리론적 연구와 성격을 같이 한다.

1. 경영학 이전 연구

1) 상업학의 전개

독일 경영학은 중상주의를 역사적 배경으로 하여 상업학이 체계화되던 시대에 합리주의가 도입되면서 1675년 사바리(J. Savary)가 '완전한 상인'을 발표하여 당시의 사기업과 관련된 여러 문제를 다루면서

시작되었다. 상업학의 형성은 상행위와 상기술에 관한 처방에 의해 상업 활동에 필요한 지식의 이론적 체계화에 의해 나타났으며, 처방을 목적으로 한 기술론의 성격을 띠고 있는 특징이 있다. 이는 분석적인 관찰을 통해서 상인을 위한 영업정책 상의 경험규칙을 만들어 체계적인 기술론으로 전개한 것이다.

이와 같이 형성된 상업학은 여러 이유로 침체기를 맞이하게 되는데, 그 원인은 당시 현대적 의미의 재정학의 영향으로 상업학이 독일경제학의 주류인 관방학의 일부로 전락하면서 관방학자의 관심사가 되었고, 그 후 상업학이 상인 개인의 영리추구를 위한 상기술론을 강조함으로써 학문자체가 천시되어 경제학으로서 성격 교정이 요구되었기 때문이다. 19세기 말 산업화 물결이 독일에 들어옴에 따라 상공 기업의 경영문제가 대두되어 경영론이 요구되었다. 따라서 상업학의 도입기를 맞아 상업경영론의 형성이 촉구되었다. 이는 학문체계상 통일된 것은 아니지만 상업경영학적 연구의 장점에 있다고 할 수 있다.

2) 관방학 · 공업경영론의 전개

(1) 관방학의 전개

18C에 들면서 독일경영학에서는 영주와 같은 왕후귀족의 재산관리를 맡은 관리를 양성하는데 필요한 지식을 종합한 학문인 관방학이 발전하게 되는데 재정학, 경제정책, 행정학, 기업경영과 관련된 사경제학 등이 포함되었다.

관방학은 스미스(L. S. Smith)의 영향을 받아 이론, 정책, 재정이 일체화되어 있던 영국의 경제학을 논리적으로 분석하여 경제학, 경제정책, 재정학을 확립하는 방향으로 분류하게 되었다. 상업학에 대한 초기 연구는 단편적 지식을 모은 집적과학으로서 성격이 강하였으며 점차 체계화되어 국민경제학에 흡수됨에 따라 상업경영학이 탄생하게 되었다.

(2) 공업경영론의 전개

독일경영학은 19세기 후반에 이르러 노동자 문제로 다루어지던 노동자와 자본가 대립의 문제가 대두됨에 따라 공업경영학이 전개되었다. 공업이 발전되면서 원가문제의 해결 노력이 나타나고, 이러한 문제를 해결하기 위해 공업경영론에 대한 연구가 전개되었다.

이러한 기술론적인 연구경향은 노동과학, 경영과학으로 이어지고 노사관계 내지 노동자 문제는 복리후생과 관련하여 사회적 경영정책론으로 발전되었으며, 경영조직론, 경영사회학으로 발전하였다.

2. 경영경제학의 연구

1) 경영경제학의 태동

19세기 접어들어 독일에 영국의 경제학이 도입되면서 관방학은 국민경제학으로 해체 · 이행되면서 밀려나고 사경제학이 연구되기 시작하여 경영경제학이 생성될 수 있는 기반이 마련되었다. 경영경제학이 누구에 의해서 처음 명명되었는지에 대해서는 분명치 않으나, 20세기 초에 들어와 상업, 공업 및 기업제도의 사경제학으로서 특성이 나타나 경영의 경제활동을 연구대상으로 하는 경영경제학이 성립되었다.

곰베르그(L. Gomberg)의 상업경영학과 개별경제학이 나타나면서 상업경영학이 개별경제학의 일부분으로 정립되었고, 개별경제 행동의 관찰학과 개별경제의 조직관리를 다룬 학문인 경제적 경영학이 형성되었다. 또한 쉐어(J. F. Schar)는 상업을 생산과 소비를 결합하는 재화교환기능으로 이윤추구를 부정하지는 않았으나 상업은 경쟁을 통해 상업의 국민경제적 경제성을 높여 줌으로 이를 실현하기 위해 노력해야 한다고 주장하였다. 방법론적으로는 경영경제학이 국민경제학과 같이 경제과학에 속하며 경제과학은 사회과학에 속한다.

사경제학의 연구경향은 쉐어(J. F. Schar)의 규범론, 슈마렌바흐(E.

Schmalenbach)의 기술론, 닛크릿슈(H. Nicklisch)의 이론과학으로 나누어지는데 닛크릿슈는 기업을 자산의 조직으로서 자기 유지의 명령에 따라 이윤추구를 하는데 경제성 원칙을 선택원리로 한다고 주장하고, 이러한 경제성 원칙이 실현될 때 기업유지를 위한 이윤은 극대화된다고 주장하였다. 그는 후기에 기업을 인간 노동정신의 조직이라고 보게 되어 정신공동체로서 조직이론을 전개함으로써 생산문제와 분배문제를 같은 문제로 파악하고 규범학설을 대표하게 되었다.

2) 경영경제학의 성립

제1차 세계대전 이후 사회화 운동이 적극적으로 전개됨에 따라 경영경제학자들은 영리를 중심으로 하는 기업개념 이외에 다른 개념을 인식대상으로 찾을 수밖에 없었다. 이러한 노력의 결과 사경제학은 경영경제학으로 전환하게 되었다. 자본주의적 기업을 중심으로 하는 사경제학이 기술적 단위로 인식되었던 경영을 부각시켜 경제적 의의를 강조함과 동시에 전체적 이익과 관련지우거나 분배적 정의와 관련을 지우려는 경영학으로 전환하게 된 것이다.

이러한 사경제학의 전환에 의한 경영경제학의 성립은 사경제학의 내면적 발전의 필연성과 당시의 역사적 상황의 영향을 받았기 때문이다. 따라서 경영경제학은 사경제학의 중심문제와 방법을 심화시키고 확충하여 독특한 영역의 학문적 특성을 가지게 된 것이다.

3) 사경제학의 경영경제학으로 진전

(1) 기술론적 경영경제학의 전개

사경제학적인 입장을 강하게 견지해 오던 슈마렌바흐(E. Schmalenbach)는 경영경제학을 국가 과학의 수준으로 끌어올리려고 노력하였으며, 릿크릿슈(H. Nicklisch)는 조직 원리를 도입하여 경영공동체를 전제로 경영경제학을 생활경제학적으로 전개하였다.

슈마렌바흐는 경영이 국민경제의 공동 경제적 생산성과 일치하는 것이라 주장하였는데, 경제성 원칙은 경영에서 쓰인 재화의 가치와 창출된 가치와의 차이인 이윤에 의해 측정되는 것으로 보았기 때문에 수익성 원칙을 선택원리로 하고 있었다. 그는 계산적 사고와 비용이론의 구축을 중심으로 한 연구에서 상업학에 기술론의 전통을 이어받아 그의 학설을 발전시켰다. 기술론의 특징은 실천적 목적의 봉사이고 경제성이 경영의 목적이며 이를 달성하기 위한 수단이 계산적 사고와 비용이론이었다.

(2) 규범론적 경영경제학의 전개

릿크릿슈는 1922년 기업과 경영을 모두 경영학의 인식대상으로 보고, 기업이 보다 포괄적인 것이며 경제성 개념을 선택원리로 하되 노동성과의 분배도 중심적인 문재로 다루고 있다. 이러한 성과배분 문제를 다루게 된 것은 그가 선택한 관점이 조직원리를 도입하여 경영 공동체적인 입장에서 경영과정을 고찰하였기 때문이다. 릿크릿슈는 '경영은 인간 조직이며 전체를 하나의 공동체로 보고, 전체 국민경제와 관련을 가지고 있다'고 보았다.

3. 경영경제학 연구

1) 구테베르그의 이론 전개

독일의 구텐베르그(E. Gutenberg)는 미국 경영학의 영향을 받아 의사결정을 중요시하고 있으나 경영을 경영경제 현상의 하나로 보았다. 그는 모든 경제시스템에서 중심적인 문제는 생산과 수요 충족 사이의 조화이며 여러 방법을 통하여 과제를 달성할 수 있다고 보았다.

그는 근대과학의 특성인 계량적 방법을 도입하여 경영의 경제이론을 수립하고자 하였는데 이는 이론과학적 성격을 가지며 생산자 선택이론, 즉 요소결합이론으로서 특징을 가지고 있다. 그의 이론체계가 자본주의적 기업에서 공동결정의 가능성을 무시하고, 국민경제학과 경영경제학 사이의 경계선도 명확하게 구분하지 않고 있으며 이론주의를 표방하면서도 실천론, 즉 기술론을 긍정적으로 인정하는 전통이 남아 있다고 비판을 받기도 하였다.

2) 메레로빗츠의 이론 전개

메레로빗츠(K. Mellerowicz)는 경영학을 기술론적인 실천론적 경영경제정책론으로 보고, 관리론적 경영학의 경향을 강하게 나타내고 있다. 그는 경영조직이 경영기능을 가장 합리적으로 수행하기 위해 경영 내부에서 이루어지는 기능의 배분과 수행과정을 체계화해 주는 것으로 보고 이것을 지휘, 관리, 조달, 생산 및 판매라는 기능으로 나누어진다고 주장하였다.

4. 의사결정 지향적 경영경제론 연구

예레(E. Jehle)는 생산성 문제 중심의 경영경제학이 패러다임의 붕괴위기에 있다고 주장하였다. 이는 미국 경영학의 영향으로 경영경제학을 하나의 패러다임으로 받아들이게 되었기 때문이다. 오늘날 독일의 경영경제학은 기업에서 경제적 의사결정을 연구하는 방향으로 새로이 전개되고 있는데, 구텐베르그도 이미 의사결정의 중요성을 인식하고 있었다.

또한 하이넨(E. Heinen)은 의사결정이론, 조직이론, 시스템이론에 의거하여 의사결정을 내세움으로써 시스템 내에 인간을 등장시켜 통합적 해결을 시도하는 비판적 합리주의에 입각하고 있다.

5. 노동 지향적 개별경제학의 연구

구텐베르그 학파는 노동자나 조직을 기업의 수익성 원칙이나 경제성 원칙을 추구하기 위한 수단으로 간주하였다. 독일의 경영경제학은 전통적으로 경제과학의 분과학으로 지위를 인정하였으므로 자본지향성에 치중하여 노동문제, 경영사회 문제, 공동결정, 노동의 인간화, 노동자의 동기유발과 같은 문제는 다루지 않았는데 이것이 새로운 경제학적 연구경향으로서 노동 지향적 개별경제학을 형성시키는 계기가 되었다.

경영경제학은 자본 지향적 합리성을 중심으로 하는 것이어서 노동자의 피해를 무시하고, 대신에 노동자 권리의 입장에서 노동 지향적 합리성에 입각하는 새로운 경영경제학을 주장하는 것이다. 따라서 이들은 자본의 합리성을 추구하는 기업의 수익성 목적을 달성하기 위한 수단으로 수익성원칙에서 기술적 합리화나 조직 합리화를 도모하게 되는데 이것은 자율적 인간인 노동자를 억압하는 것으로 보아 비판하였다. 그래서 노동자 이해의 관점에서 기업 목적론과 의사결정론을 재검토할 필요가 있다고 주장하였다.

제 3 절 미국 경영학의 사상전개

우리가 경영학의 한 주류인 미국 경영학의 사상 전개를 이해한다는 것은 중복된 노력을 피하는 데도 도움이 된다. 많은 학자들과 실무자들이 기여한 바가 상이함으로 경영관리에 대한 접근방법이 다양하게 되었고, 그 결과 일종의 경영관리이론의 정글을 초래하였다는 사실을 알게 될 것이다.

1. 관리론 연구

1) 과학적 관리의 전개

미국 경영학은 자본의 집중에 대한 반발로 노사 대립이 심화되면서 관리문제의 중요성이 강하게 인식되었다. 이는 사회경제적 배경이 실용주의 철학과 결합하면서 실천적이며 문제해결을 지향하는 관리론적 경영학을 중심으로 형성되었다.

미국은 능률증진운동이 전개되는 과정에서 나타난 테일러(F.W. Taylor)의 과학적 관리(scientific management)로 대표되는 전통적 관리론이 합리성 추구를 강조하는 것이어서 대규모 생산조직의 발전에 크게 기여하였다. 그러나 그의 인간관은 기계적인 인간, 수동적인 존재라는 인식을 배경으로 하고 있다.

테일러는 관리의 실천과 관리의 과학을 처음 통합하였으나, 현장을 중심으로 하는 생산관리 분야만을 다루었다. 테일러는 개인을 중심으로 생산성 향상을 통해 노사의 이해를 융합하여 상호 간에 이익을 얻을 수 있는 정신혁명을 주장하였다.

이러한 과학적 관리는 18세기 이전의 합리주의 철학의 표출로서 인간행동을 포함한 모든 현상은 합리적 4원칙 즉, 공정한 일일 최대 과업량, 표준화된 제조건, 성공 시에 높은 임금 지불, 실패 시에 손실부담 등을 따르는 가설을 전제로 하는 것이며, 작업을 하는 노동자에게 합리성을 적용하는 하나의 시도였다.

과학적 관리의 초기이론은 개인의 노력에 대해 보수가 주어진다는 사회적 가치관이나 자신의 이기심에 입각하여 동기가 유발된다고 보는 합리적 인간관과 조화가 되었으며, 이는 공리주의적 경제학에서 가정하는 경제적 인간관과 일치하는 것이었다. 따라서 테일러가 과학적 관리에 대한 연구를 하게 된 배경에는 개인주의 대신에 협동을 강조하는 주장에서였다.

2) 포드시스템의 전개

20세기 이후 기업규모의 거대화, 기계화의 진전, 노동조합의 과학적 관리에 대한 반대운동은 테일러의 시간연구나 성과급제와 같은 인위적인 것이 아닌 새로운 경영합리화의 방안을 요구하게 되었다. 이에 대응하여 포드(H. Ford)는 기계의 회전을 통해 종합적으로 작업과정을 관리하는 포디즘(Fordism)을 주장하였다. 포드의 종합관리시스템은 생산의 표준화를 통하여 부품의 호환성을 확보하여 경제성을 향상시켰고, 컨베이어 시스템이라는 이동조립법(moving assembly method)을 도입하여 대량생산을 가능하게 하였다.

포드는 대량생산으로 거대한 생산조직을 형성하게 되면서 기업의 사회적 책임을 고려하게 되었고, 기업의 목적을 이윤 동기에서 봉사목적론으로 바꾸었다. 봉사는 국민의 생활수준을 높이는 것이고 그들의 생활수준을 높이는 방법은 저가격 · 고임금으로 가능하다고 생각하였다. 포드의 사상은 컨베이어 시스템을 통하여 노동생산성을 높이고 저가격을 통하여 판로를 확대하며, 고임금에 의한 노동과 자본의 협조를 실현하는 것이었다. 또한 이윤은 자기금융을 통해 기업 내부에 유보하여야 한다는 사고였다.

3) 관리공학의 전개

관리공학(management engineering)은 관리문제의 해결에 공학적 접근방법을 적용하는 것이었다. 이는 경영합리화를 위해 종합관리시스템을 효율적으로 계획하고 경영하는 기술로 발전하였다. 이러한 관리공학은 테일러의 과학적 관리에서 태동되어 포드시스템과 슬로언(A. Sloan)의 관리방식에 의해 대량생산방식이 성공을 거둠으로써 획기적으로 발전하게 되었고 1920년대부터 산업계와 학계에 널리 도입되었다.

관리공학은 통계기법의 도입으로 관리 공학적 기법의 정밀화가 촉진되고 시스템 공학, 가치 공학, 자동화 공학, 지력 공학 및 독창성 공학에 까지 발전하였다.

2. 산업관리론 연구

1) 산업관리론의 전개

산업관리론(industrial management)은 테일러가 다루었던 생산관리와 노무관리 기법은 물론 경영자에게 실무상의 지식을 체계적으로 전수하기 위해 마련된 독자적인 관리연구이다. 테일러를 비롯한 관리론자들의 연구는 공장 또는 기업의 수준에서 본격적인 과학화를 체계화한 것이다. 이는 기업 규모가 커지면서 기업 활동 전체를 기능별로 전문화함과 동시에 서로 조정과 통합의 필요성이 대두되었기 때문에 이러한 종합적 산업관리론의 연구가 나타나게 된 것이다.

2) 기술론적 조직론의 전개

경영자들은 기업의 규모가 커지면서 조직문제의 중요성을 인식하게 되었고 조직연구가 기술론적 입장에서 전개되었다. 이들은 조직의 합리적인 편성과 운영에 관한 원칙을 다루었고 인간-기계 모형에 입각하여 인간 활동의 합리성을 높이기 위하여 권한의 체계, 즉 조직구조를 어떻게 구축할 것인지 하는 것에 중점을 두었다.

조직원칙론은 기술론적 입장에서 조직을 편성하고 운영하기 위한 조직원칙을 중심으로 기계론적으로 인식하려고 하였기 때문에 조직론적 연구경향을 따르는 조직론과 구분하기 위해 고전적 조직론이라고 한다.

3) 관리과정론의 전개

오늘날 미국은 관리론적 경영학의 주류를 이루고 있는데, 관리과정론(management process theory)은 기본적으로 기업이나 조직체의 경영자가 수행하는 경영관리기능을 추상적으로 파악하고 모든 조직체의 합리적 운영에 도움이 되는 관리원칙이나 관리기술을 그 기능과 관련시켜 파악하는 것이다.

관리과정론을 최초로 주장한 학자는 프랑스 페이욜(H. Fayol)이다. 그러나 미국에서는 1914년 처치(A. H. Church)의 관리의 과학과 실천(the science and practice of management)이 전개되면서부터 관리과정론이 시작되었다. 그는 관리에 있어서 조정의 중요성을 강조하고 조정의 문제를 해결하기 위한 관리기능론과 관리원칙론을 전개하였다.

처치의 이론은 영국의 셸든(O. Sheldon)에 영향을 주었고, 거릭(L. H. Gulick)과 데이비스(R. C. Davis)는 페이욜의 관리요소의 영향을 받아 연구하였다. 특히, 데이비스는 기업관리를 보편적인 현상으로 특정 기업이 경쟁적인 사적 자본주의든 국가독점 자본주의든 어떤 여건하에서 운영되더라도 관리는 필요하다고 하여 관리의 보편성을 주장하였다.

3. 관리과정론의 새로운 연구

1) 관리과정론의 전개

관리과정론은 시스템적 접근의 성과와 비교 관리이론을 중심으로 형성되었다고 보고 있다. 1960년대에 들면서 시스템이론의 사고를 따르는 관리의 일반이론에 대한 연구가 전개되었다. 시스템이론(system theory)은 1937년 베르탈란피(L. V. Bertalanffy)의 사상으로 현실세계의 여러 관계를 기술하기 위한 체계적인 이론적 틀을 개발하여 이를 전제로 일반시스템이론(general system theory)을 만들었다. 즉, 고찰의 대상을 여러 부분의 통합된 하나의 전체로 보는 통합적 유기체인 시스템으로 파악하여 연구를 전개하는 과학적 사고방법에 관한 이론이다. 경영학에서는 기업이 단순한 하위시스템이나 의사결정시스템이 아니라 다수의 상호 관련된 부분으로 구성되는 개방시스템으로 보았다.

2) 상황적합이론의 전개

상황적합이론(contingency theory)은 고전적 관리론이 조직이 처해 있는 환경이나 상황조건을 고려하지 않고, 모든 조직체에 공통적으로 적응할 수 있는 조직원칙을 확립하려는 보편주의적인 입장을 취하는 것과 달리, 어떠한 환경에도 적용할 수 있는 최선의 조직은 있을 수 없으며 환경이 다르면 조직도 달라져야 한다는 특수주의(particularism) 입장에서 주장되는 이론이다.

루탄스(F. Luthans)에 의하면 상황적응적 경영(situational management)은 적절한 행동과정을 선택하기에 앞서 조직 환경이 분석되어야 함을 주장하고 환경적응적 경영(contingency management)은 기본적 관점을 취하기는 하면서도 경영자의 행동과 다른 관련 변수들 간의 관계를 구체화하고 분명히 하려는 노력을 한다는 차이가 있다.

크레이트너(R. Kreitner)는 환경적응이론은 매우 일반적인 시스템적인 관점과 매우 특수적인 순수 상황적응적인 관점의 영향을 받으면서 어느 정도 일반적이고 어느 만큼은 특수적인 절충형 즉, 중간지대에 위치하고 있다고 주장하고 있다[그림 2-2].

[그림 2-2] 절충형으로서의 환경적응론적 관점

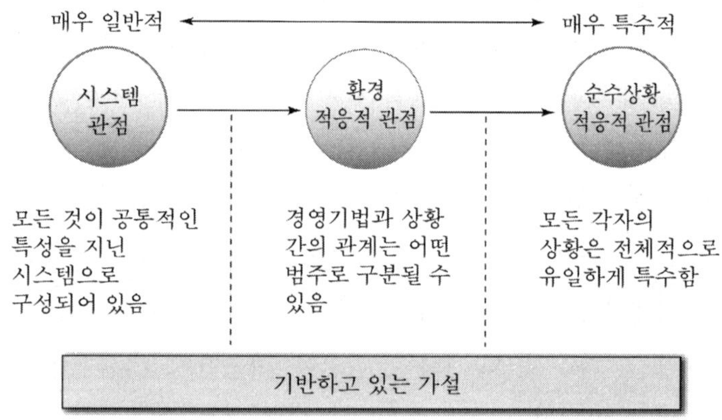

자료원 : R. Kreitner(1992), *Management: A Problem-Solving Process*, Houghton-Mifftin, p. 60.

상황적합이론을 주장하는 학자들은 전통적 관리론이 관리자의 의사결정을 위한 적절한 지침을 주지 못한다고 보고 보편적 개념이나 최선의 방법은 관리자에게 모범이 되거나 조언을 줄 수 없음으로 상황에 따라 최선의 방법이 다르다고 주장하고 있다.

4. 심리학 · 사회학 연구

1) 산업심리학의 전개

과학적 관리는 숙련된 노동자만이 달성할 수 있는 정도로 작업량의 표준을 높게 정하고, 임금률의 차이를 크게 하여 목표를 달성하려 했기 때문에 노동자들은 노동에 대한 능률을 자율적으로 향상시킬 수는 없었다.

따라서 산업심리학은 기업 전체로서 생산성 향상을 목적으로 하는 것은 동일하지만 기계적 능률이 아닌 인간적 능률을 연구하게 된 것이 특징이다. 산업심리학은 과학적 관리의 가치시스템과 목적에 부합하는 범위 내에서 다루어졌는데 이는 검사와 배치, 전환을 통해 능률을 높이고, 인간적 요인을 이해함으로써 노사 대립과 같은 산업불안의 문제를 해결하려고 하였던 것에서 근원과 정당성을 찾았다.

2) 인적자원관리의 전개

기업에서는 심리학적 연구와 노동에 관한 생리적인 연구의 성과를 받아들여 인적자원관리의 제도화가 이루어졌다. 인적자원관리는 심리적 특성에 대한 이해가 있어야 가능하다고 하는 인간공학의 원리(principle of human engineering)에 따른 관리였다. 이의 주된 내용은 초기에는 고용관리가 중심이 되었으며 직무분석, 선발과 배치, 교육훈련 및 인사고과 등에 적용되었다. 현대의 인적자원관리는 복리정책 내지 산업 내 개선의 입장에서 전개되고 과학적 관리 및 산업심리학의 발전에 따른 성과 등을 받아들였다.

기업의 인간적 측면과 인적자원관리가 갖는 잠재적 가능성에 관심이 높아지면서 조직에서는 인간관이 바뀔 수밖에 없었다. 따라서 1920년대에 이르러 인적자원관리의 구체적인 내용이나 기법을 집대성하게 된다.

3) 산업사회학의 전개

(1) 인간관계론의 기초

베버(M. Weber)의 인간관계론은 능률 향상의 수단으로 인간보다는 규칙, 정실보다는 능력을 중시하는 관료제적 지배유형이 이상적이라고 보았다. 그는 전통과 경제에 대한 정치적 지배의 행사는 지식과 기술적 능력에 의한 관리에 의해 대체되어야 한다고 주장하였다. 반면에 심리학분야에서는 게슈탈트 심리학(gestalt psychology)의 개념에 의한 연구가 나타났다. 이들은 유기적 접근법을 주장함으로써 전체를 각 부분의 통합 이상으로 보여주는 패턴이나 유기적 통일체와 같은 것을 중요시하는 연구였다.

(2) 인간관계론의 전개

인간관계의 대표적 연구인 호손실험(hawthorne experiment)은 메이요(E. Mayo)를 중심으로 하는 하버드대학교의 산업조사부에 의해 조사와 실험이 수행되었다. 실험 내용은 조명실험(1924~1927), 계전기 조립 실험(1927~1932), 면접조사(1928~1930), 뱅크배선작업관찰(1931~1932) 등을 중심으로 전개하였다. 연구자들의 출발점은 구성원들의 호손실험의 결과를 요약하면 [그림 2-3]과 같다.

[그림 2-3] 구성원들의 높은 생산성에 대한 호손실험의 결과

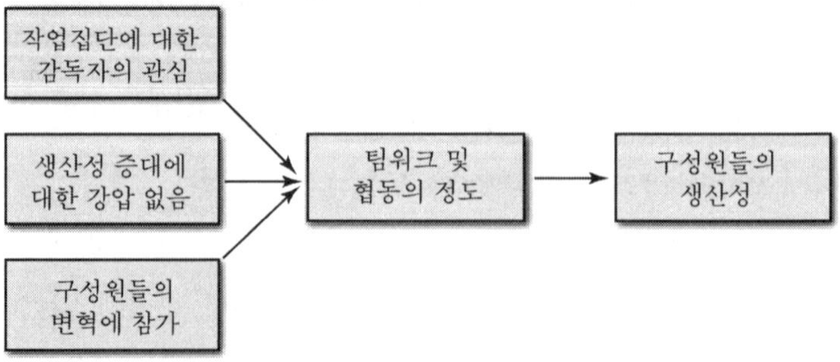

생산능률은 구성원들의 태도나 감정에 크게 의존하고 있다. 즉, 작업의 난이도, 물리적 조건, 환경, 임금과 복지보다도 구성원들이 자기의 작업, 동료, 상사 및 회사 전체에 대해 갖는 태도나 감정 등이 생산 능률에 영향이 크다는 것이다.

이러한 태도나 감정은 그들이 소속하고 있는 직장 내 분위기와 밀접한 관련이 있다는 것이다. 특히, 그들이 소속하고 있는 집단의 행동양식이나 사고방식과 깊은 관계가 있으며, 상급자의 감독 및 지도방침이나 행동에 의해 구성원들의 태도, 감정 및 신념이 크게 변화한다는 것이다.

구성원들이 일하는 이유에 대해 단지 경제인의 관점이 아니라 심리적 존재, 사회적 존재라는 인식과 가치를 부여함으로써 사회인의 인간관에 입각하고 있다는 것이다.

생산성은 집단의 팀워크(team work)와 협동의 정도에 직접적으로 관련되며 이들의 수준은 다시 집단에 대한 감독자의 관심에 생산성 증대에 대한 강압이 없고, 구성원들의 변혁에 참가 정도와 관련되어 조직을 사회적 시스템(social system)으로 보게 되었다.

메이요는 인간관계론에 대한 이념 및 근본사상을 제공하였다. 이러한 연구로 기존의 전제적이며 능률 중심의 인적자원 관리방식에서 인간의 감정적, 내면적 동기를 만족시킬 수 있는 인간관계적 방안을 중심으로 하는 민주적이고 인간 중심적인 인간관계관리가 이루어지게 되었다.

기계론적 인간관에 대한 비판 속에서 직장의 인간관계 내에서 태도가 형성되고 그 태도에 따라 기업의 행동이나 작업 능률에 영향을 주는 측면을 중심으로 인간관계론의 연구가 전개되었다. 이는 그간 경시되어 온 조직행동의 정서적 측면에 주목하여 사회적 인간관에 입각하는 신고전관리론의 발전에 크게 기여하였다. 이러한 인간관계론은 방법론이 미숙하였고 인간행동의 비논리적인 측면과 정서적 측면만을 지나치게 강조하였다는 비판을 받고 있다.

4) 행동과학적 조직론의 전개

행동과학적 연구는 동기부여이론(motivation theory)과 리더십이론(leadership theory)이 중심이 되고 있다. 인간관계론이 지나치게 감정적인 측면에만 강조했다는 것에 대한 반성으로 행동과학적 관리론이 등장하게 되었고, 개인의 조직행동을 개인적 측면만이 아니라 이들 개인이 스스로 능력의 한계를 극복하여 목표를 달성하기 위해 형성하는 협동적 노력의 통합체라는 조직의 시스템성, 전체성 측면을 중심으로 조직의 일반이론 형성을 지향하는 것이었다. 이는 리더십이나 동기부여의 문제를 중심으로 분석하는 행동과학적 조직론이 중심이 되었다. 이 시기에 리더십이론은 드럭커(P. F. Drucker)의 목표에 의한 관리, 맥그리거(D. McGregor)의 X · Y이론, 아지리스(C. Argyis)의 성숙·미성숙이론, 허즈버그(F. Herzberg)의 이요인이론 등이 전개되었다.

5. 조직론 연구

고전적 조직론은 인간관계에 입각하여 인간행동의 합리성을 높이기 위해서 권한의 시스템을 어떻게 확립할 것인지 하는 문제를 주로 다루어 왔다. 그러나 이는 조직을 외부환경으로부터 고정화시켜 폐쇄시스템(closed system)으로 파악했기 때문에 조직구조에 관한 문제는 일부밖에 다루지 못하였다.

신고전적 조직론으로 분류되는 인간관계론적 조직론은 호손실험의 성과에 집착함으로써 관계지향적 성격이 강하여 조직의 과업지향적인 측면을 경시하고 있다. 따라서 조직론적 연구는 기업의 본질을 조직으로 보고 일반조직이론을 바탕으로 조직론적 사고에 입각하여 연구한 것이다.

여기서 현대적 조직론은 기업을 포함하는 여러 조직을 구성하는 모든 부분 사이의 상호작용관계를 시스템적으로 파악하고, 이러한 시스템을 구성하는 모든 부분을 추출하여 이들 구성부분의 상호의존 및 상호작용 간에 적응하도록 촉진함으로써 전체로서 시스템의 특성, 안정 및 성장을 보장하는 과정의 해명을 과제로 한 것이다. 이 학파는 바너드(C. I. Barnard), 사이몬(H. A. Simon), 마치-사이몬(J. G. March-H. A. Simon)의 사회시스템이론으로 발전하였다.

6. 제도론 연구

1) 제도론적 연구의 전개

로젠버그(B. Rosenberg)는 1956년 제도주의(institutionalism)를 경영주의나 관리주의의 기점으로 보아 적극적으로 평가하고 있을 정도로 미국 경영학에 미친 영향이 크다. 이는 인간의 경제적 행동을 분석할 때 개인주의적이고 공리주의적 심리의 가정에 대한 비판적인 관점인데, 제도주의적 입장에서는 사회 심리적 인간관에 입각하여 인간행동을 사회적 행동으로 보았다.

기업은 하나의 제도로서 개인 자본가에 의해 소유·경영되는 것이 아니라 사회의 여러 개인 행동에 규제를 가하는 것으로서 기업을 문제로 삼게 되었다. 이러한 뜻에서 제도론적 연구에서는 기업을 이론적 지주로 삼고 주식회사가 일반화된 여건 하에서 기업의 변화과정을 다루며 이러한 변화를 근거로 해서 소유와 경영의 분리를 논증하려 하였다.

2) 제도론적 경영학의 전개

제도론적 경영학의 형성에는 신베블렌학파가 공헌을 하였으나, 준제도주의의 기초를 마련해 경영이론을 전개한 것은 베블렌(T. B. Veblen)이었다. 그는 계속기업(going concern) 및 소유와 경영의 분리 개념을 다룸으로써 제도론적 경영학에 직접적인 영향을 미치고 있다. 미국 제도학파의 창시자인 베블렌(T. B. Veblen)은 마셜(G. Marshall)의 기본 개념인 경쟁의 원리 대신에 강압의 원리(principles of coercion)를 주장하여 강압에 의해 경제 이해의 모순이 일반화된다고 보고 인간의 심리적인 측면에서 해답을 찾고자 하였다.

제 4 절 독일 경영학과 미국 경영학의 비교

독일 경영학과 미국 경영학을 비교하면 〈표 2-1〉에서 보듯이 태동부터 차이가 있다.

〈표 2-1〉 독일 경영학과 미국 경영학의 차이점

	독 일	미 국
학문 배경	• 1675년 사바리의 완전한 상인에서 태동 • 상업경영에서 시작 • 학자에 의해 이론중심의 경영학 발달 • 이론적 체계적 과정에서 학자에 의해 생성.	• 1910년 테일러의 과학적 관리법에서 태동 • 공업경영에서 시작 • 기사나 실무가에 의해 기술적인 경영학의 발달 • 경영관리의 실천 상 필요에 의해 자연발생적으로 생성
학문 성격	• 이론과학 · 기초과학적 성격 • 학리를 앞세워 경영의 연구보다 경영학의 연구에 중점을 둠	• 실천과학적 성격 • 실천을 바탕으로 하는 기술론을 앞세운 경영학의 연구보다 경영의 연구에 중점을 둠
학문 영역	• 기업의 창설 - 운영 - 파산에 이르기까지 전체 과정을 포함. • 학문영역이 넓지만 깊이가 상대적으로 얕음.	• 기업의 관리 운영에 중점 • 학문영역이 좁지만 깊이가 상대적으로 깊음.
학문 체계	• 총론부문에 경영학사를 포함함 • 각론부문에 기관별 체계에 따라 공업경영학과 상업경영학으로 분류함	• 총론부문은 경영관리에 국한함 • 각론부문은 기능별 체계에 따라 생산, 재무, 인사, 마케팅관리로 구분함

자료원: 서울대학교 경영연구소(1983), 경영핸드북.

1. 학문배경상 특징

독일경영학과 미국경영학은 학문적 배경에서 큰 차이가 있다. 독일경영학은 상대적으로 이론과학적인 성격이 강하지만 미국경영학은 실천과학적인 성격이 강하다. 독일경영학은 사바리(J. Savary)의 '완전한 상인'이 출간된 1675년부터 시작하여 역사가 오래 되었지만, 미국경영학은 1910년 테일러의 과학적 관리법이 출간되면서 태동하여 역사가 짧다.

또한 독일 경영학은 유럽에서 발전되었던 상업경영을 중심으로 형성되었고, 이론화 · 체계화 과정에서 학자들에 의해 형성되어 과학으로서의 이론에 더욱 치중하여 이론과학으로의 성격이 강하게 되었고, 미국 경영학은 공업경영을 중심으로 형성되었고, 기사나 실무가에 의해 형성되어 경영관리의 실천 상의 필요성에 의해 자연발생적으로 태동되어 실천과학적인 성격을 띠게 되었다.

2. 학문성격상 특징

독일에서는 경영경제학에 경영학을 포함시켜 연구함으로써 이론과학적 성격이 강하며 기초과학으로 분류하지만, 미국에서는 경영학 자체를 실천과학이며 응용과학으로 간주하여 관리과학으로 분류한다.

또한 독일 경영학에서는 학자들이 중심이 되어 학리가 중심문제를 이루어 경영의 연구보다는 경영학의 연구에 중점을 두고 있지만, 미국경영학에서는 실제에 관한 기술론을 앞세워 경영학의 연구보다는 경영자체의 연구가 중심 문제가 되고 있다.

3. 학문영역상 특징

독일경영학에서 기업 활동은 기업의 창설·운영·파산에 이르는 전체 활동을 모두 연구하고 있다. 그러나 미국경영학에서 기업은 이미 존재하는 것으로 간주하여 이를 어떻게 합리적으로 유지하고 성장시키는지 하는 경영합리화에 초점을 두고 있다.

독일 경영학은 연구대상을 전체 영역으로 하여 넓지만 상대적으로 깊이가 얕다. 그러나 미국 경영학은 학문영역이 좁지만 깊이가 상대적으로 깊다.

미국 경영학에서 기업은 계속기업(going concern)으로 보고, 이를 영원히 지속시키기 위하여 어떻게 합리적으로 관리해야 하는지에 초점을 두고 계획, 조직, 충원, 지휘, 통제 등에 초점을 두고 있다.

4. 학문체계상 특징

독일 경영학은 이론과학적 성격이 강하여 경영학의 총론부문에 경영학사를 포함하고 있고, 각론부문에 경영의 유형에 따라 구별되는 기관별(institutional) 체계에 따라 공업 경영학과 상업 경영학으로 분류한다.

그러나 미국 경영학은 실천과학적 성격이 강하여 총론 부문을 경영관리에 국한하고, 각론 부문은 경영의 유형에 관계없이 모든 경영에 공통되는 기능별(functional) 체계에 따라 생산관리, 재무관리, 인적자원관리, 마케팅관리로 구분하여 연구하고 있다.

제 5 절 Z이론의 출현

독일과 미국의 경영방식을 중심으로 발전해 오던 경영이론에 일본식 경영을 절충시키는 이론이 나타났는데, 일본계 미국인 오우치(W. Ouchi) 교수가 제안한 Z이론(Z theory)이다.

오우치 교수는 세계 경기가 불경기에 접어들면서 미국방식의 경영보다 일본기업의 경영방식이 두각을 나타내는 면에 착안하여 미국방식에 일본방식을 절중하는 이론을 발표하였다. 즉, 미국 관리방식의 사고는 기존 기술과 과학적인 접근방식을 높이 평가하는 반면 인적 요소에 대한 개선은 당연시 하는 분위기였다. 그러나 당시 미국에서는 효율적인 협동작업을 가능케 하는 인적자원관리 방식을 배워서 실천해야 한다는 반성이 일어나고 있었다.

오우치교수는 일본기업과 미국기업의 생산성 격차가 양국의 문화적 특성이나 행동방식 상의 차이, 또한 이로부터 크게 영향을 받고 있는 기업조직과 경영관리방식 상의 차이에서 기인하는 것으로 주장하고 있다. 이러한 상황에서 오우치 교수는 더 열심히 일한다고 해서 생산성이 증대되는 것은 아니며, 개개인의 노력을 생산적인 방식으로 조정·통합하고, 구성원들에게 인센티브를 주어 생산성을 높이는 방향으로 유도함으로써 성취할 수 있다고 주장하였다.

오우치 교수는 전통적인 미국식 관리스타일(A타입)과 일본식 관리스타일(J타입)을 비교하여 좋은 점은 받아들이거나 비교를 통해 절충하면서 새로운 이론인 Z이론(Z타입)을 창출하였다. 이러한 Z이론의 창출과정과 내용을 보면 〈표 2-2〉와 같다.

〈표 2-2〉 미국 · 일본 경영방식의 절충이론

요인	미국식 경영	일본식경영	Z이론 (미 · 일 절충 방식)
고용기간	상대적으로 단기 사업이 힘들면 노동자는 해고됨	종신고용: 비용절감을 위해 해고하는 일은 절대 없음	장기적 고용, 반드시 종신일 필요는 없음, 해고는 부적절함, 안정적이고 성실한 인력, 경영환경의 개선은 신규 채용과 훈련을 필요로 하지 않음
평가 및 승진속도	상대적으로 빠름	상대적으로 느림	계획적으로 느림, 경영자는 철저히 교육을 받고 평가됨
기능영역의 전문화	전문화가 상당히 진전됨, 노동자는 단일 기능영역에 대한 전문성 획득	최소한의 전문화, 노동자는 기능영역 대신 조직에 대한 전문성 획득	중간 정도의 전문화, 모두들 조직의 다양한 기능을 체험하며, 단일 영역이 아니라 회사를 위해 이로운 것이 무엇인지에 대한 의식을 가짐
의사결정	개인의 의견에 기반을 둠	관련 부서 모두의 견해를 취합	더 나은 의사결정과 수월한 실행을 위해 집단 의사결정
성공 · 실패 책임	개인에게 부과됨	집단이 공유함	개인에게 부과됨
경영자의 통제	매우 명확하고 공식적임	암묵적이고 비공식적임	상대적으로 비공식적이지만, 성과측정은 명확함
노동자에 대한 배려	직무와 관련된 노동자의 삶에 초점을 맞춤	노동자의 삶 전체로 확장함	상대적으로 가족을 포함한 노동자의 삶 전체를 배려함

자료원 : L. J. Gitman and C. McDaniel(2005), *The Future of Business*, 2nd Edition, Thomson의 수정.

Z이론은 A형과 J형을 선택 또는 절충을 통하여 형성하고 있다. 장기적 고용관계, 완만한 능력평가와 승진제도, 순환근무제, 구성원들의 능력개발을 위한 투자, 구성원들 간 활발한 의사소통과 협동적 노력의 강조, 수익성보다는 고객 중시의 경영원칙, 중간 정도의 전문화, 집단 의사결정, 개인의 책임, 구성원들에 대한 상대적으로 비공식적인 통제, 그리고 노동자에 대한 배려를 강조하였다[그림 2-4].

[그림 2-4] 오우치의 절충이론 Z

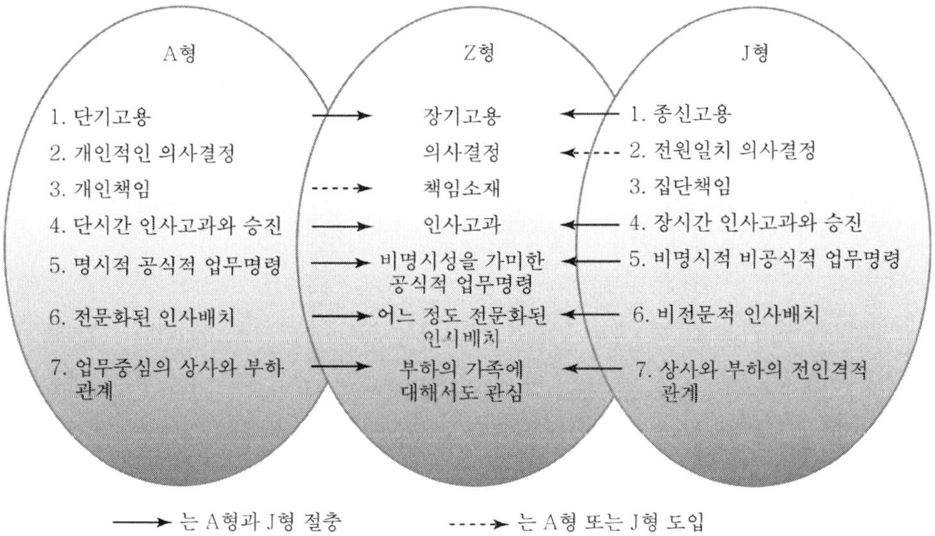

Z이론의 주장에도 불구하고, 지난 10여 년간 장기적 관계의 창출에 초점을 맞춘 일본식 경영철학에 대한 숭배는 쇠퇴하였다. 집단적 사고, 위험회피, 그리고 구성원들이 스스로를 위한 생각은 하지 않는다는 문화적 믿음도 쇠퇴하였다. 이러한 구성원들의 순응성은 글로벌 시장에서 일본 기업의 경쟁력을 제한하고 있다. 오늘날 사람들은 일본 기업들이 성장하기 위해서는 미래지향적으로 행동해야 하며 민첩해질 필요가 있다는 것을 깨달았다.

제 6 절 경영학 사상의 체계

미국 경영이론은 [그림 2-5]에서 보듯이 과학적 관리법에서 시작하여 인간행동이론, 행동과학이론, 조직이론, 시스템이론, 상황적합이론으로 발전하였다.

[그림 2-5] 미국 경영이론의 사상체계

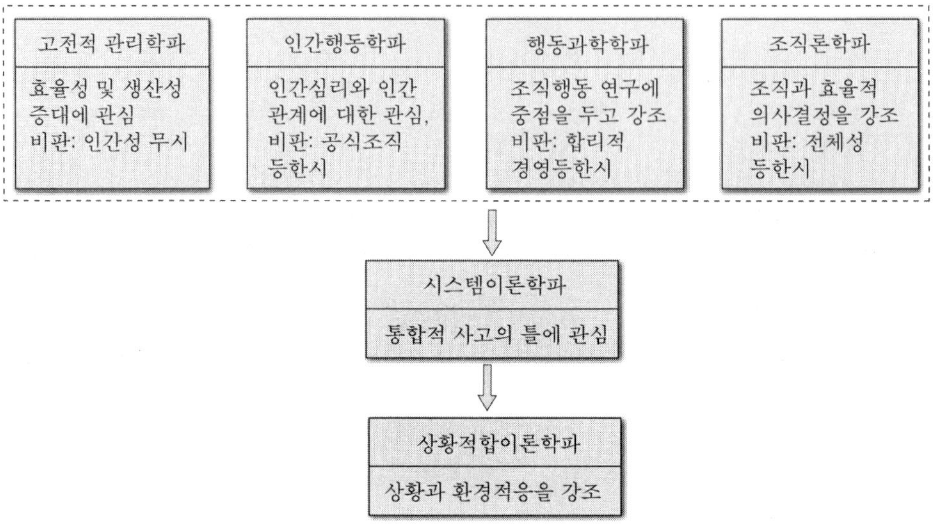

효율성과 생산성을 강조하는 과학적 관리와 모든 조직 경영에 관심을 둔 일반관리론을 인간의 기계화, 경제적 인간관, 노동착취라는 비판을 받으면서 인간심리와 인간관계를 강조하는 인간행동학파가 한 시대를 풍미하게 되었다.

인간행동학파는 인간행동을 과학적으로 연구하는 행동과학과 심리학으로 해석하는 산업심리학에 대한 관심을 증대시켰다. 특히, 인간관계론은 비공식집단의 중요성, 인간적 욕구에 의한 개인의 행동 동기, 인간중심의 경영, 참여 경영 등을 주장하면서 행동과학의 기초를 마련하였다.

행동과학학파는 인간의 행동에 중점을 두고, 심리학, 사회학, 인류학의 이론을 받아들여 인간행동을 객관적이고 과학적인 관찰을 통해 조직관리와 관련된 인간행동을 연구하여 종합적 학문으로 발전시켰다. 이러한 연구는 인간관계나 인간의 심리만을 지나치게 강조하여 능률을 높이기 위한 합리적 경영을 등한시 하였다.

이러한 행동과학학파의 비판을 개선하기 위해서 조직론학파는 조직과 효율적인 의사결정을 강조하게 되었다. 이들은 합리적 경영과 인간적 경영을 연결하면서 조직은 복잡한 시스템으로 환경과 상호작용하는 개방시스템(opcn system)이므로 내부 환경뿐만 아니라 외부 환경과도 균형적 거래를 유지해야 한다고 주장하였다. 이들은 제한된 합리성 내에서 의사결정을 하는 것이 가장 현실적이라고 주장하였다.

시스템이론학파는 과학과 사회가 발전할수록 여러 학문분야 간의 교류가 증진되어야 하고, 이들이 통합할 수 있는 공통적인 사고의 틀로서 제시한 것이 시스템이론(system theory)이다. 이전의 경영은 조직의 합리성과 구성원들의 만족 등 조직 내부의 부분적인 요인에만 초점을 두고 연구가 되어 왔는데, 조직을 개방시스템으로 보고 외부 환경과의 균형을 유지하고 이들과의 상호관계를 동시에 연구해야 할 필요성을 제기하였다.

상황적합이론학파는 시스템이론이 전체 학문에 관련된 추상적이고 일반적인 시각만 가지고 있었기에 조직관련 학자들은 그 이론을 조직의 구체적인 사안에 도입하여 조직운영과 직접 관련된 해결책을 찾으려고 시도하여 상황적합이론(contingency theory)을 확립하였다. 이들은 상황과 환경에 효율적으로 적응하는 기업이 성공하고 성장할 수 있다는 것을 강조하고 있다.

경영사상 세 마당 고전적 관리론

1. 고전적 관리론의 출현

H. Fayol

고전적 관리론은 프랑스 산업가인 페이욜(H. Fayol)을 중심으로 좋은 관리조성을 위한 관리원칙을 실천하려는 통합적 기능을 찾고자 노력하는 이론이다. 페이욜은 경영관리의 보편성을 생각하였고, 이를 시스템화시켜 합리적인 경영관리를 통해 조직의 효율성을 높일 수 있다고 주장하였다.

그는 기업 활동을 생산과 같은 기술 활동과 구매·판매와 같은 상업적 활동, 재무 활동, 회계 활동 및 관리 활동으로 분류하고, 조직구성원들을 시스템적으로 관리하기 위해 기본적으로 필요한 관리자의 계획·조직·지시·명령·통제의 임무를 제시하였다. 즉, 계획(plan)은 미래에 대한 목표를 설정하고 달성하기 위한 행동계획을 수립하며, 조직(organization)은 계획을 실행하기 위해 필요한 자원을 준비하며, 지시는 조직구성원들을 선발·배치하여 행동계획에 따라 지휘하며, 명령은 목표 달성을 위해 다양한 활동을 적절히 조절하며, 통제는 계획대로 진행되는지를 살피고 필요하면 수정하는 것이다.

2. 관리론의 일반 원칙들

1916년 프랑스에서 산업의 일반관리(general management of industry)라는 제목 하에 일반적인 경영원리를 주장한 페이욜의 논문이 최초로 발간되었다. 이 논문이 프랑스에서 판을 거듭하여 출간되었는데도 불구하고, 1929년 까지는 영어로 번역되지 못했고, 1929년에 이르러 제네바 국제경영관리협회가 발행한 영문판이 영국 이외의 지역에서 판매될 수 있었다. 그리어(S. Greer)가 페이욜의 논문 중 하나를 1923년에 영어로 번역함으로써 미국경영학에서 페이욜의 주장이 관심을 불러 일으켰으나, 이 논문의 영어번역판은 1949년에 이르러서야 출판되었다. 후에 영국의 학자인 거릭(L. H. Gulick)과 어윅(L. Urwick)의 논문을 통해서 페이욜의 일반적인 이론개요가 소개되었다.

1) 산업 활동

페이욜은 개별적으로 수행되는 산업 활동을 6개의 부분으로 나눌 수 있다고 보았다. 즉 기술적 활동(생산), 상업적 활동(구매·판매·교환), 재무적 활동(자본의 조성과 운용), 안전 활동(인명·재산의 보호), 회계 활동(통계, 회계), 관리적 활동(계획·조직·지시·명령·통제) 등이다. 이러한 활동을 페이욜은 기업 규모의 대소를 불문하고 어느 기업에나 존재한다는 점을 지적하면서 이러한 6개의 기능 중에서 5개 기능은 널리 알려져 있는 것으로 보고, 그의 저서에서는 주로 6번째 기능인 관리적 활동에 대해 중점적으로 논술하고 있다.

2) 관리의 일반원리

페이욜은 관리의 일반원칙(general principles of management)이 절대적인 것이 아니며, 변화하는 상황이나 특수한 여건 하에서도 적용가능 한 것이어야 한다는 점에 주목하여 경험에 입각한 14개 항목을 열거하였다.

- 분업(division of work): 경제학자들이 노동의 효율적 이용을 위해 필요하다고 보는 전문화(specialization)를 말한다. 페이욜은 기술적인 작업은 물론 관리적 업무 등 모든 업무에 분업의 원리를 적용하였다. 전문화의 정도가 높을수록 효율성이 증가하며, 이에 따라 생산성이 증가한다.
- 권한과 책임(authority & responsibility): 권한과 책임이 서로 깊이 관련되어야 함을 알았다. 즉, 책임은 권한의 자연적인 결과이며, 권한으로부터 생겨난다고 보았다. 페이욜은 권한과 책임을 관리자의 직위로부터 생겨나는 공식적인 것과 지성, 경험, 도덕률, 과거의 업적 등이 복합된 개인적인 요소의 결합이라고 보았다. 관리자는 명령을 내릴 수 있는 권한과 책임을 수반하는 권위가 있어야 한다.
- 규율(discipline): 복종, 근면, 열성, 존경의 외적 표현 등을 이루려는 합의를 존중하는 것으로 어떤 계층에서든 이러한 규율이 확립되기 위해서는 훌륭한 상사가 필요하다고 주장하였다. 조직 구성원들은 조직을 지배하는 규율이나 규칙을 준수해야 한다.
- 명령 일원화(unity of command): 조직 구성원들이 한사람의 상사에게서만 명령을 받아야 한다.
- 지휘 일원화(unity of direction): 동일한 목표를 가지고 활동하는 각 집단은 한 명의 상사와 한 개의 계획을 가져야만 한다. 명령의 일원화와 차이점은 지휘의 일원화는 인적요소에 대한 것이라기보다는 조직체로서 회

사와 관계가 있다.

- 전체의 이익을 위한 개인의 복종(subordination of individual to general interest): 전체의 이익과 개인의 이익이 충돌할 경우 사용자는 이를 조정해야 한다. 즉, 개인이나 집단의 이해가 조직 전체의 이해에 우선해서는 안 된다.
- 보상(remuneration): 보상의 금액과 지불방법은 공정해야 하며 기업가와 노동자 모두에게 똑같이 최대의 만족을 주는 것이어야 한다.
- 집중화(centralization): 권한의 집단화라는 말을 사용하지 않고 이를 권한이 집중되거나 분산되어야 하는 정도라고 주장하였다. 개별적인 여건에 따라 전체적 이익을 가져다주게 될 집중과 분산의 정도가 결정된다.
- 계층 연쇄(scalar chain): 최상위로부터 최하위에 이르기까지 상급자의 연쇄로 보고 있다. 이를 엄격하게 따른 것이 불리할 때는 단축시켜야 할 필요가 있다. 즉, 조직은 위에서 아래로 견고한 커뮤니케이션 경로를 가지고 있어야 한다.
- 질서(order): 질서를 물질적(material)인 질서와 사회적(social)인 질서로 나누어, '어느 누구에게나 하나의 장소를 어느 누구나 자기 위치에'라는 격언을 따랐다. 이것은 인적, 물적 요소의 배치에 핵심이 되는 조직원칙이다. 즉, 적재적소에 있어야 한다면서 본질적으로 물질과 인간을 체계화하는 조직의 원칙이다.
- 공평(equity): 상사에 대한 구성원들의 충성 및 헌신은 구성원들을 공평하게 다루는 상사의 친절과 정의감이 결합함으로써 이루어지는 것이다.
- 직장의 안정성(stability of tenure): 불필요한 전직(turnover)은 나쁜 경영관리의 원인이자 결과라는 것을 알았기 때문에 관리자는 기업 구성원들의 신분 안정을 위하여 노력해야 한다.
- 솔선력(initiative): 이는 스스로 계획을 세우고 실천하는 것이다. 이것은 지성인이 경험할 수 있는 가장 만족할 만한 것이기 때문에 구성원들의 솔선력의 실천을 권장하기 위하여 사용자가 개인적인 자만을 버려야 한다고 권고하고 있다.
- 단결심(esprit de corps): 뭉치면 힘이 나온다는 원리를 말한다. 이는 명령의 일원화를 확대시킨 것이며, 팀의 중요성과 그것을 조성하기 위한 의사소통의 중요성을 강조한다.

3) 관리과정의 구성요소

페이욜은 관리요소를 계획 · 조직 · 지시 · 명령 · 통제 등의 기능으로 보았다. 그의 연구 대부분은 이들 기능의 연구실험에 집중했으며, 그 후 현재까지 다른 사람들의 연구와 경험에도 불구하고, 그가 연구한 결과는 유효한 것으로 나타나고 있다. 페이욜은 연구논문의 전체에 걸쳐 원칙의 보편성을 이해하는데 초점을 두고 있다. 이러한 원칙들은 기업뿐 아니라, 정치, 종교, 군사 등의 활동을 수행하는 데에도 적용될 수 있다고 주장하고 있다. 관리이론의 정립은 모든 기업이 관리활동을 필요로 하므로 그것을 효과적으로 교육시키기 위해서도 필요하다.

3. 페이욜 관리론에 대한 평가

관리과정이론은 관리과정을 분석하고, 이에 대한 원칙을 구체화시켜 경영이론을 확립하고자 하였다. 특히, 페이욜은 조직에서 사용자의 관리기능을 시스템화하고 그 기능을 수행함에 있어서 도움이 될 수 있는 여러 원칙들을 구체적으로 제시해줌으로써 관리이론의 발전에 크게 공헌하였다.

관리의 일반원리들이 서로 중복되고, 페이욜의 제한된 경험과 관찰에 바탕을 두고 있다는 비판이 있기는 하지만, 페이욜의 이론은 1930년대와 1940년대에 무니(J. D. Mooney), 레일리(A. C. Reiley), 어윅(L. Urwick), 바너드(C. I. Barnard) 등을 거치면서 여러 원칙과 기능들이 보완되고 보다 현실성 있는 이론으로서 자리를 잡고 있다.

제 3 장 기업의 유형

제 1 절 기업의 유형

1. 기업의 분류기준

1) 소유에 따른 분류

협동적 생산실체로 기업관을 볼 때 본질적인 성격과 동일한 특성을 갖는 기업은 어떠한 시대나 사회에도 존재해 왔으나, 기업이 조직되는 방식이나 수행하는 활동의 내용에 따라 큰 차이가 있을 수 있다. 〈표 3-1〉에서 보듯이 자본주의 기업들은 모두 동일하게 협동적 생산실체로서 특성을 가지고 있으므로 기업실체는 시스템을 초월하여 존재하는 것이다.

〈표 3-1〉 자본주의 기업유형의 비교

기업유형 / 비교내용	사기업	공기업
소유관계	자본주위적 사적 소유	자본주의적 공적 소유
생산관계	사적 기업 생산관계	공적 기업 생산관계
기업목적	영리목적	공공복지의 증진, 공공목적 원리
조직체 성격	영리적 상품생산 조직체	공적 상품생산 조직체
사회적 책임 이념	최근의 사회적 책임의 고조와 이의 구체화 실천화 요구	본격적인 사회적 책임의 추구
경영관리 원칙	영리원칙	공공용역 원칙, 공공규제 원칙 독립채산제 원칙, 생산성 원칙

자본주의 경제시스템에서 소유양식으로 기업을 분류하면, 사기업, 공기업, 공사합동기업으로 나누어지고, 기업이 수행하는 활동을 중심으로 기업을 분류하면, 사적 경제활동과 정부활동의 중간에 위치하여 준공공재를 공급하고, 시장상황이 독과점화되어 유효하게 작용하지 않는 분야에서 공공규제를 받으면서 경영되거나 정부의 공공정책 수행을 목적으로 하여 일반 사기업과는 다른 경영조건 하에서 운영되는 공공기업과 사기업으로 나누어진다. 이러한 유형은 공기업, 공익기업, 국유화기업, 공기업체, 공사, 공단, 사업단, 특수법인 등이 포함된다.

2) 규모에 따른 분류

현실적으로 존재하는 기업은 규모의 격차가 커서 대규모 기업인 대기업, 중소규모의 중소기업이 있다. 이는 규모가 커짐에 따라 단위당 생산비용이 낮아져 생기는 이익을 규모의 이익이라 하는데, 이러한 이점을 누리기 위해 기업은 지속적으로 대규모화 하지만, 대규모화가 반드시 유리한 것만은 아니다.

오늘날 대다수의 기업은 대량생산의 이점을 추구하기 위해 규모를 확대하여 대규모 경영을 하는 경향이 있다. 그러나 업종에 따라서는 중소기업이 유리한 경우도 많고, 중소규모의 기업의 비중이 높아서 국민경제상 중소 규모의 기업이 차지하는 비중이 매우 높다.

3) 기업결합에 따른 분류

기업집단(business group)은 기술적인 관점이나 기업의 기능적 관점에서 서로 보완하려는 목적으로 각 참가기업의 자주성을 전제로 대등성의 원칙하에 형성되는 기업결합 유형이다. 이러한 기업진단은 그 자체로서 집단기능을 수행하는데 이는 기업집단이 집단으로 조직화되어 작용을 하는 것이다. 이러한 기업집단의 기능은 구속기능, 혁신기능, 방어기능, 협동기능, 계획기능, 조정기능, 측정기능, 연구개발 기능 등이 있다.

4) 활동영역에 따른 분류

기업의 활동영역에 따라 분류하면 국제기업과 글로벌 기업으로 나누어진다. 개방적 경제시스템에서 존재하는 기업들은 국제화 과정을 통하여 해외 기업 활동을 수행하게 된다. 국제기업(international business)은 국제적으로 기업 활동을 하는 기업으로 특정 기업의 판매액, 이익, 자산, 고용 및 생산액 중에서 어느 하나를 해외시장에서 기업 활동에 의해 25% 이상 달성하는 기업을 말한다.

글로벌 기업(global business)은 세계 여러 나라에 합작투자회사나 자회사를 설립하고 운영하여 그 지역에 적합한 생산과 마케팅 전략을 펼치고, 모기업은 이들 전략의 조정과 통합에 강조를 두는 기업이다.

2. 기업의 유형

기업 유형은 생산경제에 활용되는 생산수단의 소유와 경영의 지배구조적 관계를 나타내는 것이다. 기업은 자본을 제공하는 출자자가 누구인지에 따라 사기업과 공기업으로 나눈다. 사기업은 자본주의 경제의 대원칙을 바탕으로 개인이 출자한 영리추구를 목적으로 하는 기업이고, 공기업은 국가나 지방자치단체에서 출자한 공익을 목적으로 하는 기업이다.

자본주의 원리인 소유양식에 따라 기업 유형을 보면, 기업은 사기업, 공기업 및 공사합동기업 등으로 나눌 수 있다. 기업 활동양식에 따라 기업 유형을 보면, 자연적 독점, 사회비용, 소득 재분배 등의 이유로 정부의 개입이 필요한 공익부문에 정부나 지방자치단체에서 출자한 공기업과 개인이 영리를 목적으로 출자한 사기업, 공사합동기업으로 나눌 수 있다. 또한 자본협동방식에 따라 기업 유형을 보면, 단독기업과 공동기업으로 나눌 수 있으며, 공동기업은 인적 공동기업과 자본적 공동기업으로 나눌 수 있다〈표 3-2〉.

〈표 3-2〉 기업의 유형

분류기준			기업 유형
사기업	단독기업		개인기업
	공동기업	인적공동기업	합명회사
			합자회사
			유한회사
		자본적 공동기업	주식회사
			협동조합
공기업			국영기업, 공사, 공단, 공익기업
공사합동기업			특수회사

개인기업은 기업 소유의 가장 보편적인 형태이다. 미국의 경우 전체 기업 중에서 72%가 개인기업이며, 20%는 주식회사, 8%는 공동기업의 형태를 취하고 있다. 그러나 배출액은 이와 대조적으로 주식회사는 총매출 중에서 86%, 총이익 중에서 66%를 벌어들이고 있어서 대부분의 개인기업이나 공동기업의 규모가 상대적으로 작음을 알 수 있다〈표 3-3〉.

〈표 3-3〉 소유구조 비교

	숫자	매출비율	이익비율
개인기업	72%	4%	15%
공동기업	8%	10%	19%
주식회사	20%	86%	66%

자료원: Internal Revenue Service, as reported in Table 731, US Bureau of the Census, Statistical Abstract of the United States, 2003, 123rd ed., washington DC: U.S. Government Printing Office 2003), p. 495.

제 2 절 사기업

사기업은 출자 · 경영 · 지배가 개인에 의해서 이루어지며, 기업의 참여자가 단수인지 복수인지에 따라 단독기업과 공동기업으로 나눈다. 공동기업도 구성원들의 인적 유대와 자본적 유대 중 어느 것이 중요한지에 따라 인적 공동기업과 자본적 공동기업으로 나눈다.

1. 사기업의 특성

현대 사기업은 본질적으로 협동적 생산실체관의 성격을 가지고 있고, 모두 동일한 특성을 가지고 있어서 어떠한 시대나 사회에도 존재하지만, 기업이 조직되는 방식이나 수행하는 활동의 내용에 따라 차이가 있을 수 있다. 이러한 사기업으로서 공동기업의 경우, 인적 공동기업과 자본적 공동기업은 어떻게 다르며, 이에 속하는 기업들은 어떠한 특성을 가지고 있는 것일까? 이러한 사기업의 유형별 특성은 〈표 3-4〉와 같이 요약할 수 있다.

〈표 3-4〉 인적 · 자본적 공동기업의 특성

특징 \ 구분	합명회사	합자회사	유한회사	주식회사
사원의 구성	무한책임사원	무한책임사원 1인 유한책임사원 1인	유한책임사원	유한책임주주
사원의 책임	전원 연대무한 책임	무한책임 유한책임 (출자한도)	전원 출자한도의 유한책임	출자한도의 유한책임
회사의 성격	인적 사기업	준인적 사기업	준인적 · 준물적 사기업	물적(자본적) 사기업
사원의 수	2인 이상	무한 · 유한 책임사원 각 1인 이상	2~50인 미만	발기인 3인 이상

2. 개인기업

개인기업(solo proprietorship)은 개인이 출자하여 직접적으로 경영하는 원칙적으로 출자 · 경영 · 지배가 한 개인에 의해 이루어지는 기업으로서 가장 기본적인 기업 유형이다. 이들은 경영상의 모든 위험과 손실을 기업가가 직접 부담하고 이익도 단독으로 획득할 수 있다.

이러한 개인기업의 장점은 다음과 같은 것들이 있다.

- 기업의 설립과 폐업이 용이하다.
- 이익과 위험부담을 기업가 단독으로 취득하고 부담하기 때문에 경영에 관심이 크다.
- 경영 환경변화에 신속하게 대처할 수 있다.
- 경영상에서 나타난 비밀을 유지할 수 있다.
- 개인 소득세만 납부함으로써 세재상의 부담이 상대적으로 적다.
- 기업을 경영하는데 있어서 법률상으로 제약과 규제가 적다.

반면에 개인기업의 단점은 다음과 같은 것들이 있다.

- 개인에 의한 자금조달에 한계가 있다.
- 경영자는 부채에 대해 무한책임을 진다.
- 기업 규모가 커지면 관리능력의 한계로 관리능률이 저하될 수 있다.
- 개인에 의존함으로 기업의 존속 · 유지에 불확실성이 크다.
- 승진기회가 적어 구성원들의 사기가 저하된다.
- 개인에 의해 의사결정이 좌우됨으로 기업 운영에 문제가 대두될 수 있다.

3. 인적 공동기업

인적 공동기업은 두 사람 이상의 사원이 필요하며, 합명회사, 합자회사, 유한회사로 나눈다.

1) 합명회사

(1) 합명회사의 의의

합명회사(ordinary partnership)는 2명 이상의 출자자가 공동으로 출자하고, 회사의 채무에 대해 연대무한책임을 지면서 2인 모두 직접 기업경영에 참여한다. 즉, 사원은 회사의 채무를 회사채권자에 대하여 직접 연대하여 변제할 무한책임을 진다(상법 212조). 따라서 정관에 다른 규정이 없는 한 사원은 회사의 업무를 집행하고 회사를 대표하는 권한을 가진다(상법 제200조 · 207조).

합명회사는 각 사원이 회사의 채권자에 대하여 직접 책임을 지기 때문에 대외적으로 인적 신용이 중시되고, 사원의 책임 강도는 내부적으로 사원 상호 간의 신뢰관계를 필요로 한다. 동시에 사원의 기업경영에 대한 참가를 강화함으로써 회사는 개인기업의 공동경영과 같은 인상을 주게 된다.

(2) 합명회사의 설립절차

합명회사는 설립절차가 간단하며, 정관을 작성하여 설립등기를 하면 회사가 성립한다. 출자에 있어서는 재산출자에 한하지 아니하며, 노무출자·신용출자도 인정된다. 또 입사 및 사원의 지위의 양도는 다른 사원의 승낙을 필요로 하며(상법 제197조), 반면에 퇴사의 자유가 인정되고 제명제도가 있다.

합명회사는 원칙으로 각 사원이 업무집행권 및 대표권한을 가지며, 대리상이나 지배인 등 특정 지위에 있는 사원이 그 영업주나 본인의 영업과 경쟁이 되는 행위를 하지 말아야 하는 의무인 경업피지의무를 진다(상법 제198조). 청산에 있어서는 법정청산 외에 임의청산도 할 수 있다. 따라서 합명회사는 자본적 결합의 색채보다도 가족적·인적 결합의 색채가 짙은 전형적인 인적회사이며, 인적 신뢰관계가 있는 소수의 인원으로서 구성되는 공동기업에 적당한 회사이다.

(3) 합명회사의 장단점

이러한 합명회사의 장점은 다음과 같은 것들이 있다.

- 혈연관계에 적합한 기업형태이다.
- 기업 설립과 폐쇄가 상대적으로 용이하다.

반면에 합명회사의 단점은 다음과 같은 것들이 있다.

- 무한책임사원이어서 부채에 내해 연대무한책임이 있다.
- 회사운영에 관한 의사결정이나 지분양도에 전사원의 동의가 필요하다.
- 자본 조달에 한계가 있다.

2) 합자회사

(1) 합자회사의 의의

합자회사(limited partnership)는 무한책임사원과 유한책임사원으로 구성되는 복합적 조직의 회사로 2인 이상의 출자자가 있어야 한다. 1인 이상의 무한책임사원은 출자를 하고 경영에 참여하며, 1인 이상의 유한책임사원은 출자만 하고 경영에 참여하지 않는다. 따라서 합자회사는 사단법인이지만, 사원 간의 개인적 신뢰를 기초로 하기 때문에 조합적 성격을 띠며, 인적회사에 속하므로 원칙적으로 합명회사와 같이 취급되므로 상법의 별단의 규정이 있는 경우를 제외하고는 합명회사의 규정을 준용하고 있다.

(2) 합자회사의 설립절차

합자회사의 설립절차는 2인 이상의 사원이 공동으로 정관을 작성하는데, 정관은 절대적 기재사항과 상대적 기재사항이 있다. 정관의 절대적 기재사항은 기업의 목적, 상호, 사원의 성명. 주민등록번호 및 주소, 사원 출자의 목적과 가격 또는 평가의 기준, 본점의 소재지, 정관의 작성 연, 월, 일 등이 있다.

설립등기는 상법 제179조 제1호 내지 제3호 및 제5호의 사항과 지점을 둔 때에는 그 소재지를 규정해야 한다. 다만, 회사를 대표할 사원을 정한 때에는 그 외의 사원의 주소를 제외하고, 사원의 출자 목적, 재산 출자에는 그 가격과 이행한 부분, 존립기간 기타 해산사유를 정한 때에는 그 기간 또는 사유, 회사를 대표할 사원을 정한 때에는 그 성명, 여러 명의 사원이 공동으로 회사를 대표할 것을 정한 때에는 그 규정 등을 등기해야 한다.

법인사업자 등록절차는 법인사업자가 사업을 수행하기 위해서는 관할 세무서에 사업자등록 신청을 하여야 한다. 이 경우 기본적으로 법인 등기부 등본, 법인사업자 등록신청서 등을 작성하여 관할 세무서에 안내를 받아 신청해야 하며, 신규로 사업을 개시하는 자는 사업장마다 사업개시일로부터 20일내에 사업장을 관할하는 세무서에 사업자등록을 신청하여야 한다.

(3) 합자회사의 장 · 단점

합자회사는 합명회사에 비해 유한책임사원이 출자하기 때문에 자본조달이 용이하지만, 유한책임사원은 경영에 참여하지 않고, 지분 양도할 때도 무한책임사원 전원의 승인을 얻어야 한다. 따라서 합자회사는 지분양도가 어려워 실제로는 성장에 어느 정도 한계가 있다.

이러한 합자회사의 장점은 다음과 같은 것들이 있다.

- 개인 기업에 비해 기업신용이 우월하다.
- 개인 기업에 비해 자금동원 능력이 크며, 관리의 전문화를 향상시킬 수 있다.
- 기업의 폐업이 비교적 용이하다.
- 법률상의 제약이 주식회사보다 상대적으로 적다.

반면에 합자회사의 단점은 다음과 같은 것들이 있다.

- 출자분의 회수가 상대적으로 어렵다.
- 파트너 간에 의견대립이 있을 경우 폐업가능성 있다.
- 기업의 소유권 이전 시 많은 제약이 따른다.

3) 유한회사

(1) 유한회사의 의의

유한회사(limited liability company)는 소수의 사원과 소액의 자본으로 운영되는 중소기업에 적당한 기업 유형이다. 이는 출자에 따른 무한책임의 부담을 줄이기 위해 유한책임사원만으로 설립되는 법인이다.

유한회사는 독일의 유한책임회사법을 모델로 하여 1938년 일본에서 유한회사법이 제정됨으로써 일본 · 한국 등에 처음으로 등장한 기업 유형이다. 한국에서는 상법 제5장 유한회사편에 규정하고 있다(상법 제543조~제613조).

유한회사의 출자자인 사원의 수는 2인 이상 50인 미만으로 한정하고 있다. 전체 사원은 출자금 한도 내에서 기업 부채에 대해 책임을 지는 유한책임 사원이며, 우리나라 상법상 유한회사는 자본금은 1,000만 원 이상으로 다수의 균등액 출자(1좌 금액 5,000원 이상)로 규정하고 있다. 사원 전원(50인 이내)이 자본에 대한 출자의무를 진다(상법 제545조·제546조·제553조). 사원 출자에 비례하여 의결권을 부여하고 지분을 타인에게 양도할 때는 사원총회의 특별의결을 얻어야 한다.

(2) 설립절차

유한회사는 많은 면에서 주식회사와 유사하나 설립 절차와 운영 방법이 주식회사에 비해 매우 간단하고 법적 규제도 완화하고 있다. 설립절차는 간단하고 발기설립에 해당하는 방법만이 인정되며, 모집설립은 인정하지 않고 있다. 또한 감사제도는 없으나 대신 사원의 전보책임이 인정되고 있다. 즉, 유한회사의 사원은 현물 출자의 실가 전보책임(상법 제550조·제593조), 회사 성립 후 출자 미필액 전보책임(상법 제551조), 조직변경 시의 순재산액 전보책임(상법 제607조) 등의 전보책임을 부담한다. 1인 또는 다수의 이사를 두어야 하며(상업 제561조), 이사회나 대표이사라는 기관의 분화는 없으며, 또한 감사도 임의기관이다(상법 제568조).

사원총회의 소집절차도 간소화되어 있어서 서면에 의한 결의방법도 인정하고 있다(상법 제577조). 사원의 수는 원칙적으로 50인을 초과하지 못하며(상법 제545조), 사원에게 법정의 출자인수권을 인정하고(상법 제588조), 지분 양도의 자유를 인정하지 않아, 사원 이외의 사람에 대한 지분의 양도를 제한하고(상법 제556조), 지분의 유가증권화를 인정하지 않는다. 주식회사와 유사점이 많아 주식회사에 관한 규정이 준용된다. 합병이나 조직변경은 주식회사와 유한회사 상호간에만 인정된다(상법 제600조·제604조·제607조).

유한회사의 기관으로는 사원총회, 이사회 및 감사가 있고, 감사는 법정 필수기관은 아니다. 사원총회는 이사 및 감사의 선임과 회사의 중요사항을 의결한다. 이사는 반드시 사원 중에서 선임할 필요는 없으며, 회사운영에 관한 총체적인 책임을 진다. 또한 유한회사는 기업을 공개할 의무를 면제하고 있다.

(3) 유한회사의 장점

이러한 유한회사의 장점은 다음과 같은 것들이 있다.

- 법인소득세를 따로 내지 않고, 각 사원들의 개인소득세만을 통해 사업에 대한 세금을 납부할 수 있어 이중과세가 없다.
- 유한 사원들은 개인 무한법률책임을 피할 수 있다.
- 설립 및 유지가 비교적 간단한 사업체 형태이다.

반면에 유한회사의 단점은 다음과 같은 것들이 있다.

- 지분의 양도가 자유롭지 못하다.
- 규모가 큰 기업에는 적합하지 못하다.

4. 자본적 공동기업 : 주식회사

1) 주식회사의 의의

주식회사(corporation)는 주주의 출자자산을 바탕으로 하여 상법에 의해서 설립된 법인체이기 때문에 인적 결합보다는 자본적 결합이 중요한 성격을 갖는다. 즉, 주식회사는 하나의 자본단체로서 주주의 출자재산을 바탕으로 설립되기 때문에 자본의 결합이 중요한 것이지 인적 결합은 중요하지 않다. 주식회사는 자기가 인수한 주식의 금액을 한도로 회사에 대하여 출자의무를 지게 되어 있어서 회사채권자에 대하여는 유한책임사원인 주주만으로 구성되는 회사이다.

따라서 실질적으로 주식회사는 영리를 목적으로 하는 자본 중심의 집단이며, 물적 회사의 전형적인 유형이다. 자본은 회사가 보유할 자산액을 표시하는 것이며, 실제로 회사가 보유하고 있는 자산의 총체인

회사자산과는 다를 수 있다. 따라서 상법은 회사성립 시는 물론이고, 그 존속 중에도 항상 자본에 상당하는 현실적인 자산을 회사가 보유하도록 노력하고 있는데, 이것은 자본 확정 · 자본유지 · 자본감소의 제한이라는 자본의 3가지 원칙에 나타나 있다. 주식회사의 자본은 전부 주식으로 분할하여야 하며(상법 제329조 제2항), 주식은 자본의 구성분자인 금액을 말한다. 각 주주는 자기가 가지고 있는 주식금액의 자본액에 대한 비율로 회사사업에 참여하고, 회사자산에 대한 몫을 가지고 있으므로 주주의 회사에 대한 권리와 의무는 보유주식을 단위로 하여 정하여진다. 또 각 주식의 금액은 균일하여야 하며(상법 제329조 제3항), 이로 인하여 각 주식은 평등한 대우를 받는다.

사원인 주주의 출자로 이루어지며, 권리 · 의무의 단위로서 주식으로 나누어진 일정한 자본을 가지고, 모든 주주는 그 주식의 인수가액을 한도로 출자의무를 부담할 뿐이어서 회사 채무에 대하여 유한책임을 진다. 따라서 주식회사의 기본적인 특색은 자본, 주식 및 주주의 유한책임에 있다고 할 수 있다.

주주는 주주총회의 결의에는 참가하지만, 업무집행인 경영에는 참여하는 것은 아니다. 주식의 양도는 자유로우며(상법 제335조), 일반적으로 사원수가 많아서 대자본을 흡수할 수 있으므로 대기업의 경영에 알맞은 제도이다.

2) 주식회사의 특징

자본적 공동기업으로서 주식회사가 갖는 특성은 자본의 증권화제도, 유한책임제도, 소유와 경영의 분리 등이 있다.

(1) 자본의 증권화 제도

기업의 경영자 입장에서는 거액의 자본을 장기적으로 사용하고, 안정된 자금을 사용할 수 있기를 원하지만, 투자자의 입장에서는 소액의 자본을 단기간 투자하고, 자본이 필요하면 언제든지 회수할 수 있기를 원한다. 이러한 경영자와 투자자의 욕구를 동시에 충족시키기 위해 고안된 제도가 자본의 증권화 제도이다[그림 3-1].

[그림 3-1] 자본증권화 제도의 이점

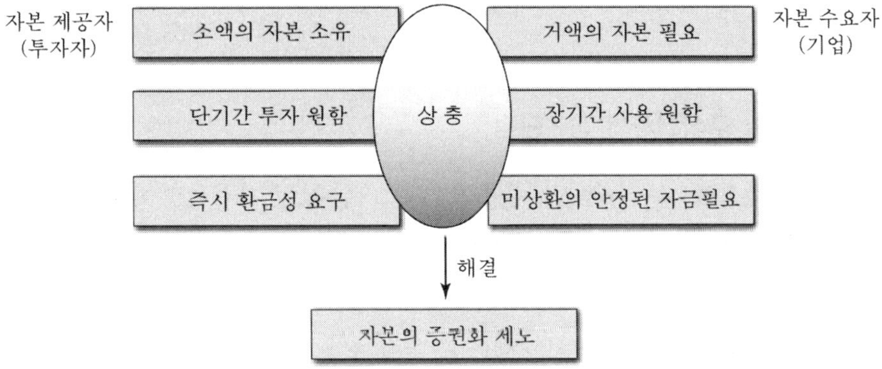

주식회사의 출자 자본은 유가증권인 주식을 발행하여 투자자에게 매각함으로써 조달된다. 이러한 주식을 소유한 주주의 권리는 이익배당 청구권, 잔여재산 분배청구권, 주주총회 의결권, 주주총회 소집청구권, 회사장부의 열람청구권 등이 있다. 주식은 증권시장을 통해 매매 양도가 자유롭기 때문에 투자와 회수 등 출자자의 편익을 보장하고 있다. 따라서 일반대중으로부터 소액의 자금을 다수 출자 받을 수 있기 때문에 용이하게 자금을 조달하여 기업 규모를 확대할 수 있다.

(2) 유한책임제도

주주는 자신이 투자한 투자금인 주식금액 한도 내에서 회사의 채무에 대해 책임을 지는 유한책임을 지고 있다. 이러한 제도는 기업의 채무가 아무리 많아도 자신이 보유하고 있는 주식의 한도 내에서 책임을 지는 것이다. 이러한 특성 때문에 투자를 용이하게 유치할 수 있어 대규모 자금조달이 가능하다.

(3) 소유와 경영의 분리

자본의 증권화 제도와 유한책임 제도를 통하여 투자자는 기업에 투자를 하지만, 직접 경영에 참여하지 않기 때문에 소유와 경영이 분리되며, 경영은 전문가인 전문경영자가 수행하게 된다. 이렇게 주주의 형태가 변화함에 따라 경영자의 유형도 소유경영에서 고용경영으로 다시 전문경영으로 변화하게 되면서 소유와 경영이 완전하게 분리하게 된다.

3) 주식회사의 장 · 단점

주식회사는 구조상 재정적, 인적자원을 효과적으로 활용해 이윤을 늘리고 성장할 수 있는 잠재력이 크다.

이러한 주식회사의 장점은 다음과 같은 것들이 있다.

- 주주는 유한책임을 진다.
- 소유권 이전이 주식의 매도로 용이하다.
- 대규모의 자금 조달이 가능하여 기업성장이 용이하다.
- 전문경영자에 의한 경영이 가능하다.
- 조직의 수명이 무한하다.

반면에 주식회사의 단점은 다음과 같은 것들이 있다.

- 법인세 등 세금의 종류가 많고 부담이 크다.
- 정부나 법적인 규제와 보고 의무가 요구된다.
- 기업의 이해관계자 집단과 이해조정의 문제가 제기될 수 있다.
- 기업 활동의 범주가 정관의 변경에 의해서만 가능하다.
- 회사 설립이 상대적으로 복잡하고 시간과 비용이 많이 소요된다.

4) 주식회사의 설립절차

주식회사는 많은 장점이 있지만, 주주들의 유한책임 때문에 설립절차가 개인회사나 인적 공동기업보다 훨씬 복잡하다. 주식회사의 설립에서는 우선 정관을 작성해야 되는데 정관에는 설립 시에 발행하는 주식의 총수, 1주의 금액을 기재하고, 주식인수인의 확정, 이사·감사의 선임 등을 기재해야 한다. 이러한 정관작성과 설립등기 외에도 회사의 실체를 구성하는 절차가 필요하다.

설립방법은 실체를 구성하는 절차에 따라 주식회사의 설립방법이 설립 시에 발기인들이 발행하는 주식의 총수를 모두 인수하는 발기설립과 발기인이 주식 총수의 일부만을 인수하고, 나머지의 주식은 발기인 이외에 주주를 모집하는 모집설립의 2가지 방법이 있다. 주식회사를 설립하기 위해서는 정관작성, 자본의 확정 및 이행, 임원의 선임 및 설립등기의 절차를 마쳐야 한다.

(1) 정관 작성

정관(charter)은 회사의 목적, 조직, 활동에 관한 기본 규칙을 정하고, 이것을 기재한 문서로 3인 이상의 발기인이 정관을 작성하고, 공증인의 공증을 받아야 효력이 발생한다.

정관에는 절대 기재사항과 상대 기재사항이 있는데, 절대 기재사항은 사업 목적, 상호, 회사가 발행하는 주식의 총 수, 주식의 액면가, 회사 설립 시에 발행하는 주식의 총 수, 본·지점의 소재지, 회사가 공고하는 방법, 발기인의 주소 및 성명, 정관의 작성 연월일 등이 있고, 상대적 기재사항은 정관에 이를 기재하지 않는 한 회사나 주주를 구속하지 않는 사항이다.

(2) 자본의 확정 및 이행

정관을 작성하여 공증을 한 후에는 출자자의 출자의무의 확정과 이행을 통해서 출자의무를 확정하고 이행해야 한다. 출자의무를 확정하는 방법은 발기설립과 모집설립에 따라 다르다. 발기설립은 발기인이 회사설립 시 발행되는 모든 주식을 인수하는 방법이기 때문에 출자의무도 발기인들이 확정하고 이행하면 된다. 그러나 모집설립은 발기인이 1주 이상의 주식만 인수하고, 나머지는 주주를 일반인들에게서 모집하여 인수하게 하는 방법이기 때문에 출자의무의 이행을 위해서는 창립총회를 거치게 된다.

이렇게 해서 출자의무가 확정되면 현물이나 현금으로 출자의무를 이행하는 절차를 거치게 된다. 이행하는 방법으로 우리나라는 정관에 자본금 대신에 회사가 장래에 발행하기로 예정하고 있는 주식 총수(수권자본액)를 정하도록 하는 수권자본제도를 택하고 있다. 이는 회사 설립 시에 주식 총수의 1/4 이상을 발행하도록 하며, 나머지 주식은 회사 설립 후에 필요에 따라 이사회의 결의만으로 수시로 발행할 수 있다.

(3) 임원의 선임 및 설립등기

주식회사 임원의 선임 및 설립등기는 발기설립과 모집설립의 경우 차이가 있다. 발기설립의 경우는 자본의 이행이 이루어지면 이사들이 임원을 선임하고 지방법원에 설립등기를 하면 된다. 그러나 모집설립의 경우는 주식이 모두 인수되는 대로 발기인은 창립총회를 소집하고, 창립총회에서 이사와 감사를 선임해야 한다. 이러한 절차가 끝나면, 창립총회 후 2주내에 회사가 설립되는 지역의 법원에 이사들의 공동신청에 의해 설립등기를 필해야 한다.

5) 주식회사의 기관

주식회사는 상법상의 의사결정기관인 주주총회, 업무집행과 대표기관인 이사회, 감독기관인 감사의 세 기관을 반드시 두어야 한다. 이 밖에 상법은 필요한 경우 검사인이라는 임시 감사기관을 인정하고 있다. 이와 같이 기관들이 전문적으로 권한이 나누고, 사원자격과 기관자격이 분리된다.

주식회사의 자본구성에서 수권자본제도(authorized capital system)[1]를 채용하는 동시에 경영기관의 합리화를 도모하여 회사의 최고기관인 주주총회의 권한을 상법과 정관에 정한 사항만 결의할 수 있게 하였다

1) 주식회사가 주식을 발행하는 경우 총 발행예정 주식수를 수권자본이라 하며, 이때 회사설립 시 최초 발행하는 주식의 수는 총 발행예정 주식수의 1/4 이상이 되어야 한다. 발행 주식은 액면가액 전액을 주주로부터 납입 받고 주식을 발행하게 된다.

(상법 제361조). 또한 업무집행기관에 이사회제도를 채용하여 권한을 강화하고 감사의 권한을 업무감사를 제외한 회계감사만으로 한정하고 있다.

상법상 자본의 총액과 발행주식의 총수는 등기사항에 지나지 않으므로(상법 제317조 제2항 2호·3호), 신주발행에는 정관변경의 필요가 없다. 회사자금을 기동적으로 조달할 수 있게 하기 위하여 원칙적으로 이사회의 결정에 의하여 신주를 발행할 수 있도록 한 것이다(상법 제416조).

(1) 주주총회

기업의 최고 의결기관인 주주총회(general meeting of stockholders)는 이사나 감사의 선임이나 해임, 정관의 변경, 주식배당, 신주인수권 등에 관한 모든 의사결정권을 갖는다. 주주총회는 매 결산기에 정기적으로 소집되는 정기총회와 필요에 따라 수시로 소집되는 임시총회로 구분된다.

(2) 이사회

이사회(board of directors)는 주주총회에서 선임된 이사들로 구성되며, 주주총회의 위임사항에 대해 의사결정할 수 있는 권한을 가진 수탁경영층으로서 상설기관이다. 이사는 최소 3인 이상이며 임기는 3년이다. 이사회는 이사 중에서 회사를 대표할 수 있는 대표이사를 선임한다.

(3) 감사

감사(auditor)는 주주총회에서 선임되며, 이사의 업무집행을 감사하는 상설기관으로서 회사의 회계를 감사할 권한을 갖는다. 임기는 2년이고 인원수는 제한이 없으며, 감사선임에 있어서 대주주의 횡포를 막기 위해서 대주주의 의결권을 제한하는 제도[2)]가 있다.

2) 우리나라의 상법은 1주에 하나의 의결권을 가지도록 하며, 회사가 보유한 자기주식은 의결권이 없다. 또한 의결권을 가지고 있는 소수의 대주주에 의한 주주총회의 지배를 방지하기 위해 상장법인에 한하여 총 발행주식의 4분의 1

의결권 주식을 다량으로 보유하고 있는 지배적인 위치에 있는 대주주가 기업에 대한 경영권을 강화하고 유지하기 위하여 발행하는 우선주는 의결권이 없다. 의결권이 없는 대가로 보통주보다 1%포인트 높은 배당률을 적용하기 때문에 회사의 경영보다는 이익배당에 관심을 가지고 있는 주식이다. 사실상 기업의 경영권을 가진 대주주의 입장에서는 무의결권 주식을 발행하면 경영권이 안정되면서도 주식시장에 자금을 조달할 수 있다는 이점이 있다.

6) 기업공개와 종업원지주제도

기업공개는 일반 투자자들에게 자사에 투자를 유치할 목적으로 자산 상태와 영업성과, 장기적인 경영 목표와 정책 등을 공표하는 것이다. 또한 종업원자주제도(employee stock ownership system)는 구성원들에게 자사의 발행주식을 분배하여 보유토록 하여 기업의 경영과 이익분배에 참여하게 함으로써 구성원들의 근로의욕을 고취시키고 재산 형성을 촉진시키기 위해 만든 제도이다.

구성원들이 자기 회사의 주식을 보유하여 자주적이며 자율적인 단체로 구성원들의 자유로운 의사에 따라 조합에 가입·탈퇴할 수 있고, 조합은 당해 회사 및 지주관리회사와 대등한 입장에서 종업원지주제도의 운영에 관한 사항을 협의·약정하고 그 관리운영의 주체가 된다. 구성원들의 경영참가 의식을 고취시켜 노사협조를 원활히 하며, 주식의 대중화를 촉진시킴으로써 기업 민주화를 실현하고 경영능률을 향상시킬 목적으로 도입하고 있다.

우리나라에서 종업원지주제도가 본격적으로 보급된 것은 1974년 7월에 발표된 '종업원지주제도 확대실시방안'에서 시작되었다.

이하로만 무의결권주식의 발행을 할 수 있도록 제한하고 있다.

제 3 절 공기업

1. 공기업의 의의

공기업(public corporation)은 국가나 지방자치단체 및 공공단체가 공익을 목적으로 출자하고 직·간접적으로 경영 지배를 하고 있는 기업 유형이다. 따라서 공기업은 성격이 공익성과 공공성을 가지고 있기 때문에 국가의 특별한 규제를 받는다.

공기업이 국민경제에서 차지하는 비중은 크고, 다양한 부문에 걸쳐서 공기업이 운영되고 있다. 공기업은 정부의 통제를 받을 뿐만 아니라 재화와 용역을 생산하여 기업처럼 대가를 받고 판매하기 때문에 공공성과 기업성의 양면성을 지니고 있다. 문제는 이러한 두 가지 속성 중 어느 것이 더 중요한지를 판단하는 것이다.

공공성은 정부가 공기업을 소유하여 통제하기도 하지만, 이것이 공기업을 법적, 제도적으로 보장해 주는 보호막이 되기도 한다. 흔히 정부가 공기업을 통제하기 위해서는 주식의 50% 이상을 소유하여야 한다고 주장할 수 있으나, 캐나다의 경우, 5%를 소유한 정부가 효율적으로 통제한다. 이 경우 공기업에 대한 투자 제한(개인 1%, 기관 3%)이 있다

기업성은 재화와 용역을 판매한다는 것이 세금을 징수하는 것이 아니라, 돈을 받고 재화와 용역을 기업처럼 판매한다는 것이다. 그러나 공기업의 정의로 기업성은 문제가 되는데, 한국관광공사와 대한무역진흥공사의 경우처럼 기업적 성격보다는 정부투자기관으로 설립되었기 때문에 공기업으로 분류되는 것이 있다. 따라서 공기업의 정의에서는 국가의 소유가 중요하다.

2. 공기업의 존재이유

자본주의는 시장이 재화를 공급하도록 하는 것을 핵심으로 하고 있다. 그러나 시장에만 맡겨두면 공급이 거의 불가능한 재화가 있다. 공기업은 공익을 위해서 국가가 사회의 필수적인 기반이 되는 전신·전화·우편·철도·전기·수도·도로·항만·공항 등 공익사업(public utilities)을 목적으로 설립하여 운영되고 있다. 국민경제의 안정과 발전을 위해서 경제 정책적 및 사회 정책적 목적을 달성하기 위하여 사기업이 수행하기 어려운 부문에 국가 또는 지방자치단체에서 투자하여 설립·운영하게 된다.

이러한 분야를 정부가 대신 투자를 하게 되는데, 문제는 조직들에 일반적으로 나타나는 현상으로서 한번 출현한 조직은 조직 목적달성보다는 자기조직 유지확대 목적에 몰두하는 경향이 있다. 즉, 정부가 투자를 하였으니 대주주로서 관료들은 조직목표보다는 관료들의 영향력 확대, 유지에 몰두하는 경향이 있다.

이러한 관료주의 폐해 때문에 사기업과 공공재 공급기관은 조화롭게 공존하여야 하지만, 공기업은 사기업 운영원리에 맞도록 구조조정과 혁신을 하지 않고는 존립할 수 없는 현실이 되고 있다. 즉, 공기업의 존재 이유는 공공재 공급의 어려움에 있다. 또한 국가나 지방자치단체의 재정수입을 충당하기 위한 목적으로 설립된 공기업으로 전매사업인 KT&G가 있으며, 국가기관이 필요로 하는 물자와 용역을 직접 생산하기 위해서 설립된 한국조폐공사가 있다.

3. 공기업의 유형

공기업의 유형은 정부 장관이나 지방자치단체장이 직접 지휘하는 순수행정기업, 공사나 공단과 같은 공공체 기업인 독립 공기업, 한국은행이나 IBK기업은행과 같은 사업형태 공기업, 기업 공개된 공사인 독립 경제체 공기업 등이 있다. 이는 〈표 3-5〉와 같이 4가지 형태의 기업이 있다.

〈표 3-5〉 공기업의 유형

공기업	순수행정기업	정부장관의 직접 지휘
		지방자치단체장의 직접지휘
	독립공기업	공공체 기업(공사, 공단 등)
	사업형태 공기업	한국은행, IBK기업은행 등
	독립경제체 공기업	기업 공개된 공사

- 순수행정기업 : 국가의 행정기관과 같이 예산제도 하에서 운영되는 형태임.
- 독립 공기업 : 경영상의 자주권이 부여된 형태로 독립채산제가 도입되고, 이사의 지위도 강화되어 경영상 자주권을 행사함.
- 사업 형태의 공기업 : 출자는 공공기관이 하고 운영은 일반 사기업과 같은 형태로 취하는 기업으로 독립성과 운영상의 자주성이 공기업 중에서 가장 큼.
- 독립 경제체인 공기업 : 독립성을 보다 크게 하기 위해서 별개의 독립된 사업체로 운영하도록 할 경우에 생성되는 형태로 한국은행, IBK 기업은행 등이 있음.

4. 독립채산제

1) 독립채산제의 의의

공기업에서 채택하고 있는 독립채산제도(business accountability)는 사회주의 하에서 개개의 국영기업에 창의와 적극성에 있어서 국가계획을 수행하기 위해 일정한 자주성을 부여하는 경제계산제라고 하는 국영기업 관리방식 또는 독점자본주의 국가에서의 국영 · 공영사업의 경영 방법의 하나이다. 즉, 자주성, 수지균형성, 수익성, 물적 자극성, 책임성, 가치적 합리성을 본질적 내용으로 하는 공기업의 기본적 경영 방식이다. 즉 공기업의 재무활동이 행정적 간섭을 탈피하고, 국가예산 상의 구속을 벗어나 자주 독립적인 경영활동을 영위하는 것이다.

2) 독립채산제의 목적

공기업에서 독립채산제를 채택하고 있는 것은 다음과 같은 목적에 의해서이다.

- 공기업 경영의 효율화 : 공기업 경영에 독립채산제를 도입함으로써 권력 행정과 경영 행정을 구별하고, 공기업을 일반 행정으로부터 독립시켜 경영의 능률화를 도모하려는 것임.
- 공기업 재정의 건전화 : 일반 재정으로부터 공기업 재정을 독립시킴으로써 공기업은 행정으로부터 자주화를 유지하게 되고, 동시에 합리적 경영을 위한 책임을 스스로 갖게 됨.
- 재무적 합리화 : 재정적 독립에 따르는 재무적 합리화를 기할 수 있고, 또한 행정으로부터 상대적 자주화에 따르는 책임을 지는 방식으로 경영할 수 있음.
- 분권화 관리의 효과 : 공기업의 자주성과 책임성을 중심으로 하는 분권적 방식과 가치적 합리성 · 수지균형성 · 수익성을 중심으로 하는 분권적 재무관리방식인데, 이러한 분권적 관리로 인하여 공기업의 공익성을 보다 효과적으로 증진시킬 수 있음.

3) 독립채산제의 원칙

- 수지적합의 원칙 : 기업의 지출이 그 자체의 수입, 즉 공공요금으로 충당하고 기업의 수지가 맞도록 한다는 것이다.
- 자본의 자주적 조달의 원칙 : 자본조달에서 채권발행 등으로 자유롭게 스스로 자본을 조달한다는 것이다.

- 이익금 자주적 처분의 원칙 : 이익금에 대한 처분에 구속을 받지 않고, 자기 융자(self-finance)를 허용하여 적립금이나 기금 등의 독립적 적립을 허용한다는 것이다.
- 기업 회계제도 확립의 원칙 : 관청식 현금주의 회계에서 기업회계인 발생주의 회계로 전환하여 예산통제와 표준원가계산제도를 도입하며, 근대적 재무관리방식의 하나인 내부통제제도(internal control system)의 채택을 해야 한다는 것이다.

제 2 부

환경변화

제 4 장　기업환경

경영사상 네 마당 인간관계론

1. 인간관계론의 출현

E. Mayo

하버드대학교의 사회학자인 메이요(E. Mayo)와 뢰슬리스버거(F. J. Roethlisberger)는 1927년과 1932년 사이에 미국 일리노이주의 웨스턴전기회사(Western Electric Company)[1]에서 유명한 호손연구(Hawthorne study)를 통하여 다른 사람들에게 커다란 영향을 주었다. 이러한 호손연구에서 메이요는 이상한 현상을 발견하게 되었고, 뢰슬리스버거와 함께 연구를 계속해 나갔다.

메이요의 관리에 대한 초점은 조직구성원들의 능률 향상을 위해 작업환경이 어떠한 영향을 미치는지에 있었으며, 호손연구를 통해 이를 입증하고자 하였다. 호손실험은 미국 웨스턴전기회사의 시카고 근교에 위치한 호손공장에서 실시되었다. 실험의 초기에 뢰슬리스버거 등은 당시 크게 유행하고 있던 테일러의 과학적 관리법 논리를 이론적 근거로 하였다.

2. 호손실험의 결과

이들은 과학적 관리법의 가설대로 물질적 조건과 작업방법이 생산성과 밀접한 관계를 지니고 있는 것으로 보았고, 작업장의 조명의 밝기와 작업능률 간의 관계를 측정하기 시작하였다. 이러한 실험결과, 메이요는 과학적 관리법이 미처 발견하지 못한 인간적 요인들이 생산조직 내에서 중요한 변수로 작용하고 있을 것이라는 가설들을 제시하였다.

초기 호손실험에서는 통제집단과 실험집단이 모두 생산성의 변화에 유의미한 변화를 보였다. 이것은 실험자들이 피실험 집단에 대해 보여준 호의적 관심이 예상치 못한 방향의 영향으로 작용하였기 때문에 이를 호손효과(hawthorne

1) 웨스턴전기회사는 루슨트테크놀로지(Lucent Technology)로 바뀌었다가 오늘날에는 알카텔(Alcatel)과 합병하여 알카텔 루슨트(Alcatel Lucent)가 되었다.

effect)라고 불렀다.

실험집단에 대한 조명변화, 휴식시간의 조절, 작업시간의 단축, 인센티브 급여제도의 변화 등은 생산성 변화를 설명하지 못하는 듯이 보였다. 이에 메이요 및 동료 연구자들은 생산성의 변동이 다른 요인들 때문일 것이라고 결론지었다.
따라서 이들은 일반적으로 생산성 향상이 사기, 작업집단 구성원들 사이의 만족스러운 관계, 효과적인 경영관리, 즉 인간행위 특히 집단행위를 이해해야 하며, 사기진작, 상담, 지휘, 의사소통과 같은 인간관계 기술을 통하여 사기집단에 봉사하는 일종의 관리 활동 등의 사회적 요인 때문이라는 사실을 발견하였다.

그러나 2차, 3차 실험이 계속되는 동안 작업환경보다는 인간관계가 작업성과에 더 큰 영향을 준다는 것을 발견하였다. 인간은 감성에 영향을 많이 받기 때문에 조직 내에서 인간관계와 사회·심리적 요인이 중요하며, 공식적 조직의 내부에 비공식 조직이 형성되어 구성원들의 행동을 규율한다는 사실을 알았다. 즉, 공식적 조직의 관계보다는 비공식 조직에 의해 더 영향을 크게 받는다는 것을 알았다.

이러한 실험 결과를 토대로 작업 능률을 향상시키기 위해서는 물질적 작업환경이나 경제적 노동조건에 의한 능률의 논리에 의한 영향보다는 노동자의 태도나 감정 등의 인간관계에 의한 감정의 논리에 의해 크게 좌우된다는 것을 발견한 것이다. 이러한 호손실험은 인간중심의 경영을 지향하는 인간관계론의 출발점이 되어 비공식 조직이 생산 능률을 좌우하는 중요한 요인이라는 사실을 밝혀냈다.

비공식 조직 즉, 인간관계에 의한 조직은 노동자의 생산 활동에 많은 영향을 끼치므로 이러한 관점에서 노동자를 관찰하고 관리하는 것이 조직의 목표를 달성하는데 중요하다고 주장하였다. 이들 호손실험의 연구자들은 이러한 가설을 바탕으로 면접연구와 관찰법에 의한 새로운 일련의 실험을 수행하였다.

3. 호손연구의 파급효과

메이요는 호손연구의 결과 다음과 같은 결론을 내렸다.

- 인간의 행동과 태도는 서로 관련이 있다.
- 집단은 개인의 행동에 영향을 미친다.
- 집단의 기준은 개별 노동자의 생산성을 결정한다.
- 금전은 집단의 기준, 태도 등의 집단외 요인보다 생산성에 미치는 효과가 작다.

이러한 결론에 따라 메이요는 조직에서 인간행동에 영향을 미치는 요인을 강조하였다. 이러한 연구로 인하여 기술적이고 구조적인 부문에 관심을 두었던 그간의 연구에 사회적이고 인간적인 측면이 강조되어 연구의 핵심으로 부각시켰다.

4. 인간관계론에 대한 평가

인간관계론은 조직에 있어 리더십연구와 직무확대(job enlargement), 인간관계 훈련기법 등의 발전을 촉진하였다. 인간관계론은 기업이 합리적 목적을 가지고 만들어진 조직일 뿐만 아니라 자연적인 시스템이라는 인식의 단서를 제공하였으며, 조직 내의 인간에 대한 이해의 폭을 넓혔고, 조직에서 공동체적 결합 문제에 관심을 두기 시작하였다는 점 등에서 그 가치가 인정된다.

그러나 인간관계론은 인간적 배려라는 교묘한 허울 뒤에 노동에 대한 착취의 목적을 숨기고 있다는 비판을 받기도 하였다. 또 인간관계론은 조직에 있어 갈등의 문제를 적절히 다루지 못했으며, 인간관계론이 강조하는 사회·심리적 유인도 실효성에 있어서 경제적 유인만큼 중요하지 않다는 경험적 연구로부터의 반론에 직면하였다.

제 4 장 기업환경

기업개념을 중심으로 보면, 경영자는 계획을 수립할 때 외부 환경의 물적·인적 자원, 기술 및 기타 사항에 대한 욕구와 함께 조직 외부 사회구성원들의 욕구와 욕망을 고려해야 한다. 마찬가지로 그들은 계획 이외의 모든 관리행위들도 어느 정도 고려해야 한다.

기업, 정부기관, 교회, 자선단체, 대학 등 어느 분야에 종사하던 간에 모든 경영자는 정도의 차이는 있지만, 외부 환경의 변화에 영향을 받기 때문에 이에 적응해야 한다. 이러한 외부 환경은 관리자들이 통제할 수 있는 능력이 없지만, 이들 외부 환경변화에 신속하게 대응해야 한다. 따라서 경영자는 자신의 활동에 영향을 줄 수 있는 기업 외부환경을 파악하여 평가하고 대응해야 한다.

본 장에서는 외부 환경이 기업에 미치는 영향 및 기업과 사회의 관계를 중심으로 살펴보고자 한다.

제 1 절 기업환경의 이해

기업시스템(business system)은 사회시스템 및 경제시스템의 하위

시스템으로 존재하는 개방시스템(open system)이기 때문에 환경과 상호작용을 하면서 성장 및 발전을 도모한다. 기업은 생산에 필요한 자원을 주위 환경에서 조달하고, 생산된 재화 및 서비스를 다시 외부 환경에 공급하는 방식으로 환경과 상호 의존적인 경영활동을 하게 되는 것이다.

1. 기업환경의 의의

오늘날 기업환경은 변화무쌍하여 기업에 유리하게 작용하던 환경적 요인이 갑자기 위험요인이 될 수도 있다. 따라서 기업은 외부 환경의 변화를 주시하면서 변화에 따른 적절한 대응을 해야 한다. 이러한 기업환경(business environment)은 기업이 존속하고 성장하는데 관련되는 모든 외부조건을 말한다. 즉, 기업이라는 행동주체를 전제로 보면, 기업의 환경은 내 · 외부에서 기업이나 기업 활동에 영향을 미치고 상호작용하는 모든 주변상황 및 환경요인을 포함한다.

최근 기업 활동이 환경과 상호작용하는 개방시스템(open system) 하에서 이루어지기 때문에 이러한 기업환경은 기업에 대해 성장의 기회(opportunity)가 될 수도 있지만, 기업 활동에 대해 위협(threat)을 주거나 제약요인으로 작용할 수도 있다.

이러한 기업의 환경은 내부 환경과 외부 환경으로 구분할 수 있다. 내부 환경은 기업이 갖고 있는 독특한 조직분위기(organizational climate)나 조직문화(organization culture)를 의미하는 것으로서 기업 구성원들이 조직의 성격, 가치, 규정, 스타일 및 특성 등을 공유하는 지각의 정도에 따라 형성된다. 그러나 외부환경은 기업의 외부에 존재하면서 기업의 의사결정이나 전반적인 기업 활동에 영향을 미치는 환경으로 일반 환경과 과업환경으로 구분할 수 있다. 이러한 기업 환경은 [그림 4-1]과 같다.

[그림 4-1] 기업 환경

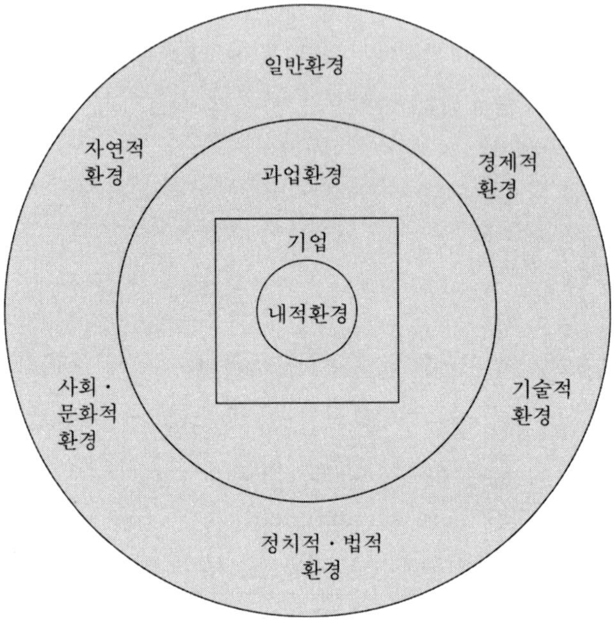

일반 환경(general environment)은 사회 전체에 존재하는 모든 조직에 공통적인 영향을 미치는 환경이다. 따라서 일반 환경에는 어떠한 형태로든 기업과 관련을 가지거나 영향을 미치고 영향을 받고 있는 경제적 환경, 기술적 환경, 사회·문화적 환경, 정치·법적 환경 및 자연적 환경 측면의 모든 분야가 포함된다. 과업환경(task environment)은 특정 기업의 경영활동에 직접적으로 영향을 미치는 환경이다.

2. 기업환경의 성격

행동주체인 기업이 환경을 예측할 수 있는 가능성은 완전히 불가능한 것으로부터 어느 정도 어려운 것, 약간 어려운 것 등 통제가능성의 정도에 큰 차이가 있다. 따라서 기업환경의 성격은 변화의 특성에 따라 3가지로 나눌 수 있다.

- 확실성 환경(certainty environment) : 미래 환경의 상태가 어떻게 될 것인지를 미리 확정적으로 알 수 있어서 쉽게 예측할 수 있는 환경.
- 위험성 환경(risk environment) : 미래 환경의 변화가 어떻게 될 것인지를 미리 예측하는 것이 어려우나 확률적으로 예측할 수 있는 환경.
- 불확실성 환경(uncertainty environment) : 미래 환경 변화에 대해 예측할 수 없거나 각 변화가 발생할 확률을 추정하거나 변화를 예측할 수 없는 환경.

제 2 절 기업의 일반 환경

기업의 일반 환경은 경영자가 통제할 수 없는 거시 환경으로 통제 불가능한 환경이라고 하며, 경제적 환경, 기술적 환경, 사회 · 문화적 환경, 정치적 · 법적 환경 및 자연적 환경 등이 있다.

1. 경제적 환경

우리는 경제적 환경을 사회적으로 공인된 재화와 용역을 생산하고 분배하는 임무를 지니고 있는 기업만이 관심을 두어야 할 분야라고 생각하는 경향이 있다.

1) 경제적 환경의 이의

기업은 경제주체로서 경제행동을 하기 때문에 하나의 경제시스템 구성원들이 되어 자신이 속한 경제적 환경의 영향을 직 · 간접적으로 받게 된다. 경제적 환경(economic environment)은 기업 활동과 직접적인 관련을 가지는 경제시스템의 성격, 구조, 방향과 같은 경제시스템(economic system)을 말한다. 우리나라 경제시스템은 자유시장 경제시스템으로 경제적 환경의 중심이 되는 과업환경 요인인 시장이 기업이나 산업과 밀접한 관련을 가지고 있다.

기업은 국민경제를 구성하는 개별경제로서 생산 활동을 능률적으로 수행하는 실체이므로 경제적 환경은 소비자의 구매력과 소비유형에 영향을 미친다. 이러한 경제적 환경은 경제시스템, 산업구조, 재정금융정책, 소득의 변화와 구매력, 시장의 경쟁상황, 지역의 경제적 환경, 환율 및 세계 경제의 변화 등 다양한 기능적 요소가 있다.

- 경제시스템(economic system) : 경제의 기본적인 구성요소인 경제이념, 질서 및 기술의 상호작용에 의해서 형성되는 경제 형태이다. 즉, 자본주의인지 공산주의인지 하는 것이다.
- 산업구조(industrial structure) : 한 나라의 국민경제 속에 있는 여러 산업이 어떠한 비중으로 구성되어 있는지를 나타내는 것이다. 즉, 1차, 2차, 3차 산업의 구성비율을 말한다.
- 재정금융정책 : 정부는 경기 변동의 여건에 따라 적절한 재정 · 금융정책을 통해 재정지출, 세금, 통화 공급 및 금리 조정 등으로 경기의 진정과 회복을 주도하기 때문에 기업은 이러한 환경을 면밀히 분석해야 한다.
- 소득의 변화와 구매력 : 국민소득의 결정에 가장 큰 영향을 미치는 지수는 가처분소득(disposable income)으로써 구매력의 원천으로 소비수요의 수준에 결정적인 영향을 미친다.
- 시장의 경쟁상황 : 기업은 시장의 경쟁상황이 완전경쟁시장인지, 독점 경쟁시장인지, 과점경쟁시장인지에 따라 의사결정과 행동에 영향을 끼친다.
- 환율 및 세계 경제의 변화 : 세계 경제가 글로벌화되면서 환율과 세계 경제의 변화가 기업 활동에 크게 영향을 끼친다.

2) 인구동태적 분석

인구통계적 분석(demographic analysis)은 인구의 양 · 밀도와 구조 및 이의 동태성과 같은 요인으로 구성되는 환경이다. 이러한 특성을 나타내는 요인은 인구규모, 출생률, 사망률, 인구밀도, 인구분포, 인구의 증감, 결혼 및 이혼, 가족 수 및 가족규모 등과 같은 요인이 있다.

최근 중요한 요인이 우리 사회가 초고령화 사회로 진입하였고, 교육수준이 높아지는 고학력 사회, 성별 인구구조 변동과 여성 지위가 향상된 사회, 가구구조 변동, 지역별 인구이동, 산업별 인구이동 등이 기업 활동에 큰 영향을 미치기 때문에 이들 요인에 대한 분석이 중요하게 된다.

3) 산업구조분석

산업구조(industrial structure)는 한 국가의 국민경제 내에 있는 여러 산업이 어떠한 비중으로 구성되어 있는지를 나타내는 것이다. 이러한 산업의 비중이 어떤지에 따라 기업의 활동내용, 조직이나 운영방법 등이 달라지기 때문에 기업 성장의 기회도 달라질 수 있다.

이러한 산업의 유형에는 원재료를 생산하는 1차 산업, 유통 · 생산 · 소비 사이를 연결하여 주는 2차 산업, 정보 · 지식 · 오락을 제공하는 3차 산업으로 분류하기도 한다. 또한 이러한 산업구조는 대다수의 사람들이 단순한 농업에 종사하고 소비하며 잉여 농산물을 물물교환 하는 생존경제(subsistence economics), 잉여자원을 수출하는 원료수출경제(raw-material exporting economics), 국민총생산상의 공업의 비중이 10~20%에 이르는 공업화경제(industrializing economics), 공업화를 이룩하여 원료품이나 반제품을 수입하고 제조품을 수출하는 공업경제(industrial economics) 등이 있다.

4) 소비구조분석

소비구조는 소비자가 그들의 삶의 질(quality of life)을 높이면서 살아가는 데 나타나는 그들의 욕구를 충족하여 주는 재화나 서비스를 구매하고자 하는 수요구조이다. 이러한 인간 삶의 질을 높이려면 소득이 있어야 한다. 이러한 소득에는 근로소득, 자산소득 · 금융소득 · 임대소득, 사업소득, 이전소득으로 유산 · 증여 · 정부보조금 등이 있다. 따라서 소득구조와 소비지출 구조를 분석해야 하는데, 이는 소비자의 욕구수준에 따라 소비패턴이 달라지고, 소비자들이 어떠한 품목에 자원을 어떻게 배분하는지에 따라 소비패턴이나 소비구조가 결정되기 때문이다.

2. 기술적 환경

기업의 가장 보편적인 환경요소 가운데 가장 중요한 것 중의 하나는 기술이다. 지식을 제공하는 것은 과학이며, 그 지식을 사용하는 것이 기술이다. 일반적으로 기업에서 사용하는 기술(technology)은 업무수행 방법에 관해 가지고 있는 지식의 총체를 의미한다.

이러한 기술적 환경(technological environment)은 기업환경 중에서 가장 변화가 빠르고 변화의 정도가 가장 극심한 환경으로 기업이 활용 가능한 기술의 수준 내지 상태와 관련되는 사회적 여건이다. 즉, 기술 발전의 정도를 나타내는 기술격차를 포함하여 기술적 환경의 여건에 따라 기업의 생산성이나 합리화 수준이 크게 영향을 받기 때문에 기술 상황을 반영하는 기술적 환경의 여건은 기업 성장의 바탕이 되는 요인이다.

신기술은 주요 산업의 잠재적인 성장의 원천이 된다. 한 국가의 경제성장 속도는 주요 신기술이 얼마나 개발되었느냐에 달려 있고, 이것은 장기적으로 영향을 미치는 경우가 많다. 이러한 신기술의 특성은 기술변화 속도가 가속화되고 있고, 거의 무한정한 혁신 기회가 있으며, 높은 연구개발 비용이 투입되고 있어서 기업들은 발명적 차원보다는 제품개선을 하는 방향으로 연구개발을 추진하고 있다. 따라서 기업은 기술적 환경에 대한 이러한 추세로 기술변화 속도의 가속화, 기술개발 예산의 증대, 규제의 증가, 저조한 기술수준 등을 면밀히 분석해야 한다.

- 기술변화 속도의 가속화 : 기술적 환경의 변화는 다양한 산업에 구조적 변화를 일으키고 있다. 특히, 기술융합으로 제품이나 생산 공정을 혁신할 수 있는 새로운 기술개발을 통하여 질적으로 바꾸어 놓고 있다.
- 기술개발 예산의 증대 : 신기술의 변화가 빠르고 기술의 수명주기가 짧아지는 관계로 연구개발예산이 막대하게 소요되고 있다. 따라서 기업은 제휴를 통해서 기술을 개발하든지, 공동투자에 의해 개발하기도 한다.
- 규제의 증가 : 기술과 제품이 복잡해지고 막대한 투자가 이루어짐에 따라 규제가 증가하고 있다. 따라서 기업은 기술적 환경의 변화와 신기술의 사용 환경을 면밀히 분석하여 기술혁신의 부정적인 측면에 주의해야 한다.

이러한 신제품 개발, 제조공정의 개선, 유통과 정보통신의 혁신, 기술 확산 등의 기술적 환경은 기업의 목표와 전략적 계획을 수립하는데 중요한 영향을 미친다. 따라서 경영자는 지속적인 경쟁우위를 위해 산업 내외의 기술발전을 분석하고, 예측하기 위한 전담부서를 설치함으로써 보다 효율적으로 기술적 환경의 변화에 대응할 수 있다.

기술적 환경 : 특허소송

스마트폰 기술을 경쟁하는 삼성전자와 애플은 기술을 지키기 위한 특허소송으로 치닫고 있다. 애플은 특허권 침해를 놓고 벌인 소송에서 국내 법원이 사실상 삼성전자의 손을 들어줬다. 애플은 삼성전자에 4

천만원을 배상하고, 해당 전자제품은 판매가 금지된다.

삼성전자와 애플이 국내 법원에서 벌인 첫 소송에서 삼성이 사실상 승소했다. 서울중앙지법 민사합의11부는 삼성전자가 애플을 상대로 낸 특허침해금지 청구소송에서 '애플이 삼성전자의 통신기술 특허 2건을 침해한 사실이 인정된다'고 판결하고, 4천만원을 삼성전자에 배상하고, 아이폰 3GS, 아이폰 4, 아이패드 1,2 등 관련 제품을 판매금지하거나 폐기처분하라고 명령했다.

침해 사실이 인정된 특허는 삼성전자가 주장한 특허 5건 가운데 CDMA 통신시스템과 이동통신 관련 특허 2건이고, 나머지 특허 3건은 신규성이 인정되지 않아 무효로 판결됐다. 또한 재판부는 삼성전자가 소송으로 시장을 독점할 의도가 있었거나 불공정한 조건을 애플에 제시했다고 보기 어렵다며, '특허권을 남용한 것은 아니다'고 밝혔다.

애플이 삼성전자를 상대로 낸 맞소송에선 삼성이 애플의 인터페이스 관련 특허를 침해한 사실을 인정해 애플에 2천5백만원을 배상하고, 갤럭시 S2 제품을 판매금지 또는 폐기처분할 것을 명령했다. 침해가 인정된 특허는 현재 삼성이 신제품에 활용하지 않는 반면, 애플이 침해했다고 인정받은 삼성전자의 기술특허는 휴대전화를 만들 때 반드시 필요한 표준특허이기 때문에 애플은 현재 판매중인 아이폰 4S와 다음 달 공개될 것으로 예상되는 새 아이폰에 대해서도 특허 침해에 대한 추가소송을 당할 위험을 떠안게 됐다.

이처럼 삼성전자가 국내 소송에서 애플에 사실상 완승함에 따라 미국에서 벌어지는 소송 결과에 관심이 쏠리고 있다. 이것은 특허기술에 대한 투자가 곧 경쟁력을 좌우하기 때문에 경쟁기업은 사생결단하는 사례가 적지 않다. 그 만큼 기술력이 중요하기 때문이다.

3. 사회 · 문화적 환경

사회 · 문화적 환경(sociocultural environment)은 사회 구성원들이

공유하는 사고 및 행동과 관련된 환경으로 기업의 경영활동에 영향을 미치는 집단이나 문화, 규범, 가치관, 관습 등의 사회제도를 말한다. 이러한 환경은 지역이나 국가에 따라 커다란 차이를 보이고 있어서 기업 활동에 영향을 미치는 정도를 파악하기가 매우 어렵다.

최근 사회가 다원화되고 문화의 독창성 및 다양성이 강조되면서 기업들은 사회 · 문화적 환경요인의 변화내용을 분석 · 예측에 어려움을 겪는다. 따라서 기업 활동이 성공하기 위해서는 민주주의, 개인주의 및 자유주의 등이 지배하고 있는 사회적 이념, 국가 간이나 국가 내에서 문화의 차이, 사회 · 문화적 환경의 급격한 변화, 윤리적 기업 활동, 사회집단에 적응 등의 요인을 면밀히 분석해야 한다. 즉, 힌두교는 소를 신성시하여 쇠고기를 먹지 않는 반면에, 이슬람교는 돼지고기를 먹지 않는다. 그러나 쇠고기 햄버거와 돼지고기 베이컨이 주재료인 맥도널드는 이와 상관없이 해당 종교가 지배하고 있는 지역에도 진출해 있다. 맥도널드는 힌두교가 강한 지역에서는 양고기나 닭고기 위주의 햄버거 메뉴를 개발하였고, 이슬람교 지역에서는 돼지고기가 아닌 쇠고기 베이컨을 개발하여 철저한 현지화 전략을 수행하고 있다.

맥도널드의 문화적 적응

힌두교인은 소고기를 먹지 말아야 하고, 회교도와 유태인은 돼지고기를 먹지 못하도록 되어 있다. 미국의 패스트푸드 전문업체인 맥도널드는 최근에 인도에 진출하는데, 전 인구의 83 %에 이르는 힌두교 주민들이 소를 성스럽게 여기고 있어 햄버거에 소고기 대신 닭고기나 양고기를 쓰기로 했다. 맥도널드의 상징처럼 된 '빅 맥'은 '마하라자 맥'으로 이름이 바뀌었으며, 모든 원료는 인도산을 사용하였다.

9억이 넘는 인구를 가진 인도에 상륙한 맥도널드는 경쟁회사가 거의 없기 때문에 사업 전망을 매우 밝게 보고 있다. 이 기업은 더 나아가 인도의 종교적 특색을 감안해 회교도를 위해 돼지고기를 쓰지 않는 것은 물론 꽤 많은 수에 이르는 채식주의자들을 위해 야채 버거도 개발해 선보이고 있다.

사회적 분류는 어떤 집단 또는 사회에서 인간이 가지는 태도, 욕망, 기대, 지능 및 교육의 정도 및 신념으로 이뤄진 것이다. 이는 조직이 기업의 행동으로 사회에 미치게 될 영향을 고려할 것을 요구하는 것이다. 특히, 윤리적 환경(ethical environment)은 사회적 환경을 이루는 한 가지 요소에 포함시킬 수도 있는데, 일반적으로 허용되고 또 그렇게 실시하고 있는 일련의 개인적 행동을 포함하고 있다. 이러한 기준은 법률상 명문화될 수도 있고 그렇지 않을 수도 있지만, 이를 적용해야 하는 모든 집단에 대하여 사실상의 법적 강제력을 갖게 되는 것이다.

1) 환경 세력의 복잡성

환경 요소가 복잡하게 상호 관련되어 있기 때문에 이것을 연구하고 이해하는 것은 상당히 어려운 일이다. 더구나 기업의 관리자가 변화를 예상하고 대비할 수 있도록 환경요소를 예측하는 것은 더욱 어렵다. 그러나 사회적 요구나 기대와 압력을 통해서 법률이 생겨나고 윤리의 기준이 생겨나기 때문에 환경분석이 중요한 것이다.

2) 사회적 태도, 신념 및 가치관

현대의 기업 경영자들은 특정 개인 또는 집단, 사회적 태도, 신념 및 가치관에 적절한 반응을 보이지 않는다는 이유로 비난을 받는 경우가 많다. 그러나 태도와 가치관은 근로자와 고용주, 부자와 가난한 사람, 대학 재학생과 졸업생, 회계사와 기술자들 간에 서로 상이하다. 이러한 가치관의 다양성으로 인하여 경영자들은 업무의 성과와 만족에 공헌하는 환경을 구축하는데 어려움을 겪는다. 기업의 외부 환경이 기업 활동에 관련될 경우, 이러한 노력은 더욱 어렵게 된다. 그러나 경영자들은 의사결정을 할 때 이러한 환경을 고려해야 한다.

우리나라의 인구가 증가하고 사회적 문제로 인하여 정부가 부득이 하게 보다 더 개인 활동에 개입할 수밖에 없게 됨에 따라 이러한 신념들이 퇴색되는 경향을 보이는 것은 사실이다. 그러나 모든 문화권에서 보편적으로 발생하고, 국민의 생활수준이 향상됨에 따라 보다 나은 생활에 대한 기대감은 더욱 커진다는 것이다.

4. 정치적 · 법적 환경

기업 활동은 정치적 · 법적 환경(political and legal environment)에 의해 영향을 받으면서 이루어진다. 기업 활동은 상법, 공정거래법, 노동법, 독과점규제법 등의 법률을 통해서 규제받기 때문에 법률의 부정적인 측면만 생각할 수 있으나, 공정거래법의 경우 시장구조의 독과점을 규제하고 경쟁 제한적인 행위나 불공정한 거래행위를 규제함으로써 공정하고 자유로운 경쟁 질서를 확립하는데 기여하고 있다. 이러한 법률은 정치적 환경에 의해 제정되고 개정되기 때문에 정치적 환경은 특정 사회 내의 여러 기업과 개인에게 영향을 주고 있다. 경영자의 정치적 · 법적 환경은 사회적 환경과 긴밀하게 관련되어 있고, 법률은 일반적으로 사회적 압력과 문제의 출현으로 인한 결과로서 제정된다.

1) 정치적 환경

정치적 환경(political environment)은 사회적 요구와 신념에 따라 정치인의 태도와 행위가 변화한다는 것이다. 대부분의 지역사회에서 대기 및 수질오염에 대해 발생한 강한 반발은 새로운 기준에 적응하지 못하는 공장들의 문을 닫게 할 수도 있다.

정치는 모든 기업과 생활의 모든 측면에 영향을 준다. 기업의 관점에서 볼 때, 정부는 두 가지 중요한 역할을 한다. 즉 기업 활동을 촉진시키기도 하고, 규제하기도 하는 역할을 수행하는데, 정부는 경제적 성장과 개발을 장려하고, 중소기업 담당기구를 통해 지원을 제공하며, 선발된 산업에 대해 보조금을 지급하며, 특정의 경우 조세혜택을 주고, 연구개발을 지원하며, 특별관세로 일부 기업을 보호하는 등의 수단으로 기업 활동을 촉진하기도 한다.

2) 법적 환경

정부가 수행하는 또 다른 역할은 기업 활동을 제한하고 규제하는 법적 환경(legal environment)이다. 모든 경영자는 법률, 규정과 법원 판결 등으로 형성된 법망에 둘러싸여 있다. 일부는 근로자, 고객 및 공동 사회를 보호하기 위해 강제력을 부여하고 있다. 일부 계약에 강제력을 부여하며 사유재산권을 보호하기 위해서 입안된 법률이지만, 대부분은 영리기업과 기타 기업의 경영자와 구성원들의 행동을 규제하기 위한 것이다. 어떤 조직을 막론하고, 경영자가 어떤 의미에서건 법과 부정에 관련되어 있지 않고, 이들의 특별한 통제를 받지 않는 일을 할 수 있는 경우는 아주 드물다.

따라서 모든 경영자들은 복잡한 환경에 직면하게 한다. 따라서 경영자들은 그들의 행동에 적용할 수 있는 법적 제한사항과 요망사항을 알아야할 필요가 있다. 모든 종류의 조직, 특히 기업과 정부의 관리자들이 일반적으로 의사결정을 할 때 법률 전문가의 자문을 구하는 것은 이해할 수 있는 일이다.

제 3 절　기업의 과업환경

기업의 과업환경(task environment)은 기업과 교환(exchange)을 통해 자원을 주고받는 모든 활동 주체인 개인이나 조직체를 말한다. 이러한 환경은 어느 정도 영향력의 행사가 가능한 경영환경 요인이다. 과업환경에는 주주, 구성원들 및 노동조합, 소비자, 정부, 지역사회, 기타 이해관계자 등이 있다.

1. 주주

주식회사에서 주주(stockholder)는 기업에 자본의 일부를 공급하는 개인이나 투자집단으로 기업경영에 영향을 미치는 중요한 과업환경이다. 즉, 자신이 보유한 주식 지분만큼 주주총회에서 의결권을 행사한다. 따라서 경영자는 주주들에게 경영을 투명하게 공개하는 노력이나 주주이익을 보호하기 위한 제도를 도입하지 않으면, 주식시장에서 자금을 조달하기 어렵다. 또한 주주는 단순 투자 목적으로 주식을 소유하는 사람으로서 기업경영에 글로벌 기준(global standard)을 요구하여 수익성에 대한 압력으로 경영자에게 영향력을 행사할 수 있다.

2. 구성원들 및 노동조합

구성원들은 기업에 노동력을 공급하는 매우 중요한 과업환경 요인이다. 이들은 기업의 경쟁력을 결정하는 핵심요소를 구성하기 때문에 구성원들의 동기를 부여하고 생산성을 높이기 위하여 우리사주제도, 성과분배제도, 경영참가제도 등과 같은 제도를 도입하기도 한다.

구성원들이 권익을 보호하기 위해 설립된 노동조합은 사용자 집단과 함께 기업을 구성하는 주요 과업환경이다. 오늘날 기업의 경영활동에 대한 의사결정에 이해자 집단으로서 조합원의 권익보호를 주장하는 노동조합의 영향력은 점차 증대되고 있는 추세이다.

따라서 노동조합은 영향력을 배가하기 위하여 연합노동조합을 결성하여 기업조직을 구성하고 있는 근로자들의 의견을 대표하고, 기업 경영활동에 직접적으로 영향을 미치기 때문에 기업의 중요한 과업환경이다. 따라서 노동자와 사용자는 적대적인 관계가 아니라 동반자적인 관계에 있음을 명심해야 한다.

3. 소비자

소비자(consumer)는 기업이 생산한 제품이나 서비스를 반복하여 구매하는 개인의 소비주체이다. 소비자들이 과업환경으로 중요시 되는 이유는 소비자주의(consumerism)의 형성과 생활양식의 변화를 들 수 있다.

소비자주의는 소비자들이 기본적인 권리를 보장받기 위해 전개하는 조직적인 운동의 바탕이 되는 기본 이념이다. 이렇게 소비자의 영향력이 증대됨에 따라 기업의 중요한 과업환경으로 대두되었고, 소비자들의 생활양식의 변화는 사회구성원들의 생활유형으로 소비자, 근로자, 기타 집단의 많은 행동을 규제하기 때문에 기업에 커다란 영향을 미치고 있다.

4. 정부

정부(government)는 국가기관과 관련된 모든 기관을 의미하며, 기업의 과업환경으로서 정부 역할의 하나는 기업 활동에 영향을 주는 매개체로서 기업을 둘러싼 이해관계자 집단의 이해관계를 정책적으로 수렴하는 것이고, 다른 하나는 기업 활동을 규제하거나 기업이 나아가야할 방향을 제시하는 환경요인으로서 기업에 대한 일반시민의 사회적 기대를 수렴하는 것이다.

5. 지역사회

지역사회는 과업환경으로서 기업의 이해자 집단 중에서 특정 문제가 발생할 때에만 산발적이고 조직화되지 못한 형태로 기업에 영향력을 행사한다. 특히, 환경문제는 지역사회가 과업환경요인이 되게 된 직접적인 동기였으며, 기업의 사회적 책임과 관련하여 중요성이 커지고 있다.

6. 기타 이해관계자

과업환경으로서 대표적인 기타 이해관계자는 거래처, 금융기관, 경쟁기업, 교육기관, 언론기관 등을 들 수 있다. 이들이 기업에 미치는 영향력은 점점 커지고 있다.

제 3 부

중소기업 · 창업경영

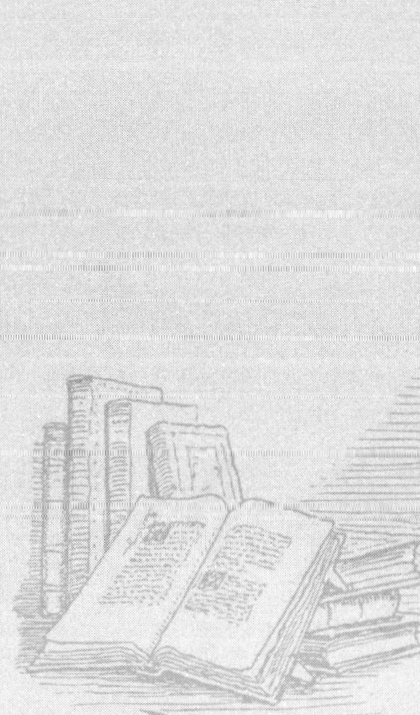

경영사상 다섯마당 관료이론

1. 관료이론의 출현

M. Weber

과학적 관리법 및 일반경영이론과 더불어 경영조직에 관한 고전이론으로서 관료이론(bureaucracy theory)이 있다. 관료이론은 독일 사회학자인 베버(M. Weber)에 의하여 발표되었으나, 1940년대에 이르러 미국을 비롯한 다른 나라에 알려지게 되었다.

관료이론은 합리적 관점에서 공식조직, 특히 대규모 조직을 관료제로 보는 베버(M. Weber)의 구조적 입장, 정치권력의 관계를 통해서 보는 라스키(H. Laski)의 기능적 입장, 구조적인 면과 기능적인 면을 아울러 보려는 릭스(F. Riggs)의 입장 등으로 크게 나눌 수 있다.

그러나 이들 연구의 대부분은 대규모 조직에서 관료제 성격을 찾아보려는 것이 공통된 현상이며, 이러한 개념의 기원은 베버의 사상에서 유래하고 있다. 고전이론인 과학적 관리법과 관료이론이 모두 조직의 합리적 모델을 추구한 것이지만, 이들의 차이점은 개인의 동기나 인간관계를 배제하고, 베버는 공식조직을 대상으로 관료제성을 찾으려 한 반면 테일러는 조직구성원들을 단순한 생산도구로 보았다는 것이다.

2. 관료이론의 주요 내용

베버는 근대 자본주의가 어떻게 형성되어 왔는지를 합리성(rationality)이라는 관점을 통해서 주시하면서 자본주의 정신에 영향을 준 프로테스탄트 윤리(protestant ethic)와 근대사회를 조직화시킨 관료제에 주목하였다. 관료제는 전통적 권한(traditional authority), 카리스마적 권한(charismatic authority), 합법적 · 합리적 권한(legal and rational authority)에 따른 지배형태 가운데 합법적이고 합리적인 지배유형을 이념으로 삼고 있다.

이념 유형으로서 관료제는 카리스마적 지배조직이나 전통적이고 봉건적인 지배조직에 비해서 합리적인 조직이기 때문에 그의 관료제는 근대사회를 조직화한 합리적 조직모형임을 알 수 있다.

관료제 조직은 전문화된 직무, 규칙에 따른 직무기능, 명확하게 정의된 권한, 계층에 따른 관리, 문서주의와 같은 특징을 가지고 있으며, 조직체 경영에 중요한 관점과 개념을 제시하고 있어서 경영조직 연구에 많은 영향을 주었다. 이러한 베버의 관료이론의 주요 내용은 다음과 같다.

1) 합법적인 직무배정과 직무수행

관료이론은 조직 구성원들의 직무에 관한 것으로 구성원들 각자의 직무가 조직의 규정에 의하여 합법적으로 설정되어야 하고, 권한 · 책임 · 임무가 분명하고 명확하게 주어지며, 이렇게 배정된 직무는 그대로 정확하게 수행되어야 한다는 것이다. 따라서 베버는 조직체의 각 구성원들이 배정된 직무를 정확히 수행하고 조직의 규율을 잘 지키도록 하기 위하여 이에 대한 상벌의 권한이 상위관리자에게 주어져야 한다고 주장하고 있다.

2) 직무의 전문성과 능력에 따른 계약고용

조직의 효율성을 높이기 위하여 직무는 되도록 분업화되고 최소의 단위로 세분화하여 전문성을 가져야 한다. 그리고 전문화된 직무내용을 중심으로 객관적인 능력과 자격에 의하여 계약고용이나 승진이 이루어져야 한다. 따라서 개인의 욕망이나 관심 등 개인적인 사정은 조직의 목적에 관련되어서는 안 되며, 오직 직무에서 요구되는 능력에 의해서만 구성원들이 선발되어야 한다고 주장하고 있다.

3) 계층에 의한 관리

전문화된 직무는 여러 계층으로 구성되어 있어서 계층에 따라 권한과 책임을 명확하게 부여하여 상하 간의 지휘와 복종관계가 성립되어야 하기 때문에 이러한 계층을 통하여 상급자의 권한이 발휘되고 하급자의 복종이 기대되는 동시에 하급자는 계층에 따라 상급자에게 주어진 임무를 수행할 의무를 부여해야 한다는 주장이다.

4) 규칙과 문서에 의한 경영관리

조직경영의 공정성을 부여하기 위하여 조직구성원들 각자의 권한 · 책임 · 경영관리에 관한 규정과 규칙(rules and regulations)을 명시하여 문서화하고, 이러한 규정과 규칙에 따라 조직경영이 이루어지고 결과가 문서화되어야 한다. 그래야 개인의 임의적인 의사결정을 방지하고, 공정하고 일관성 있는 조직경영이 이루어질 수 있다는 주장이다.

5) 경력의 보장

조직에 종사하는 것은 직업으로서 평생 동안 일할 수 있는 직업의 안정성이 보장되어야 한다. 따라서 뚜렷하고 객관적 이유가 없이는 임의로 해고할 수 없고, 설정된 규정과 규칙에 의하여 맡은 임무를 성실히 수행하여 조직에서 기대하는 효과를 달성함으로써 경제적 보상과 안정된 직업 등 좋은 혜택을 받을 수 있다. 이러한 혜택이 관료조직에서 원하는 조직구성원들의 행동을 유인할 수 있다고 주장하고 있다.

3. 관료이론에 대한 평가

베버의 관료이론은 합리성에 따른 조직구조가 직무를 합리적으로 배정하고 권한과 책임을 분명히 하여 조직의 효율성을 높인다는 점에서는 설득력이 있다. 베버는 조직의 합법성과 공정성을 높이는 것이 조직의 효율성을 높이는 것으로 전제하고, 전문화된 직무설계로부터 권한과 규칙에 의한 관리에 이르기까지 철저한 경영관리를 주장하였다.

개인의 임의적인 판단과 변칙적인 의사결정을 지양하고 객관성·일관성 및 예측가능성이 높은 합리적 조직(rational organization)을 형성하려고 노력한 것이다. 따라서 공공기관과 행정기관의 조직경영에서는 합법성, 공정성, 객관성이 중요하기 때문에 이러한 관료이론이 많이 적용되고 있는 것을 볼 수 있다.

그러나 관료이론은 조직구조가 기계적이고 경직성을 띠어 비인격적인 행동패턴을 형성한다는 단점을 안고 있다. 베버 자신도 이러한 관료제의 성격이 비인간적 사회를 만들어낸다는 점을 인식하여 인간을 쇠울타리(iron cage)에 가두어 놓는다고 보았다.

제5장 중소기업 경영

제1절 중소기업의 이해

1. 중소기업의 의의

우리나라에서 중소기업(medium and small business)은 절대적인 개념이 아니라 상대적인 개념으로 자본적으로 규모가 작고, 대기업에 비해 사업 업종이 다양하지 못하여 지역적으로 제약을 가지고 있다. 그러나 중소기업은 기업 수가 많아서 고용인력 측면에서 고용정책에 크게 기여하고 있다.

이러한 중소기업의 범위는 양적 기준과 질적 기준으로 구분할 수 있다. 양적 기준은 구성원들 수, 자산총액, 매출금액, 자본총액, 생산금액, 부가가치 등으로 구분할 수 있는데, 이러한 기준을 사용하면 객관적으로 명확하게 하여 개념의 불확실성을 없애 신뢰성을 높이는 효과가 있다.

반면에 질적 기준은 기업의 소유 형태, 경영의 독립성, 시장점유율,

독과점의 정도 등으로 구분하며, 이러한 기준은 독립적인 소유와 경영 상태, 시장 지배적이지 못한 낮은 시장점유율 등으로 구분할 수 있다. 즉 질적 기준은 단순한 외형적 규모보다는 실질적 기업 상태를 기준으로 중소기업 규모를 판단하는 기준으로 적용하고 있다.

중소기업의 범위에서 질적 기준을 사용한 카플란과 스텔리와 모오스는 다음과 같은 질적 기준을 사용하고 있다. 카플란(A. D. H Kaplan)은 소유와 경영의 미분리, 기업 활동 범위의 제한, 주식·사채가 아닌 신용에 의존한 자금조달, 생산성이 낮거나 임금수준이 열악함, 과도한 경쟁 등을 기준으로 하여 질적 특성을 설명하고, 스텔리와 모오스(E. Staley and T. Morse)는 대기업과 중소기업을 구분하는 것을 목적과 환경에 따라 다르며, 규모를 측정하는 기준은 자본규모, 자산액, 생산액, 동력의 크기, 구성원들 수 등에 따라 다르게 규정되어 진다고 주장하고 있다.

2. 중소기업의 범위

우리나라에서 중소기업의 범위는 중소기업 기본법 제2조 1항에 중소기업 육성시책의 대상이 되는 중소기업자는 업종의 특성과 상시 근로자 수, 자산규모, 매출액 등을 참작하여 그 규모가 대통령령이 정하는 기준에 해당하는 기업을 영위하는 자로 규정하고 있다. 이는 상시 근로자 수, 자본금, 매출액의 규모 중에서 어느 한 기준에만 충족하면 중소기업에 해당하는 것으로 규정하고 있다. 우리나라 중소기업 분류의 양적기준은 해당 업종에 따라 〈표 5-1〉과 같다.

〈표 5-1〉 우리나라 중소기업 분류의 양적기준

해당업종	규모기준
제조업	·상시근로자 수 300인 미만 또는 자본금 80억원 이하
광업, 건설업, 운수업	·상시근로자 수 300인 미만 또는 자본금 30억원 이하
출판·영상·방송통신 및 정보서비스, 사업시설관리 및 사업지원 서비스업, 보건 및 사회복지사업	·상시근로자 수 300인 미만 또는 매출액 300억원 이하
농업·임업·어업, 전기·가스·증기·수도 사업, 도매 및 상품중개업, 숙박 및 음식점업, 금융 및 보험업, 전문·과학 및 기술 서비스업, 예술·스포츠 및 여가 관련사업	·상시근로자 수 300인 미만 또는 매출액 200억원 이하
하수처리·폐기물 처리 및 환경 복원업, 교육 서비스업, 수리 및 기타 서비스업	·상시근로자 수 50인 미만 또는 매출액 100억원 이하
부동산업 및 임대업	·상시근로자 수 300인 미만 또는 매출액 50억원 이하

양적 기준으로 분류해 보면, 상시근로자 수 300인 미만 또는 자본금 80억원 이하이고, 광업, 건설업, 운수업 등은 상시근로자 수 300인 미만 또는 자본금 30억원 이하이며, 출판, 영상, 방송통신업 등은 상시근로자 수 300인 미만 또는 매출액 300억원 이하이고, 농업, 어업, 임업 등은 상시근로자 수 300인 미만 또는 매출액 200억원 이하이며, 하수처리, 폐기물처리, 환경복원업 등은 상시근로자 수 50인 미만 또는 매출액 100억원 이하이고, 부동산업 및 임대업 등은 상시근로자 수 300인 미만 또는 매출액 50억원 이하이다.

우리나라는 중소기업 중에서도 규모가 일정수준 이하인 소기업과 소상공인으로 분류하여 우대정책을 시행하고 있다. 소기업과 소상공인은 중소기업기본법시행령과 소기업 및 소상공인 지원을 위한 특별법의 적용대상이다. 〈표 5-2〉에서 보듯이 이러한 소기업 범위의 일반적 기준은 제조, 광업, 건설업, 운수업은 상시근로자 수가 50인 미만이고, 그 밖의 사업 업종은 10인 미만이다. 한편, 소상공인 범위의 일반적

기준도 제조, 광업, 건설업, 운수업은 상시근로자 수로 정의하여 10인 미만이며, 전기 · 가스 및 수도업, 도소매업 및 기타 서비스업은 상시 근로자 수가 5인 미만이다.

〈표 5-2〉 소기업과 소상공인의 범위(일반적 기준)

업 종	소기업	소상공인
	상시 근로자 수	
제조업	50인 미민	10인 미만
광업, 건설업, 운수업	50인 미만	10인 미만
대형종합소매업, 호텔업, 휴양콘도 운영업, 통신업, 정보처리 및 기타 컴퓨터운영 관련업, 엔지니어 서비스업, 병원, 방송업	10인 미만	5인 미만
종자 및 묘목생산업, 어업, 전기 · 가스 및 수도 사업, 의약품 및 정형외과용 도매업, 연료 및 관련제품도매업, 통신판매업, 방문판매업, 여행알선 · 창고 및 운송관련 서비스업, 전문 · 과학 및 기술 서비스업, 사업지원 서비스업, 영화산업, 유원지 및 테마파크 운영업	10인 미만	5인 미만
도매 및 상품중개업, 산업용 기계장비 임대업, 자연과학연구개발업, 공연산업, 뉴스제공업, 식물 · 동물원 및 자연공원, 하수처리 · 폐기물 처리 및 정소관련업	10인 미만	5인 미만
그 밖의 모든 업종	10인 미만	5인 미만

3. 중소기업의 특성

중소기업의 특성은 기업의 경영적 특성, 국민경제적 특성, 경기변동의 영향을 크게 받는 환경적 특성 및 생산기술적 특성을 지니고 있다. 〈표 5-3〉에서 보듯이 대기업에 비해서 중소기업은 독특한 특성을 지니고 있다.

〈표 5-3〉 대기업과 중소기업의 특성 비교

비교항목		대기업	중소기업
경영적 특성	경영방식	자본적 · 제도적 경영	인적 · 사적 경영
	소유와 경영	분화	미분화
	관리방식	과학적 · 합리적 · 현대적	비과학적 · 직관적 · 전근대적
	경영자	전문경영자	소유경영자
	의사결정권	권한의 위임 (분권적 의사결정)	1인 또는 기족지배 (중앙집권)
	경영정책	인정적 · 보수적	혁신적 · 도전적
	커뮤니케이션	간접적 · 공식적	직접적 · 신속성
환경적 특성	환경적응	경직적 · 고정적	탄력적 · 신축적
	시장규모	글로벌시장, 전국시장	지역시장
	경쟁 상태	독 · 과점화	완전 경쟁화
	지역사회 접촉성	빈약	밀접
	소비자 만족가능성	소	대
	사회인식	유리	불리
생산기술적 특성	생산 형태	소품종대량생산	다품종 소량생산
	제품 주안점	조립 및 완제품	부품 및 소재
	생산기술의 성격	자본집약적	노동집약적
	산업의 중심	중화학 · 중공업	경공업
	기술 보유수준	고급기술	자본기술
	기술개발 잠재력	소	대

자료원 : 문영복(2005), 『중소기업론』, 수정

1) 경영적 특성

중소기업은 급격하게 변화하는 시장 환경변화에 대해 적응력이 크다. 즉, 소비시장의 수요변화와 경기변동에 신속하게 대응할 수 있고, 생산하여 판매하는 제품의 유연성을 갖추고 있어서 수요의 유동적 흐름에 능동적으로 대처할 수 있다.

기업의 경영적 특성은 경영방식, 소유와 경영의 분리, 관리방식, 경영자 유형, 의사결정권, 경영정책 및 커뮤니케이션의 항목에 따라 대기업과 중소기업으로 나누고 있다. 중소기업은 경영방식이 인적 · 사적 경영을 중심으로 이루어지고 있고, 소유와 경영이 분리되지 못하고 있으며, 경험적 · 직관적 · 전근대적 관리방식에 의존하고 있다.

또한 소유경영자에 의한 경영이 일반적이며, 1인 또는 가족 지배적 의사결정이 이루어지고 있다. 그러나 상대적으로 혁신적 · 진보적 · 도전적 경영전략을 수행할 수 있다는 장점도 있다. 또한 직접적이고 신속한 의사결정을 통하여 커뮤니케이션 된다는 특징이 있다.

2) 국민경제적 특성

중소기업은 광범위한 사업 분야를 가지고 있는데, 제조업과 서비스업 등 국민경제의 다양한 사업 분야에서 매우 높은 비중을 차지하고 있으며, 대기업과 역할분담을 하고 있다. 대기업에 의존하거나 계열화되어 있는 중소기업과 대기업으로부터 독립된 전문화된 중소기업은 경영상에서 큰 차이를 보이고 있다.

3) 환경적 특성

중소기업은 상대적으로 규모가 작아서 경기변동의 영향을 크게 받아 불안정성이 매우 높다. 그러나 중소기업은 지역사회와 밀접한 연관성을 가지고 있어서 지역사회의 균형적 발전, 고용창출에 기여하고 있다.

중소기업의 환경적 특성은 환경적응, 시장규모, 경쟁상태, 지역사회 접촉성, 소비자 만족가능성 및 사회인식 항목의 대처능력에 따라 대기업과 중소기업으로 나누고 있다. 중소기업은 이러한 환경변화에 적응능력이 큰 것이 특징이다.

중소기업은 환경적응에 있어서 탄력적이고 신축적이며, 지역시장의 시장규모에 적합하며, 경쟁기업의 난입으로 인하여 경쟁상태가 치열하다. 또한 지역사회와 밀접한 관계를 형성하고 있으며, 소비자만족 가능성이 크다는 특징이 있다. 그러나 사회인식은 아직 불안정하다는 불리한 인식을 받고 있다.

4) 생산 기술적 특성

중소기업의 생산형태는 다품종 소량생산에 의존하고 있으며, 중소기업 제품은 부품 및 소재, 중간 제품에 주안점을 두고 있다. 대기업은 이러한 중소기업을 활용하여 조립 및 완제품을 생산하고 있다. 생산기술적 특성은 생산 형태는 다품종 소량생산에 주력하며, 제품 주안점은 부품 및 소재에 주력하고 있다. 생산기술의 성격은 노동집약적 산업에 집중하며, 생산의 중심은 주로 경공업에 주력하고 있다. 기술의 보유 수준은 아직 고급기술보다는 자본기술에 의존하고 있으며, 기술개발 잠재력은 큰 것이 특징이다. 이러한 항목에 따라 대기업과 중소기업으로 나누고 있다.

4. 중소기업의 유형

중소기업의 유형은 입지 기준, 기업의 독립성, 생산제품의 특성 등을 기준으로 나눌 수 있다.

1) 중소기업의 의존 · 계열형 입지 기준

중소기업은 규모가 작아서 지역주민의 국지적 수요를 표적시장으로 하고, 소매업 중심의 지역산업과 밀접한 관계를 지닌 수요 지향적 중소기업이 있고, 생산요소의 조달과 관련하여 밀접한 관계가 있거나 지역 특산품을 대상으로 하는 기업, 대기업에 대한 하청기업을 중심으로 하는 공급지향형 중소기업 등으로 나눈다.

2) 중소기업의 전문 · 독립형 입지 기준

중소기업은 가격과 품질 측면에서 대기업과 경쟁요소가 대등한 위치에서 시장수요를 확보한 독립형 중소기업이 있으며, 대기업과의 관계를 수직적 또는 종속적 시장수요구조로 맺고 있는 종속형 중소기업이 있다.

3) 중소기업의 생산제품의 특성

중소기업의 생산제품의 특성을 보면, 제조업자 상표(NB: national brand)와 유통업자 상표(PB: private brand)가 있고, 기술개발력을 중시하는 자가 제품형 중소기업과 모기업에 대한 납품과 원가를 중시하는 부품생산형 중소기업 등이 있다. 이들의 경영상의 차이점을 보면, 〈표 5-4〉와 같다.

〈표 5-4〉 중소기업 유형에 따른 경영상 차이

구분	주요 역할	대표적 경영형태	경영의 초점
의존 · 계열형 중소기업	• 주문품의 적기 공급 • 국내외 시장개척 • 수입품 대체	• 의존체제가 형성 • 생산성 능률향상에 주력 • 제품기술의 모방과 도입	• 모기업과의 유대강화 • 합리화 방안 강구 • 품질향상
전문 · 독립형 중소기업	• 국내외 시장창조 • 신제품 및 기술개발 • 인력 규합과 육성	• 동업체제의 구축 • 전문화의 추진 • 기술에 과감한 투자	• 경쟁우위의 확보 • 정보망의 구축 • 협력체제의 구축

자료원 : 강민수(2005), 중소제조공급자의 경쟁력 향상에 관한 연구, 서경대 박사학위논문.

의존 · 계열형 중소기업은 대기업에 의존체제가 형성되어 있고, 생산성 능률 향상에 주력하고 있으며, 주로 제품기술의 모방과 도입의 경영형태를 보이고 있다. 따라서 이들은 주문의 적기공급, 국내외 시장개척, 수입품 대체 등의 역할을 하고 있어서 모기업과 유대를 강화하고, 합리화 방안을 강구하며 품질을 향상하는데 초점을 두는 특징을 지닌다.

전문 · 독립형 중소기업은 대기업과 동업체제를 구축하거나 전문화를 추진하고 기술개발에 과감한 투자를 하는 등의 경영형태를 보이고 있다. 따라서 국내외에 시장을 창출하기 위해 신제품 및 기술개발에 적극적이며, 인력을 양성하고 육성하는 역할을 하고 있어서 대기업과의 경쟁에서 우위를 확보하기 위한 노력을 하며, 정보망을 구축하고 한편으론 대기업과 협력시스템을 구축하는 경영에 중점을 두는 특징을 지닌다.

제 2 절 중소기업 경영

1. 중소기업의 중요성

중소기업은 다양한 소비자 욕구를 충족하기 위하여 시장 다양화, 전문화, 고급화가 이루어야 하고, 이를 충족하기 위한 생산·판매의 유연성을 발휘하는 데 중소기업의 중요성이 점점 커지고 있다. 이에 따라 중소기업의 수가 증가하는 현상을 보임에 따라 중소기업의 경제적·사회적·정치적 역할과 비중이 커지고 있다. 또한 실업이 사회문제로 대두되는 상황에서 보면, 대기업에 비해 노동집약적 산업의 특성상 고용창출 효과가 큰 중소기업의 중요성이 새롭게 부각되고 있다.

2. 중소기업의 취약요인

우리나라 중소기업은 국민경제적으로 많은 역할을 담당하고 있음에도 불구하고 많은 어려움이 있다. [그림 5-1]에서 보듯이 중소기업의 위협요인은 인력의 질과 구조가 취약하고, 기술경쟁력에서 열세에 있으며, 해외투자의 증가와 국제화 능력이 취약하고, 중소기업 육성정책의 의지가 약화되었다는 것을 들 수 있다.

[그림 5-1] 국내 중소기업의 위협 원인

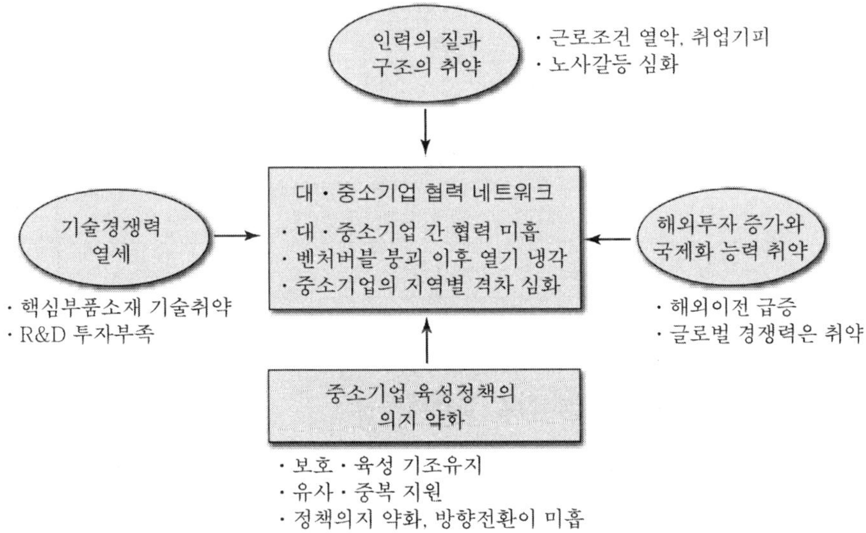

자료원 : SERI, CEO 인포메이션, 416호

1) 인력의 질과 구조의 취약

중소기업의 취약요인은 인력의 질과 구조가 취약하다는 것이다. 기업 규모가 작을수록 취업자 중 고학력자의 비율이 낮게 나타나고 있어서 구성원들 수가 5~9인 기업체의 대졸 이상 비율은 22%, 300인 이상 기업체의 대졸 이상 비율이 31%로 나타나고 있다. 또한 중소기업 근로자의 이직률이 높아서 기술력 축적이 어렵고, 경력관리에도 불리한 요인으로 작용하고 있는 것으로 나타났다. 또한 중소기업의 근로여건이 불리하여 고급 근로자들이 취업을 기피하며, 대기업과 비교하여 근로시간은 큰 차이가 없으나, 임금과 법정 외 복리비는 2/3수준인 반면 이직률과 산업재해율은 2배 이상인 것으로 나타나고 있다.

2) 기술경쟁력 열세

중소기업은 기술경쟁력이 약하여 수익창출과 사업구조 고도화가 어려운 실정이다. 일본 중소기업에 비해 우리나라 중소기업의 기술경쟁력은 80% 수준(전국경제인연합회 조사)으로 한국과 중국의 기술격차가 대기업은 100:77이지만, 중소기업은 100:84로 나타나 중소기업의 기술경쟁력 차이가 상대적으로 작게 나타나고 있다〈표 5-5〉.

〈표 5-5〉 중소기업의 기술경쟁력(일본= 100)

종합	제품 설계	소재 관련	부품 관련	조립 가공	공정 관리
80.6	80.6	82.0	83.3	80.0	79.4

자료원: 전경련, 2003.

3) 대·중소기업 협력네트워크

우리나라 대기업과 중소기업 간에는 대부분 완성품·부품의 연계구조로서 대기업 주도의 일방적인 관계로 이루어져 있다. 특히, 공동 연구개발이나 신제품 개발과 같은 장기적이고 혁신역량을 강화할 수 있는 협력활동은 아주 미흡하거나 없는 상태이다.

따라서 중소기업은 최근에 대두되고 있는 상생을 통한 동반성장에 대한 관심이 고조되고 있다. 이러한 분위기 하에서 대기업과 중소기업이 협력할 수 있는 보완적인 관계가 형성되어야 장기적인 핵심역량(core competency)을 키우는데 필요하다는 인식을 해야 한다.

4) 해외투자 증가와 국제화 능력의 취약

우리나라는 시장 노동비의 상승으로 중소기업의 해외투자가 증가하고 있지만, 중국에 진출한 기업의 60% 정도만이 성공적으로 경영되는 것으로 나타나고 있다. 이러한 중소기업의 글로벌화 실패요인은 현지투자정보가 부족한 상태에서 진출하고, 글로벌화 인력이 부족하며, 조직력이 취약하다는 점이다. 따라서 중소기업은 종합상사 등을 중심으로 해외에 형성되어 있는 네트워크를 공동 이용하는 방안을 수립해야 할 것이다.

5) 중소기업 육성정책의 의지 약화

우리나라 경제정책은 수출 지향적이고 대기업을 중심으로 한 성장 정책을 수행하였기 때문에 중소기업은 보호·육성 중심의 시책이 남아 있다. 이러한 가운데 벤처기업의 창업을 촉진하고, 미래 지향적 정책들이 혼재되어 나타나고 있다. 최근 벤처 육성정책이 일부 기업의 도덕적 해이, 부처별 과당경쟁, 양적 확충 일변도로 정책의지가 다소 약화되고 있는 실정이다.

제 3 절 세계적 중소기업의 벤치마킹

우리나라 중소기업 경영은 세계 중소기업 정책의 성공적인 사례를 벤치마킹하는 것이 유리할 것이다. 세계 중소기업 정책의 성공사례에서 다음과 같은 성공요인을 벤치마킹해 볼 수 있다.[1)]

1. 성장과 시장지배력

세계적인 중소기업들은 목표를 성장과 시장 지배력에 두고 있다. 이들은 자신들의 성공에 대하여 51.9%가 상당히 만족하는 것으로 나타나고 있다. 또한 시장점유율을 통한 시장지배력의 강화를 통해서 시장지배력이라는 개념을 다양하고 폭넓게 이해하고 있으며, 시장 지배의 요소로 기술선도와 품질선도로 보고 있어서 우리 중소기업들이 배워야 할 부분이다.

1) 이 부분은 기업은행의 명예의 전당에 헌정된 우수 중소기업들의 사례연구인 2009 Success Story에서 발췌한 것이다.

2. 시장정의와 집중강화

세계적인 중소기업들은 시장을 정의하는데 있어서 63%가 용도 또는 고객욕구로 정의하고,[2] 55%는 고객과 표적 집단으로 정의함으로써 정의에서 고객 지향적 사고를 강조하고 있다. 이들 중소기업들은 시장에서 경쟁우위를 점유하기 위해 집중을 강화하는 생산전략을 수행하고 있으며 동일한 제품을 여러 버전의 제품 수, 문제해결의 완성도, 가치사슬 창출 가운데 자사가 담당하는 비율을 높임으로써 가치창출로 연결한다. 즉, 전문화와 완벽함을 창출하여 경쟁사에 대한 진입장벽을 형성하고 있다.

또한 이들은 다각화를 추진하는 데 있어서 중소기업의 자원 한계를 극복하기 위해서 집중적 다각화를 실시하고 있다. 즉, 유연한 다각화의 일환으로 시장지배력을 확보할 수 있는 틈새시장(niche markets)에 초점을 맞추고 위험을 분산하기보다는 성장에 대한 욕구를 동기로 하여 성장을 방해하는 장벽을 극복하고 기존의 노하우를 더 효과적으로 이용하면서 기업성장을 추구하고 있다.

3. 고객과의 긴밀성

세계적인 중소기업들은 고객들의 요구사항이 까다로운 고객과 밀접한 관계를 유지해 나가며, 이들의 욕구에 맞춘 서비스를 제공하기 위해 노력한다. 제품의 질에 대해 까다롭게 요구하는 고객과의 친밀성을 통해서 시장정보를 확보하고, 제공하는 제품과 서비스에 대한 평가를 피드백 받을 수 있는 기회로 활용하고 있다.

---

2) Hermann Simon(2007), Hidden Champions의 자료를 인용함.

4. 혁신

세계적인 중소기업들은 혁신(innovation)을 통해서 고객들에게 매우 유용한 가치를 제공하거나 원가를 줄이는데 기여하고 있다. 중소기업들의 혁신활동은 기술에 한정하는 것이 아니라 혁신을 이끌어가는 원동력으로 시장과 기술정보를 동등하게 사용하며 고객의 욕구와 전문적인 지식을 동원하고 있다.

세계 유수중소기업들은 혁신의 원천으로 고객이 가장 중요한 자극이라고 꼽고 있으며 공급자, 경쟁자, 협력파트너도 혁신적 아이디어에 공헌할 수 있다. 기업 내부에서 오는 혁신 자극에는 최고경영자, R&D부서, 다른 영역의 아이디어 제공자를 꼽고 있다.

5. 경쟁우위 확보

세계적인 중소기업들은 기술적 경쟁우위(competitive advantage)를 가지고 있어서 경쟁사가 모방하기 힘들기 때문에 지속적인 시장점유율을 확보할 수 있다. 이러한 경쟁전략을 측정하는 요소로는 경쟁사들과의 유사성 정도와 경쟁우위를 결정하는 변수가 있다.

경쟁사들과 유사성과 이질성을 파악하는 것은 효과적인 전략을 수행하는데 필수적이다. 중소기업의 차별화전략은 경쟁사와 차별화되어야 경쟁우위의 초석이 될 수 있기 때문에 세계적인 중소기업들은 자신이 속해 있는 시장 내부에서 다양하고 이질적인 경쟁의 장에서 활동하고 있다.

세계적인 중소기업들은 경쟁우위를 결정하는 변수를 잘 파악하고 있다. 이들은 경쟁우위 요인으로 58%가 제품의 품질을 선택하고, 서비스 변수를 다음으로 선택하고 있다. 즉, 제품의 품질과 고객과의 친밀성에 대해 경쟁우위 확보를 위한 중요한 변수로 인식하고 있는 것이다.

6. 자금조달, 조직과 주변 환경

세계적인 중소기업들은 자금조달, 조직, 주변 환경을 핵심과정의 조건으로 결정하고, 이를 통해 고객에게 가치를 제공한다. 이러한 전략을 평가하기 위하여 자금조달의 안정성, 자금조달의 출처, 자체 생산비율과 아웃소싱 정도 등을 파악해야 한다.

자본조달의 안정성은 자기자본 비율이 41.9%에 달하고 시장지배력을 지닌 세계적인 중소기업들은 자기자본 비율을 50% 이상으로 응답하고 있다. 자금조달의 출처는 자기 조달하는 경우가 많으며, 은행의 신용대출이 그 다음으로 응답하고 있다. 자체 생산비율과 아웃소싱 정도는 이들이 핵심 경쟁력으로 품질을 선택하고 있기 때문에 아웃소싱으로 인한 품질 통제력의 약화 및 노하우 유출을 가장 걱정한다. 따라서 이들은 자체 생산비율을 50% 정도로 하고 있다.

제 4 절 벤처기업 경영

1. 벤처기업의 의의

벤처기업(Venture Business)은 고도의 기술을 전제로 모험심이 강한 창업가에 의해 창업되는 소기업이다. 개인 또는 소수의 핵심적인 창업자가 신기술과 새로운 아이디어를 기초로 개인투자자(angel capital)나 벤처캐피털(venture capital)로부터 자금을 조달받아 창업하는 것이다. 또한 벤처기업은 첨단기술, 새로운 아이디어를 사업화하는데 있어서 경영의 위험성이 높지만 성공할 경우 막대한 수익이 기대되는 신생기업이다. 즉 첨단기술을 바탕으로 한 신제품의 개발을 통하여 시장을 개척하고 경쟁우위를 확보하려는 움직임이 활발해지고 있다.

2. 벤처기업의 특성

벤처기업은 규모가 작은 기술집약적 기업으로 독특한 창의력으로 고유기술을 보유하고 있어서 위험은 높으나 성공할 경우 높은 성장률을 보이는 특성을 갖고 있다. 미국이나 일본 등 선진국의 경우 벤처기업의 진출분야는 컴퓨터산업, 반도체 및 전자분야, 유전공학 및 의료산업분야 등 첨단기술 분야에 집중되어 있지만 우리나라는 기술집약적 수입대체 품목이 주류를 이루고 있다.

벤처기업의 특성은 창업자들이 비교적 젊은 층이 주축을 이루며 이공계 대학 및 대학원 교육을 배경으로 하여 이전 직장, 즉 배태조직(incubating organization)에서의 기술개발 경험과 경영관리의 경력을 거치고 있다. 기술혁신에 있어서 배태조직으로부터 파생되거나 기술이 이전되는 경우가 많으며 대학, 정부 연구소나 민간연구기관 등 지식 집약적 산업이 인접한 곳에서 출발하는 경우가 많은데 이는 고급 인력의 확보, 벤처자본의 조달을 위한 금융시장 여건, 아이디어 및 기술 정보 등이 쉽기 때문이다.

벤처기업은 매출액에 대한 연구개발의 투자비율이 높고, 인력자원의 기술 및 기능 집약도가 높으며, 경영관리 면에서 전문 능력을 갖춘 인재의 확보 · 유지 등 인력자원관리에 역점을 두고 있으며 마케팅 · 재무 · 생산 등 여러 경영 기능을 자체의 힘으로 직접 수행하기보다는 외부기관을 이용하는 시스템 조직자로서의 성격이 강하다.

3. 벤처기업의 성패요인

벤처기업의 성공과 실패를 측정하는 명확한 방법은 없으나, 성공적인 벤처기업은 성장성·생존성·수익성과 같은 개념이 포함되어 있고 실패한 벤처기업은 사업이 중단되었거나 파산하였거나 처분하였거나 지속적인 사업운영의 실패를 의미한다. 이러한 방향에서 성공한 벤처기업과 실패한 벤처기업의 특성을 창업가, 창업과정, 경영관리, 전략, 자원, 환경 및 기업특성에 따라 분류하여 비교하면 〈표 5-6〉과 같다.

〈표 5-6〉 성공한 벤처기업과 실패한 벤처기업의 특성 비교

특성	성공요인	실패요인
창업가	• 탁월한 관리능력 • 경영의 폭넓은 경험 • 능력 있는 창업 팀 확보 • 높은 기업가 정신	• 관리능력 부족 • 경영자의 지원 부족 • 협소한 경험 • 낮은 기업가 정신
창업 과정	• 기술과 시장에 대한 명확한 인식 • 체계적인 시장조사의 노력 • 정기적이고 분명한 사업계획 • 외부 전문 인력의 조언	• 사업에 대한 분명치 못한 정의 • 단기적 전망과 사업계획 • 외부 전문가 활용 미비 • 시장에 대한 이해 부족
경영 관리	• 독특한 경영이념과 문화 • 높은 커뮤니케이션 수준 • 참여적 의사결정시스템 • 공정한 보상시스템	• 인간관계 실패 • 부서 간 갈등 • 비참여적 의사결정시스템 • 외부 영입인력과의 갈등
전략	• 저원가 전략 • 차별화전략(마케팅, A/S) • 전략적 유연성	• 영업사원의 비협조(전략실행문제) • 매출 위주의 성장전략 • 섣부른 글로벌 전략
자원	• 다양한 자금조달 원천 • 제조·운영을 위한 추가자금 확보 • 뛰어난 기술력 • 전문적 인력 확보	• 취약한 유통구조 • 낮은 기술력 • 낮은 자금 동원력 • 투자자와의 부적절한 관계
환경	• 성장산업 • 불균형한 시장 • 틈새시장 • 핵심 고객과 공급자 파악용이	• 협소한 시장구조 • 산업의 성숙화 • 대기업이나 외국 합작기업과 경쟁 • 특정 고객에 지나치게 의존
기업 특성	• 경험과 지식으로 신생성 극복 • 전략을 통한 규모의 불리함 극복	• 신생성의 불리함 • 규모의 불리함

자료원: 정성민·조성도·김경은·문연희(2008), 국내 지방 벤처기업의 실패요인에 대한 탐색적 사례연구, 벤처경영연구, 제11권 제4호, pp. 91~113.

4. 이스라엘의 요즈마 벤처캐피털 육성 사례

1) 요즈마펀드의 출범

이스라엘은 자국 벤처산업에 대한 외국인 투자유치와 첨단기술 산업의 성장을 촉진하기 위해 1993년 1,000만 달러 규모로 결성되어 창업자금 지원뿐만 아니라 경영 노하우, 마케팅, 파트너 발굴 등의 서비스를 제공하는 벤처 캐피탈 산업을 육성하기 위해 1993년 요즈마(Yozma) 벤처캐피탈을 설립하였다. 이는 10여개의 자회사 펀드를 조성하여 벤처캐피날 산업을 육성하는 역할과 하이테크 기업에 직접 투자하는 역할 등 2가지를 수행하고 있다.

요즈마 벤처캐피탈의 출범으로 1991년 1개였던 이스라엘의 벤처캐피탈은 2010년 현재 70개를 넘고 있으며, 자금규모도 12.6억 달러에 이르고 있다. 요즈마 벤처캐피탈은 1998년 민영화에 성공한 이후 현재까지 Yozma Ⅱ와 Yozma Ⅲ로 확대 운영되고 있어서 현재, GDP 대비 벤처투자 규모는 0.6%에 달해 미국에 이어 세계 2번째 벤처강국이 되었다.

2) 요즈마 펀드의 성공요인

요즈마 펀드의 성공요인은 정부가 벤처기업에 대한 투자나 자금 공급을 직접적으로 수행한 것이 아니라, 정책자금으로 모태펀드(fund of funds)를 결성하고 이를 통해 지원했다는 것이다. 민간 자금에 대한 '매칭 출자'를 통해 펀드를 최종적으로 결성하고, 벤처캐피털이 펀드 운용을 전담하도록 만든 게 주효하였다. 이런 방식은 현재 벤처산업과 벤처캐피털 시장을 육성하는데 가장 효과적이며 시장 친화적으로 알려진 민관합동 방식으로 평가된다.

3) 이스라엘 하이테크 기업의 벤처캐피탈 자금 규모 추이

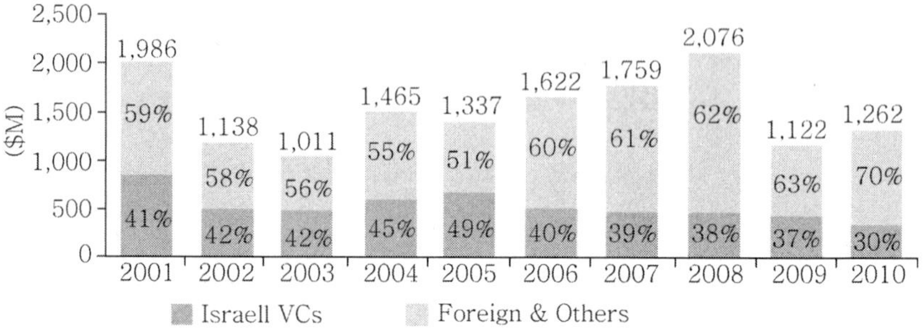

자료원: http://www.cbs.gov.il

요즈마(Yozma) 벤처캐피탈은 1993년 이스라엘 정부가 하이테크 산업에 투자할 외국자본 유치를 위해 설립한 대표적인 공공투자 프로그램으로 자본이나 담보능력 없이 아이디어만으로 출발하는 벤처기업인들에게 자금조달을 해결해 주기 위해 설립된 정부 주도의 벤처캐피탈이다. 창업기업에 대한 투자자금은 벤처캐피탈과 정부가 2대1 매칭 방식으로 투자하여 수익이 나면 정부지분을 민간투자자가 인수하는 방식으로 운영하고 있다.

운영방식은 건당 800만 달러가 1개의 연구 개발업체에게 전용으로 배정되고, 요즈마는 현재 진행 중인 경영활동에 계속 참여하며 파트너들에게는 일정한 기한이 종료된 후 펀드에 있는 요즈마 지분을 매입할 권리를 부여받으며, 이스라엘인이 설립하거나 이스라엘인을 핵심 지위에 채용하는 외국인업체들과의 협력을 강화하고 있다.

경영사상 여섯마당 제도이론

1. 제도이론의 출현

P. Selznick

제도이론(institutional model)은 베버의 관료제 연구에 참여하였던 셀즈닉(P. Selznick)에 의해 발전된 이론이다. 이 이론은 조직의 생존을 베버가 주장하는 합리성보다 기능성을 우선시 하는 자연시스템의 조직관을 반영하고 있다. 셀즈닉에 의하면, 조직은 목표 지향적 도구이기는 하지만, 동시에 자신의 생존이라는 요구에 의해 움직여지기도 하는 비합리적 · 자연적 시스템의 성격도 지니고 있다. 그는 조직 구성원들의 영향과 공식적·비공식적 조직구조의 작용 등을 이유로 조직을 비합리적 · 자연시스템의 성격으로 보았다.

2. 제도이론의 기본적 사고

권한의 위임은 부서화(departmentation)를 낳게 되고, 각 부서는 서로의 이익을 위하여 갈등과 대립을 일으키게 된다고 셀즈닉(P. Selznick)은 관료제의 역기능을 주장하면서 이러한 결과로 조직이 내세운 전체 목표에 비추어 실제의 성취도는 매우 낮게 된다고 하였다.

셀즈닉은 권한의 위임을 조직의 통제 수단으로 사용한다고 전제하고, 권한의 위임은 분업(division of labor)을 의미하는 것으로 전문적 기능별로 부서화를 의미한다고 주장한다. 즉, 조직이 부서별로 전문화가 이루어지면 조직 구성원들의 능률이 향상되고, 각 부서별 목표 달성이 원활하게 이루어져 더욱 권한을 위임하려는 경향이 생긴다. 따라서 조직은 부서화가 촉진되어 많은 하위조직을 갖게 된다는 주장이다.

이렇게 생겨난 여러 부서들은 각각 유지의 필요성 때문에 조직의 전체 목표보다는 부서의 목표 달성과 이익을 위하여 서로 경쟁과 대립을 하게 되고, 그 결과 부서별 능률 향상에도 불구하고, 전체 조직이 요구하는 목표 성취도는 매우 낮게 된다는 것이다. 또한 조직 관리자는 이러한 현상의 원인을 알지 못하고, 조직의 전체 목표의 성취도를 높이기 위하여 다시 권한을 위임하게 되는 것이다. 이러한 과정이 반복됨으로써 관료제에서는 결과적으로는 역기능으로 작용하게 된다는 것이 셀즈닉의 주장이다.

이러한 관점에서 제도이론은 조직구조를 외부환경과 조직 구성원들의 상호작용 형태에 대응하여 형성된 적응적 시스템으로 이해하고 있다. 셀즈닉은 모든 사회시스템(social system)의 가장 중요한 요구는 시스템 자체의 순수성과 계속성을 유지하는 것이라고 보고, 대부분의 조직은 자신의 생존을 위해 내·외의 환경에 적응하여 가는 과정에서 특징적인 구조를 자연적으로 형성하게 된다고 보았다. 이것을 제도화(institutionalization)라고 하고 조직분석에 있어 기본적 관점으로 삼았다.

조직이 생존을 위해 사용하는 자기 방어적 적응기제에는 비공식 구조, 이데올로기, 흡수 등 다양한 방법들이 사용될 수 있지만, 이러한 적응기제들 중에서 셀즈닉이 가장 관심을 가진 것은 흡수이다. 셀즈닉은 조직의 공식적 권위에 대한 정당성의 기반이 취약한 경우에 외부의 특정 권력집단의 압력에 대응하기 위하여 흡수전략을 구사한다고 보았다.

셀즈닉은 자신이 직접 참여했던 테네시강개발청(TVA)에 대한 연구를 토대로 조직에 대한 제도이론적 분석을 구체화하였다. 1930년대 미국에서는 대공황을 극복하기 위한 정책의 일부로 테네시강의 종합개발을 착수하였는데, 이 계획의 시행을 담당하였던 기관이 TVA이다. 셀즈닉의 분석에 의하면, TVA는 현지 주민들의 저항을 무마하고 정치적 지지를 확보하는 방안으로 지역대표들을 TVA사업에 관한 의사결정에 참여시키는 방식으로 흡수전략을 수행하였다. 그러나 흡수전략은 공익 추구라는 TVA의 공식적 목적과 상관없이 소수 지역 유지들의 사적 이익에 기여하는 결과를 초래하였다.

3. 제도이론에 대한 평가

제도이론은 연구방법에 있어서 자연사적 접근을 선호하는데, 이는 조직과정의 자연스러운 흐름에 초점을 맞추는 연구태도를 지향하였다. 이러한 방법론에 입각하여 제도이론은 조직의 공표된 목표와 적응과정에서 나타난 실제 목표를 비교하기 때문에 페로우(C. Perrow)는 제도이론이 사회이론의 폭로적 전통을 반영한다고 논평하였다.

제 6 장 기업의 창설과 경영

제 1 절 창업과 기업가정신

1. 창업의 의의

창업은 기업을 처음 만드는 것으로서 창업을 통한 기업들의 신규 시장진입은 건전한 기업의 경쟁 환경조성을 통한 경제 전체의 성숙과 규모 확대를 이루는 가장 중요한 요소이다. 이는 기존 사업을 영위하는 기업들에 대해서 생산성 향상이나 기술혁신을 통한 경쟁력 향상을 요구하는 촉진제로 작용하기 때문이다.

또한 창업은 일자리 창출에도 기여하여 실업난을 해소하고 개인에게는 부와 경제적 혜택을 제공하며 인적자원의 개발을 통한 산업 활동에 기여할 수 있다.

2. 강인한 기업가정신 요구

우리나라는 두 번에 걸쳐 경제적 위기를 맞아 명예퇴직으로 실업자가 늘어남에 따라 많은 사람들이 창업을 생각하고, 기회와 여건만 주어진다면 창업을 하겠다고 생각하는 사람들이 많다. 그러나 창업은 자본과 규모가 작아 창업자의 의욕만으로 사업을 성공적으로 이끌 수 없으며, 성공적인 창업을 위해서는 강인한 기업가 정신[1)]이 요구된다.

경제학자 슘페터(J. A. Schumpeter)는 광의의 경제적 영역 내에서 기업가정신을 정의한 바가 있는데, 기업가정신은 기업의 발전을 위한 혁신을 추구하는 것이며, 기업가는 자신의 기업을 창설한 사람 또는 기존 기업에서 혁신적 경영을 수행하는 사람이라고 주장하였다. 그에 따르면 자본주의의 발전은 창조적 파괴의 과정을 밟아서 이루어지는데, 이 과정을 추진하는 삶이 바로 기업가라는 것이다. 그는 기업가의 혁신기능을 신제품의 생산, 신기술의 도입, 신시장의 개척, 신공급원의 발견, 신조직의 형성 등 다섯 가지를 들고 있다. 슘페터는 기업가정신의 가장 중요한 요인으로 혁신(innovation)을 들고 있지만, 밀(J. S. Mill)은 기업정신의 가장 중요한 요인으로 위험감수(risk-taking)를 들고 있다.

이러한 창업에서 요구되는 기업가 정신은 다음과 같이 요약할 수 있다.

1) 창업에 대한 철학

창업을 하려는 사람은 창업에 대한 굳건한 철학이 있어야 한다. 단순히 돈을 벌기 위한 창업이 아니라 굳건한 신념을 바탕으로 하는 기업철학이 있어야 한다. 이러한 기업철학은 창업을 하여 성공하기 위한

1) 기업가 정신(entrepreneurship)은 재화와 서비스를 생산하기 위해 세 가지 생산요소를 결합하는데 필요한 창업가 또는 기업가의 기업경영에 필요한 자질과 능력을 의미한다.

기반이 되고, 지속적인 성장을 추구하는 원동력이 되며 창업이 성공한 후 보람을 느낄 수 있는 기반이 되기 때문에 무엇보다 중요하다.

2) 지속적인 자기계발과 성실성

창업을 하려는 사람은 모든 업무에 대한 관심, 강한 의욕과 집념, 지속적인 자기계발 및 성실성이 있어야 한다. 창업에서 성공하기 위해서는 자신의 가치관, 경험 및 현실적인 사업아이디어를 갖추어야 가능하다. 이를 위해서는 지속적으로 자기계발을 위해 노력하고 강한 집념을 갖출 수 있도록 끊임없는 노력이 필요하다.

3) 왕성한 의욕과 강인한 집념

창업을 하려는 사람은 미래를 예상할 수 있는 능력, 강인한 의욕 및 자신의 가능성을 믿는 신념이 있어야 한다. 즉, 창업을 하려는 사람은 자신의 숨겨진 재능을 찾아내고 독특한 아이디어로 자신에 적합한 사업에 도전하여 현실화시키는 집념을 보여야 한다.

4) 사회적 책임의식

창업을 하려는 사람은 개인뿐만 아니라 사회나 국가에 유용한 일을 하겠다는 신념과 사회에 공헌하겠다는 사회적 책임의식이 있어야 한다. 기업의 목적은 수익성을 추구하는 것이지만, 수익성으로 얻은 이익은 사회에 환원할 수 있는 책임의식도 함께 가져야 한다.

5) 성공가능성에 도전하는 모험 정신

창업을 하려는 사람은 불확실성 하에서 설정된 사업 목표를 달성하고, 더 높은 목표를 설정하여 지속적으로 도전하는 모험 정신이 있어야 한다. 즉, 창업자는 사업에 열정을 가지고 몰입하여야 하고, 결단력과 인내심을 길러야 한다.

6) 미래를 예상하는 능력

창업을 하려는 사람은 누구보다도 미래를 예상하고 적절한 방법을 찾아 대비하는 능력이 있어야 한다. 사업에 대한 기회와 위협 요인을 포착하고 자신이 보유한 자원과 능력을 집중하여 문제를 탐색하고 해결책을 강구하는 능력과 사업의 결과에 대해 스스로 책임지는 자세를 가져야 한다.

7) 긍정적으로 보는 낙관적 자세

창업을 하려는 사람은 자신이 하고자 하는 사업에 장애요인이 나타나더라도 이를 적극적으로 극복하려는 의지가 있어야 한다. 즉, 문제해결을 위해서는 자신의 강점과 약점에 대한 냉철한 판단과 함께 매사를 긍정적으로 보는 낙관적 자세가 필요하다.

8) 시대 흐름에 대한 대처 능력

창업을 하려는 사람은 시장의 환경변화에 대해 신속하게 분석하여 과감한 의사결정을 내리고 실천으로 옮기는 능력이 있어야 한다. 실패를 두려워하지 말고 시대 흐름에 민감하게 대응하여 불리한 상황에서도 강인한 위기관리로 대처하는 능력이 있어야 한다.

9) 이익보다 사업 자체에 열정

창업을 하려는 사람은 자신의 이익보다는 사업 자체에 열정을 보이는 정신이 필요하다. 즉, 피드백을 효과적으로 활용하여 자신의 실수와 결점을 신속하고 과감하게 수정하고, 장기적 관점에서 주도적으로 문제를 탐색하고 해결책을 제시하는 능력을 가져야 한다.

제 2 절 창업자의 자질

창업을 하려는 사람에게 요구되는 자질은 기업의 규모나 성격에 따라 다양하다. 창업을 하려는 사람은 우선 자신이 창업하고 경영하는데 필요한 자질을 갖추고 있는지를 판단해 보아야 한다. 즉, 자신이 사업경영 능력이 있는지 이러한 능력이 부족하다면 어떻게 경영능력을 갖출 것인지에 대한 충분한 대안을 마련한 다음 창업을 해야 한다. 그러면 창업자의 자질은 타고 나는 것인가? 아니면 후천적으로 육성될 수 있는 것인가? 이러한 논쟁은 공존하고 있다.

1. 창업자 자질론

창업자의 자질은 타고 나는 것이라는 주장에서 보면, 창업을 하려는 사람은 다음과 같은 자질이 자신에게 갖추어져 있는지를 철저하게 판단해야 한다.

- 새로운 것에 도전하는 모험심과 성취욕구가 강한가?
- 쉽게 좌절하지 않는 강한 의지와 자신감을 가지고 있는가?
- 결정하고 도전하면 좌절을 거듭하면서도 성공 가능성을 현실화하려는 집념이 얼마나 강한가?
- 창업 멤버를 통합하고 동기를 부여하여 이끄는 리더십과 통제할 수 있는 사실을 가지고 있는가?
- 성격이 원만하고 외향적이며 불확실한 상황에서 과감한 의사결정을 할 수 있는가?
- 지혜가 많고 말에 대한 신뢰성이 있는가?

2. 창업자 육성론

창업자로서 타고난 성격상의 기본적 자질 외에도 후천적으로 환경에 의해 육성할 수 있는 자질도 있다. 창업자가 되려면 지속적인 자기계발 노력을 통해서 창업 경영에 필요한 자질을 개발하여 육성해 나가야 한다. 창업자가 후천적으로 육성할 수 있는 자질은 다음과 같은 요소들이 있다.

- 명확한 목표와 사명의식을 갖추어야 한다.
- 창업자의 자질에 알맞게 본인의 성격, 체질, 체력적인 자질을 육성해야 한다.
- 창업 경영에 필요한 학문과 지식을 배워 창업자로서의 능력을 갖추어야 한다.
- 창업 경영에 필요한 자격, 사회적 지위, 직장에서의 신용을 갖추어야 한다.
- 창업 경영 관련 분야의 경험을 축적해 나가야 한다.
- 창업 환경을 둘러싼 원만한 인간관계를 형성해야 한다.
- 인간관계에서 창업 경영에 필요한 교류 인물의 폭과 깊이를 축적해 나가야 한다.

이러한 요소는 모든 창업자들의 경험을 통해서 내부적으로 습득되어 능력으로 작용하게 되는 것이다. 즉, 창업자가 되려면 이러한 능력을 갖출 수 있도록 의도적인 노력이 요구된다.

3. 창업자의 자질 측정항목

그러면 선천적 자질론과 후천적 육성론 입장에서 볼 때 나는 창업에 적합한 인물인가? 이러한 의문에 직면하게 됨으로 기존 연구를 중심으로 볼 때 창업자로서 다음과 같은 자질을 갖추고 있는지 자신을 정확하게 측정해 보아야 한다.

- 시간을 효율적으로 사용할 수 있고 행동으로 옮길 수 있는 능력인 행동지향성이 어느 정도 강한가?
- 모험심이 강하여 위험을 감수할 수 있는 능력이 어느 정도 강한가?
- 자신감이 넘치고 치밀하고 과감한 의사결정을 어느 정도 내릴 수 있는가?
- 불확실성을 인정하고 상황이 불확실할 때 어느 정도 인내력을 보일 수 있는가?
- 자신의 운명은 스스로 만드는 것이라고 어느 정도 믿는가?
- 열정적으로 일할 수 있으며 어느 정도 사업에 헌신할 수 있는가?
- 어려운 일을 달성하는데 어느 정도 성취감을 느끼는가?

창업을 하려는 사람은 이러한 자질을 어느 정도 갖추고 있는지를 스스로 판단해야 한다. 이러한 판단을 위해 사용할 수 있는 평가지표는 〈표 6-1〉과 같은 체크리스트를 이용할 수 있다. 창업을 하려는 사람은 이러한 체크리스트를 통해서 자신을 정확히게 판단해 보고, 부족한 부분을 보완해 나가려는 의도적인 노력이 필요하다.

〈표 6-1〉 창업자의 자질 측정항목

자 질	전혀 없음 그저 그렇다 아주 많음 -2 ········· -1 ········· 0 ········· 1 ········· 2
융통성	-2 ········· -1 ········· 0 ········· 1 ········· 2
도전성	-2 ········· -1 ········· 0 ········· 1 ········· 2
사회성	-2 ········· -1 ········· 0 ········· 1 ········· 2
추진력	-2 ········· -1 ········· 0 ········· 1 ········· 2
리더십	-2 ········· -1 ········· 0 ········· 1 ········· 2
인내력	-2 ········· -1 ········· 0 ········· 1 ········· 2
성취 욕구	-2 ········· -1 ········· 0 ········· 1 ········· 2
타인 의견의 수용력	-2 ········· -1 ········· 0 ········· 1 ········· 2
비판적인 견해의 수용력	-2 ········· -1 ········· 0 ········· 1 ········· 2
자금 동원 능력	-2 ········· -1 ········· 0 ········· 1 ········· 2
주도적으로 일함	-2 ········· -1 ········· 0 ········· 1 ········· 2
이익 지향성	-2 ········· -1 ········· 0 ········· 1 ········· 2
독립성	-2 ········· -1 ········· 0 ········· 1 ········· 2
미래를 보는 능력	-2 ········· -1 ········· 0 ········· 1 ········· 2
낙관적 관점	-2 ········· -1 ········· 0 ········· 1 ········· 2
다양한 능력	-2 ········· -1 ········· 0 ········· 1 ········· 2

* 합산 점수가 높을수록 창업가 자질이 높음

자료: Robert Max, Todd Jick, and Peter Frost(1991), *Management Live! The Video Book*, Englewood Cliffs, H.J.: Prentice-Hall.

제 3 절 창업시기

직장생활을 하고 있는 사람들 중에도 창업을 해서 자신의 사업으로 독립하는 꿈을 가지고 있는 사람들이 많다. 그러나 나이가 들어가면서 이러한 꿈은 실제로 꿈으로 끝나는 경우가 많다. 그것은 창업이 하루아침에 이루어질 수 없어서 준비가 부족하면 그만큼 실패가능성이 높기 때문이다.

그러면 어느 시기에 창업을 하는 것이 좋을까? 대부분의 사람들은 어느 정도 사회 경험을 하고 자금과 인맥이 형성된 다음인 40~50대에 창업하는 것이 바람직하다고 생각한다. 그러나 창업 조건이 어느 정도 구비된 환경에서 사업을 시작한다고 반드시 성공한다는 보장이 없다. 즉, 많은 창업자들은 사업성이 있다고 판단되어 사업을 시작하여도 시행착오를 겪는 것이 현실이다.

따라서 창업시기는 창업자가 창업에 대한 열정이 강하고, 사업을 구체적으로 실현할 수 있는 준비가 되어 있을 때가 가장 적당한 시기이다. 창업자의 인생주기보다 창업에 대한 준비가 더 중요하다는 의미이다.

1. 연령에 따른 창업시기

IMF와 최근 경제적으로 어려운 시기를 겪으면서 청년실업으로 인하여 연령적으로 창업시기가 빨라지는 것을 경험하고 있다. 창업시기를 인생의 주기로 보면 〈표 6-2〉에서 보는 바와 같이 모험 창업, 선택 창업, 기반 창업, 전문 창업 및 안전 창업으로 나누어 볼 수 있다.

〈표 6-2〉 창업자의 연령에 따른 창업유형

창업 유형 (연령)	판 단 기 준
모험 창업 (20대)	• 자기의 전공, 직업과 관계없이 어떤 분야를 선택하여 창업을 하더라도 성패의 결과는 크게 차이가 없음 • 연령적으로 실패하더라도 재기 가능성이 높음
선택 창업 (31~35세)	• 적성에 맞는 분야에 창업 • 자기의 적성과 업무와의 상관관계를 어느 정도 판단
기반 창업 (36~40세)	• 사회생활 및 직장생활을 통해서 자신이 닦아 놓은 기반을 창업에 최대한 활용
전문 창업 (41~45세)	• 학력을 불문하고 자신이 담당한 업무분야에서는 최고의 실무전문가인 점을 충분히 활용하여 자신의 전문분야에 창업
안전 창업 (51세 이상)	• 사회 경험과 전문지식은 풍부하나 많은 지식이 오히려 행동보다 생각을 깊게 하는 원인이 될 수 있음 • 모험성이 적은 안정적인 사업 분야를 선택하여 창업

1) 모험 창업

모험 창업의 시기는 위험부담이 큰 사업이기 때문에 위험부담 능력이 큰 20대의 창업에 적합하다. 이 시기의 창업은 자신의 전공, 직업과 관계없이 어떤 분야를 선택하여 창업하여도 좋다. 왜냐하면 이 시기는 창업하고 싶은 사업에 열정을 다하다가 비록 실패하더라도 재기할 수 있는 인생의 시간이 충분하기 때문이다.

인생에서 20대는 창업에 대한 열정이 강하지만, 인적 자원이나 물적 자원을 동원할 능력이 부족하고, 사회적 경험도 부족한 시기이다. 모험 창업을 하려면 많은 시간을 투입하여 철저한 준비를 하여 자원과 경험 부족문제를 극복할 수 있는 방안을 마련해야 한다.

이러한 창업은 시간이 많고 자유로운 사고를 할 수 있는 대학시절을 통해서 창업을 준비하는 것이 좋다. 저자들은 대학생활을 통해서 창업에 대한 준비를 하는 것이 바람직하다. 미국에서 성공한 경영자들은 대학생활을 통해서 철저한 창업 준비로 모험 창업을 성공적으로 이끈 사례가 많다. 우리가 잘 알고 있는 마이크로소프트사의 빌 게이츠, 애플사의 스티브 잡스, 패더럴 익스프레스사의 프리데릭 스미스,

아마존닷컴의 제프 베조스 등이 좋은 예이다.

2) 선택 창업

선택 창업은 31~35세의 연령에 적합한 창업으로 자신의 적성에 맞는 업종을 찾아서 창업을 하는 것이 유리하다. 선택 창업을 하려는 사람은 자신의 적성과 업무와의 관계를 고려하여 창업아이템을 선정해야 한다. 이 시기는 창업자들이 가정을 갖게 되고, 사회적으로 책임을 느끼고 살아야 하는 시기이다. 또한 5~10년 이하의 사회생활을 하고 있어서 자신의 경력관리가 완전히 정착되지 않았기 때문에 특정 분야에서 전문가로서 굳건한 자리를 굳히기에는 부족한 시기이다.

따라서 이 시기에 창업하려는 사람은 사회생활을 하면서 이루어 놓은 인간적 유대와 사업관계 등을 창업에 이용할 수 있는 업종을 선택하는 것이 좋다. 그러나 보다 중요한 것은 창업자 자신이 즐기면서 할 수 있는 업종을 선정하는 것이 중요하다.

3) 기반 창업

기반 창업은 창업자가 그동안 사회생활과 직장생활을 하면서 닦아 놓은 기반을 창업에 활용하는 것을 의미한다. 기반 창업의 시기를 연령으로 명확하게 구분하는 것은 어렵지만, 36~40세 연령이 바람직하다. 따라서 기반 창업은 일정 분야에서 자신이 닦아 놓은 기반과 경험을 최대한 사업에 활용하는 사업이다.

이 시기는 사회적으로나 직상으로나 어느 정도 자신의 고유한 지위를 확보하고 있는 경우가 대부분이다. 즉, 직장생활을 하는 사람은 회사 또는 사회 내에서의 일이나 기타 활동을 통해 어느 정도 전문성을 중심으로 인간관계가 구축되어 있는 상태이다. 따라서 이러한 인맥이나 경력을 사업에 활용할 수 있다면 창업에서 오는 불확실성을 크게 줄일 수 있다.

4) 전문 창업

전문 창업은 직장의 업무분야에서 20년 이상의 경험을 하고 전문지식이 풍부하게 축적되어 있는 41~50세 연령에 적합한 창업이다. 이 시기의 창업자는 학력을 불문하고, 자신의 업무 분야에서 최고의 실무 전문가로서 지위에 오른 시기로 많은 경험을 축적하고 있기 때문에 이러한 경험을 활용할 수 있는 창업이 유리하다. 특히, 전문기술을 바탕으로 하는 직종에 종사한 사람들은 많은 성과로 높은 평가를 받고 조직에 커다란 역할을 하는 시기이다.

따라서 이 시기에 창업하려는 사람은 자신이 경험하고 전문가로서 인정받고 있는 부문과 관련된 창업을 하는 것이 유리하다. 이는 기술적인 부문만이 아니라 판매, 소매 기법을 터득하고 고객관리에 풍부한 노하우를 가지고 있는 사람들도 마찬가지이다.

5) 안전 창업

50세 이상의 연령층은 인생의 경력이 풍부하지만, 모험을 할 수 있는 시기는 아니다. 이 시기에는 지금까지 살아온 길과 완전히 다른 새로운 부문의 창업은 불리하다. 많은 사회적 경험을 가지고 있어서 이 시기의 창업의 경우 자아실현을 위해 할 수 있는 창업이 유리하다.

이 시기의 창업은 다소 높은 연령으로 인하여 신체적 정신적으로 다소 불리할 수 있지만, 사회생활과 직장생활을 통해 얻은 풍부한 경륜과 삶에 대한 지혜 그리고 여유와 관대함을 창업에 접목시킬 경우 성공가능성을 높일 수 있다.

2. 경기에 따른 창업시기

창업 시기는 인생의 수명주기의 영향도 크지만, 경기의 추세도 상당히 중요하다. 많은 창업자들은 호경기에 사업을 시작하는 것이 좋다고 생각할 수 있지만, 장기적으로는 불경기에 시작하는 것이 바람직한 경우도 많다. 그 이유는 불경기에 사업을 시작하면 보다 철저하게 준비하고 신중하게 추진할 수 있기 때문이다.

또한 불경기에는 경쟁자가 비교적 적은 상태에서 사업을 시작할 수 있고, 소매업이나 서비스업을 창업하는 경우 불경기로 인하여 입지조건의 선택이 유리하고 낮은 임대료 등의 조건에서 우위를 누릴 수 있는 등 주변 여건이 창업자에게 유리할 수 있기 때문이다. 또한 대부분의 업종에서는 호경기에 비해 경쟁자가 적기 때문에 업종의 선택이 비교적 쉽고 구성원들의 충원도 쉽다는 장점이 있다.

그러나 이것은 창업자들이 철저한 창업 준비를 하였을 때를 전제로 한다는 것을 명심해야 한다. 즉, 불경기가 준비도 되지 않은 창업자를 성공하게 만드는 여의주는 아니기 때문이다. 이는 철저한 준비를 하고 창업하는 창업자에게 해당되는 말이다.

제 4 절 창업과정

1. 일반적 창업과정

일반적인 창업과정은 창업 준비, 업종 선정, 사업계획 수립, 입지 선정, 자본 마련, 개업 준비 및 개업으로 구성된다.

1) 창업 준비

창업자는 사업의 주체로서 모든 창업 과정에서 핵심적인 역할을 해야 한다. 창업을 결정하면 사업을 착수하고 운영에 대한 책임과 의무를 가지며, 그에 상응하는 보상을 기대하며 가치 있는 새로운 것을 창조해 나가야 한다.

2) 업종 선정

성공적인 업종 선정을 위해서 창업자는 해당 업종의 수익성, 안정성, 성장성 등을 분석하고, 이들을 모두 갖춘 업종 중에서 자신의 자금조달 능력을 고려하여 업종을 선정해야 한다. 또한 업종 선정 기준을 충족할 수 있는 후보업종을 결정하고 나면 그 업종에 대한 사업타당성을 분석해야 한다. 이를 위해서는 시장조사를 통해 시장규모, 예상 시장점유율 및 매출액 등을 통해서 타당성 분석에 유용한 데이터를 수집할 수 있다. 이들 데이터를 기반으로 사업타당성이 가장 높게 나타난 업종을 선정하는 것이다.

3) 사업계획 수립

사업타당성 분석을 통해 최종적인 업종 선정이 되면 해당 업종에 대한 구체적인 사업계획서를 작성해야 한다. 사업계획서는 구체적인 사업계획과 실행계획을 의미하는데 사업의 추진방향과 성공 여부를 결정하는 매우 중요한 과정이다. 사업계획은 업종과 재화나 서비스, 시장 현황에 대한 조사 및 타당성 분석결과를 토대로 마케팅 계획, 운영계획, 자금 계획 및 수익성 계획 등을 수립해야 한다. 창업시장에서 성공하기 위해서는 효과적인 마케팅 전략을 수립하는 것이 가장 중요하다. 우선 마케팅 목표를 설정하고 제품, 가격, 유통, 촉진 등 마케팅 믹스 전략을 수립하여 경쟁우위를 확보해야 한다.

4) 입지 선정

창업자가 업종 선정을 결정하고 나면 지역상권 분석과정을 통하여 선정된 업종의 주요 고객층이 많이 존재하는 상권과 입지를 결정해야 한다. 점포 사업을 할 경우 상권분석은 사업의 성패를 결정할 수 있는 중요한 문제이다. 상권분석의 핵심은 유동인구를 파악하는 데 있다. 상권 내에 업종에 알맞은 입지를 결정하면 된다.

5) 자본 마련

창업은 필요한 자본의 50% 이상을 자기자본으로 하는 것이 좋다. 실제로 창업을 하고 사업을 진행하다 보면 예상하지 못한 자본수요가 나타나는 경우가 많기 때문에 사업을 시작하기 전에 금융기관의 자금, 정부 지원금에 대한 정보를 수집하여 위험이 적은 자금을 마련하는 계획을 세워야 한다.

6) 개업 준비

창업 준비를 철저하게 진행하여 마무리 단계에서 개업 준비를 해야 한다. 이 단계에서는 판매할 상품을 준비하고, 영업허가 및 신고 등 행정절차를 밟으며, 구성원들을 채용하고 훈련하는 일이 가장 중요하다.

7) 개업

창업과정의 마지막 단계는 사업을 개시하여 실전에 돌입하는 것이다.

2. 소매업 창업과정

소매업 창업의 준비는 비교적 간단하지만, 점포의 입지 선정, 취급할 품목 선정, 자본 조달 능력 등 종합적으로 검토해야 한다. 이러한 소매업 창업은 상권, 입지 및 영업방법의 영향이 절대적이다. 따라서 창업자는 이것에 대해 충분하고 철저한 준비가 필요하다. 소매업은 어떤 장소에서 판매하는지에 따라 사업의 성패가 달려 있다고 할 만큼 품목에 따른 입지의 중요성이 강조되고 있다.

성공적인 창업을 위해서는 창업의 기본과정에 따라 면밀한 검토와 준비가 필요하다. 창업에 대한 기본과정은 업종에 따라 조금씩 차이가 있지만 소매업 창업의 경우는 다음의 과정을 거치게 된다. 소매업 창업과정은 〈그림 6-1〉에서 보듯이 창업아이템 선정단계인 창업 준비과정과 점포입지 선정과정 및 개업 준비과정의 3단계로 나눌 수 있다.

〈그림 6-1〉 소매업 창업절차

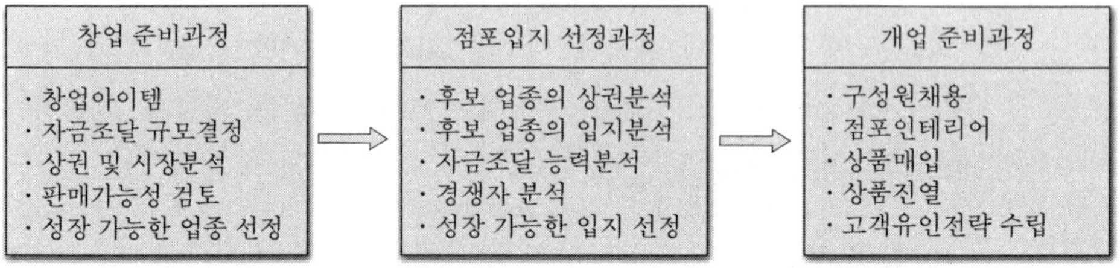

1) 창업 준비과정

창업 준비과정은 창업아이템의 선정단계로 매우 중요하다. 이 단계에서는 창업아이템, 취급 상품, 자본 규모, 조달 방법 및 사업 형태 등이 핵심 요소이다. 우선 취급하게 될 품목을 결정하고, 창업을 하기 전에 미리 자금조달 규모를 결정해야 한다. 창업자는 자금 규모를 결정할 때 소요예상 자금의 1.5~2배 정도를 확보하는 것이 바람직하다. 사업을 하다 보면 예상외의 자금소요가 생기게 되므로 준비단계에서 여유 있는 자금조달 계획을 수립하는 것이 필요하다. 이 단계는 마케팅방법에 대해서도 고려해야 하는데 어떤 대상을 표적시장으로 마케팅할 것인지, 어떤 방법으로 마케팅할 것인지, 어떤 가격조건으로 마케팅할 것인지 등의 마케팅전략을 수립해야 한다.

또한 상권 및 시장분석을 통해 마케팅 가능성을 검토하고, 재화와 서비스의 공급원을 확보하는 방안을 강구해야 한다. 특히, 성장 가능성이 있는 업종을 선정해야 하는데 이는 시대 추세에 적합한 시장 수요가 어느 정도 커야 하며, 수익성이 높은 것을 선정해야 한다. 특히, 창업자의 적성과 능력에 맞는 업종과 창업아이템을 선정해야 열정적으로 사업을 할 수 있다.

2) 점포입지 선정과정

소매업 창업은 상권과 입지가 절대적이라고 앞에서 기술한 바 있다. 따라서 소매업 창업의 입지 조건은 다음과 같은 조건을 고려해야 좋다.

- 상권 내에 소비대상 인구가 적당히 많고, 인구가 증가할 것이 예상되는 곳
- 대상지역의 소득 및 소비 수준이 높고 구매력이 왕성한 연령층의 거주지. 즉, 창업하려는 업종에 적합한 소비자가 많이 존재하는 곳
- 주변에 강력한 경쟁업체가 없는 곳이면 더욱 좋음
- 많은 고객을 유인할 수 있는 대형 편의시설이 주변에 존재하는 곳
- 도로, 지하철, 버스 도로망 등 교통체계가 발달돼 사람이 모이기 쉬운 곳

이러한 조건을 갖추고 있는 입지를 선정하는 것이 점포입지 선정의 최대 핵심이다. 따라서 소매업 창업자는 이러한 요인에 관심을 두고 세밀한 분석을 바탕으로 최적의 입지를 선정해야 한다.

3) 개업 준비과정

소매업 창업의 입지가 선정되면 개업 준비과정에 돌입하게 된다. 이 과정은 현장에 투입할 구성원들을 채용하고 매장 인테리어를 하며 상품을 매입하고 진열하여 영업활동을 할 수 있도록 준비하는 과정이다. 이러한 과정은 고객을 어떻게 매장으로 유인할 수 있는지에 초점을 두고 진행해야 성공할 수 있다.

제 5 절 사업수행 능력과 적합성 평가

창업하려는 사업에 대한 수행능력 및 적합성 여부가 창업의 성패를 좌우하므로 이들에 대한 충분하고 적절한 분석이 이루어져야 한다. 창업은 창업자의 사업계획 수행능력과 경영하고자 하는 업종에 대한 경험, 지식, 열성과 노력이 필요하다.

계획사업 수행능력 평가요소는 〈표 6-3〉과 같이 창업자의 선천적 적성 및 자질, 후천적 경험과 지식 및 경영능력인 업무수행능력으로 구분할 수 있다.

〈표 6-3〉 계획 사업의 수행 능력 평가 요소

평가 요소	세부 평가 항목
적성 및 자질 (선천적 자질)	• 모험심 • 가능성에 대한 집념 • 스케일 • 리더십 • 의지력 • 기타 창업자의 성격 · 체질 · 체력적인 소질
경험 및 지식 (후천적 자질)	• 창업관련 분야에서의 경험 • 학문과 지식 • 창업자의 자격 • 사회적 지위와 신용 • 교류인물의 폭과 깊이 • 창업 환경
경영능력 (업무수행능력)	• 가정유지능력 • 창업 멤버의 구성 및 통제능력 • 서비스 및 기술혁신능력 • 경영 · 경제적 환경 적응능력 및 경영분석, 판단능력 • 이견과 갈등에 대한 조정능력 • 위험처리능력

1. 적성과 자질

창업자의 선천적 적성 및 자질의 세부 평가항목으로는 모험심, 가능성에 대한 집념, 스케일, 리더십, 의지력, 기타 창업자의 성격·체질·체력적인 소질 등으로 구성할 수 있다. 아무리 좋은 사업이라도 창업자가 성공에 대한 확신이나 강한 집념과 의지력이 없다면 성공적인 창업이 되기 어렵다. 물론 체력적으로 그 사업을 충분히 감당할 수 있는 건강도 중요하다.

2. 경험과 지식

창업관련 분야에서의 경험, 학문과 지식, 창업자의 자격, 사회적 지위와 신용, 교류 인물의 폭과 깊이, 창업환경 등의 요소가 있다. 성공적인 창업을 위해서는 자신의 경험과 선행지식이 풍부한 분야에서의 창업이 유리하며 그렇지 않은 경우에는 전문적 지식을 빨리 습득하거나 창업자를 대신하여 이러한 업무를 수행할 수 있는 인원의 확보가 필요하다. 또한 창업환경을 둘러싸고 있는 거래처나 인간관계에 교류의 폭이 넓다면 유리한 창업이 될 수 있다.

3. 경영능력

창업자에게 필요한 기술혁신 능력과 환경변화에 대처할 수 있는 경영분석 능력이나 판단 능력의 정도를 분석해야 한다. 창업자의 리더십은 조직구성원들에 대한 통제 능력을 결정짓고 예상치 못한 변화에 순발력 있게 대처해야 하는 중요한 요소이다. 창업자의 경영능력 평가항목으로는 가정유지 능력, 창업 멤버의 구성과 통제능력, 서비스와 기술혁신 능력, 경영·경제적 환경적응 능력 및 경영분석·판단능력,

이견과 갈등에 대한 조정능력, 위험처리능력 등이 있다.

제 6 절 사업의 타당성 분석

창업자는 시장성 및 판매 전망을 분석하기 위해서 창업아이템의 국내 · 외 동향과 동일업계 현황과 수급실적을 분석해야 한다. 전체 시장의 규모, 판매전망, 시장침투 가능성을 확인해야 한다.

1. 사업타당성 분석

1) 사업타당성 분석의 개념

사업타당성은 창업하려는 사업아이디어를 실현하는 기업을 설립할 때 어느 정도의 이윤을 실현할 수 있는지를 조사하는 활동이다. 사업성 분석은 제품의 마케팅과 관련된 시장분석(market analysis), 생산과 관련된 기술분석(technical analysis), 그리고 이들 자료를 토대로 수익성을 평가하는 재무분석(financial analysis) 등이 있다.

따라서 창업자는 가능한 한 가장 과학적인 사업성 분석을 통하여 고려하는 사업의 성공가능성과 성공에 필요한 보완점을 검토하려는 노력이 필수적이다. 사업성 분석의 유용성은 다음과 같다.

- 사업타당성 분석 : 사업의 형성요소를 정확하게 파악하는데 도움을 주고, 이들 요소들을 파악하는 과정을 포함하므로 이들 필요 요소와 활동을 정확하게 파악할 수 있다.
- 사업타당성 분석 : 사업계획에 도움을 주며, 이를 통하여 가장 유리한 조건을 탐색하여 사업이 어떠한 조건하에서 가장 유리하게 운영될 수 있는가를 파악하는데 도움을 준다.

- 사업타당성 분석 : 창업자에게 기업의 경영능력을 향상시킬 수 있어서 이를 통하여 기업 경영상의 여러 문제점을 검토하고 이해하게 되어 심각한 경영상의 오류를 예방할 수 있어 경영능력을 향상시킬 수 있다.

2) 사업타당성 분석의 내용

사업타당성 분석은 사업의 종류와 필요성에 따라 조사하는 내용과 형식이 다를 수 있다. 그러나 사업타당성 분석에서 조사하려는 내용은 기본적으로 다음과 같다.

(1) 판매량 예측

판매량 예측은 생산품이 얼마나 팔릴 것으로 예상하는지에 대한 추정이다. 판매를 추정하기 위해서는 시장 및 마케팅과 관련된 여러 가지 조사를 수행해야 한다.

(2) 기술적 타당성 평가

기술적 타당성 평가는 사업타당성 분석에서 제품의 생산이 기술적으로 가능한지를 조사하여야 한다. 대부분의 사업에서 기술적 실현가능성은 심각한 문제가 되지 않을 수 있다. 그러나 발명, 첨단기술 사업 등에서는 중대한 문제일 수 있다.

(3) 소요자금 예측

창업 및 경영에서 가장 큰 어려움 중의 하나는 자금부족이다. 자금부족을 예방하는데 가장 중요한 것은 소요자금에 대한 정확한 추정치이다. 소요자금의 과소 추정은 자금부족을 초래하게 될 것이며, 과다 추정은 사업성을 실제보다 낮게 평가하게 하는 원인이 된다.

(4) 수익성 예측

사업타당성 분석의 최종 결과 중의 하나가 수익성에 대한 예측이다. 즉, 창업을 하려는 사업에 투자를 할 것인지 여부를 결정하는 일이다.

그래서 사업타당성 분석에서는 대안이 되는 사업과 비교하기 위해 수익성이 어떠한지를 추정하고 비교해야 한다.

3) 창업의 사업타당성 분석과정

창업에 대한 사업타당성 분석과정은 업종 선정, 사전조사, 상권분석과 입지선정, 점포계획과 소요자금 추정, 재무 분석 등이 포함된다.

(1) 업종 선정

어떤 사업을 할 것인지를 결정하는 일이다. 성공 가능한 업종을 발견하려면 자신의 경험과 지식뿐만 아니라 주위 사람들의 도움이 필요하다.

(2) 사전조사

선정된 업종에 대하여 상세한 사업타당성 분석을 실시하기 전에 쉽게 얻을 수 있는 자료를 통하여 사업의 타당성을 조사해 보는 것이다. 즉, 소요자본은 어느 정도 필요로 하는가? 필요한 전문 지식은 무엇인가? 미래의 전망은 어떤가? 법적인 제한은 없는가? 하는 것을 조사해야 한다.

(3) 상권분석 및 입지선정

점포가 위치할 곳을 정하는 일이다. 상권분석은 고객이 분포된 지리적 범위를 파악하고 그 특성을 조사하는 일이다. 따라서 점포입지는 점포를 중심으로 형성될 상권을 고려하여 선정해야 한다.

(4) 점포계획과 소요자본 추정

여기에서는 점포의 임대와 내부 설비에 대한 계획과 취급할 상품에 대한 계획을 포함한다.

(5) 재무 분석

상권분석과 점포계획에 따라 발생할 사업의 수익성에 대하여 검토한다.

4) 사업타당성 분석 보고서의 내용

사업타당성 분석 보고서는 표지, 요약, 목차, 본문, 첨부자료로 구성된다. 표지에는 사업의 명칭, 작성자, 회사명칭, 작성일 등을 기록한다. 요약문에서는 사업의 목적, 제품과 서비스 설명, 시장성, 생산방식, 소요자금, 수익성 등에 대하여 간명하게 기록한다.

본문에서는 회사와 창업자, 주주와 경영진, 계획사업과 제품, 시장성과 판매계획, 생산 및 설비계획, 일반 관리계획, 재무계획, 위험과 문제점, 일정계획 등을 상세하게 기록한다. 첨부자료에는 참고자료, 증빙자료, 기타 보조 자료를 포함한다.

2. 시장타당성 분석

시장타당성 분석은 창업의 성패를 좌우하며, 사업타당성 분석의 핵심요소이다. 창업의 성패는 제품의 판매에 의해 좌우된다. 아무리 품질이 우수한 신제품이라 하더라도 판매가 되지 않으면 사업에서 좋은 결과를 기대할 수 없기 때문이다.

시장타당성 분석은 객관적 근거 또는 실제조사를 근거로 하여 이루어져야 한다. 막연하게 잘 팔리겠지 하는 생각으로 창업을 시작하면 반드시 실패한다. 따라서 시장타당성 분석의 목표는 계획, 제품에 대한 판매 예측, 즉 앞으로 생산할 제품이 시장에서 얼마나 팔릴 것인지, 향후 수요증가 추세는 어떻게 변할 것인지를 분석하는 것이다.

시장타당성 분석에서 얻으려고 하는 정보는 〈표 6-4〉에서 보는 바와 같이 전반적인 시장동향, 제품성, 경쟁적 지위, 제품의 채산성, 수요예측 등의 분석결과이다. 시장타당성 분석에는 소비자의 구성 분포 및 변화 추세를 분석뿐만 아니라 제품의 소비 형태와 소비 단위 및 구매 동기와 소비자 수요형태 등에 대해서도 분석해야 한다.

〈표 6-4〉 시장타당성 분석 항목표

구분	분석요소
시장특성 및 동향	• 시장특성 : 지리적 위치, 유통조직, 거래관행
	• 시장동향 : 규모, 구조, 전망
	• 마케팅환경 : 영업형태, 소비경향, 소비형태
고객 분석	• 구성분포 : 지역별, 연령별, 소득별, 직업별
	• 소비성향과 소비형태 : 정기적 일시적 구매, 재구매 주기
	• 소비단위 : 소비량, 소비총액, 선호하는 제품
경쟁자 분석	• 주요 경쟁요소 : 강점, 약점, 재무상태
	• 영업활동 : 실적, 규모, 동향, 판매가격, 판매전략
	• 홍보활동 : 방법, 규모, 특성
제품 가격분석	• 가격분석 : 원가, 마케팅비용
	• 제품분석 : 제품의 강·약점, 주요 경쟁요소, 기술성
	• 점유율 : 마진율, 보급률
수요예측	• 총수요량 금액 : 판매계획, 생산계획, 자금운용
	• 생산품별, 지역별, 시기별로 수요량과 금액 추정
	• 판매비 추정 : 인건비, 광고비 등
마케팅전략	• 판촉 및 광고전략 : 광고형태와 방식
	• 잠재고객 발굴 : 영업전략, 고객특성
	• 계절성 분석 : 계절별 판매전망

1) 시장특성 및 동향분석

소비자의 분포는 지역별, 연령별로 분석해야 하며, 제품의 소비형태, 즉 정기적 구매인지, 일시적 구매인지 또한 재구매의 순환주기는 얼마나 되는지, 1회의 소비단위는 어느 정도 되는지도 분석해야 한다. 그리고 소비자가 구매하는 동기, 소비자의 수요 및 경향에 대해서도 분석해야 한다. 전반적인 시장동향을 분석하기 위해서는 고객이나 경쟁자에 대한 분석과 제품가격 분석과 수요예측이 필요하다.

2) 고객 분석

고객분석을 위해서는 고객의 특성, 지리적 범위, 제품요인 등에 대한 분석을 해야 한다. 고객특성을 분석하기 위해서는 고객의 성별, 나이, 소득, 생활패턴 등의 분석을 해야 한다. 이러한 요인들에 의하여 고객의 소비패턴을 예측할 수 있고 여기에 적합한 아이템을 선정했을 경우 성공적인 창업을 기대할 수 있다.

지리적 범위는 인근지역시장, 지역시장, 전국시장으로 세분화 될 수 있으므로 시장권역별 고객 분석이 필요하다. 제품요인 분석은 계획상품에 대한 구매자의 사용처 및 용도, 가격에 대한 민감도, 중요 경쟁자, 브랜드 신뢰도 등을 분석할 필요가 있다. 이러한 분석을 통하여 취급하고자 하는 아이템에 대한 주요 고객을 파악하고 그들을 집중 관리하는 방법이 무엇보다 중요하다.

3) 경쟁자 분석

경쟁자는 경쟁의 정도에 따라 직접 경쟁자, 2차 경쟁자, 간접 경쟁자로 구분할 수 있다. 직접 경쟁자는 동일하거나 유사한 아이템을 가지고 사업을 하는 사업가로서 사업 규모도 비슷한 경우이다. 이러한 사업자는 창업 후 고객 확보를 위해 공개적으로 경쟁을 해야 하는 상대이므로 철저한 분석이 필요하다. 즉, 맥도날드 체인점과 롯데리아 체인점의 경쟁관계이다.

2차 경쟁자는 자산과 기술면에서 비슷한 점을 가지고 있지만, 정확하게 같은 고객을 목표로 하여 경쟁하는 상대가 아닌 경우이다. 즉, 맥도날드 체인점과 햄버거를 취급하는 레스토랑과 같은 관계이다.

간접 경쟁자는 같은 고객을 좀더 차지하기 위하여 경쟁하는 것은 아니지만, 경쟁관계에 있는 사업자를 말한다. 즉, 맥도날드의 경우 가격이 비슷한 한국음식점이 간접경쟁자 관계이다.

대부분의 시장분석은 직접 경쟁자분석 위주로 그 범위가 한정되어 있다. 정확한 시장분석을 위해서는 2차 경쟁자나 간접 경쟁자에 대한 분석도 동시에 실시하는 것이 바람직하다.

4) 제품 가격분석

제품 경쟁력의 제일 요소는 제품가격이다. 가격정책을 어떻게 수립하는지가 마케팅 성공의 지름길이다. 소자본 창업의 성공에 마케팅 성공이 열쇠가 될 수 있기 때문에 결국 시장타당성 분석에서 제품가격 분석은 필수적 항목이다. 제품가격 분석은 제품의 시장가격, 가격 경쟁력, 가격 추세, 경쟁시점의 가격정책, 마진율, 물류비용 분석 등으로 분류할 수 있다. 신제품을 시장에 출현시킬 때는 시장에 침투하는 가격정책을 수립하여야 한다.

5) 수요예측

수요예측은 일정기간에 고객에게 판매될 수 있는 상품의 수량 또는 금액을 측정하는 것이다. 수요예측은 시장타당성 검토에서 중요한 항목으로 예상 매출액이라는 수치로 표시된다. 소자본 창업에서 수요예측이 중시되는 것은 판매계획, 생산계획 및 자금조달 운용계획이 바로 이 수요예측으로부터 출발하기 때문이다.

6) 마케팅전략

판촉 및 광고전략은 광고형태의 방식을 결정해야 하며, 영업전략과 고객특성을 분석하여 잠재고객을 발굴해야 한다. 또한 계절성 분석을 통하여 계절별로 마케팅전략을 수립해야 한다.

3. 마케팅계획 및 마케팅전략 수립

시장타당성 분석은 적정한 판매계획 및 판매 전략이 연계될 때 가치가 있다. 판매계획 및 판매 전략을 수립하는데 고려하여야 할 사항은 마케팅 계획, 광고활동, 판매비용 계획 등이 있다. 그리고 관련되는 인적·물적 자원의 투입규모와 그 시기도 함께 결정되어야 한다.

1) 마케팅 계획

제품별, 지역별 판매계획을 수량 또는 금액으로 표시하며 생산 및 원자재 구입계획과 연결되도록 계획되어야 한다.

2) 광고 활동

광고매체 및 시기의 결정, 광고·선전비의 규모, 판촉활동 등이 포함된다. 계획단계에서 계획제품의 성격, 시장의 특성, 소비자의 분포 등에 따라 광고와 판매활동을 어느 수준에서 어떤 방법으로 전개할 것인지를 결정하여야 한다.

3) 마케팅비용 계획

마케팅 계획을 근거로 하여 고객과의 접촉, 제품의 인도 및 배달, 수금 등에 소요되는 비용계획을 대상으로 하되 변동비와 고정비를 구분하여 수립하면 손익분기점분석 등이 용이하다.

4. 기술타당성 분석

기술타당성은 제품의 생산과 관련되는 제반 요소, 즉 제품이 원만하게 생산될 수 있는지를 분석하는 요소이다. 제품에 대한 특성, 화학적 반응, 기계적 기능, 생산시스템, 공정 등 생산제품에 대한 철저한 조사·분석과 더불어 공장입지, 시설계획 및 생산시설 규모, 생산능력 및 조업도, 원재료 조달 및 개선가능성 등을 종합적으로 분석하여야 한다.

기술타당성 분석은 계획사업의 기술타당성과 원가분석을 위한 기초자료를 제공하여 기술적 대안을 비교·검토하는 단계이다. 기술타당성 분석의 자료를 얻기 위해 조사해야 하는 내용은 다음과 같다.

- 제품 특성 : 제품의 용도, 물리적 · 화학적 특성
- 제조 공정 : 채택하고자 하는 공정, 채택 이유, 세부적인 공정흐름 분석
- 기계와 장비 : 구입하고자 하는 규격, 성능, 신뢰성, 제조자, 가격, 대금지불 방식, 애프터서비스, 부품조달, 인도방식과 일정 등
- 원자재 : 종류, 가격, 수량, 공급자, 공급자 위치, 공급방법, 물리적 · 화학적 특성 등
- 건물 : 필요한 건물의 크기 및 특성 등
- 대지 및 위치 : 필요한 대지의 크기, 형태, 가격, 위치 등
- 동력과 용수 : 전기 · 가스 · 공업용수의 수요량과 조달방법 및 비용 등
- 인력 : 직접 · 간접 노동력, 기술수준, 임금 등

5. 수익성 및 경제성 분석

수익을 예상하기 위해서는 손익분기점을 분석해야 하고, 계획 사업의 경제성도 따져 봐야 하며, 자금수지 및 자금조달 능력도 검토해야 하고 성장성도 분석해 볼 필요가 있다. 수익성 및 경제성 분석의 평가항목은 수익 전망, 손익분기점 분석, 투자 수익 및 계획 사업의 경제성 분석 등으로 분류할 수 있다.

수익 전망은 창업 후 3년 내지 5년간의 추정 손익계산서, 추정 대차대조표 및 자금수지 예상표를 작성한 후, 이를 근거로 기준시점 이후 3년~5년간의 수익전망(당기순이익) 및 흑자실현 가능시점 등 수익성을 검토한다.

손익분기점 분석은 영업활동에서 발생하는 수익과 비용이 일치하는 매출액은 어느 정도이며 어느 시점에 실현이 가능한지를 중점적으로 분석하는 것이다. 또한 손익분기점 산출 후 판매수량, 금액, 고정비, 변동비 등이 균형을 이룰 수 있는지도 검토한다.

투자 수익 및 계획 사업의 경제성 분석은 계획 사업에 대한 투자 규모와 수익은 얼마나 되며 투자에 대한 경제성을 검토한다.

6. 재무 분석

재무 분석을 실시하기 위해서는 판매 계획, 생산 계획 및 관리 계획을 수립해야 한다. 재무 분석에서 수행되어야 할 내용은 다음과 같다.

- 사업성 분석과 사업 계획에서 총 소요자금 추정이 필요하다. 또한 사업실패의 원인 중의 하나는 자금부족을 들 수 있다. 자금부족을 초래하는 원인 중의 하나가 소요자금 추정이 부정확하기 때문이다.
- 총 소요자금이 추정되면, 자금조달 계획을 수립하여야 한다. 자금조달 방법에 따라 지불될 이자의 크기 등이 결정되며, 이에 따라 사업의 수익성도 영향을 받게 된다.
- 추정재무제표를 작성해야 한다. 추정손익계산서와 추정대차대조표는 보통 3~5년의 미래에 대하여 작성한다. 추정재무제표를 작성하기 위해서는 추정 제조원가, 판매비 추정치, 일반관리비 추정치, 지급이자 추정치 등이 필요하다.
- 수익성지표 계산으로 사업의 전체적인 수익성을 나타내는 지표를 구하여 사업의 수익성을 평가할 수 있다. 수익성을 계산하기 위해서는 관심대상이 되는 기간에 대한 현금흐름표를 작성하여 자금관리에 반영하여야 한다.
- 경영상태 지표계산으로 사업 경영 상태를 나타내는 지표들, 즉, 유동성비율(유동비율, 당좌 비율 등), 수익성비율(총자본이익률, 자기자본이익률 등)을 구하여 미래의 경영 상태를 검토해야 한다.

제 4 부

경영주체와 기업성장

경영사상 일곱마당 경영자 역할이론

1. 경영자 역할이론의 출현

H. Mintzberg

관리이론에 대한 보다 새로운 접근방법 가운데 하나로 경영자 역할 접근방법이 있다. 이 접근방법은 맥길대학교(McGill University)의 민츠버그(H. Mintzberg) 교수에 의해 널리 보급되었다.

민츠버그 교수는 '경영관리자의 역할'을 주장하였는데, 대인관계 역할(interpersonal roles), 정보적 역할(informational roles), 의사결정 역할(decision roles) 등이 있다. 대인관계 역할은 조직의 대표자로서 행사 및 사회적 의무를 수행하는 대표자의 역할, 리더의 역할, 외부 사람들과의 관계에서 연결자의 역할 등이 있다. 정보적 역할은 기업 활동에 관한 정보를 수행하는 역할인 감시자의 역할, 전달자의 역할, 대변자의 역할 등이 있다. 또한 의사결정 역할은 기업가의 역할, 갈등해결자의 역할, 자원 분배자의 역할, 협상자의 역할 등 10가지 역할이 있다고 주장하였다.

2. 경영자 역할이론의 내용

민츠버그 교수는 경영자들이 어떻게 시간을 소비하며, 어떠한 일을 하고 있는지를 실증적 관찰 자료에 근거하여 설명하였다. 그는 어떤 계층의 경영자를 막론하고 공식적 권한과 지위로부터 비롯되는 대인적·정보적·의사결정적 역할을 수행하고 있다고 주장하였다.

대인관계의 역할(interpersonal role)에서 기업을 경영하기 위해서는 기업 내·외의 많은 사람들과 접촉하고 원만한 관계를 유지해야 한다. 대인적 역할은 경영자가 기업을 지속적으로 원만하게 운영하는데 필요한 역할이다. 또한 경영자들은 구성원들에게 동기를 부여하고, 상담 및 지원을 하는 리더로서 역할을 하고, 다양한 조직 수준에서 연결자 역할을 하며, 각 수준에서 구성원들을 서로 연결하는 역할도 수행해야 한다. 이러한 역할은 대표자로서의 역할, 리더로서의 역할, 연결자로서의 역할이 있다.

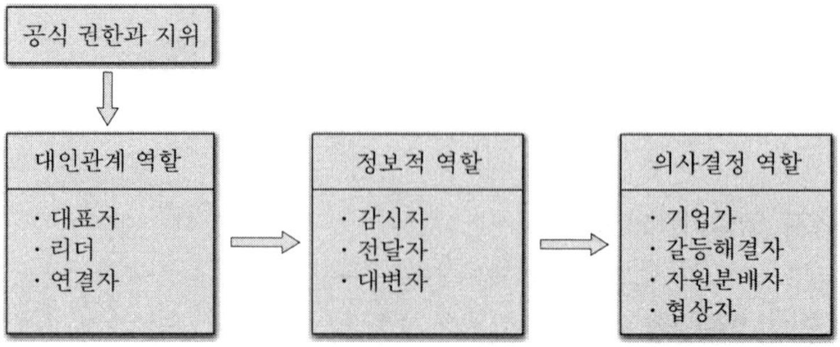

정보적 역할(informational role)은 경영자의 직무에서 가장 구체적이고 최신의 정보를 받아서 그것을 알아야 하는 구성원들에게 재분배하는 조직의 신경센터 역할을 한다. 경영자들은 올바른 의사결정을 하기 위해서는 정확한 정보를 적시에 필요로 한다. 경영자가 수행해야 할 중요한 정보적 역할은 감시자로서의 역할, 전달자로서의 역할, 대변자로서의 역할이 있다.

경영자들은 의사결정의 주체이기 때문에 의사결정 역할(decision role)에서 새로운 종류의 활동들을 시작하는 경영자 역할을 맡고, 조직에서 발생하는 혼란을 처리하고, 필요한 구성원들에게 자원을 할당하고, 갈등을 해결하며 조직 내 분쟁 집단들을 조정해야 한다. 이러한 역할은 수집된 정보를 바탕으로 기업과 관련된 내·외의 문제에 대해 언제나 최종적인 결정을 요구받고 그 결과에 대해 책임을 진다. 의사결정 역할에서는 기업가로서의 역할, 갈등해결자로서의 역할, 자원분배자로서의 역할, 협상자로서의 역할이 있다.

3. 경영자 역할이론에 대한 평가

경영자들이 실제로 하는 일이 무엇인지를 고찰한다는 것은 상당한 가치가 있다. 기업 활동을 분석할 때, 유능한 경영자라면 이러한 활동 및 기법들이 사용자의 기본기능에 의해 영향을 받는 여러 지식분야로 구분되는 방법을 평가하고자 할 것이다. 민츠버그 교수가 확인한 역할은 완전하지 않은 것처럼 보이지만, 경영자의 역할 중 어디에서 조직의 구조화, 사용자의 선발과 평가 및 중요한 전략결정 등 의심할 여지없이 중요한 활동들을 찾을 수 있는지 하는 것이다.

이러한 활동들이 누락됨으로써 그의 표본에 이용된 경영자들이 실제로 유능한 경영자들이었는지에 대한 의문을 일으키게 된다. 적어도 여기에 제시된 대로라면 경영자의 역할 접근법이 실제적이고 운영적인 관리이론을 밑받침할 수 있는 적절한 접근법인지에 대해 의문을 가질 수 있다는 것이다.
그러나 이러한 기능들은 현실적인 것으로 믿어지고는 있지만, 경영자들의 모든 활동을 상세하게 설명하려고 하지는 않는다. 민츠버그 교수의 접근법은 다음과 같은 면에서 비판을 받고 있다.

- 그의 연구에서 이용된 5명의 최고경영자라는 표본은 수가 너무 적기 때문에 결론을 지지하기에는 부족하다.
- 최고경영자로부터 감독자에 이르는 경영자의 실제 활동을 분석할 때, 연구자는 모든 경영자들이 순수한 의미에서 경영 관리적 업무가 아닌 일을 한다는 사실을 인식해야 한다. 즉, 대기업의 경영자들은 일반 대중 및 주주 관계, 자금조달, 거래처와의 관계, 마케팅 등을 위해 그들의 많은 시간을 소비하는 것으로 예상해야 한다.
- 민츠버그 교수가 발견한 많은 활동들은 사실상 계획화, 조직화, 인사의 충원과 배치, 지휘 및 통제활동을 나타낸다.

제 7 장 경영자

제 1 절 기업의 경영주체

1. 경영자의 의의와 기능

경영자(manager)는 기업을 운영하는데 있어서 무엇을 할 것인지, 자원을 어떻게 효율적으로 활용할 것인지를 결정한다. 즉, 경영자는 기업의 목표를 달성하기 위하여 경영자원이 가장 적절하고, 효율적으로 이용되도록 통합적인 의사결정을 하며, 상당한 자유재량권도 갖는다.

경영자는 기업체 구성원들의 역할 및 행동을 규정하는 사람으로서 기업 경영의 핵심요소이다. 경영자는 기업의 공동 목표를 효과적으로 달성하기 위해 조직을 이끌고 기업의 방향을 결정하는 사람으로 그 결과에 대해 책임을 져야 한다.

경영학에서 경영자라 하면 전문경영자를 뜻하는데, 전문경영자(professional manager)는 소유경영자로부터 경영권을 위임받아 관리기능을 수행하고, 장기적인 기업 활동에 있어서 목표설정과 수단선택을 위한 의사결정자로서 역할을 하는 사람이다. 이들은 기업의 성장 · 발전을 위하여 주어진 환경을 극복하여 사업기회를 개척하고, 혁신을 도모하여 기업 확장에 도전하며, 합리성을 추구하여 사회적 책임을 이행하는 역할을 수행해야 한다.

전문경영자는 의사결정자로서 다음과 같은 세 가지의 의사결정 기능을 수행해야 한다.

- 종래 경영자가 수행하던 혁신기능을 인수받아 수행한다. 즉, 이를 경영자의 기업가적 기능이라 하며, 최고경영층의 전략적 의사결정을 통해 수행된다.
- 경영관리기능을 수행한다.
- 사회적 기능을 수행한다. 이는 경영자가 자주성을 가지면서 각 이해자집단의 이해를 조정하여 사회적 책임을 수행하는 기능이다. 즉, 경영자는 이러한 경영관리기능을 중심으로 통합하여 수행해야 한다.

이러한 전문경영자는 신뢰할 수 있고, 성실하며, 봉사의욕 등이 강하며, 풍부한 경험과 지식을 통한 통찰력, 유연성 및 창의성 도출 등의 자질을 갖추어야 한다.

2. 기업가의 성격

1) 기업가의 성격 변화

소유경영자(owner manager)인 기업가는 어떠한 성격을 갖는가? 최초의 기업가는 출자와 경영의 기능을 동시에 맡아 수행하는 소유경영자이었다. 소유경영자는 자본가와 출자자로서 기업 위험의 부담자이며, 동시에 기업의 경영을 맡아서 수행하는 경영자로서 책임을 지는 책임자의 성격을 지닌다.

이러한 의미에서 기업가의 특성은 크게 나누어 자본가의 특성과 경영자의 특성이라는 두 가지 성격을 가진 존재이다. 기업가는 개인이 기업가정신을 발휘하여 기업을 창설 · 운영하는 것을 전제로 하는 기능적인 측면에서 파악되어야 한다. 그러나 슘페터(J. A. Schumpeter)는 혁신기능을 수행할 때에만 기업가이며, 혁신이 끝나면 스스로는 생산관리자가 된다고 하면서 이러한 경우 기업가로 부를 수 없다고 주장하였다.

개념적으로 기업가와 자본가를 구별하지 않고 양자를 합일적인 존재로 보는 기업가는 스스로 출자한 자본가이며 소유자로서 직접 기업을 창설 · 운영하는 경우에 형성된 개념인 것이다. 그러나 기업이 성장하여 규모가 커지면 기업가와 자본가는 분리되는 것이 보다 합리적이다. 오늘날 신기술이나 노하우 등을 개발하여 기업화한 벤처비즈니스(venture business)에 대해 미래의 성장가능성을 고려하여 은행이나 보험회사 등이 투자하는 자본인 벤처캐피탈(venture capital)이 있다는 것은 기업가와 자본가가 동일하지 않음을 나타내는 것이다. 따라서 소유자정신(ownership)과 기업가정신(entrepreneurship)은 구별되어야 한다.

2) 기업가정신

기업가정신은 인적 사기업을 설립한 기업가가 독립인으로서 엄격한 경쟁사회 속에서 불확실성에 도전하여 새로운 사업영역을 개척하여 성공적인 기업을 형성하여 가는 개척자이며, 혁신자이며, 선구자이고, 모험자로서 갖는 정신을 말한다. 이는 미래지향성을 가져 변화와 불확실성을 극복하여 새로운 혁신적인 사업기회를 개척하려는 불굴의 자세를 갖는 것이다. 이와 같은 기업가정신은 자본가적 소유와는 관련이 없는 기업가 고유의 가치관이다.

오늘날 소유경영자로서 기업가는 제대로 자리가 잡히지 않은 새로운 산업분야나 지리적인 조건 때문에 연쇄점과 같은 대규모 소매기관이 커버하지 못하는 지역에서 사업을 하는 소매분야 등에서 많이 볼 수 있다. 이러한 기업의 기업가는 출자자로서 수행하는 기능과 경영자로서 수행하는 전문적인 기능을 수행하게 되는 것이며, 이러한 두 가지 기능을 전제로 하여 기업에 대한 실질적인 지배권을 갖게 되는 것이다.

소유경영자로서 기업가의 경우 기업의 소유와 경영이 분리되면 그들이 수행하던 기능이 분화되어 단순한 출자기능만 담당하는 투자자인 출자자가 되고, 새로이 기업의 경영관리기능을 전문적으로 담당·수행하는 경영자가 생겨나게 된다. 따라서 기업가가 전적으로 기업을 경영하던 단계로부터 기업의 소유와 경영이 분리되어 경영자가 기업의 지배권을 갖게 되는 경영자지배의 단계에 이르게 되기까지의 중간 단계에서는 소유경영자와 고용경영자가 공동으로 기업을 운영하는 경우가 많다.

이들 소유경영자로서의 기업가는 어떠한 기능을 수행하는가? 기업가는 개인으로서 사업을 운영하는 1인 기업에서 성립되었다고 볼 수 있는데, 이때 기업가가 수행하였던 기능으로는 혁신(innovation), 출자(investment), 노동(labor) 등이 있다. 즉, 이들은 스스로 혁신적인 아이디어를 가지고 실현함으로써 사업화하려는 의도를 가졌으며, 이에 소요되는 자본을 스스로 출자하고, 구매, 생산 및 마케팅 등과 같은 활동을 직접 수행하는 것이다.

이렇게 볼 때 기업가가 수행하는 가장 기본적인 기능은 혁신으로 생산요소의 새로운 결합을 도모하는 것이다. 이러한 혁신은 다른 활동과 결합되어 실행되므로 일상적인 관리와 혼동하기 쉽다. 혁신을 기술혁신과 같은 뜻으로 보기도 하지만, 드럭커(P. F. Drucker)는 혁신을 과학이나 기술이 아니라 가치(value)로 보고, 기업 내에서 이룩되는 것이 아니라 기업 외부에서의 변화로 보고 있다. 기업가 기능으로서 혁신은 정태적 균형을 창조적으로 파괴하여 새로운 동태적 균형을 이룩하게 함으로써 생산성을 높여주거나 비용을 줄여 주거나 수익을 증대시켜 주는 모든 아이디어의 도입을 뜻하는 것이다.

3. 경영관리 계층의 구조

경영관리 계층은 〈표 7-1〉에서 보듯이 세 가지 계층으로 나누어지는데, 각 계층에 속하는 사람들은 광의의 경영자이다. 그러나 각 계층의 경영자가 수행하는 역할은 차이가 있다. 즉, 최고경영층은 계획·검토·보고와 같은 사고형 업무(thinking work)가 많고, 하위 관리층은 지휘·감독과 같은 집행형 업무가 많다.

〈표 7-1〉 기업의 계층조직구조

<table>
<tr><th>경영자 · 관리자</th><th colspan="4">경영층</th></tr>
<tr><td rowspan="2">최고 경영층</td><td>수탁경영층</td><td>이사회</td><td rowspan="2">이사회, 사장,
상무회</td><td rowspan="2">일반 최고정책,
부문별
최고정책결정</td></tr>
<tr><td>전반경영층</td><td>사장</td></tr>
<tr><td rowspan="2">중간 관리층</td><td>부문경영층</td><td>부장</td><td rowspan="2">부문장부장 · 과장</td><td rowspan="2">계획, 입안, 통제</td></tr>
<tr><td></td><td>과장</td></tr>
<tr><td rowspan="2">현장 관리층</td><td></td><td>계장</td><td rowspan="2">감독자계장 · 직장</td><td rowspan="2"></td></tr>
<tr><td></td><td>직장</td></tr>
<tr><td>노동자</td><td colspan="2">작업계층</td><td>작업자</td><td></td></tr>
</table>

1) 최고 경영층

최고경영층(top management)은 계획과 정책을 맡고 있는 계층이다. 이들은 기업의 소유자인 소유경영자가 수행하던 혁신기능과 관련하여 수행하던 계획 기능이나 의사결정기능을 기업 전체적인 입장에서 수행하는 동시에 기업경영의 사회적 책임을 진다.

최고경영층이 수행하는 기능 중에는 의사결정과 집행 사이의 가교적인 기능을 수행하여 주는 조정기능이 중요한 비중을 차지하게 된다. 최고경영층이 수행하는 기능은 의사결정, 지침 및 조정기능이다.

대기업에서 최고경영층은 이사회를 구성하는 수탁경영층, 이사회로부터 위임받은 권한 범위 내에서 기업 활동 전반에 대한 구체적인 계획을 수립하고 이를 실행하기 위한 지휘·조정·통제 기능을 수행하는 사장인 전반경영층, 상무이사회 등이 이에 속한다.

(1) 수탁경영층

수탁경영층(trusteeship management)은 기업 조직상 최상위에 있는 최고경영층에 속하는 이사회를 말하는데, 이들은 주주의 이익을 대표하여 기업의 기본 방침을 결정하고, 기업 활동의 종합적 성과를 평가하는 기능을 담당한다. 이러한 기능은 주주총회의 고유권한이지만, 이사회에 위임함으로써 이들이 주주들의 이익을 보호하는 관점에서 수탁기능을 수행하게 된다. 오늘날에는 이해관계자 집단의 이해를 조정함으로써 기업의 존속·성장을 도모하는 기능을 수행하고 있다.

(2) 전반경영층

전반경영층(general management)은 수탁경영층인 이사회로부터 위임받은 권한의 범위 내에서 기업 활동 전반에 대한 구체적인 계획을 세우고 이를 수행하기 위한 지침, 조정 및 통제를 수행한다. 즉, 기업의 활동 목표를 결정하고 업무방침을 설정하며 그 결과를 평가하는 것과 같은 광범위한 조정기능을 수행하게 된다. 상무이사회가 이에 속한다.

2) 중간관리층

중간관리층(middle management)은 최고경영층 하에서 그들이 결정한 전사적 방침에 따라 각 부문의 활동을 관리하며, 담당업무를 관리하는 현장관리층의 업무에 대해 직접 지휘 감독한다. 중간관리층은 부문장, 부장, 과장 등이 이에 해당하며, 업무계획의 수립기능, 업무의 관리기능, 업무의 개선기능, 커뮤니케이션 기능, 구성원 통솔기능 등을 수행한다.

3) 현장관리층

현장관리층(operational management)은 현장에서 작업을 수행하는 작업자, 일반 사무원 등이 수행하는 작업 활동을 직접 대면적인 접촉을 통해 감독하는 계층이다. 감독자, 계장, 직장 등이 이에 해당하며, 구성원들이 정해진 과업을 능률적으로 수행하는지를 매일 검토하고 통제하는 기능을 수행한다.

4. 중간 및 현장관리층의 역할변화

기업의 규모가 커지면서 관리 범위의 한계가 나타남에 따라 부문관리층과 현장관리층 사이에 분화가 나타나게 된다. 미래에는 기업이 지식 집약도를 높여가는 과정에서 이러한 새로운 관리층이 증대할 것으로 예상할 수 있으며, 조직 자체가 지식조직으로 변화함에 따라 역할변화가 나타날 수 있다.

제 2 절 경영자의 역할

경영자는 기업의 목적을 설정하고 인력과 자본을 조달하고 경영전략을 수립하는 데 있어서 최종적인 의사결정자이다. 경영계층별로 이러한 기능은 상위계층일수록 구상적 능력이 크게 요구되고, 중간관리층은 대인적 기능이 요구되며, 현장경영층은 기술적 기능이 요구된다.

1. 경영계층의 기능

[그림 7-1]에서 보듯이 경영자가 갖추어야 하는 세 가지 기능이 있

다. 이러한 기능은 각 경영층의 성격이나 임무에 따라 그 비중이 다르다. 즉 최고경영층은 구상적 기능, 중간관리층의 대인적 기능, 현장관리층은 기술적 기능을 보다 충실히 갖추어야 한다.

[그림 7-1] 경영계층별 각 기능의 필요도 차이

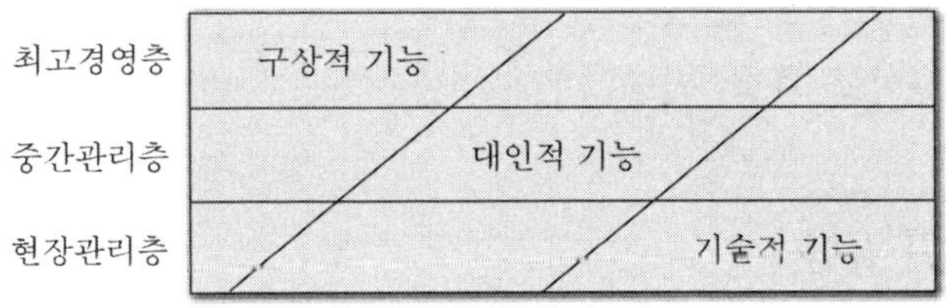

1) 구상적 기능

구상적 기능(conceptual skill)은 기업 전체를 하나의 활동 단위로 보고 이에 따라 각 문제를 전체 상황과 관련시켜 파악하고 해결할 수 있는 의사결정 능력이다. 즉 전체의 관점에서 조직을 보면서 하나의 부서가 어떻게 다른 부서에 의존하는지를 이해하고, 특정 부서의 변화가 전체에 어떤 영향을 미치는지를 평가하는 능력이다. 기업의 성패는 외부환경 요인의 영향에 크게 의존하므로 경영자는 이러한 환경변화의 요인을 빨리 파악하고, 그 영향을 분석 · 평가한 다음 이에 대응하기 위한 올바른 전략적 결정을 해야 한다. 이를 위해서는 구상적 기능에 따른 전략적 전개능력이 요구된다.

2) 대인적 기능

대인적 기능(human skill)은 구성원들과 상호작용하고 의사소통할 수 있는 능력이다. 즉, 개성화된 방법으로 다른 사람과 효과적으로 일할 수 있는 능력으로서 이를 위해서는 타인을 배려하고 그들을 존중하는 마음가짐으로 구성원들을 리드하고 동기를 유발시키는 능력이 필요하다. 즉, 개인 또는 집단적으로 다른 사람을 이해하고 동기를 부여하여 공동 목적을 향해 자발적으로 협동하게 하는 능력이다.

3) 기술적 기능

기술적 기능(technical skill)은 경영기법, 수단, 운영과정 등을 활용할 수 있는 능력이다. 즉, 방법이나 설비 및 특정의 직무를 다루는 기법 등을 활용할 수 있는 능력으로서 숙련도와 관련이 있다. 즉 특정 분야의 과정, 기술, 지식을 활용하는 능력이다.

2. 경영자의 유형

경영자의 유형은 소유경영자, 고용경영자, 전문경영자 세 가지 유형으로 구분될 수 있다.

1) 소유경영자

소유경영자(owner manager)는 출자를 함과 동시에 기업을 경영관리 하는 기능도 수행함으로써 실질적으로 기업을 완전히 소유하고 지배하고 있는 기업가이다. 이들은 생산기술이나 방법 등이 복잡하지 않고 기업의 규모가 그다지 크지 않은 경우가 많으나, 규모가 큰 기업이라 하더라도 기업가가 전문적인 경영능력을 갖추고 있는 경우에는 있을 수 있다.

그러나 일반적으로 이들 소유경영자는 출자자로서의 목적, 즉 자본증식 욕구가 강하므로 자기 자본의 수익성이 어떤지 하는 것에 대해서만 주된 관심을 기울이고, 타인 자본을 차입한 경우에도 이의 반환과 이자지급 등과 같은 자본의 입장에서만 주로 고려하기 쉬우므로 근대적인 기업의 경영자로서는 부적합한 경우가 많다.

2) 고용경영자

고용경영자(hired manager)는 기업의 규모가 커져서 경영관리 활동의 내용이 복잡하게 되면, 소유경영자인 기업가 혼자서는 기업을 합리적으로 경영할 수 없게 된다. 이 경우에 소유경영자가 담당하고 있던 경영관리 기능의 일부를 위임하여 고용경영자에게 분담하도록 하는 것이다.

이들 고용경영자는 기업가가 맡고 있는 경영관리기능 중에서 지휘 또는 통제와 같은 기능의 일부만을 위임받아 분담할 따름이다. 고용경영자는 기업가의 대리인으로서 경영관리기능의 일부를 위임받아 수행할 따름이어서 그 성격상 출자자의 이익을 대변하게 되어 실질적으로는 소유경영자와 다름이 없다. 이들 상법상에 규정되어 있는 상업 사용인으로서의 성격을 가진다.

3) 전문경영자

(1) 전문경영자의 대두

자본과 경영 또는 소유와 경영의 분리가 나타난 현대기업의 경영자는 대부분이 전문경영자(professional manager)의 성격을 지니고 있다. 오늘날의 경영자 개념이 계층으로 이해되어야 한다면 이러한 전문경영자 역시 계층으로서의 전문경영층으로 파악되어야 한다.

따라서 미국의 저명한 경제학자인 갈브레이스(J. K. Galbraith)는 새로운 산업국가(The New Industrial Society, 1967)에서 오늘날 미국에서 산업시스템의 특징으로 현대기업이 수행하는 역할과 구성원들의 행동양식에 주목해서 '현대와 같은 고도산업사회에서의 조직의 핵심요원은 오직 테크노스트럭처(technostructure)[1]일 뿐'이라고 주

1) 현대의 대기업에서는 주식 소유가 분산되어 개인 대주주 또는 주주집단에 의한 기업지배력이 저하되어 소유와 경영의 분리가 진행되고 있다. 또한 고도의 기술진보와 생산단위의 거대화에 따라 기업경영에는 개인능력이 미칠 수 없을 정도로 고도의 전문적 지식과 판단력에 의한 계획성이 요구되고 있다. 이러한 현실인식에 바탕을 두고 갈브레이스는 기업에서 의사결정을 주식 소유의 유무와 관계없이 최신기술과 경영에 관한 고도의 지식·능력·경험을 갖춘 각 분야별 전문가들이 집단적으로 담당하게 된다고 주장하였다. 이러한 테크노스트럭처에 의한 의사결정권의 장악은 기업에만 국한되는 것이 아니라 행정과 군사 분야에도 적용된다.

장하는 것도 전문경영자의 임무와 역할을 중시하기 때문이다.

여기서 테크노스트럭처는 갈브레이스에 의해 사용된 독특한 표현의 계층으로서 전문경영자의 별칭에 해당한다. 물론 갈브레이스는 전문경영자만 아니라, 한 기업의 조직을 구성하는 특수한 요원 즉, 기술자, 회계사, 변호사, 구성원 대표, 노동자 대표 등까지도 그 범주로 포함하고 있어서 전문경영자를 위시한 전문기술직의 집단조직을 의미하고 있다. 이는 어디까지나 경영관리라는 대내적인 의미에서 전문경영자의 복수개념이지, 대외적인 관점에서 경영자는 최고경영층으로서 전문경영자이다.

최고경영층으로서의 계층별 기능의 비중이 주로 관리적 기능(administrative skill)에 놓여 있으며, 경영전략 결정의 주체가 최고경영층이라는 관점에서 경영자는 최고경영층 중에서도 전문경영자를 지칭하는 것이다. 이것은 모든 책임의 한계가 결국 어느 전문경영자에게 규정되어야 할 경우가 대부분이기 때문이다.

기업이 대규모화되고 기업 활동이 고도로 복잡하게 되면 합리적으로 경영할 수 있는 과학적이고 전문적인 경영지식과 능력을 갖춘 전문경영자가 필요하게 된다. 이들은 종래 기업가가 수행하던 기능 중 출자를 제외한 모든 기능을 인수받아 전담하여 수행하게 된다.

이들 전문경영자가 고용경영자와 구별되는 것은 단순한 경영관리업무에 대한 전문가라는 데 있는 것이 아니라, 근본적으로 그들이 소유와 경영의 분리에 따라 기업에서 출자자, 즉 소유자와는 다른 새로운 계층이 되어 소유자와 구성원들의 중간에 위치하는 중성적 경영자로서의 성격을 가지게 되는 것이다. 따라서 어느 정도의 경영실권을 쥐고 있는 지배적 경영자로서의 성격을 갖게 되어 기업 내에서 독자적인 지위를 차지할 수 있게 된다.

또한 대규모 기업은 수많은 주주와 구성원들 및 고객 등이 가지고 있는 이해관계와 직접적인 관련을 가지고 있으므로 기업을 어떻게 경영하느냐하는 것은 공중의 생활에 심각한 영향을 미친다.

이러한 기업의 사회적 성격에 미루어볼 때 기업의 경영은 소유경영자의 입장에서 자본증식이라는 일방적인 측면에서만 다루어서는 안 되며, 사회기관으로서 기업이 사회적 책임을 다한다는 입장에서 경영을 해야 한다. 이와 같은 기능을 수행할 수 있는 자가 전문경영자이다.

(2) 전문경영자의 기능

최고경영자로서의 전문경영자는 스킬믹스(sikll mix) 가운데 관리적 기능의 발휘를 위한 주체가 되어야 하고, 반드시 혁신(innovation)을 이루어야 한다. 경제학자인 슘페터(J. A. Schumpeter)가 갈파한 대로 경제의 동태적인 발전을 위해서는 경영자가 수행하는 혁신기능이 절대 불가결하기 때문이다. 즉 슘페터는 정태적인 경제 하에서 경쟁에 의해 기업마다 이익률이 낮아지게 되는데 이는 수익성이 높은 사업분야에 다른 기업도 진출하게 됨으로써 공급은 증가하지만, 수익성은 저하되는 완전경쟁 상태가 되어 어느 기업도 이익은 제로(0)에 가까워진다는 것이다. 그러므로 기업이 이익을 얻기 위해서는 동태적인 경제하에서만 가능해진다는 점이다. 따라서 경제의 동태화를 위해서도 반드시 혁신기능이 수행되어야 하기 때문에 혁신이 경영자의 기능(function of management)인 것이다.

또한 드럭커(P. F. Drucker)도 가장 중요한 기업가 기능(entrepreneurial function)으로 혁신(innovation)을 들고, 미래의 기업에서는 혁신기능의 발휘가 그 중심이 될 것이며, 이러한 혁신기능을 앞세우는 것이 현대경영자의 역할이라고 강조하였다. 따라서 오늘날의 경영자는 관리기능과 동시에 혁신기능도 발휘해야 한다는 의미이다. 즉, 기업의 유지를 위해서는 관리기능 만의 발휘로 만족할지 모르지만, 기업의 성상을 위해서는 혁신기능의 발휘가 절대적이라는 의미이다.

이러한 의미에서 혁신은 새로운 결합(new combination) 또는 창조적 파괴(creative destruction)를 뜻한다. 이처럼 혁신은 기술혁신뿐만 아니라, 제품 혁신, 공정 혁신 또는 판매 혁신까지도 포괄하는 개념이기 때문에 경영관리는 기업 전체의 관점에서 볼 때, 경영관리혁신(management innovation)의 뜻으로도 이해할 수 있다.

3. 경영자의 성격변화

현대 기업의 전문경영자는 소유와 경영이 분리됨으로써 실질적인 기업의 지배자가 되기 때문에 〈표 7-2〉와 같은 성격을 갖출 필요가 있다.

〈표 7-2〉 현대 경영자의 성격변화

기준	전통적 경영자	현대 경영자
경영능력	경험주의적	과학적, 전문직업적
경영의욕	관료적, 이기적	혁신적
리 더 십	전체적, 방임적	민주적
기업목적관	단기적, 극대이익	장기적, 안정이익, 상대적 자주성
기업관	사적 영리기관	사회적 기관
노사관계관	대립관계	협동관계

오늘날 경영자는 기업경영 전반과 관련되는 과학적이고 전문 직업적인 지식과 능력을 가지고 기업을 경영할 수 있어야 한다. 이들은 전통적인 경영자의 경험이나 직관 등에 의해 경영하는 경험주의적 경영자와는 달라야 한다.

또한 기업의 성장과 내적 충실화에 대해 스스로 책임을 지고 이를 위한 혁신적 경영을 하려는 강한 의욕을 가지는 혁신적 경영자이어야 하고, 구성원들의 자발적이고 자주적인 협조적 태도를 이끌어낼 수 있는 민주적 리더십을 가지고 있어야 하며, 기업이 목적을 수행하여야 할 사회적 기능과 역할을 다함으로써 장기적이고 안정적이며 합리적으로 달성해야 한다.

경영자는 기업을 사회적 기관으로 인식하고 이에 따른 사회적 책임을 다하는 방향으로 기업을 경영해야 하고, 기업 내부 환경요인의 하나인 노동조합을 공통의 구성원 만족을 추구하는 하나의 자주적인 환경집단으로 인식하고 이들을 협동관계 상 하나의 동료로 보고 지휘해야 한다.

4. 경영자의 자질

경영자들이 수행하는 역할에는 차이가 있기 때문에 현대 경영자는 기본적으로 다음과 같은 자질을 갖추고 있어야만 한다.

- 성격 : 다른 사람이 신뢰하는 성격과 성실성
- 결단성(initiative) : 아이디어를 제공하고, 실패를 두려워하지 않고, 도전하는 솔선 수범형
- 봉사의욕 : 다른 사람을 믿고 말을 듣고 그들의 성장 · 발달에 도움을 주려는 사람으로서 자신감과 겸허함을 가질 것
- 지성 : 적절하며 신뢰성이 있는 사고능력과 사물을 효과적으로 분석하고 새로운 것을 빨리 습득하고 항상 지식을 얻으려는 의욕을 가질 것
- 인식과 지각 : 기업 내 · 외의 주위사정을 잘 알 뿐만 아니라 그것이 갖는 의미를 전체적으로 평가하고 지각할 수 있는 능력을 가지고 있을 것
- 통찰력(vision) : 기업이나 기업 내의 사람들에게 영향을 미칠 수 있는 여러 가능성을 감지하는 직관, 신견력 및 통찰력을 가질 것
- 솔직/유연성 : 새로운 아이디어에 편견을 가지지 않고 언제나 그것을 검토하고, 받아들이려는 솔직성과 유연성을 가질 것
- 설득력 : 표현이 명확하여 구성원들에게 일을 시킬 때, 명령적이 아니라 납득하여 일을 하도록 할 수 있을 것

제 3 절 경영자의 기업지배

경영자의 기업지배(business control)는 특정 기업의 최고 의사를 결정하고, 그러한 결정에 중요한 복종적 영향을 미치는 특정의 개인 및 집단의 행위이다. 어떠한 경제시스템에서든 기업에 대한 지배권은 자본의 소유에 바탕을 두고 있으며, 소유권 자체가 소멸될 수 없어서 사유권을 바탕으로 기업지배권이 부여되는데 오늘날은 소유와 경영이 분리가 이루어져 전문경영자가 기업의 실질적인 지배자가 되는 경영자 지배가 이루어지고 있다.

1. 소유와 경영의 분리과정

초기의 기업은 소유경영자인 기업가 한 사람에 의해 모든 기능이 수행되던 것이 기업이 발전함에 따라 자본과 작업, 즉 노동이 분리되고, 기업가가 전담 수행하던 경영관리 기능의 일부가 고용경영자에 의해 분담되고, 나아가 소유와 관리가 분리된 다음 소유와 경영, 즉 혁신이 분리됨으로써 전문경영자가 생겨나게 되는 것이다. 이것은 원래 한 사람의 기업가에 의해 통합되어 수행되던 기업가 기능이 분화되어 새로운 인격체인 전문경영자가 기업가 기능의 핵심적 기능인 경영 및 관리기능을 담당하게 되었음을 나타내는 것이다.

경영자지배가 이루어질 수 있는 바탕이 된 소유와 경영의 분리는 어떻게 진전되어 온 것일까? 〈표 7-3〉에서 보듯이 자본주의적 기업에서 경영자지배를 가능하게 하는 소유와 경영의 분리는 다음과 같은 4단계를 거쳐 이루어졌다. I 단계에서는 자본과 작업이 분리조차 이루어지지 않았다.

〈표 7-3〉 소유, 관리, 경영의 분리과정

구 분		Ⅰ단계	Ⅱ단계	Ⅲ단계	Ⅳ단계
기능	혁신(경영)	○	○	○	×
	출자	○	○	○	○
	작업	○	△	×	×
	관리	×	○	△	×

주) ○ 전담수행기능, △ 분담수행기능, × 수행하지 않는 기능

1) 소유와 작업의 분리

초기 기업가는 출자, 혁신, 작업의 세 가지 기능을 직접 수행한다. 사업에 성공하여 좋은 경영성과를 얻음으로써 기업의 규모가 확대되면 기업가는 경영활동을 모두 전담할 수 없음으로 노동자를 고용하여 작업 활동을 위임하게 된다. 최초로 소유와 작업의 분리가 이루어지는 것이다. Ⅱ단계에서는 노동자를 지휘 감독하는 기능인 관리라는 기능을 추가하여 수행하게 된다. 이처럼 기업가가 혁신, 출자, 작업 및 관리기능을 수행하는 기업 유형은 소규모 기업이다.

그런데 산업혁명이 이루어진 이후 기계생산에 의한 공업이 확립되면서 자본과 작업이 완전히 분리되게 된다. 이처럼 숙련노동자가 가지고 있던 숙련이 기계로 옮겨져서 노동자는 비숙련공화 되는데, 기업가는 공장을 세우고 기계를 설치하고 원재료를 구매하고 노동자를 고용하여 생산을 하게 된다. 이러한 여러 설비를 제공하는 기업가와 실제로 생산 활동에 종사하는 노동자가 완전히 분리되게 된다. 그러나 오늘날의 소규모의 기업에서는 아직도 자본과 작업, 즉 노동이 분화되지 않고 있는 경우도 많다.

2) 소유와 관리의 분리

기업이 더욱 성장하여 노동자의 작업이 세분화되어 전문화되면 상대적으로 분업화가 나타나게 되어 수행되는 작업을 통합하고 조정하는 관리기능의 비중이 높아진다. 그러면 소유경영자는 작업을 하지 않고

관리활동에만 전념하여 종사하는 사람을 고용하여 출자, 혁신, 구성원들을 지휘하고 감독하며 생산요소를 결합하여 제품을 생산한 다음 마케팅하는 관리기능을 수행하게 되는데, 소유경영자가 수행하던 관리기능의 일부를 위임받아 분담하는 고용경영자가 나타나게 된다. Ⅲ단계에서는 고용경영자에 의해 일부가 위임되어 관리되게 된다.

3) 소유와 경영의 분리

기업의 규모가 더욱 확대되어 대기업으로 성장하게 되면, 소유경영자와 고용경영자의 능력으로 기업의 합리적인 경영이 어렵게 될 수 있다. 그러면 전문적인 경영능력과 지식을 갖춘 전문경영자가 필요하게 된다. 전문경영자는 경영에 관한 전문적 지식이나 경험을 보유한 사람으로 기업 경영상의 실권을 가지고 혁신 및 경영관리 활동만을 전담하게 된다. 따라서 소유경영자는 기업경영에 직접 참가하지 않고, 기업이 필요로 하는 자본만 투자하는 투자자가 되어 소유와 경영의 분리가 일어나게 된다. Ⅳ단계에서는 자본과 경영이 분리되어 완전 분리가 이루어진 경우이다.

그렇다면 소유와 경영이 분리되는 이유는 무엇일까? 자본 측면에서는 기업공개에 의해 주식의 분산이 광범하게 이루어지면 출자자가 주식을 소유함으로써 기업을 지배하는 것은 실질적으로 어렵게 된다. 또한 이들 다수 주주가 기업경영에 대한 무관심과 주주총회의 무력화가 이루어지면, 전문경영자에 의한 기업의 실질적인 지배가 가능하게 되어 소유와 경영이 분리가 나타나게 된다. 기업규모가 확대되고 기업활동이 복잡화되면 자본가는 스스로 기업경영을 담당하는데 능력부족이 드러나고 이에 대한 책임을 짐으로써 손해를 보기보다는 이러한 위험에서 벗어나서 안전하고 확실한 투자가로서 이익을 확보하려 하게 된다. 따라서 기업가정신을 갖지 못하는 자본가는 스스로 소유와 경영의 분리를 원하게 된다.

또 다른 이유의 하나인 경영 측면에서는 주식의 광범위한 분산에 의해 소유와 경영의 분리가 어느 정도 이루어질 수는 있으나 그것만으로는 불가능하며, 본질적으로는 경영자가 경영관리활동 면에서 수행하는 기능의 특수성에서 이유를 찾을 수 있다.

2. 기업지배의 유형

기업지배(business control)는 특정 기업의 최고 의사를 결정하고, 그 결정에 중요한 복종적 영향을 미치는 특정 개인, 집단 또는 기관의 행위를 말한다. 이러한 기업의 지배 유형은 소유자지배, 경영자지배, 이해관계자지배 등 세 가지가 있다.

1) 소유자 지배

소유자 지배는 소유 유형에 따라 완전소유지배, 다수주식 소유에 의한 지배, 소수주식 소유에 의한 지배, 지주회사에 의한 피라미드형 지배, 모기업에 의한 지배 등의 유형이 있다.

- 완전소유지배 : 자본 소유자가 스스로 기업의 경영자가 되는 경우로서 가장 원초적인 유형이다.
- 다수주식소유에 의한 지배 : 1인 또는 소수의 주주가 총의결권주의 과반수를 소유함으로써 지배하는 유형으로 지주회사가 종속회사, 모(母)기업이 자(子)기업을 지배하는 유형이다.
- 소수주식소유에 의한 지배 : 1인 또는 소수의 주주가 총의결권주의 과반 이하의 소수주식을 소유하여 지배하는 유형으로 실질적인 지배(working control)를 할 수 있을 경우 가능하나 안정성이 없다.
- 지주회사에 의한 피라미드형 지배 : 고도 증권자본주의 시스템하에서 형성되는 대표적인 지배 유형으로 재벌 독점을 성립시킬 가능성을 가지고 있다.

- 모기업에 의한 지배 : 기업이 지배하려는 대상기업의 주식을 매수, 합병하거나 신설 시에는 출자를 하고 임원을 파견하여 지배하는 유형으로 콩글로머릿이 이에 속한다.

2) 경영자 지배이론

경영자 지배는 소유에 의한 지배가 아니라 전문경영자에 의한 지배가 이루어지는 유형이다. 경영자 지배이론은 버얼리와 민즈(A. A. Berle and G. C. Means), 버어남(J. Burnham), 갈브레스(J. K. Galbraith)에 의해 주장되고 있다.

(1) 버얼리과 민즈의 경영자 지배론

1930년 버얼리와 민즈(A. A. Berle and G. C. Means)는 주식소유의 분산과 경영의 지배 유형을 실증적으로 연구하였다. 이들은 주식회사를 지배하여 온 사람들은 전문경영자가 아니라 수백 명의 금융과두 지배자라고 하면서 경영의 지배 유형을 5개 유형으로 구분하고 있다.

- 완전소유 지배(control through almost complete ownership) : 개인 또는 소수 집단이 전부 또는 대부분(80% 이상)의 주식을 보유함으로써 기업을 지배하는 유형이다.
- 과반수 지배(majority control) : 개인 또는 소수 집단이 과반수(50%이상)의 주식을 보유함으로써 기업을 지배하는 유형이다.
- 법적 수단에 의한 지배(control through legal device) : 과반수의 주식을 보유하지 않고 의결권주, 무의결권주, 의결권신탁 및 피라미드형 지주회사 등의 방법으로 기업을 지배하는 유형이다.
- 소수 지배(minority control) : 20~30%의 주식보유에도 불구하고 군소 주주의 의결권 포기 또는 위임장의 수집을 통해 기업을 지배하는 유형이다.
- 경영자 지배(management control) : 고도의 주식분산에 의해 대주주의 소유비율이 작아지면(20% 미만) 대주주에 의한 지배

가 불가능하므로 경영자의 경영권이 높아지게 된다.

(2) 버어남의 경영자 지배이론

버어남(J. Burnham)은 경영자 지배이론의 영향을 받아 자본주의 사회가 발달하게 되면, 경영자 사회(managerial society)가 된다는 것을 이론적으로 증명하려 하였다. 그는 경영자에 의한 경영지배의 역사적 필연성을 강조하고 경영자에 의한 생산수단의 지배를 주장하였다. 즉 경영자에 의한 생산수단의 관리현상을 중시하고, 미래 경영사회에서는 경영자 계급이 지배계급으로 등장하게 될 것이라고 예상하고 있는 것이다.

(3) 길브레이스의 경영자지배

1967년 갈브레이스(J. K. Galbraith)는 미국의 산업시스템에서 거대기업을 지배하는 기관을 테크노스트럭처(technostructure)라 하였다. 그는 대규모화된 기업에 있어 유효한 의사결정이 이루어져 효과적인 경영정책이 실행되기 위해서는 모든 스탭들의 전문지식과 경험 및 능력에 의존하게 된다고 주장하였다. 이러한 고도의 과학 · 기술 · 계획 활동에 대한 조정업무의 담당자에 의해 구성되는 조직을 테크노스트럭처라 하고, 이들이 기업을 지배한다고 하였다. 기업에서 테크노스트럭처는 전문경영자, 기술자, 사무원, 공장노무자의 대표 등이 될 수 있다.

3) 이해관계자 지배

기업과 관련이 있는 원재료 공급업자, 제품 판매업자, 채권자 등 이해관계자 집단이 기업을 지배하는 유형으로서 현실적으로 지배력을 발휘할 수 있는 이해관계자는 은행이 되는데 이를 금융지배(financial control)라고 한다.

3. 경영자 지배구조의 중요성

경영자의 지배구조는 일반적으로 기업의 성장과 가치 창조를 위해 다양한 이해관계자들과 기업 간에 이루어진 명시적, 묵시적 계약관계를 규정하고 관리하는 메커니즘이다. 기업자원에 관한 이해관계자들 즉, 주주, 채권자, 구성원들, 부품공급자, 소비자 등의 권한을 설명하는 계약관계로 세계 각국의 지배구조는 서로 다른 역사적 배경을 바탕으로 발전하고 있다. 이러한 기업 지배구조는 미국의 경우 주주관점을 배경으로 하고, 유럽은 이해관계자 관점, 일본은 노동자 관점, 한국은 소유경영자 관점을 배경으로 하여 나라마다 다른 배경으로 하고 있다. 이러한 지배구조의 중요성은 [그림 7-2]와 같다.

[그림 7-2]　지배구조의 중요성

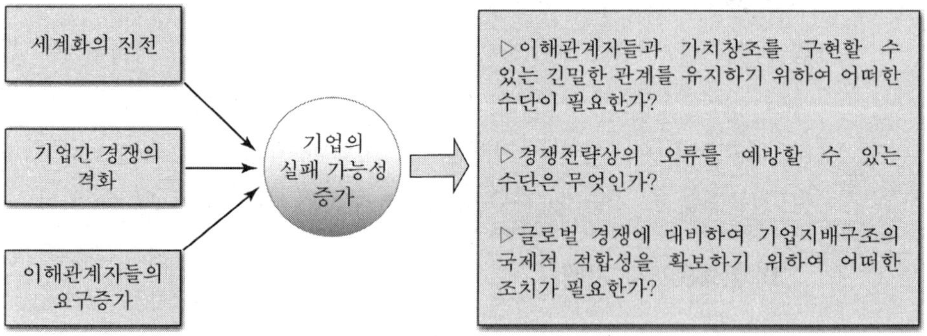

기업환경의 변화 즉, 기업 활동의 글로벌화가 진전되고 기업 간 경쟁이 심화되며, 이해관계자들의 요구가 증가함에 따라 기업의 실패가능성은 증대되고 있다. 따라서 이해관계자들과 가치창조를 구현할 수 있는 긴밀한 관계를 유지하기 위하여 어떠한 수단이 필요한가? 경영전략상의 오류를 예방할 수 있는 수단은 무엇인가? 이미 발생한 의사결정 상의 중대한 오류를 조기에 발견하여 이를 시정하는데 필요한

수단은 무엇인가? 글로벌 경쟁에 대비하여 기업지배구조의 국제적 적합성을 확보하기 위하여 어떠한 조치가 필요한가? 이러한 4가지에 질문에 대응할 수 있는 적합한 지배구조가 필요하다.

4. 경영자 지배에 관한 비판

소유자 지배로부터 경영자 지배로 기업의 지배 유형의 단계적 변화와 자본주의 논리는 비판과 반론을 일으켰다. 소유자 지배의 입장에서 경영자 지배에 대한 비판은 네 가지가 있다.

1) 대주주 지배론

주식 소유의 분산은 필연적인 것이나 일반 군소주주와 관련되는 것이지 대주주에 있어서는 지배에 필요한 자본의 절약에 지나지 않으므로 경영자 지배는 주주 내부에 있어서의 기능상의 분화를 무시한 이론이라고 비판한다. 지주의 절대 투자금액에서 대주주의 지배를 강조하는 주장도 이 유형에 속한다.

2) 주식분산 정지론

주식분산이 무한히 진행된다면 필연적으로 소유자 지배가 후퇴하게 되나 현실적으로 지배자인 대주주는 소유에 의한 지배가 가능한 한도 내에서 주식 분산을 정지시키므로 소요자본의 조달은 자기금융이나 차입금에 의존하는 방책을 취하게 된다고 보는 견해이다.

3) 금융자본 지배론

개인주의의 고도 분산과 거대 금융기관의 주식 소유에 입각하여 기업의 지배구조는 더 이상 개인이나 집단의 주식 소유에 의해 결정되는 것이 아니라, 금융자본이 지배하거나 이들과 경영자가 공동으로 지배한다고 보는 견해이다.

4) 기업자체론

주식회사의 자산은 복수의 출자자에 의해 출자된 것이므로 출자자의 공동 소유물이다. 그러나 그 자산은 법인격을 인정받은 기업이라는 단일 주체에 의한 소유라는 형식을 취하고 있으므로 개개의 출자자는 기업 재산에 대해 직접적 권리를 가지는 것이 아니라 법인의 한 구성원들로서 간접적 권리를 가지는데 지나지 않는다. 즉, 주주는 의결권이나 이익배당청구권, 잔여재산분배청구권 등의 권리를 가질 뿐이다.

제 4 절 경영자의 권한과 책임

1. 경영자의 권한

현대기업 경영자의 대표적인 유형이 전문경영자이다. 전문경영자는 주주가 제공하는 기계설비나 원료와 같은 물적 요소와 노동자가 제공하는 노동을 결합함으로써 기업 활동이 합리적으로 수행되게끔 계획하고 조직하고 충원하고 지휘하고 통제하는 실질적인 리더의 역할을 한다.

또한 이들은 기업 활동에 수반되는 의사결정자로서의 역할을 해야 한다. 경영자는 혁신기능을 수행하고, 관리기능을 수행하며, 사회기능을 수행해야 한다. 경영자는 이러한 세 가지 경영관리기능을 중심으로 통합하여 수행해야 한다. 패티트(T. A. Petit)는 경영자의 역할을 업무관련 역할과 사회적 책임관련 역할로 나누어 설명하고 있다.

1) 업무관련 역할

경영자는 기업목적 달성을 위하여 일상적인 업무처리와 관련하여 역할을 수행해야 한다. 이들의 관심은 기업의 내적 업무에 있으며, 기업 내에서 방침을 보완하는 배분적이고 통합적인 의사결정을 하는 것이다.

2) 사회적 책임과 관련된 역할

기업의 사회적 역할은 잠재화되어 있는 환경자원을 사회생활에 이용할 수 있는 효용가치로 변환하는 것이며, 이러한 변환과정에서 창출된 부가가치로서 이익이 발생한다. 이처럼 기업은 사회시스템의 성장주기(growth cycle of social system)에서 중요한 역할을 하고 있지만, 기업과 시장이라는 경제적 측면과 생활과 환경이라는 문화적 측면이 혼합되어 대립되기도 한다. 특히, 기업의 대규모화로 인한 시장실패는 이익을 지표로 하는 경제적 측면과 문화적 측면의 조화를 훼손하게 된다.

따라서 기업은 사회적으로 존속하면서 성장하려면 이해관계자 집단의 이익을 조화롭게 실현시킬 수 있는 방향으로 경영을 수행해야 한다. 기업은 부가가치를 창출하여 성과의 분배를 통해 구성원들이나 투자자, 납세를 통한 정부나 국민에게 공헌해야 하는 역할이 있다. 소비자 욕구에 대응하여 양질의 제품과 서비스를 제공함으로써 고객만족을 창출하며, 고용기회의 확보와 유지를 통하여 구성원들 삶의 질 향상에 노력하며, 사회 · 문화 활동에 이익의 일부를 환원함으로써 사회발전에도 공헌해야 하는 것이다.

또한 경영자는 사회의 요구나 기대에 어긋나지 않도록 사회적 책임을 수행하는 것과 관련된 역할이 있다. 이들은 외부 지향성을 가지며, 기업과 사회라는 행동시스템 속에서 동시에 기능을 수행하는 유일한 경영계층이다. 또한 이들은 기업과 사회의 매개자로서 기업의 여러 구성요소들 통합하여 효율적인 조직 실체로 구조화하고 이를 사회적인 것과 통합되도록 해야 한다.

2. 경영자의 사회적 책임의 근거

경영자가 이러한 역할을 소홀이 할 때 사회는 책임을 요구하게 된다. 그러면 경영자에게 사회적 책임을 요구하는 근거는 어떤 것이 있을까? 경영자의 사회적 책임의 근거는 시장의 불완전성, 외부 불경제, 최저 시민권의 보장을 들 수 있다.

1) 시장의 불완전성

시장실패(market failure)는 시장이 가장 효율적으로 자원배분을 해야 하는데 불안전한 경쟁시장으로 인하여 실패하는 것이다. 많은 기업들은 완전경쟁 상태의 시장이 아니라 독점상태나 과점상태의 시장에서 기업 활동을 전개하고 있다. 즉, 불안전한 경쟁시장에서는 독과점 기업이 양질의 제품을 생산하여 공급할 필요성을 느끼지 못하게 되고, 기업이 가격을 마음대로 결정할 수 있기 때문에 비효율적인 자원배분이 이루어질 수 있다.

이러한 독과점 상태에서는 기업에 의해 가격결정이 이루어지는 경우가 많아서 경영자의 사회적 책임을 요구하게 되는 것이다.

2) 외부 불경제

경제활동에서는 아무런 대가없이 제3자에게 이익을 주거나 손해를 끼치는 외부효과가 나타난다. 이러한 효과 중에서 손해를 주는 것을 외부불경제(external diseconomics) 효과라고 한다. 기업은 본질적으로 수익성 목적론에 입각하여 기업 활동을 하고 있다. 이러한 과정에서 기업이 이익극대화를 추구하다 보면, 다른 경제 주체에 대하여 피해를 끼쳐 불이익을 초래하는 경우가 있어서 경영자의 사회적 책임을 요구하게 되는 것이다.

3) 기업 영향력의 증대

최근 기업들은 대량생산을 통하여 원가를 낮추고자 하는 규모의 경제(economics of scale)를 경쟁수단으로 이용하기 때문에 지속적으로 대형화를 추구하는 속성이 있다. 이렇게 기업이 거대화되면 기업의 영향력이 증대되지만, 독점적 지위에 있는 거대기업은 그 영향력이 광범위하고 심오하게 미친다.

이러한 기업들이 사회구성원들의 이익을 위해서 기업 활동을 전개하는 것이 아니기 때문에 많은 사회적 문제가 발생하게 된다. 따라서 경영자의 사회적 책임을 요구하게 되는 것이다.

4) 최저 시민권의 보장

최저시민권은 한 사람으로서 생활하는데 최저 복지수준을 보장해야 한다는 주장이다. 기업이 이익목적론을 추구하다 보면, 이익극대화 논리로 비약하게 된다. 이때에 나타나는 모든 피해는 소비자들이 보게 되는데 이러한 문제를 해결하기 위해서는 기업이 소비자들의 최저시민권을 보장하는 요구를 받게 된다.

3. 경영자 책임의 내용

경영자의 임무나 역할은 적어도 경영자라면 마땅히 해야 할 책임을 의미한다. 즉 경영자라면 관리기능을 과학적 · 실증적인 지식체계의 응용으로서 뿐만 아니라, 회사 내부 이익의 추구보다도 회사 외부의 복지에 필요한 사회적 기능으로써 수행하여야 한다거나 이해자집단(interest group)의 이해 · 조정을 통해서 기업의 유지 · 성장을 기해야 한다는 등의 임무는 경영자가 해야 하는 책임을 의미한다. 또한 주로 관리적 기능(administrative skill)을 발휘해야 하는 경영자의 역할로서 반드시 혁신을 앞세워야 한다는 것은 경영자라면 할 수밖에 없는 책임을 의미한다. 따라서 경영자의 책임은 경영자가 당연히 수행해야 할 임무와 역할인 동시에 기업경영 자체가 당연히 수행해야 할 임무와 역할이다.

경영자의 책임은 [그림 7-3]과 같이 내부 책임과 사회적 책임(social responsibility)으로 나눌 수 있다.

[그림 7-3] 경영자 책임의 내용

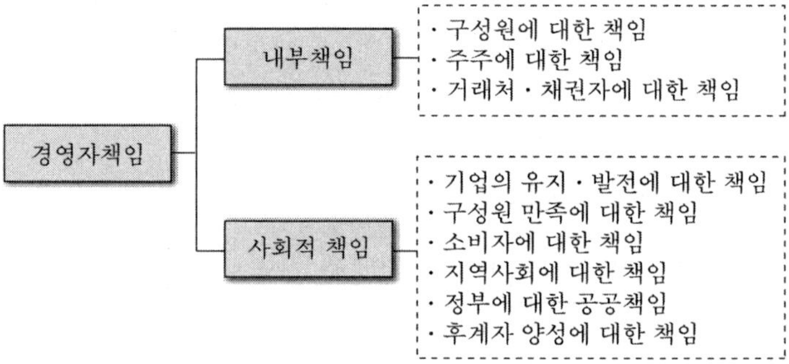

1) 경영자의 내부책임

경영자가 기업의 내부적으로 수행해야 하는 책임은 구성원들에 대한 책임, 주주에 대한 책임, 거래처 · 채권자에 대한 책임 등이 있다.

(1) 구성원들에 대한 책임

기업에 대한 경영자의 우선적인 책임은 구성원들에게 일자리를 제공하는 것이다. 구성원들의 일자리를 유지하고 그들이 노동의 가치를 향유할 수 있도록 적절한 여가시간을 제공하는 것은 경영자가 사회를 위해 할 수 있는 일 중에서 가장 고귀한 것이다.

글로벌 기업들은 구성원들에게 스스로 의사결정을 내리고 기업의 문제들에 대한 해법을 제안할 수 있도록 권한을 위임한다. 권한 위임은 구성원들의 자긍심을 높이는데 기여하고, 궁극적으로 생산성을 향상시키고 결근율을 감소시킬 수 있다.

우리나라 법률은 노동에 대한 경영자의 책임을 규정하고 있으며, 경영자는 구성원들의 생활에 미치는 영향을 진지하고 정직하게 고려하는 최소한의 책임을 받아들일 의무가 있다. 따라서 경영자는 가능한 한 인사전략의 육체적 · 심리적 · 사회적 의미를 분명하게 해야 한다.

(2) 주주에 대한 책임

주식회사의 경우 전문경영자는 권한과 책임을 위임해 준 주주들의 이익을 보장해야 한다. 즉, 주주의 투자를 확보하고, 이러한 투자에 대한 수익을 증대시킬 책임이 있다. 그러나 경영자의 주주에 대한 책임은 이익극대화와 밀접하게 연관되어 있기 때문에 사회적 책임에서 배재되기도 한다.

(3) 거래처 · 채권자에 대한 책임

채권자나 원료공급자는 기업이 관계하는 가장 중요한 이해자 집단 중의 하나이다. 채권자에게 채무를 철저히 이행해야 하고, 계약은 반드시 준수해야 하며, 거래처인 원료공급자에게 대금 지급은 신뢰의 문제임으로 실행해야 할 책임이 있다. 경영자가 이러한 책임을 다하지 못할 때 기업은 법률적으로 처벌받을 수 있고, 윤리적으로 비판의 대상이 될 수 있다.

2) 경영자의 사회적 책임

우리 사회의 많은 집단들이 상호 의존성으로 인하여 기업의 사회 참여가 증대되었다. 기업의 참된 사회적 책임(social responsibility)이 무엇인지 하는 의문이 생기는 것이다. 이러한 기업에 제기하였던 의문을 정치, 대학, 비영리단체, 자선단체 심지어는 교회의 사람들까지 언급하는 빈도가 점차 증가하고 있다. 그래서 논의의 초점을 기업에 두고, 모든 조직의 사회적 책임과 대응에 관해 언급할 수 있다.

사회적 문제의 긴박성에 관해 열변하는 각성된 사회는 최고경영자에게 그들이 사회적 책임을 이행하기 위해 무엇을 하고 있으며, 어째서 그 이상의 노력을 하지 않는지 하는 질문을 던지고 있다.

이러한 논의의 초점은 경영자들에게 기업 내부에 대한 책임과 동시에 외부 즉, 사회에 대한 책임을 부여하고 있기 때문이다. 사회적 책임은 사회 전체의 복지를 위한 기업의 관심이고, 단순한 수익 창출을 넘어서는 책무들로 법이나 계약이 요구하는 수준을 넘어선다. 즉, 주어진 특정 시점에서 기업이 사회에 대한 경제적·법률적 의무를 포함하여 사회로부터 정당성을 인정받을 수 있는 사회 전반에 대한 책임이다.

(1) 사회적 책임의 등장배경

기업의 규모가 거대화 되면서 기업이 사회에 미치는 영향력이 막강해지고 있다. 따라서 기업에 대한 사회적 책임의 요구가 강하게 대두되었고, 기업으로서는 지속적인 존속과 성장을 위해 어떤 형태로든 사회적 책임을 수용할 수밖에 없는 상황이 전개되고 있다. 이러한 상황은 경제구조의 변화, 기업의 거대화, 사회구성요소 간 상호의존성 증대, 기업 대항세력의 등장, 전문경영자의 등장, 기업 활동의 장기화 등이다.

- 경쟁구조의 변화 : 시장이 완전경쟁상태 하에서는 소비자가 저렴하고 고품질의 재화와 서비스를 사용할 수 있기 때문에 사회복지가 달성될 수 있다. 그러나 오늘날 대부분의 국가시장은 규모의 경제(economics of scale)를 추구하는 거대기업의 독과점에 의해 경제구조가 형성되면서 시장기능과 사회복지의 자동적 극대화는 어려워지고 있다.
- 기업의 거대화 : 이는 소비자, 노동자, 정부, 지역사회, 경쟁기업 등 사회전반에 걸쳐 광범위하게 부정적인 영향을 미치고 있다. 즉, 기업에 집중된 권력의 남용을 방지하고 견제하며 다른 사회구성 요소와의 균형을 유지하기 위한 조치가 필요하게 되었다.
- 사회 구성요소 간 상호의존성 증대 : 인구의 폭발적인 증가, 고

도의 경제성장, 고도화된 전문성 등의 요인은 사회 구성요소들 간의 상호의존성을 한층 높여왔다. 이렇게 증대된 상호의존성은 결과적으로 상호협력의 필요성을 느끼게 되었다. 이러한 상호의존성이 기업의 사회적 책임을 필연적으로 요구하고 있다.

- 기업 대항세력의 등장 : 기업의 대량생산은 대량소비로 이어지고 생산과 판매의 대규모화는 노동조합, 소비자단체, 정부 등과 같은 새로운 대항력(countervailing power)을 등장시켰다. 이러한 대항력은 기존 주주집단과 경쟁하는 관계가 되면서 새로운 세력균형을 유지하게 되었다. 따라서 기업이 사회에 대한 책임을 요구받게 되는 것은 당연한 것이다.
- 전문경영자의 등장 : 소유와 경영의 분리는 전문경영자의 사회적 책임을 이행해야 하는 배경이 되고 있다. 전문경영자는 주주, 구성원들, 지역사회 등 많은 이해관계자의 참여와 협력을 확보해야 하기 때문에 이익극대화에만 머물 수 없다. 즉, 전문경영자는 이해관계자 집단의 이해를 조정해야 하는 사회적 책임을 수용할 수밖에 없다.
- 기업 활동의 장기화 : 계속기업의 목적을 가지고 기업활동을 하고 있기 때문에 영리를 추구하는 것도 중요하지만, 지역사회를 포함한 이해관계자 집단과 장기적인 협력관계를 유지하기 위해서는 사회적 책임을 수용할 수밖에 없다.

(2) 경영자의 사회적 책임의 내용

① 기업의 유지 · 발전에 대한 책임

기업은 국가경제에서 생산주체로서 중요한 역할을 수행하고 있다. 즉, 기업의 목적 중의 하나가 계속기업(going concern)이기 때문에 건전하게 성장하여 존속하는 것이 무엇보다도 중요하다. 즉, 경영자가 기업의 존속을 위해서 적정이윤을 확보하고 이를 공정하게 배분하여 성장함으로써 경제적 기능을 수행하는 것이 사회적 책임의 하나이다.

② 구성원들의 만족에 대한 책임

구성원들은 단순히 목표를 달성하기 위한 수단을 넘어서 재화와 서비스 생산의 주체로서 역할을 다하고 있다. 이들은 기업의 노동력을 제공함으로써 기업의 유지에 기본이 되는 수익을 창출하게 된다. 즉, 경영자는 기업에 필요한 인적자원을 확보하고, 적절한 리더십을 통하여 동기를 부여하며, 자발적인 협동노력을 증대시켜야 한다. 또한 내부고객인 구성원들에게 경영참가제도와 복리후생제도를 활용하여 직무만족과 몰입을 통해서 생산성을 높여야 한다.

③ 소비자에 대한 책임

기업은 소비자가 원하는 재화와 서비스를 제공함으로써 존재의 정당성을 인정받는다. 즉, 소비자는 일반 공중으로 기업과의 관계에서 허락된 이익과 의무를 나누어 갖게 된다. 경영자는 소비자에 대한 여러 의무를 갖는데 소비자에 대한 계약적 의무를 충실히 이행하는 것이 가장 중요하다. 따라서 기업은 가능한 한 효율적이고 경제적으로 소비자의 욕구를 충족하도록 노력해야 한다. 또한 경영자들은 소비자주의(consumerism)에 대해 명확히 이해하고 소비자운동이 어떠한 방향으로 전개되어 가는지에 항상 관심을 가져야 한다.

④ 지역사회에 대한 책임

공해(pollution)의 확대현상이 커다란 사회문제로 등장하기 시작함에 따라 공해에 대한 책임이 경영자의 사회적 책임의 하나로 추가되는 현상이 두드러지고 있다. 즉, 기업이 대규모화됨에 따라 기업이 배출하게 되는 오염물질이 자연의 정화능력을 초과해서 점차 생활환경을 오염시켜 인간의 생존을 위협함으로써 공해 자체가 새로운 사회적 책임의 하나로 손꼽혀질 수밖에 없게 되었다.

기업은 사회적으로 유용한 재화나 서비스를 생산·공급하는 노력과 동시에 생산과정에서 파생되는 공해를 방지함으로써 지역사회에 사회성을 발휘하게 된다. 기업의 지역사회에 대한 책임은 법률적 책임을 넘어서서 행동해야 하는지에 대해서는 개인의 윤리적 신념이나 도덕률에 달려 있다. 기업은 환경 친화적인 기업이 되도록 심혈을 기울이고, 자원보존 문제나 공해 문제에 대한 책임이 막중하다. 기업은 이들 자원을 효율적으로 사용하고 낭비 없이 많은 부를 창출해낼 책임이 있다.

⑤ 정부에 대한 공공책임

정부에 대한 의식이 국민에 대한 의식을 의미하므로 기업 활동은 거래관계와 관련된 일체의 법규를 철저히 준수해야 한다. 정부가 수행하는 일에 적극적으로 협력할 때 기업시민으로서 역할을 다하는 것이다.

⑥ 후계자 양성에 대한 책임

기업의 목적이 계속기업이라고 한다면 기업은 지속적으로 성장해야 한다. 이를 위해서는 유능한 후계자의 양성이 필수적이다. 전문경영자를 개발하고 육성하기 위해서는 사전준비에 의한 경영자교육이 장기적인 관점에서 철저하게 이루어져야 한다.

빌 게이츠의 창조적 자본주의

Bill Gates

2008년 빌 게이츠는 스위스의 다보스에서 세계 각국 정상들이 모여서 각종 현안을 논의하는 세계경제포럼(WEF)의 연설을 통해 '창조적 자본주의(creative capitalism)'라는 개념을 강조하였다. 자본주의는 가난한 사람들을 도울 수 있는 방향으로 가야 한다고 강조하였고, 하루 1달러 이하의 생계비로 살아가는 10억 이상의 빈곤인구를 도울 방법을 찾자고 호소하였다. 자본주의는 기업에게 이익을 주면서 세계의 가난한 사람들을 도울 수 있어야 한다는 생각으로 이 일에 많은 기업들이 참여할 것을 호소하였다.

빌 게이츠에게 있어 창조적 자본주의는 기업과 비정부 조직이 함께 일하면서 전 세계의 불평등을 완화할 수 있는 시장시스템(market system)을 만드는 것이다. 이는 기업의 봉사를 사회적 책임 차원을 넘어 사회적 의무로 끌어올린 개념이다. 사회를 대상으로 수익을 올리고 있는 기업들이 소외계층을 위해 수익의 일부를 환원할 의무가 있다는 것이다. 그는 기업의 사회적 책임에서 더 나아가는 개념을 제시하여 지금까지 냉혹한 자본주의와 다른 따뜻하고 친절한 자본주의야말로 창조적 자본주의가 될 것이라고 주장하였다.

창조적 자본주의는 2007년 7월 하버드대학교 졸업식 축사에서 빌게이츠가 이야기하면서 유명해진 개념이다. 빌 게이츠는 기업 활동을 통해 수익을 창출하는 동시에 자선 활동을 충실히 하는 결합된 형태의 자본주의를 '창조적 자본주의'라고 말한다. 이러한 창조적 자본주의 이론을 빌 게이츠가 주장하였다기보다는 자신의 삶을 통해 창조적 자본주의를 실천함으로써 몸소 모범을 보이고 있기 때문에 그의 창조적 자본주의 이론에 많은 사람들이 열광하는 것이다.

물론 빌 게이츠의 창조적 자본주의에 대한 비판도 있다. 현재의 빈부격차 문제는 개인이나 기업이 나서서 해결할 수 있는 문제가 아니라는 것이 비판의 핵심이다. 이러한 비판에는 다름대로 근거가 있지만, 그렇다고 빈부격차 문제를 그냥 방치할 수도 없다. 이런 점에서 빌 게이츠의 창조적인 자본주의자가 감당해야 할 역할이 크다고 할 수 있다.

빌 게이츠 개인의 삶에도 냉혹한 자본주의와 창조적 자본주의 두 가지가 모두 자리를 잡고 있기 때문에 창조적 자본주의는 의미가 크다. 실제로 본격적으로 자선 활동에 관심을 갖기 이전까지 빌 게이츠의 삶을 지탱하는 코드는 속도의 경쟁(competition of speed)이었다. 그가 1999년 저술한 '생각의 속도(The Speed of Thought)'가 모든 것을 지배한다는 신념을 갖고 있었다. 빌 게이츠가 제기한 '생각의 속도'라는 개념은 당시 막 불길이 타올랐던 닷컴 붐과 맞물리면서 많은 사람들에게 통찰력 있는 사상으로 받아들여졌다.

그러나 빌 게이츠는 그 뒤 자선 활동에 관심을 보이기 시작하면서 속도나 경쟁보다는 '더불어 사는 삶'에 많은 관심을 보이기 시작하였다. 특히 2008년 마이크로소프트 경영에서 손을 떼면서 빌 게이츠는 순수한 자선사업가로 새롭게 변신하였고, '속도'보다는 '주변을 돌아보는 삶'에 우선순위를 둔 것이다. 그리고 그 변신은 창조적 자본주의라는 그의 철학과 함께 어떤 평가를 받을 것인지 하는 문제는 전적으로 빌 게이츠 자신이 어떤 모습을 보이느냐에 따라 좌우될 것이다.

세상을 변화시킨 많은 사람들의 삶에선 무언가 특별한 것을 찾을 수 있다. 빌 게이츠 역시 꿈과 비전 및 열정이 남다른 사람이었다. 특히 빌 게이츠는 세상이 컴퓨터에 대해 제대로 알기 전부터 정보화 시대에 대한 비전을 키워 왔다. '모든 사람들의 책상 위에' 컴퓨터를 올려놓겠다는 그의 꿈은 세상에 새로운 바람을 불러 일으켰다. 꿈을 통해 세상을 변화시켰다는 점에서 빌 게이츠는 역사를 이끄는 창조적인 소수자임에 틀림없다.

빌 게이츠가 미래에 보여줄 삶은 '창조적 자본주의'가 어떤 가능성을 갖고 있는지에 대한 시금석이 될 수도 있을 것이다. 냉혹한 경영으로 많은 사람들의 비판을 받던 한 독점 자본가가 어떻게 창조적 자본주의자로 변신하는지, 또 변신 후 어떤 삶을 보여 주는지에 대해 관심을 갖는 것은 어쩌면 빌 게이츠 개인의 삶을 통해 현대 자본주의의 문제점과 해결방안을 함께 들여다볼 수도 있을 것이다.

이러한 논쟁은 빌 게이츠의 선의로 지구상의 빈부격차를 해결할 수 있을 것인지 하는 문제로 귀결된다. 창조적 자본주의를 실천하고 있는 회개한 자본주의자인 빌 게이츠도 이러한 관점을 잘 알고 있다. 그는 끊임없이 아프리카 지역의 비참한 현실을 강조하고, 연대를 통한 구제 활동이 필요하다는 점을 알리는 노력을 하고 있다. 빌 게이츠는 자신이 보유한 엄청난 자산을 지구상에서 헐벗고 굶주린 사람들과 나누는 삶을 살고 있지만, 우리는 자본주의의 한계를 함께 해결해 나갈 수 있도록 하는 일에 함께 하고 그의 논리와 인생을 지켜보고 지지하고 동참해야 할 것이다.

제 5 절 기업윤리와 경영자 역할

영리조직이든 비영리 조직이든 간에 모든 사람들은 윤리에 관련되어 있다. 개개인이 개인적 윤리(personal ethics)에 따라 자신의 개인적 인생을 살아가는 법이다.

1. 기업윤리의 개념

기업윤리(business ethics)는 경영자의 행동이나 의사결정의 판단 기준과 원칙으로 정의와 관련되는 것이다. 즉, 기업윤리는 사회적 윤리를 사업에 적용하는 개념이다. 경영자들은 조직에서 더 많은 정보와 영향력 및 자원을 얻기 위해 경쟁한다. 이러한 개념은 기업 목적을 달성하기 위한 수단으로서 뿐만 아니라, 목적 자체의 선정을 둘러싸고 갈등을 빚을 가능성이 있으며, 어떤 기준을 가지고 윤리적 행위를 지도해야 하는지 하는 문제가 대두되고 있다.

기업윤리의 정립은 기업이 임원에게 제공하는 지침들로 임직원들이 동료 임직원들, 고객, 납품업체를 향해 보여야 할 책임과 행동의 관점에서 기업이 그들에게 기대하는 행동에 대한 윤리규범(code of ethics), 윤리강령이나 윤리헌장을 제정 공표함으로써 기업의 윤리적 의사결정의 기준이 되고, 기업의 목적 정립에 도움이 되는 것이다.

규범적 윤리에서 논리적 이론에 관한 세 가지의 기본형태가 개발되었다. 공리이론(utilitarian theory)은 계획과 행동이 결과로 평가되어야 한다고 주장하는데, 계획과 행동은 최대 다수의 최대 행복을 가져와야 한다는 것이다. 또한 이 이론은 권리(rights)에 기초를 두고, 모든 사람은 양심의 자유, 자유로운 발언의 자유, 합당한 진행의 자유 등과 같은 기본적 권리를 가지고 있다고 주장한다. 이러한 권리의 대다수는 미국의 권리장전(the constitutional bill of rights)에서 발견할 수 있다. 정의의 이론(the theory of justice)에서는 의사결정자가 공정성에 따라야 할 것을 요구하고 있다.

2. 경영자의 윤리의식

글로벌화의 진전에 따라 우리 기업도 결과보다는 과정이나 개인의 권리를 우선시하는 윤리관으로 바뀌고 있고, 경영자에게도 이러한 윤리관의 변화가 요구되고 있다. 조직문화는 경영자의 윤리의식에 영향을 미친다. 즉, 기업의 목표달성을 위해서는 수단과 방법을 가리지 않아도 된다든지, 능률이나 획일성을 강조하는 조직문화가 형성되면 개인의 윤리수준은 상대적으로 낮아진다.

이러한 윤리의식은 윤리교육, 내부고발자의 보호, 최고 경영자가 솔선수범하고, 윤리규정을 문서화해서 공표하는 것을 통해서 제고할 수 있다.

3. 윤리의 제도화

경영자, 특히 최고 경영층은 윤리의 제도화를 통해 논리적 의사결정을 조장하는 조직 문화를 형성할 책임을 지고 있다. 윤리의 제도화는 일상적 행동에 윤리적 개념을 적용하고 통합함을 의미한다. 퍼셀과 웨버(T. Purcell and J. Weber)는 회사의 방침 또는 논리지침을 통하여 공식 임명된 윤리위원회에 의해 관리개발 프로그램에서 윤리교육을 통해서 달성할 수 있다고 주장하였다. 윤리를 제도화하는 가장 보편적인 방법은 윤리지침을 결정하는 것이며, 보편적인 윤리의 제도화 방법은 윤리위원회를 만드는 것이다.

4. 윤리적 수준을 제고시키는 요인

기업의 윤리적 수준을 제고시키는 요인은 공표와 지식층의 관심 증대이다. 이러한 요인들은 정부의 규제와 영리기업 경영자들의 직업의식을 향상시키기 위한 교육의 뒷받침을 받고 있다.

광범위하게 공개된 일부 사례에 의하면 윤리적 행위를 향상시켜야 할 필요성은 명료해진다. 길러맨(S. Gellerman)은 3가지 사례를 심층 분석한 결과, 맨빌기업(Manville Co.)은 석면재의 진정한 위험성을 은폐하고 있음이 확실하고, 컨티넨탈 일리노이스 은행(Continental Illinosis Bank)에서는 일부 관리자들이 회사의 전반적 관심사를 잘못 해석하고 있으며, 휴턴회사(E. F. Hutton and Co.)는 우편 및 무선 부정행위에 대한 유죄를 시인한 것을 밝혀냈다.

제 6 절 사회적 책임과 윤리적 접근

사회 내에 있는 기업의 역할이 변화함에 따라 사회적 책임을 보는 관점이 달라지게 된다[그림 7-4].

[그림 7-4] 사회적 책임과 윤리적 접근

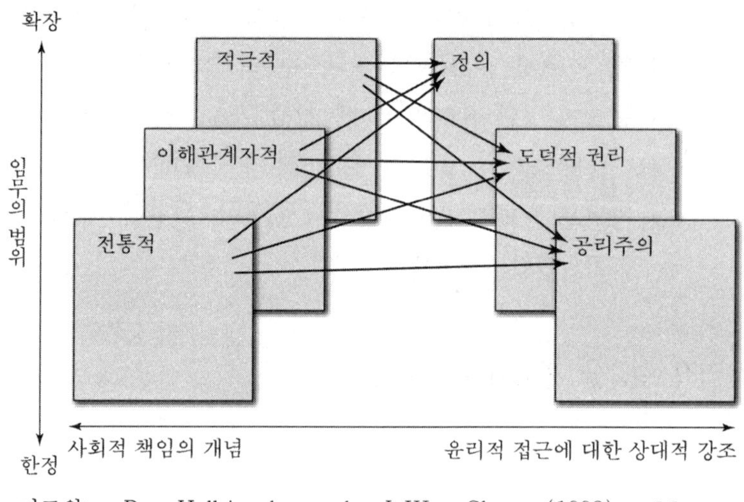

자료원: D. Hellriegel, and J. W. Slocum(1992), *Management*, Addison-Wesley, 6th. p. 89.

1. 전통적 관점

전통적 관점(traditional perspective)에서는 사회적 책임을 최저의 비용으로 재화와 서비스를 생산하여 사회에 공헌하는 일로 정의하면서 기업의 주된 관심을 이윤의 극대화와 장기적인 이익에 두고 있다. 즉, 프리드만(M. Friedman)은 경영자가 주주의 이익에 봉사한다고 주장하고 있다.

이러한 주장은 기업이 오직 주주의 요구에만 책임이 있고, 다른 집단의 요구에는 관심이 없다는 것이다. 이 관점에서는 사회적인 문제를 해결해야 할 책임을 기업이 아니고 정부의 책임으로 보고 있다.

2. 이해관계자 관점

이해관계자 철학(stakeholder philosophy)에 의하면 경영자는 기업의 목적과 이익에 영향을 받거나 주는 특정한 집단에 의해 책임을 져야 한다는 주장이다. 이러한 주장은 전통적 관점의 사회적 책임 범위를 확대한 것이다. 드럭커(P. Drucker)는 기업의 가장 중요한 사회적 책임은 미래의 비용(future cost)을 초과하는 어떠한 책임도 수행할 수 없다는 주장이다.

3. 적극적 관점

적극적 관점(affirmative perspective)은 가장 광범위하고 복잡한 것으로 경영자는 기업의 다양한 이해관계자 집단 더 나아가 일반 대중의 상호이익을 최대한 증진시킬 책임이 있다는 주장이다.

이 관점에서 경영자에게 주어진 의무는 환경의 변화를 예상하고 기업의 목적을 이해관계자 집단과 일반 대중의 목적을 융화하며 기업과 이해관계자 집단의 이익을 증진시키기 위한 구체적인 단계를 밟을 의무가 있다고 사회적 책임의 범위를 확대한 단계이다.

경영사상 여덟마당 관리과정이론

1. 관리과정론의 출현

H. Koontz

미국에서 과학적 관리법이나 인간관계론 및 고전적 조직이론에 대한 비판을 1950년대에 나타난 근대적 관리론(modern management)이 보완하면서 이론과 실제에서 크게 방향 전환이 되어 시스템화되기 시작하였다. 당시 기업경영의 관리문제를 내부 문제로 한정하여 연구하였으나, 자본주의가 고도로 발달하면서 생산과 자본의 규모가 확대되고, 다양한 부문에서 거대한 기업결합과 기업집중 현상이 나타나는 등 기업을 둘러싼 경영환경이 크게 변화하게 되었다. 이러한 기업환경 문제와 관련된 경영이론을 실제로 규명하는 연구가 시작된 것이다.

미국 경영학은 1960년대에 들면서 이제까지 경영의 경제적 측면을 인식대상으로 하는 연구에서 벗어나 경영의 기술적 · 사회적 · 심리적 측면에 대한 연구를 시작하면서 인접과학의 최신 기법이나 개념을 도입하게 되었다. 즉, 미국 경영학의 내용이 지나칠 정도로 다양화되어 감에 따라 경영학자들이 자신의 접근법을 내세운 여러 학설이 나타나 서로 대립하게 된 것이다. 따라서 스탠포드대학교(Stanford University)의 쿤츠(H. Koontz) 교수는 경영이론의 정글(the jungle of management theory)이라는 논문을 통해 미국 경영학자들이 수십년간 다양한 경영이론을 발표한데 대해 다양한 정의가 마치 정글과 같다고 비판하면서 이론들 간의 갈등과 대립이 존재함에 따라 경영의 통합이론(unified theory of management)의 필요성을 주장하였다.

2. 쿤츠와 오돈넬의 관리과정이론

최근에 쿤츠와 오돈넬(H. Koontz and C. O'Donnell)이 관리과정에 대한 이론을 정립하였으며, 그들은 계획화 · 조직화 · 충원화 · 지휘화 · 통제화의 다섯 가지 기능을 제시하였다. 이러한 경영관리과정(management process)은 경영의 제반 활동에 필요한 의사결정을 계획으로써 실체화하고 이를 실행하며, 실행의 결과와 계획을 비교함으로써 이를 통제할 수 있을 때 그 효과가 극대화될 수 있다고 주장하였다.

쿤츠(H. Koontz)는 미국경영학에서 관리과정의 본질을 명확하게 밝힌 학자로 '타인으로 하여금 일하게 하는 기능(getting things done through other people)'이라는 정의를 내렸다. 경영관리론으로서 매니지먼트는 주로 관리기능 내지 관리과정을 그 핵심적인 내용으로 하기 때문에 매니지먼트 사이클(management cycle)로서 경영계획, 경영조직, 경영통제의 3자에 관한 이론과 실제에 집약될 수 있다. 그러므로 경영관리론으로서 매니지먼트의 본질은 전반관리(general management)라는 관점으로 보아 생산관리, 마케팅관리, 재무관리 및 인적자원관리 등으로 수평적으로 분화되는 부문과정이나 부문기능을 대상으로 하는 것이 아니라 어디까지나 전반적인 관리과정이나 전반적인 관리기능을 대상으로 한다.

경영자는 경영관리기능(management function) 또는 경영관리과정(management processes)을 통하여 직무 책임을 수행한다는 데는 모든 학자들이 동의하고 있다. 그러나 경영관리기능 또는 관리과정이 구체적으로 어떠한 활동(activities)으로 구성되는지에 대해서는 견해가 다양하다.

3. 관리과정이론에 대한 평가

관리과정론은 일반적으로 관리원칙과 기능에 따라 조직구조를 형성해야 한다고 믿기 때문에 규범이론(normative theory)의 영역을 벗어나지 못하고 있다. 즉, 조직에서 실제 무엇이 일어나고 있는지 하는 관리상황에 대한 이론적 기술이 부족하다는 비판이다. 그러나 이러한 난점을 탈피하기 위해 관리과정론은 의사결정을 새롭게 변화시키려는 움직임을 보이고 있다. 쿤츠(H. Koontz)와 오돈넬(C. O'Donnell), 그리고 뉴만(W.H. Newman) 등은 관리과정론을 발전시킨 인물들이다.

제 8 장 기업의 성장과 발전

기업이 창설되고 합리적인 경영을 통해 환경 적응이 이루어져 경제적 성과와 아울러 사회적 성과가 실현되어 사회의 요구에 부응하게 되면 기업은 존속 · 성장 · 발전하게 된다. 그러나 모든 기업이 반드시 성장하는 기업이 되는 것은 아니며, 어떠한 이유 때문에 실패를 하거나 도산하여 다른 기업에 넘어가게 되거나 또는 실체가 산업계에서 영원히 사라지는 경우도 있다. 특히 중소기업의 경우에 이러한 현상이 두드러지게 나타나기 쉽다.

기업도산은 일반적인 경영방법으로는 해결할 수 없을 정도의 지급불능 상태에 이른 경우를 말하지만, 법률적 도산을 의미한다. 미국의 경우에 기업이 도산하는 원인을 보면 원인의 80%가 비효율적인 경영관리로 인하여 나타나는 경영자의 책임인데 비해 일본의 경우에는 63%가 경영자의 책임이고, 기업 외적 환경요인도 36%나 되고 있다.

이와 같이 기업도산의 원인에 차이가 있는 것은 미국의 경우, 기업외적 환경요인을 통제 가능한 요인으로 보고, 경영자의 책임으로 간주하는데 비해 일본의 경우는 그렇지 않기 때문이다. 이러한 도산가능성을 미리 예측할 수 있는 예측모델이 많이 개발되어 이용되고 있으므로, 중소기업의 경우에는 기업실패의 위험을 회피하기 위해 경영컨설턴트의 자문을 받아 이를 활용할 필요가 있다.

제 1 절 기업성장

1. 기업성장의 의의

기업성장(business growth)은 기업의 본질이 그대로 유지되는 범위 안에서 기업가의 의사결정의 결과로 기업의 규모나 능력이 변화되는 것이다. 이러한 기업의 규모나 능력의 변화를 나타내는 성장지표(growth indicator)로는 생산액, 판매액, 영업이익, 순이익, 총사용 자본, 부가 가치액, 총자산액, 고정자산액, 구성원 수, 시장점유율, 자본평가, 기업이미지의 향상, 구성원들의 자질·능력의 향상, 구성원들의 행복, 노사관계의 안정, 조직의 근대화, 연구개발 능력의 향상, 소비자 서비스의 향상, 지역사회 관계의 원활화 및 경영층의 충실화 등과 같은 것이 있다.

이러한 성장에는 경영자의 탁월한 의사결정 능력에 의한 효율적인 경영관리 활동에 의해 이룩되는 자력성장과 총수요의 증대나 국가의 촉진정책에 의해 유리한 상황이 전개되어 이룩되는 유도성장이 있다.

- 자력성장 : 특정의 탁월한 기업가 활동 내지 경영관리 활동에 의해 이룩되는 성장으로서 경영자의 의사결정 능력에 의존하여 효율적인 의사결정의 결과로 성장하는 것이다.
- 유도성장 : 총수요의 증대나 정부의 촉진정책 등에 의해 기업에 유리한 상황이 전개되어 이룩되는 성상이다.

그러나 실제로 어떠한 성장이 자력성장이고 어떠한 성장이 유도성장인지 구별하기는 쉽지 않다. 이는 기업의 경영관리능력 내지 기술개발 상 어떠한 상황에 있으며, 현재의 경영관리 내지 기술지식이 어떻게 기업에 의해 활용되고 있는지 하는 점에 의해 구별되기도 한다. 이러한 의미에서 보면, 혁신(innovation)을 수반하지 않는 성장은 자력성장이라 할 수 없다.

또한 기업성장은 양적 성장과 질적 성장으로 나눌 수 있는데, 양적 성장은 기업에 투입된 인적 요소와 물적 요소가 본질이 변화하지 않고 규모나 양적으로 확대되는 것이다. 즉, 다른 기업을 흡수·합병함으로써 이룩되는 기업성장을 기업 확대라 하며, 기업이 동질성을 유지한 채 성장하는 것을 기업성장이라 한다. 한편, 질적 성장은 양적 성장 이상으로 판매액이 증대되는 것으로 기업능력 또는 생산성이 향상되는 것이다.

일반적으로 볼 때 기업의 외부환경요인으로서 성장기회를 제공하는 성장산업에 참여하거나 합리적인 경영관리의 요인이 기업의 급속한 성장을 가져오게 하는 가장 중요한 요인이다. 따라서 성장산업에 진출하는 것은 환경 변화를 통해 성장 기회를 개발하고 진화시키는 경영자의 혁신기능 수행결과로 이룩되는 것이다.

그런데 판매가 증대되어 기업이 성장한다 하더라도 이러한 성장추세에 비례해서 기업의 이익이 반드시 증대되지 않을 수 있으며, 오히려 감소하는 경우도 있을 수 있고, 반대로 판매는 감소하더라도 이익이 오히려 증대하는 경우도 있을 수 있다. 따라서 판매의 증대를 통한 기업의 성장은 이익증대에 기여하는 하나의 요인에 지나지 않으므로 무조건 판매증대만 의존해서는 안 된다. 결과적으로 볼 때 성장하는 산업이건 안정적인 산업이건 또는 양적인 산업에 속하는 어떤 기업이건 성공할 수 있는 가장 기초적인 조건은 합리적으로 기업을 경영하는 것이다.

2. 혁신을 통한 성장

기업이 성장하기 위해서는 창조적으로 혁신하고 환경에 적응하는 경영자의 효율적인 의사결정이 이루어져야 한다. 이렇게 혁신을 통해 성장하기 위해서는 외적요인과 내적요인에 의해서 혁신이 유발되어야 한다.

1) 혁신의 외적 요인

기업이 성장하는데 기여하는 혁신의 외적요인은 혁신제품을 위한 발명적 차원의 생산기술, 대규모 생산기술의 개발, 특정제품에 대한 수요의 확대, 독점적 시장지위를 확보할 수 있는 법적·제도적 기회, 원료에 유리한 접근, 높은 수준의 노동력 확보, 풍부한 자본시장의 존재 등이 있다.

그러나 이러한 외적 요인만으로 혁신이 이루어지는 것이 아니라 기업 내에서 구성원들의 의도적이고 협동적인 노력에 의해 창출되어 조직적으로 추구되어야 높은 성과를 실현시킬 수 있다. 이처럼 혁신의 도입·실천을 추구하여 기업이 높은 수준의 성과를 올릴 수 있는 방향으로 유도하여 성장시키는 것이 기업혁신(business innovation)이다.

2) 혁신의 내적 요인

기업 성장의 움직임을 전제로 할 때 기업자원의 고정성이 기업환경의 변화에 적응하고, 경영층을 중심으로 한 기업 내부에서 조직적이고 협동적인 노력의 결과로서 장기적으로는 누적적으로 변화해 가는 것이다. 이러한 의미에서 기업의 성장과정은 실질적으로는 기업환경의 변화에 대응한 기업 내부구조의 변화과정이라고 할 수 있다.

제 2 절 기업성장의 유형

1. 기업성장의 방향

앤소프(H. I. Ansoff)는 기업성장을 [그림 8-1]과 같이 확대화(expansion)와 다각화(diversification)의 방향에서 설명하고 있다. 확대화가 가능한 방향으로는 시장침투, 시장개발 및 제품개발을 제시하고 있으며, 이것은 기존 사업영역에서의 경쟁력 강화를 위한 것이지만, 다각화는 새로운 사업영역으로의 진출을 위한 것이다.

[그림 8-1] 기업성장 방향의 매트릭스

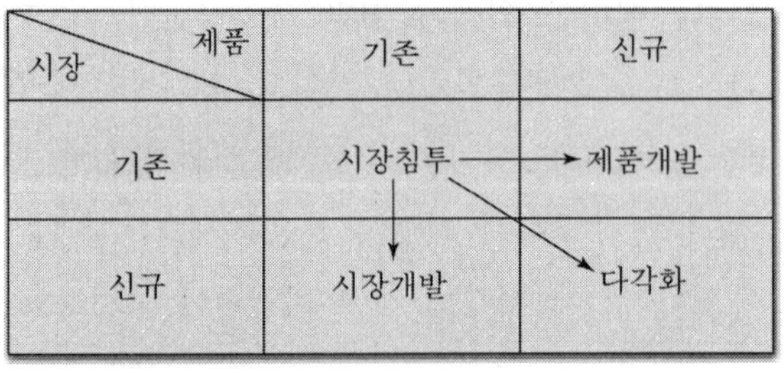

자료원: H. I. Ansoff(1965), *Coporate Strategy*, McGraw-Hill, p. 109.

1) 시장침투

시장침투(market penetration)는 기존 시장에서 기존 제품의 시장 점유율을 증대시키는 전략이다. 기존 시장의 고객들에게 가격할인 등을 통하여 기존 제품을 더 많이 사용하도록 촉진하거나 경쟁자의 고객들로 하여금 상표를 변경하여 자사의 제품을 사용하도록 하는 전략이다. 이러한 방법은 직접적이고 효과도 빠르지만, 경쟁자가 동일한 전략을 수행하면 장기적으로 효과가 한계를 지니게 된다.

2) 제품개발

제품개발(product development)은 기존 시장의 고객들에게 새로운 제품을 제공하는 전략으로 기존 제품과는 다른 새로운 특성을 추가한 신제품을 개발하거나 고품질의 제품, 대안적 기술을 이용하여 제품을 개발하여 제공하는 전략이다. 이 전략은 추가비용이 소요되고 성공가능성인 위험부담이 크며, 기존 제품을 진부화시키는 현상이 있음으로 주의가 필요하다.

3) 시장개발

시장개발(market development)은 기존 제품으로 충족시킬 수 있는 욕구를 가진 새로운 시장을 개발하는 전략이다. 이러한 전략은 기존 제품시장의 잠재사용자 집단을 개발하고, 기존 시장위치에서 추가적인 경로를 개발하며, 새로운 시장을 개발하여 수행할 수 있다. 그러나 이 전략은 시장이 포화상태에서 시장을 개발하기 위해서는 추가비용이 소요되며, 지속적인 시장개발이 필요하다.

4) 다각화

다각화(diversification)는 기존 제품이나 기존 시장과 별개의 새로운 제품으로 새로운 시장에 진출하는 전략이다. 즉, 기존과 전혀 다른 제품과 서비스의 생산을 시도하거나 기존 품목에 새로운 특성을 부여하여 수행하는 전략이다. 이 전략은 규모가 크고 자본력이 큰 대기업에 적합한 전략이다.

2. 기업다각화

기업다각화(business diversification)는 기업이 운영하고 있던 업종 이외의 업종에 진출하여 이를 동시에 운영하는 것이다. 협의의 개념으로 보면, 기업 다각화는 서로 다른 업종이나 산업에 진출하는 것이지만, 광의로는 기업이 생산과정에서 생긴 부산물을 판매하는 것과 같이 수직적 다각화와 동종 산업의 다른 제품 품목을 추가적으로 생산 · 판매하는 수평적 다각화를 포함하고 있다.

또한 집중형 다각화(concentric diversification)는 마케팅 또는 기술 측면에서 관련성이 있어 이러한 관련성을 이용하여 신제품을 새로운 시장에 판매하는 것이고, 집성적 다각화(conglomerate diversification)는 현재 판매하고 있는 시장이나 제품과는 관련이 없는 신제품을 새로운 시장에서 판매하는 것이다.

기업이 다각화하는 과정에서 다른 업종의 기업을 계열화하거나 합병하는 경우가 많은데 이는 기업이 콩글로머릿(conglomerate)에 의한 결합으로 다각화하는 경우로서 이를 기업 외부적 다각화라고 한다. 이에 비해 기업이 자기 회사의 기술이나 시설을 활용하여 다각화하는 경우를 내부적 다각화라고 한다.

이처럼 기업이 다각화를 추진하는 이유는 환경변화나 경쟁의 심화에 대응하여 기업 활동을 수행하는 데 따르는 기업위험을 분산시킴으로써 기업의 안정성을 확보하고, 경영합리화를 도모함으로써 기업의 성장을 촉진하고, 시장 지배력을 강화하여 이익을 증대하는 데 있다.

이러한 다각화는 기업이 성장하기 위해서 당연히 추구하지 않으면 안 되는 하나의 기업성장의 방향이다. 즉, 기업환경의 동태적인 변화와 치열한 경쟁에 이겨서 기업이 성장하려면 당연히 새로운 사업분야로 진출해야 하기 때문이다.

일반적으로 기업의 다각화라 하면, 기업이 여러 가지 제품을 생산하거나 또는 다른 업종에 진출하는 의미로 생각하여 기업성장에 이어지는 것으로 생각하기 쉽다. 그러나 기업이 여러 업종에 진출하여 다각화한다고 해서 반드시 성장하는 것은 아니다. 어떤 기업이 여러 업종에 진출하여 많은 종류의 제품을 생산한다고 할 때, 이는 외형상으로는 다각화하고 있으나, 기업이 제조·판매하는 제품의 대다수가 성장품목이 아닌 사양품목이라면 이는 기업성장을 도모하는 기업다각화가 아니다.

따라서 기업성장과 관련하여 기업이 여러 업종에 진출하여 여러 제품을 생산·판매한다는 의미로서 기업다각화를 추진할 것이 아니라, 오늘날과 같은 기술혁신시대에 기업이 환경의 변화에 적절히 적응하여 기업의 장점을 살릴 수 있거나 새로운 성장산업에 진출하는 뜻으로 추진해야 한다.

이러한 기업 다각화는 추진방향에 따라 동일 제품의 생산과정 상에서 다른 단계에 진출하는 수직적 다각화, 같은 제품의 종류나 품목을 확대하는 형식으로 다각화하는 수평적 다각화, 수평적·수직적 다각화와는 아무런 관련이 없는 업종에 진출하는 집성적 다각화 등으로 분류한다.

3. 기업계열화

광의의 기업 계열화는 직접적인 이해관계를 갖는 기업들이 상호 간에 어떠한 관계를 형성하는 것을 말하며, 협의로는 공통의 이해관계를 갖는 모든 기업이 획일적으로 결합하는 것을 의미한다. 그러나 기업계열화가 기업집중이나 기업집단과의 차이점은 기업집중처럼 자본적 결합을 통해 시장지배를 하려는 것과 같이 결합목적이나 방법이 한정되는 것은 아니고, 기업집단처럼 생산 기술적 내지 지역적으로 지속적인 결합을 가리키는 것이 아니다.

기업계열화(business ancillarization)는 기업들이 생산, 판매, 자본 및 기술상의 이점 때문에 어떠한 관계를 맺는 것이다. 주로 대기업이 부품수급상 안정성을 확보하기 위하여 중소기업을 자사의 지배하에 두고자 하도급 관계를 맺음으로써 이루어지는 기업계열화가 많다. 대기업을 중심으로 지속적인 거래관계를 맺음으로써 여러 중소기업이 결합하여 대기업에 의한 중소기업의 계열화가 이루어지는 이유는 생산 공정을 기술적으로 결합하여 합리화함으로써 생산능률을 증대시키는 데 있다.

일반적으로 대기업은 이러한 중소기업을 거래상의 관계로 전체를 지배 내지 종속시켜 이들 중소기업을 자사의 통제 하에 둠으로써 생산력이나 판매력 및 자금력 등과 같은 경제력을 독점적이고 배타적으로 이용하고 있다.

기업계열화는 대기업에 의한 중소기업의 계열화 이외에도 대기업 사이에 주식의 상호 보유나 상호 융자, 임원의 상호 파견 등과 같은 인사교류, 기술제휴나 특정 은행을 중심으로 하는 융자에 의해 대기업과 다른 기업이 보통의 거래관계 이상으로 긴밀하게 결합하는 경우도 있다.

따라서 기업계열화는 판매계열, 자본계열 및 기술계열 등으로 나누어지기도 한다. 대기업의 경우에는 모두 기업집단을 형성하게 되는 과정인 집중 · 결합이 주로 자본에 의한 계열화가 이루어짐이 보통이다.

대기업이 직접 중소기업을 흡수 · 합병(M&A)하거나 신규로 설비투자를 하여 기업을 확대 내지 다각화하지 않고, 중소기업을 계열화하게 되는 이유를 보면 다음과 같다.

- 중소기업을 흡수 · 합병하는 데 필요한 자금이나 설비자금이 부족하기 때문이다.
- 자본이 부족한 경우 한정된 가용자금을 중점적으로 자기회사에 투자함으로써 모기업의 자본시장비율 또는 자본집약도, 즉 노동사용량에 대한 자본사용량을 높이려 하기 때문이다.
- 설비투자를 하는 경우 자본이 고정화될 위험성이 있는데 이를 회피하기 위해서이다.
- 싼 인건비로 인해 원가가 싼 중소기업을 이용함으로써 생산비를 절약하기 위해서이다.
- 비교적 쉽사리 관계를 맺고 끊을 수 있는 중소기업을 이용함으

로써 경기변동에 대처할 수 있기 때문이다.

제3절 기업의 집중 결합

1. 기업집중의 의의

기업집중(business concentration)은 여러 가지 방식을 통해 기업이 결합함으로써 특정한 생산부문이나 유통부문상에서 결합된 기업이 독점적인 지위를 차지하게 되는 것이다. 이는 일반적으로 기업 간 과당경쟁의 폐해를 제거하거나 자본적 결합으로 기업의 안정과 시장지배를 피하기 위해 이루어진다.

기업이 확대화를 통해 성장하려면 자본규모가 확대되어야 하는데, 자본주의 하에서 기업의 자본을 확대할 수 있는 방법이다. 자본의 집적(capital accumulation)은 기업이 획득한 이익을 스스로 유보하여 축적하고, 이를 자본화하거나 증자를 통해서 기업의 규모가 커지는 것으로 기업의 자기 확장이다. 자본의 집중(capital concentration)은 이미 설립·운영되고 있는 기업들이 다양한 방식으로 서로 결합함으로써 자본의 규모가 실질적으로 확대되는 것이다.

자본의 집적 자체는 개별자본 조직체로서 기업 자본의 양적 증가이지만, 사회 전체적으로 보면 사회적 총자본의 양적 증가를 가져온다. 이러한 자본의 집적 또는 집중은 기업규모의 확대로서 기업의 성장을 반영하는 것이다. 기업의 성장에 따라 생산 내지 시장의 집중도가 높아진다는 것은 경영의 독과점화를 가능하게 하는 기본이 된다.

오늘날 기업성장은 생산력의 지속적 확대를 통한 소비의 유발을 바탕으로 하여 자원부족과 환경오염 등을 가속화시키고 있으므로 무분별한 성장을 지양해야 함이 요구되고 있어 균형적이고 적정한 성장을 도모해야 한다.

2. 기업집중의 목적

그러면, 기업들이 서로 집중 또는 결합하는 목적은 무엇일까? 기업이 집중 또는 결합하는 목적은 경쟁의 제한 또는 배제, 생산 공정의 합리화, 기업의 지배 등에 있다.

1) 경쟁의 제한 또는 배재

기업의 규모가 확대되어 대량생산을 하게 되면, 수요를 초과하는 과잉생산이 되기 쉬우므로 판매경쟁이 심화되고 출혈적 경쟁(cutthroat competition)을 하게 되어 기업들이 서로 피해를 입게 된다. 따라서 대규모 기업들은 서로 협정을 맺고 불필요한 경쟁을 배제하고자 서로 집중 또는 결합하게 된다. 이러한 목적을 갖는 기업결합은 카르텔, 트러스트와 같이 동종기업 사이에 이루어지는 경우가 많다.

2) 생산 공정의 합리화

기업이 생산 공정을 합리화하려고 원료를 생산하는 기업과 원료를 가공하거나 제품을 생산하는 기업들이 서로 결합하거나 또는 구매비용, 판매비용을 절약하기 위해서 원료를 생산하는 기업과 제품을 판매하는 기업들이 상호 결합함으로써 기업집중이 일어나는 경우이다. 즉, 펄프를 만드는 기업과 제지기업이 합병하거나 제품을 판매하는 기업을 흡수하는 경우에 해당한다. 이 경우 생산기술면에서 합리화가 이루어질 뿐만 아니라 원료의 확보나 제품 판매 측면에서 유리한 지위를 확보하는 경우가 많다.

3) 기업 지배의 강화

재벌 또는 금융업자가 출자관계를 통하여 기업에 대한 지배력을 강화하는 경우이다. 이러한 형태의 기업집중은 동종부문에 속하는 기업 상호간에 이루어지는 경우가 많다. 즉, 은행이 다양한 제조기업에 장기융자를 하여 주거나 기업의 주식을 소유함으로써 이들 기업 상호간에 어떠한 결합관계가 생기게 하여 기업을 지배하려는 것이다.

이러한 형태의 기업집중은 일반적으로 동종업종에 속하는 기업 상호간에 이루어지는 경우가 많으나, 서로 아무런 관련이 없는 이종업종부문의 기업 사이에 이루어지는 경우도 있다. 즉, 금융 콘체른은 횡단적 또는 종단적 결합에 따르는 이익을 얻고, 기업지배를 위한 자본을 절약하여 자본 수익의 증대를 목적으로 하는 경우이다.

3. 기업집중의 유형

기업집중의 유형은 [그림 8-2]에서 보듯이 기업집중의 기본 유형과 집단화 유형이 있으며, 기본 유형은 카르텔, 트러스트, 콘체른 등이 있고, 집단화 유형에는 기업계열화와 기업집단화가 있는데, 기업집단화 유형에는 콤비나트, 콩글로머릿, 인수합병 등이 있다.

1) 기본 유형

기업 집중의 기본 유형은 카르텔, 트러스트, 콘체른 등이 있다.

(1) 카르텔

카르텔(Kartel)은 동종 또는 유사업종 기업 간에 수평적으로 맺는 협정이다. 즉, 다수의 동종 또는 유사기업이 시장에서 경쟁을 상호 배재하고, 시장의 독점지배를 목적으로 경제적 이익을 얻기 위하여 상호간 협정을 맺고 결합하는 기업연합 형태이다. 이는 결합된 기업의 독립성이 법적 또는 경제적으로 유지되므로 결합하기는 쉬우나 결합의 강도가 가장 약하다. 또한 카르텔은 동종 또는 유사업종의 결합이므로 가격지배력과 시장통제력은 생산부문의 가격변동과 시장에 한정하여 이루어지고 있다.

[그림 8-2] 기업집중의 유형

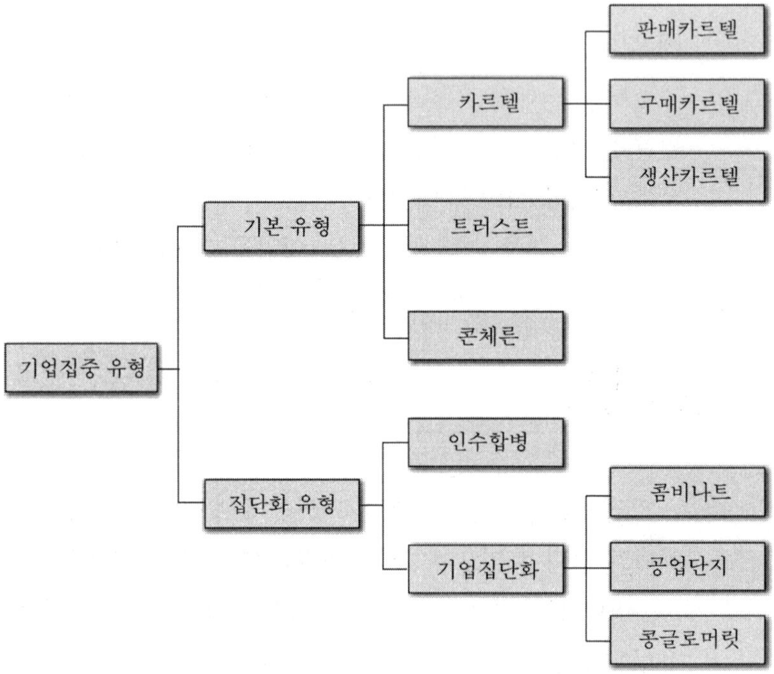

카르텔은 협정의 내용에 따라 여러 유형으로 나누어지는데 시장통제 내용을 기준으로 하면 구매과정을 통제하는 합병 또는 판매과정을 통제하는 판매카르텔, 구매카르텔, 생산카르텔 등으로 나누어진다.

① 판매카르텔

판매카르텔은 가맹기업들이 최고가격과 최저가격을 협정하여 과당경쟁을 피하는 가격카르텔이 있고, 가격 이외의 판매조건이나 거래조건에 대해 협정을 맺고 그 범위 내에서 판매하는 조건카르텔, 가맹기업들의 판매수량을 미리 할당하는 수량카르텔, 판매할 수 있는 지역을 상호 분담함으로써 다른 기업의 판매지역에 침범하지 않을 것을 협정하는 지역카르텔, 각 가맹기업의 생산품을 효율적으로 판매하기 위하여 기업 간의 상호 공동판매기관을 설치하고 생산품을 납품하고 판매하여 수익을 가맹기업에게 분배하여 판매를 제한하는 신디케이트(syndicates) 또는 공동판매카르텔이 있다.

신디케이트는 협의로는 공동판매를 하는 중앙기관을 의미하지만, 가맹기업의 모든 제품이 중앙기관을 통해 판매되므로 대외적으로 공급제한과 가격 지배를 하고, 각 기업과 고객 간의 직접적인 관계는 단절되고, 대내적으로 제품의 표준화, 생산기술의 고도화 및 균등화에 의해 계속적인 생산의 합리화를 도모할 수 있게 된다.

② 구매카르텔

구매카르텔은 원료나 제품이 현저하게 부족하여 이들 재화의 구매가 어려울 경우 맺게 되는 카르텔로 외자를 절약하고 자재 도입량을 적정수준으로 유지하기 위해서 각 가맹점끼리 구매량을 할당하는 경우도 있다.

③ 생산카르텔

생산카르텔은 가맹기업끼리 생산내용을 협정하여 생산량을 상호 조정함으로써 시장에서 과당경쟁을 방지하기 위한 것이다. 이러한 카르텔에는 생산량을 제한하는 생산제한카르텔, 가맹기업이 경쟁력 있는 품목이나 부품을 전문화해서 생산하는 특수화카르텔, 특허기술이나 비밀에 속하는 생산기술의 협정을 통해 상호 이용하는 특허이용카르텔 등이 있다.

(2) 트러스트

트러스트(trust)는 기업 상호간의 출자금을 결합하여 시장에서의 경쟁을 배재하고 시장을 독점하기 위해서 그리고 경영합리화를 목적으로 맺어진 결합 형태이다. 이는 결합된 기업이 법적 또는 경제적으로 완전히 독립성을 상실하여 하나의 기업으로 결합되는 기업결합 유형으로 기업집중 형태 중에서 결합의 강도가 가장 강하다.

일반적으로 거액의 자본을 고정설비에 투하하고 있는 기업의 경우에 이러한 형태가 많다. 이러한 기업들은 생산 설비의 고정도가 높으므로 경영상의 탄력성이 적어서 경제변동에 쉽게 적응하지 못하기 때문에 이를 커버하기 위해 자본적 결합에 의한 시장의 독점적 지배를 추구하지 않을 수 없기 때문에 나타난다.

트러스트의 유형은 둘 이상의 기업이 지배 가능한 의결권인 주권을 수탁자단(board of trustee)에 신탁하고 이를 바탕으로 각 기업의 지배권을 장악하는 콘체른형 트러스트와 흡수합병이나 신설합병을 통하여 통합하는 합병형 트러스트가 있다.

이러한 트러스트는 반트러스 법(antitrust Act)에 의해서 금지되었는데, 1890년에 거래를 제한하는 모든 결합이나 독점을 위법으로 하는 독점금지주의를 내포한 셔먼법(Sherman Antitrust Act)이 성립되었고, 1914년에 이를 보완하여 각종 기업결합 및 경쟁수단을 규제하기 위해 제정된 클레이톤법(Clayton Antitrust Act) 및 연방거래위원회법이 시행에 들어갔다.

(3) 콘체른

콘체른(Konzern)은 자본에 의해 결합하는 집단화 유형으로서 지배되는 기업은 법률상으로는 독립성을 유지하지만 실질적으로는 자본적 연대에 의한 기업결합 유형으로 특정 기업의 지배하에 결합되어 독립성을 잃게 되는 기업제휴 유형이다. 즉, 소수의 기업이 법률적으로는 각각 독립성을 유지하면서 자본의 소유 또는 금융관계를 통해서 결합하는 유형이다. 일반적으로는 대기업이 여러 산업에 속하는 많은 기업을 지배할 목적으로 형성됨이 보통이다.

모(母)기업이 생산 활동을 자(子)기업에 맡기고 모기업은 주식보유를 바탕으로 자기업의 지배만 할 때 이를 지배회사라 한다. 지배회사가 봉쇄적인 회사이면 공개적인 주식회사가 자기업의 지배에 필요한 자본을 절약할 목적으로 증권대위를 한 경우에 지주회사라 한다. 여기서 증권대위(substitution of securities)는 주식 또는 사채를 현실적인 자본 수요에 충당하려는 목적이 아니라 다른 기업의 증권을 획득하여 자본 참가를 통해서 다른 기업을 지배할 목적으로 발행하는 것이다. 이것은 증권보유를 위한 자금을 획득하기 위해 증권이 발행되는 것을 말한다.

콘체른의 대표적인 형태인 지주회사(holding company)는 자기 회사의 산하에 있는 종속회사, 즉 자회사의 주식을 전부 또는 지배 가능한 한도까지 매수하고 자사의 주식으로 대위시킴으로써 기업합병에 의하지 않고 다른 회사를 지배하는 회사이다. 보유하는 주식을 기본으로 하여 주식을 발행하여 투자자로부터 자본을 공모하고 조달된 자본을 이용하여 다른 기업의 자본을 의결권 행사의 정도만 매입하여 기업을 지배하려는 목적을 가진 기업이다.

이러한 지주회사의 모기업과 자회사의 지배·종속 관계는 [그림 8-3]과 같다.

[그림 8-3] 지주회사의 지배 · 종속 관계

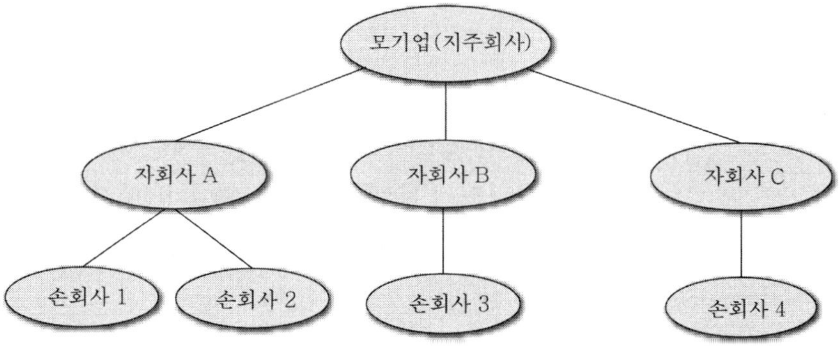

2) 기업집단화 유형

(1) 인수합병의 의의

기업의 인수합병(M&A: merger & acquisition)은 둘 이상의 기업이 법률이 정한 절차에 따라 합병 계약을 맺고 청산을 하지 않고 하나의 기업으로 합병하는 것이다. 이러한 합병 유형은 수평적 합병, 수직적 합병 및 복합적 합병이 있다.

- 수평적 합병(horizontal merger) : 동종 산업의 비슷한 규모를 가진 두 회사가 비용절감, 생산성 강화, 경쟁 감소를 의도한 것으로 이를 목표로 하는 대부분의 회사는 규모의 경제를 달성하려 한다.
- 수직적 합병(vertical merger) : 동종 산업에서 규모가 더 크거나 역사가 상대적으로 오랜 기업이 비교적 규모가 작은 신생기업을 인수하고자 할 때의 전략으로 원자재 공급업체, 배급회사 등을 인수해 영향력을 키우게 된다.
- 복합적 합병(conglomerate merger) : 전혀 다른 두 분야의 두 기업이 위험성을 줄이기 위해서 선택하는 전략이다.

이러한 기업의 인수합병의 방법에는 기업합병, 주식취득, 자산취득 등의 방법이 있다.

(2) 기업합병

기업합병은 기업의 집중 · 결합 유형 중에서 가장 결합력이 강하다. 이는 복수의 회사가 법률이 정한 절차에 따라 합병계약을 맺고 청산을 하지 않고 하나의 회사로 합병하는 것이다. 이러한 합병의 방법에는 흡수합병과 신설합병이 있다.

- 흡수합병(merger) : 법률상으로 하나의 기업이 존재하고 다른 기업이 흡수되어 없어지는 방법이다.
- 신설합병(consolidation) : 합병하는 모든 기업이 없어지고 새로운 기업을 설립하는 방법이 있다.

실제적으로는 흡수합병 방식을 취하는 경우가 많다. 합병의 가장 기본적인 효과는 기업규모의 확대에 따라 종합적으로 기업능력이 강화된다는 것이다. 즉 기업의 규모가 커져 규모의 경제가 실현되므로 경쟁력이 강화되고 기업의 경영면은 물론 생산, 판매, 인사 및 재무 등 여러 면에서 낭비를 줄일 수 있어 원가가 절감되며 경영합리화가 이루어질 수 있다.

사회적으로는 기업의 수익성이 증대되리라 생각하므로 신용능력이 커져서 자금조달능력이 강화될 수 있고 자금조달 능력이 증대됨에 따라 설비를 대형화 · 현대화할 수도 있다. 이러한 설비를 효율적으로 이용할 수 있게 되므로 기업의 설비를 적정화할 수 있으며 신제품이나 신기술을 연구 · 개발하는 데 필요한 거액의 자금조달을 쉽게 할 수 있을 뿐만 아니라 관련된 전문분야를 종합화할 수 있으므로 연구개발능력이 강화될 수 있다.

합병되는 기업의 사업 분야가 합병기업이 새로이 다각화를 통하여 진출하고자 하는 분야인 경우에는 쉽게 해당 사업 분야에 신규참가를 할 수 있고, 신규 사업에 신규투자를 하지 않아도 되므로 다각화를 쉽게 할 수 있다. 반면에 기업합병은 기업 내 · 외에 다음과 같은 영향을 미친다.

① 기업외부에 미치는 영향

- 생산력이 집중화되어 새로운 기업의 신규참가를 제한함으로써 기업 사이에 적절한 경쟁이 이루어질 수 없게 되어 소비자의 자유로운 제품선택의 폭이 줄어들게 된다.
- 대규모 기업의 합병이 이루어지면 특정 업종의 경우 시장이 하나의 기업에 의해 독점되거나 또는 몇 개의 기업에 의한 과점 현상이 생겨 독과점에 따르는 폐해가 생기기 쉽다.
- 여러 효과 때문에 이익이 발생할 수도 있는데, 이러한 이익이 소비자에게도 일부분이 환원되어야만 하므로 이와 관련되는 문제가 파생하게 된다.

② 기업내부에 미치는 영향

- 기업 활동의 규모와 범위가 달라지므로 이를 효율적으로 관리할 수 있느냐 하는 관리상의 문제가 발생하며 관리부문이 중복되므로 이를 조정하는 문제가 발생할 수 있다.

- 중역이나 상급관리자가 중복되므로 이를 적절히 조정하는 문제가 발생할 수 있으며 일반구성원들의 경우에는 배치전환과 같은 인사측면에서의 여러 문제가 발생할 수 있다.
- 합병하는 기업 사이에 자금체계나 자금수준에 차이가 있는 경우 이러한 차이를 조정하는 문제가 발생할 수 있다.
- 합병하는 기업의 구성원들이 소속하고 있는 노동조합이 전국적 조직의 동일한 계통에 속하는 경우에는 문제가 없으나 그렇지 않은 경우에는 노조관계 측면에서 문제가 발생할 수 있다.

(3) 주식취득

주식취득(stocks acquisition)은 한 기업이 다른 기업의 주식 일부 또는 전부를 취득하여 지배하는 방법이다. 이러한 주식취득 방법이 기업합병과 다른 점은 주식취득이 일어나도 해당 기업이 개별기업으로 계속 유지된다는 것이다.

(4) 자산취득

자산취득(assets acquisition)은 두 기업 간에 체결된 계약에 따라 한 기업이 상대 기업의 영업을 전부가 아닌 일부만을 인수하는 것이다. 즉, 형식적이긴 하지만 매각기업의 기업구조나 주주들의 주식소유권에는 전혀 영향이 없다.

3) 인수합병의 효과

인수합병의 효과는 두 회사가 하나의 회사로 합쳐지면서 시너지효과(synergy effect)를 기대할 수 있다. 이러한 효과는 매출수익의 증대, 비용절감, 자본조달 능력의 강화, 다각화 활용 등의 효과가 있다.

- 매출 수익의 증대효과 : 인수 합병으로 기업의 규모가 커져 경쟁력이 강화되고 커진 규모로 인하여 시장다변화, 제품다변화, 사업영역의 확대 등이 이루어져 매출 증대를 기대할 수 있다.

- 비용절감 : 인수합병으로 규모가 커짐으로써 자원을 공동으로 이용할 수 있어서 원가가 절감되고 규모의 경제성을 기대할 수 있어서 경영합리화가 이루어질 수 있다.
- 자본조달 능력의 강화 : 인수합병으로 신용능력이 커져서 자본조달 능력이 강화되어 설비를 현대화할 수 있어 설비의 적정화를 할 수 있다. 또한 연구개발비의 조달이 용이하여 연구개발력이 강화될 수 있다.
- 다각화 활용 : 인수합병은 동종 업종뿐만 아니라 이종 업종 간의 인수합병이 가능함으로 이를 통하여 이종업종 간의 인수합병을 활용하면 다각화가 쉬워질 수 있다.

4. 기업집중의 영향

기업의 집중 · 결합은 시장에서 불필요한 경쟁을 배제하고 생산기술을 향상시키며 기업경영 상의 합리화를 촉진시켜 준다는 의미에서 사회 전체적으로 볼 때 이점이 많은 것은 사실이다.

기존 기업들이 저마다 독립성을 가지고 자유경쟁을 하고 있던 단계에서 기업의 집중 · 결합이 지나치게 이루어지면 기업이 대규모화되고, 이들 기업의 집중결합이 진전되면 될수록 경쟁을 배제하는 시장독점의 경향이 발생할 수 있다. 그러나 경쟁이 완전히 배제되는 것은 아니며, 오히려 경쟁이 더욱 격화될 수 있다.

기업의 집중 · 결합에 의해 규모가 확대되고, 경쟁력이 강해진 결합기업과 그렇지 않은 기존 기업과의 사이에는 결합기업 상호 간 및 기존 기업 상호 간에도 극심한 경쟁이 이루어지기 때문이다. 따라서 기업의 집중 · 결합이 진전되면 될수록 생산측면이나 유통측면에서 경쟁이 기존 기업의 경우보다 더욱 심화되기 마련이어서 공정한 경쟁에 의해 이익이 저해되어 중소기업과 일반 소비자에게도 손해를 입히기 쉽다.

이러한 독점적인 지위에 있는 결합 기업은 중소기업이나 일반소비자에게 부당한 경제적 손해를 끼칠 수 있기 때문에 공공이익을 대변하는 정부는 공정한 자유경쟁질서가 유지되고 국민경제가 건전하게 발달하도록 지나친 기업집중을 규제하고 있다. 이러한 기업의 독과점 행위는 소비자와 선의의 경쟁업자를 해치며 마침내는 공정거래질서를 문란케 하는 것이므로 정부는 공익이 확보·유지되도록 이에 대하여 규제를 하게 되는 것이다.

5. 기업집단화

1) 기업집단화의 의의

기업의 집중결합은 일반적으로 자본을 중심으로 기업이 결합되는 것이므로 기업 상호 간에 지배 내지 피지배의 관계가 형성되기 마련이다. 그러나 기업집단화(business grouping)는 둘 이상의 단위기업이 보다 큰 경제단위로 결합하는 것이다. 즉, 서로 보완적인 기능을 수행하는 생산의 여러 부문을 저마다 맡고 있는 기업들이 생산기술적인 입장에서 서로 결합하는 경우이다. 이는 기술적인 관점이나 여러 기업 활동을 기능적 관점에서 상호 보완을 할 목적을 가지고 각 참가기업, 즉 집단화기업이 자주성 및 대등성의 원칙 하에서 형성된 지속적인 기업협력 시스템을 말한다.

자본적인 관련이 있는지 없는지 하는 것은 기업집단 형성의 필수적인 조건이 아니며 모두가 반드시 주도적인 기업을 중심으로 하는 지배와 종속을 필요로 하는 것도 아니다. 따라서 기업집단에는 콤비나트, 아웃소싱(outsourcing), 하청 등을 통한 협력 기업집단처럼 생산적 협력시스템을 갖춘 것만 있는 것이 아니라 기업경영 상의 기능적 결합관계를 가진 것도 모두 포함된다.

2) 기업집단화의 유형

(1) 콤비나트

콤비나트(combinat)는 각 기업이 독립성을 유지하면서 자본시너지와 기술시너지를 주로 이용하고자 수직적으로 결합한 기업집단이다. 이는 1930년대의 사회주의 체제 하의 소련에서 공업화전략의 일환으로 생산기술적인 바탕 위에서 형성된 결합기업의 유형이다. 이것은 둘 이상의 지역에 있는 자원을 개발하여 원재료 및 반제품을 보다 유리하고 합리적으로 이용함으로써 생산을 지역적·공간적으로 결합하는 것이다.

콤비나트는 기술적인 관점에서 유기적으로 결합된 디수기업의 집단이다. 이는 지역적으로 집단화되는 특성을 가짐으로써 일정지역 내에서 자원을 개발하고 자원을 공동으로 이용하여 생산의 지역적·공간적으로 결합되는 것이 특징이다.

콤비나트의 장점은 다음과 같다.

- 자원을 다각적이고 효율적으로 이용할 수 있음
- 원료확보가 용이함
- 에너지를 절약할 수 있음
- 운송비 절약 및 중간 이윤의 배재

콤비나트의 단점은 다음과 같다.

- 참여기업의 공장건설이 동시에 순조롭게 이루어지지 않으면 종합적인 손실이 커짐
- 기업집단 내에서 생산되는 제품이 서로 경합이 생겨 조업도의 안정이 어려워짐

이러한 단점을 극복하려면 단순한 기술적·지역적 결합체로서 관계

를 넘어서서 공동 손익계산이나 합병을 촉진하는 것과 같은 통합적 운영의 방향으로 나아가고, 공통적인 서비스에 대해서는 공동 출자기업을 설립할 수도 있다.

(2) 공업단지

공업단지는 많은 공장들을 일정 지역에 입지하게 하여 공해나 소음 문제를 해결하고, 생산 · 기술적인 협력시스템을 유지하기 위해 기업이 집단을 이루는 것을 말한다. 공업단지의 유형은 산지 집단형, 도시 계획형, 하청 계열형, 집단 소개형 등이 있다.

- 산지 집단형 : 산지에서 중소기업의 협업화를 위해서 중소기업을 집단화하는 것이다.
- 도시 계획형 : 도시계획의 일환으로 많은 기업을 집단화시키는 것으로 지방자치단체가 이를 시행하는 것이다.
- 하청 계열형 : 대기업에 계열화되어 있는 중소기업의 하청공장을 일정 지역에 집중시키는 것이다.
- 집단 소개형 : 중소기업 현대화 촉진정책으로 이루어진 것으로 일정 지역 내의 동업자를 집단화하는 것이다.

3) 콩글로머릿

콩글로머릿(conglomerate)는 동종업종 간의 합병이 금지됨에 따라 미국에서 나타난 방법으로 이종업종 간의 과감한 결합으로 기업 인수합병(M&A)을 통해 다각화하는 방법이다. 미국에서 1950년대부터 1960년대 후반에 걸쳐 기업합병을 활발하게 한 기업집단의 방법으로 복합기업이라 불린다. 이는 기업 내적 발전이 아니라 합병이라는 외부적 수단에 의해 광범위한 산업에 걸쳐 다각화한 결과로 형성되는 것이다.

이러한 콩글로머릿이 발전하는 이유는 1950년에 기업의 수평적 및 수직적 결합을 금지한 크레이튼법 제7조가 개정되어 종래와 같은 동종업종 간의 수평적 · 수직적 결합이 어렵게 되었고, 1960년대의 기술혁신 시대에 성장전략의 하나로 기업 외부에서 성장기회를 잡기 위한 방식으로 이종업종 기업을 흡수 · 합병하게 되었기 때문이다.

이것은 동일업종이나 관련업종 간의 기업합병이 아니라 이종업종 기업 간의 합병으로 제철업과 여가산업, 전자기기산업과 조선업, 섬유업과 식품업이 합병하는 것이다. 또한 동일업종 간의 기업합병이 시장독점 또는 과점 집중화를 초래하여 독점금지법인 반트러스트법에 저촉되기 때문에 이를 피하여 합법적으로 기업집중 결합에 의해 과점화할 수 있는 방식으로서 장점이 있다. 따라서 이러한 방법이 미국 기업의 성장전략 수단으로서 널리 활용되게 되었다.

콩글로머릿의 유형은 시장확장형 콩글로머릿, 제품확장형 콩글로머릿 및 순수형 콩글로머릿 등이 있다.

- 시장확장형 콩글로머릿 : 서로 공통의 시장을 가진 기업 상호 간의 합병으로 형성되는 것으로 화장품 기업이 치약 · 칫솔, 비누 등 동일한 여성시장을 대상으로 하는 기업 간에 합병을 이루는 것이다.
- 제품확장형 콩글로머릿 : 기술적인 공통성을 가지고 있는 이종업종 기업 간의 합병으로 형성되는 것으로 천연섬유와 합성섬유 또는 전투기와 미사일 기업 간에 합병을 이루는 것이다.
- 순수형 콩글로머릿 : 기술, 생산 공정, 마케팅, 시장 등 공통성이 전혀 없는 이종업종 기업 간의 합병으로 형성되는 것으로 철강기업과 생필품 기업, 항공기업과 제약기업 간에 합병을 이루는 것이다.

제 5 부

창조적 경영관리

경영사상 아홉마당 의사결정이론

1. 의사결정이론의 출현

H.A. Simon

사회과학은 의사결정의 문제와 관련하여 개인을 중심으로 하는 공식적, 합리적, 규범적 이론을 발달시켜 왔다. 이러한 이론들은 고전경제학의 합리적 경제인 모형을 근거로 가장 이상적인 의사결정 방법을 탐구하여 왔기 때문에 규범적 이론이라고 한다. 그러나 고전적 의사결정이론들은 실제 의사결정자에 대한 설명이 결여되었고, 현실에서 빈번히 발견할 수 있는 집합적 의사결정의 문제를 간과하였다.

2. 제한적 합리성

사이몬(H.A. Simon)은 인간이 어떤 행동을 유발할 때 그것을 할 것인지 여부에 관련하여 신중하게 고려하여 의사결정을 하며 조직에서도 이러한 의사결정 과정을 통해서 결정하지만, 경제학에서 언급되는 완전한 합리성을 추구하거나 고려 항목의 모든 가능성을 고려해서 의사결정을 하는 것이 아니라 일부 여건을 선택하여 그 바탕 하에서 의사결정을 하는 제한된 합리성 하에서 의사결정을 하고 행동하는 특성을 가지고 있다고 주장하였다.

사이몬을 중심으로 하는 학자들이 조직을 둘러싸고 벌어지는 실제 의사결정을 경험적으로 연구할 것을 주장하면서 조직에 관한 의사결정이론이 성립하게 되었다. 즉, 의사결정론적 조직이론들은 일반적으로 기술적(descriptive)이론의 성격을 띠고 있다.

의사결정이론은 1940년대 사이몬에 의해 제기된 이래 세 가지의 이론적 흐름을 형성하였다. 즉, 사이몬의 제한된 합리성이론과 사이어트와 마아치(R. Cyert and J. March)의 제휴집단(coalition)이론, 마아치와 올젠(J. March and J. P. Olsen)의 쓰레기통모형(garbage can model)이라고 불리는 무정부적 조직이론 등으로 형성 발전하였다.

이러한 이론들은 모두 조직의사결정에 대한 기술적·경험적 분석을 바탕으로 하고 있으나 조직 의사결정이 지니는 합리성 정도에 대한 관점에 있어 차이가 있다. 사이몬의 제한된 합리성이론이 가장 높은 수준의 합리성을 가정하고 있고, 쓰레기통모형은 조직의사결정의 합리성에 대해 가장 낮은 평가를 내리고 있다.

3. 의사결정이론의 전개

1) 사이몬의 제한된 합리성이론

사이몬은 제한된 합리성(bounded rationality)에 대한 가정을 바탕으로 조직을 제한된 문제해결자(limited problem solver)로 이해하였다. 유인과 공헌의 균형에 입각한 바너드(C. I. Barnard)의 조직균형이론을 근거로 사이몬은 조직과 관련된 모든 현상을 의사결정 현상으로 이해하였다.

그는 조직의사결정은 다음과 같은 특성을 지니는 것으로 설명하고 있다. 제한된 합리성을 가진 조직이 복잡한 문제를 해결하는 방식은 문제를 부분으로 나누어 하위 부서에 이것을 분담시키는 분할된 문제들(factored problem), 대안의 선택은 극대가 아닌 만족(satisfaction)을 기준으로 하며, 조직의 대안 탐색은 가까운 것에서 먼 것으로 선례가 있는 것에서 없는 것으로 순차적 과정에 의하여 만족할 만한 대안이 나타나면 탐색은 중단된다. 시간이 흐르면서 조직은 당면하는 문제의 해결을 위한 방법들을 발달시키게 되는데 이것이 문제해결에 성공적으로 거듭 적용되게 되면 표준운영절차(SOP)로 정착된다.

2) 사이어트와 마아치의 제휴집단이론

사이어트와 마아치(R. Cyert and J. March)는 사이몬의 이론을 일부 수정하여 조직을 제휴집단으로 보는 관점을 제기하였다. 이들은 조직이 하나의 통합된 행위자이기 보다는 각기 다른 이해관계를 지닌 구성원들의 제휴집단이라고 이해하기 때문에 조직은 관심 자체가 유동적이고, 한꺼번에 여러 문제를 다룰 수 있는 능력도 제한되어 있어서 실제의 조직은 사이몬이 가정했던 것보다도 더 낮은 수준의 합리성밖에 기대할 수 없는 존재이다.

이들이 설명하고 있는 조직의 성격은 다음과 같이 정리해 볼 수도 있다.

- 조직은 서로 갈등적인 목표와 가치를 지닌 참여자들의 제휴집단으로 이러한 갈등의 부분적 해소를 위한 방법으로 각 하위 단위에 대해 분할된 과제들을 부과하여 갈등을 잠재적으로 해소할 수 있다.

- 환경의 불확실성을 회피하기 위한 반응은 조직에 영향을 미치기 때문에 당장의 긴급한 문제를 우선 해결한다든지, 계약, 계획, 표준운영절차(SOP), 전통 등에 의지하여 불확실성에 대처할 수 있다.
- 조직의 탐색은 문제에 의해 촉발되며, 그 해결과 함께 종료되기 때문에 탐색과정은 조직 구성원들의 성격과 구조, 과정 등에 의해 왜곡될 수 있다.

3) 마아치와 올렌의 무정부적 조직이론

마아치와 올젠(J. March and J.P. Olsen)은 의사결정체로서 조직이 불합리한 방법으로 작동하고 있는 것으로 설명하였다. 이들은 문제에 대한 인지와 목표, 해결책으로서 대안, 문제의 해결을 요구하는 압력 등이 우연히 결합되었을 때 조직의 집단적 의사결정이 이루어지게 된다고 보았다. 조직 의사결정에 대한 마아치와 올젠의 설명은 마치 쓰레기통 속에 여러 종류의 휴지가 모여들어 하나의 유의미한 문서를 만드는 것과 유사하다고 하여 쓰레기통 모형(garbage can model)이라고 불리게 되었다.

경영관리를 위한 의사결정이론은 경영자의 주요 역할이 의사결정이기 때문에 경영관리를 연구하는 사람들은 여기에 중점을 두어야 한다는 사상에 기초를 두고 있다. 그래서 이 접근방법은 의사결정, 즉 행동방안에 대한 여러 가능한 대안 중에서 하나의 행동방안을 선택하는 이론이다. 의사결정 이론가들은 의사결정 자체와 의사결정을 수행하는 인간이나 조직화된 집단 및 이러한 과정의 분석에 중점을 두고 있다. 이 학파는 의사결정에 대하여 관심을 가질 뿐만 아니라 선행되는 모든 과정 및 결정에 부수되는 모든 것에 관심을 갖고 있다.

4. 의사결정이론에 대한 평가

경영관리는 의사결정을 특징으로 하고 있기 때문에 많은 이론가들이 경영관리이론의 핵심은 의사결정이라고 할 수 있으며 기타의 관리업무도 의사결정을 중심으로 정립할 수 있다고 믿고 있다.

그러나 이는 관리활동이 의사결정 이상의 것이라는 사실과 대부분의 사용자들에게 있어 목표가 분명하고 적절한 정보를 이용하는 것이 가능하며 조직구조가 의사결정에 대한 책임을 분명히 이해할 수 있게 해 주고, 관리업무의 다른 많은 요건들이 제시되기만 한다면 실제의 의사결정은 상당히 쉬운 일이라는 사실을 간과하고 있는 것으로 보인다.

이 접근법이 경영관리에 있어 중요하다 해도 경영관리의 전반적인 이론으로는 너무 협소하게 보이지만 이것이 시사하는 내용을 좀더 확대하여 해석한다면 지나치게 넓은 부분에 초점을 맞추는 결과를 초래하는 것으로 보인다.

제 9 장 창조적 경영관리

경영활동은 환경의 변화에 수동적으로 순응하는 의미로서 환경적응이 아니고 경영의 주체적 활동으로서 환경에 적응하는 활동을 의미한다. 경영은 환경의 변화 속에서 주체적 목표를 실현할 수 있는 유리한 기회를 찾아야 한다. 이러한 점이 창조적 경영(creative management)에 있어서 창조성의 핵심이다. 통제중심의 경영에서는 위험성을 가급적 피하는 견실경영을 지향하는 것이지만, 창조적 경영은 창조와 혁신을 지향하는 반면에 위험성을 무릅쓰고 나가는 경영이다.

창조적 경영이 요청되는 오늘날의 상황에서는 사회현상에 만족하는 경영이야말로 최대의 위험성으로 간주되기까지 한다. 치열한 경쟁과 소비구조의 변화 등 외부환경이 부단히 변화하고 있는 상황에서 보수적 경영을 한다는 것은 혁신적인 적극 경영보다 훨씬 위험성을 수반하기 때문이다.

창조적 경영은 모든 조직 구성원들의 창조적 사고와 창조적 활동이 보장되어야 하며 또 그것을 집약할 수 있는 독자적 조직, 즉, 기획부·연구개발부·연구소 등의 조직이 갖추어야 하며, 브레인스토밍(brain storming)과 청년중역회, 제안제도, 프로젝트팀 등을 두어 그들의 연구 성과를 최고경영자가 적절히 평가 수용하여야 한다.

제 1 절 창조적 경영관리

1. 경영관리의 의의

기업은 급격하게 변화하는 환경에 적응하기 위해 부단히 노력해야 한다. 기업의 목적은 지속적인 생존과 성장이다. 이를 위해서는 환경의 변화를 예측하여 기업의 경영활동을 계획 · 실행 · 통제하는 과정을 통해 새로운 사업계획을 수립하는 순환과정을 거치게 된다.

기업은 고객이나 시장에서 원하는 재화와 서비스를 생산하기 위해서 그들이 보유하고 있는 경영자원을 효율적이고 효과적으로 운용하여야 한다. 이를 위해서는 체계적인 업무지원 시스템이 필요하다. 경영자원에 대해 언제, 무엇을, 어디에, 왜 사용할 것인지를 명확히 정의하고 어떻게 조달할 것인지에 대해 체계적으로 정의할 필요가 있다. 이것이 기업의 경영관리이며 이러한 경영관리 활동을 수행하기 위해서는 정확하고 시의적절한 정보가 필요하다.

기업을 구성하는 생산요소는 인적 요소와 물적 요소로 나눌 수 있는데 인적 요소를 수반하는 집행활동이 경영관리 활동으로 경영자가 담당하고 있다. 경영관리는 기업 목적을 달성하기 위한 활동을 합리적으로 수행하기 위한 관리활동이다.

관리(management)는 목표를 달성하기 위하여 창의력 개발, 기획, 조직화, 동기부여, 의사소통 및 통제의 과정을 통하여 보유한 자원을 모든 기업 활동에 적용 · 통합 · 조정하는 것이다. 테리(G. R. Terry)는 관리를 설정된 목표를 달성하기 위해 기업 구성원들과 다른 자원을 이용해서 계획하고 조직하고 활성화하고 통제를 수행하는 과정이라고 정의하고 있다. 전통적 관리론이나 관리과정학파들의 주장에 따르면 관리는 조직 내에서 목표를 달성하기 위한 기능(function)으로 이해하고 있다.

기업의 목표를 달성하기 위해 계획을 수립하고 조직을 구성하며 필요한 인적 자원을 충원하고 목표를 달성하도록 지휘하고 관리 활동이 계획대로 수행되도록 통제하는 활동이다. 이러한 경영관리의 개념은 재화의 생산과 분배를 목적으로 하는 기업의 활동을 효과적이고 효율적으로 수행하기 위하여 계획화하고 조직화하고 통제하는 일련의 과정이다.

2. 경영관리의 역할

경영관리(management)는 조직의 목표를 달성하기 위해 자원의 개발 · 유지 · 할당을 관리하는 과정이다. 경영자는 이러한 과정을 개발하고 수행해 나가는 책임을 지고 있는 사람이다. 경영관리는 본질적으로 역동적이며 조직 내외의 환경이 조직에 부과하는 요구와 제약을 충족시키기 위해 변화해 나간다. 이러한 변화의 정도가 급속하게 늘어나고 있는 기업 상황에서 유연성과 적응성은 관리과정에서 중요한 요소이다.

쿤츠와 오돈넬에 따르면 경영관리과정(management process)은 조직의 핵심적인 기능 영역인 계획화 · 조직화 · 충원화 · 지휘화 · 통제화로 구성된다. 이러한 관점에서 관리과정은 발생가능성이 있는 문제나 기회를 예측하고 그것을 다룰 계획을 수립하는 계획화, 계획을 실행하기 위해 필요한 자원을 조정하고 배치하는 조직화, 실행과정에서 인력을 효율적으로 관리하는 충원화, 그들이 맡은 업무를 보다 열심히 수행하도록 하는 지휘화, 결과를 관찰하고 필요한 변화를 일으키는 통제화로 기술할 수 있다.

제 2 절 창조적 경영관리 과정

창조적 경영관리과정은 [그림 9-1]에서 보듯이 계획화(planning), 조직화(organizing), 충원화(staffing), 지휘화(leading), 통제화(controlling) 등으로 구성된 쿤츠와 오돈넬(H. Koontz and C. O'Donnel)모형을 중심으로 살펴보고자 한다.

[그림 9-1] 쿤츠-오돈넬의 경영관리과정

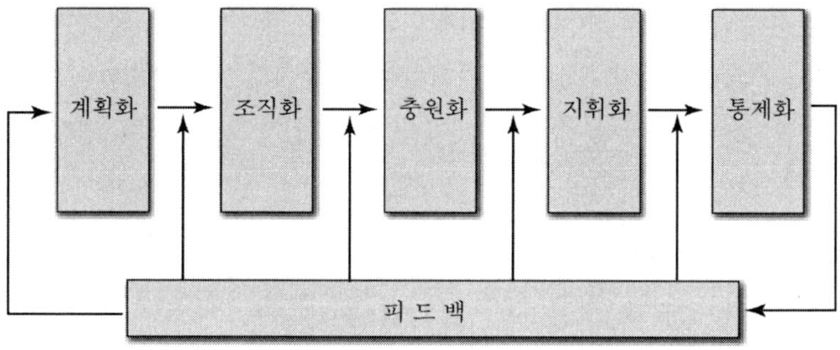

1. 계획화

모든 경영관리는 계획화(planning)로부터 시작하며, 기업의 목적을 달성하기 위한 행동을 사전에 결정하는 경영자의 기능이다. 어떠한 형태의 계획이든 통제(controlling)의 전제가 되는 점에서 가장 중요성이 크다. 특히 계획화는 미래에 대한 예측을 기초해서 형성되는 것이기 때문에 불확실한 미래에 대한 예측 속에서 수립될 수밖에 없어서 계획화의 질(quality of planning)의 문제가 중요하게 대두된다. 수준 높은 질의 계획을 수립하기 위해서는 정확한 정보가 필요하며 기업경영에는 정보관리가 매우 중요하다.

계획화는 미래에 기업이 직면할지 모르는 발생가능성이 있는 위협과 기회를 예측하는 것으로 시작된다. 경영자는 현재의 문제를 해결하거나 미래에 나타날 수 있는 위협요소를 예방하거나 기회를 활용하기 위한 전략을 수립해야 한다. 이들 전략은 목적, 목표, 방침, 절차를 위한 기초 역할을 한다.

계획화는 조직의 목표를 달성하기 위해 해야 할 일이 무엇인지를 결정하고 그것을 언제 어떻게 할 수 있는지를 파악하며 누가 그 일을 해야 하는지를 결정하는 것이다. 즉 조직체의 여러 활동을 미래지향적인 목표로 통일하고 조정하기 위해서 경영목적의 구체적 설정, 정책의 결정, 경영계획의 설정, 표준절차의 선택 등을 수행하는 것이다. 이러한 계획화는 기업 내외의 여러 상황이나 미래에 대한 정확한 예측이 매우 중요하며, 전략적 계획, 전술적 계획, 운영적 계획, 비상계획 등의 유형이 있다.

1) 전략적 계획

전략적 계획(strategic planning)은 조직을 위한 장기적이고 광범위한 목적을 설정하고, 이러한 목적들을 달성하기 위해서 필요한 자원이 무엇인지를 결정하는 것이다. 이러한 전략적 계획에서 외부환경을 정확하게 예측하는 것은 성공적인 전략계획을 수립하는 데 매우 중요하다. 특히, 조직의 장기적 사명과 같은 전략계획은 최고경영층에 의해 공식화되고, 하위 단계의 조직구성원들에 의해 실행되는 것이다.

2) 전술적 계획

전술적 계획(tactical planning)의 실행에서 하위의 전술적 계획이 시작되는데 기간 측면에서는 전략적 계획에 비해 상대적으로 단기적이고 더 광범위한 전략적 목적을 지원하기 위해 구성된 구체적인 목표로 이루어진다. 전술계획은 조직의 다양한 부문의 이슈를 조정하고 각 부문에 자원을 배치하는 것이다.

3) 운영적 계획

운영적 계획(operational planning)는 조직의 특정한 기능적 영역에서 활용되는 구체적 기준, 방법, 방침, 절차를 만들어 낸다. 실무적인 목표는 협소한 영역과 자원에 초점을 두고, 전술계획의 실행을 관리하고 통제하는 것을 보조하도록 수립된다.

4) 비상계획

비상계획(contingency plans)은 기업들이 특별한 상황이나 위기상황을 처리할 대안적인 활동과정을 파악하는 것이다. 이는 비상사태 동안 조직이 사용할 지휘계통, 표준적인 실무절차, 커뮤니케이션 채널을 구체적으로 규정한다.

2. 조직화

경영의 활동목표가 수립되고, 이들 활동목표를 보다 효율적으로 수행할 수 있는 계획이 수립되면 이러한 계획을 효율적으로 수행하도록 하기 위해서 효율적인 조직을 수립해야 한다. 경영자의 조직화 기능에는 기업의 목적 달성을 위해 수행되어야 할 모든 직무활동을 관리 가능한 여러 단위로 분업화 하는 과정이 필요하다.

조직화(organizing)는 동태적 파악을 강조하여 조직의 계획을 수행하기 위해 기업의 자원을 조정하고 분배하는 과정이다. 조직화에는 기업 내의 인력, 직위, 부서, 활동을 위한 구조를 개발하는 작업이 포함된다. 즉 조직설계와 조직구조를 유효하게 형성하고 유지하기 위한 기능이다. 이는 경영에 종사하는 구성원들에게 특정 업무를 할당하고 직무를 수행하는데 필요한 권한과 책임을 할당하며 각 직위의 상호관계를 명확히 규정하는 것이다.

3. 충원화

충원화(staffing)는 조직구조 상의 주요 직위를 맡아서 실제로 기업 활동을 수행할 인력들을 확보하기 위해 이들을 선발, 배치, 육성하는 것과 관련되어 수행되는 경영관리기능이다. 이러한 경영관리 활동을 수행하는 경영자는 물론 업무활동에 종사하는 구성원들의 업무활동도 포함된다.

이는 기본적으로 인적자원관리와 관련되는 기능인데 인산과 직무와의 적합성을 도모하려는 것이다. 이를 위해서 직위, 개인의 업적 평가, 조직의 요구를 충족하기 위한 훈련이나 재교육 또는 구성원들이 최대의 노력을 발휘할 수 있고 만족도를 높일 수 있는 방법을 개발하기 위한 실행계획을 마련해야 한다.

4. 지휘화

지휘화(leading)는 기업이 기대하는 것이 무엇인지를 구성원들에게 인식시키고 그들의 직책을 능률적으로 수행하여 기업의 목적 달성에 기여하도록 인도하고 감독하는 경영자의 기능이다. 즉, 지휘는 경영 목적을 달성하기 위해 구성원들의 행동을 효율적으로 유발시키는 기능이다.

효과적인 리더가 되려면, 경영자는 조직 구성원들의 행동에 영향을 미치는 권력의 원천으로 조직 내에서 개인이 차지하는 직위에서 비롯되는 합법적 권력(legitimate power), 보상에 대한 개인의 통제력에서 비롯되는 보상적 권력(reward power), 불이익을 줄 수 있는 개인의 능력에서 비롯되는 강압적 권력(coercive power), 특정 분야에서 개인이 가지는 방대한 지식에서 비롯되는 전문적 권력(expert power), 개인의 카리스마와 개인이 불러일으키는 존경심이나 숭배심에서 비롯되는 준거적 권력(referent power)을 사용해야 한다. 지휘이론에는 동기부여(motivation), 리더십(leadership), 커뮤니케이션(communication) 등이 논의되고 있다.

5. 통제화

통제과정(control process)은 성과기준과 목표의 설정, 성과 측정, 실제 성과와 설정된 성과 기준의 비교, 수정행동 착수, 향후의 성과기준 설정을 위해 과정 중에 획득한 정보의 활용 등을 통하여 이루어진다. 통제화(controlling)를 효율적으로 수행하기 위한 수단으로서 예산통제, 원가관리, 품질관리, 직무평가 등의 통제기법을 사용하고 있다.

통제기능의 효과적인 수행은 조정의 수행을 전제조건으로 하고 있다. 조정기능과 통제기능을 구분한다면 조정기능은 통제기능에 앞서 수행되어야 한다. 통제수단으로는 예산통제, 통계적 통제방법, 표본조사 등 여러 가지가 있다. 어떠한 통제과정이나 시스템을 채택하든 간에 경영자는 의사결정을 하여야 하고 통제결과에 대해서도 책임을 져야 한다.

통제화는 조직이 목적을 얼마나 달성했는지의 정도를 평가하는 과정이다. 즉, 경영활동이 기업 목적을 설정된 계획대로 수행되도록 하는 관리활동이다. 통제기능을 발휘하려면 경영자는 계획대로 집행활동이 이루어지고 있는지 또는 이루어졌는지를 파악하고 만일 이루어지지 않고 있거나 이루어지지 않았을 때에는 집행활동을 시정시켜야 한다.

제 3 절 경영관리 원칙과 유형

1. 경영관리의 원칙

1) 페이욜의 관리원칙

일반관리론(general management theory)의 연구자들은 조직 전체적인 관점에서 연구를 수행하였다. 이들의 관심은 일반적으로 관리자라면 무엇을 해야 하는지, 좋은 경영자라는 것은 어떤 내용으로 구성되는지에 관한 것이었다. 이러한 접근방법의 대표적인 것이 페이욜의 관리원칙이론이다.

페이욜은 관리원칙보다 먼저 관리과정론을 주장하면서 계획, 조직, 지시, 명령, 통제를 제시하였다. 그는 관리라는 것은 인간의 모든 조직에 공통적인 활동이라고 보고 관리기능의 합리적인 수행을 위한 14가지의 관리원칙(principles of management)을 모든 조직에 적용할 수 있다고 주장하였다. 페이욜은 이러한 관리의 기본원칙은 학습할 수 있고, 모든 조직 상황에 적용할 수 있다고 보았다.

2) 관리과정학파의 관리원칙

경영관리원칙은 경영자가 경영관리기능을 수행할 때 따르게 되는 일반적인 기준이다. 이러한 원칙은 페이욜에 의해 처음 제시되었는데, 미국의 관리과정학파의 학자들이 제시한 원칙을 보면 다음과 같다.

- 명령일원화의 원칙 : 한사람의 상위자에게만 보고하고 명령을 받는다는 원칙이다.
- 분업의 원칙 : 작업은 세분화되고 전문화되어야 한다는 원칙이다. 그러면 구성원들의 숙련도가 높아지고 더 능률적으로 일할

수 있게 된다.

- 조정의 원칙 : 기업의 모든 사람이 수행하는 활동은 통합되어야 한다는 원칙이다.
- 예외 통제의 원칙 : 작업이 계획대로 수행되는 것은 통제할 필요가 없으며, 예외적인 작업이나 계획대로 되지 않는 작업만 통제해야 한다는 원칙이다.

2. 경영관리의 유형

1) 경영관리 스타일의 변화

경영관리는 테일러의 과학적 관리법에서 시작되었다. 그는 당시 일의 능률이 지나치게 낮아서 사회적 낭비라고 생각하고 태업문제를 해결하여 노동능률을 향상시키고자 과학적인 방법으로 작업 방법을 연구하여 과학적 관리법을 주장하게 되었다.

그는 일을 하는 방법을 과학적으로 연구하고 이 방법에 따라 노동자가 일을 하게 한다면 능률이 향상될 수 있다고 생각하고 연구한 결과 계획과 집행을 분리하여 전문적인 기능적 직장의 지도하에 노동자는 작업을 하게끔 하는 직능조직을 고안하게 되었다.

하향식 관리(top down management) 방식 하에서는 노동자의 자주성, 주체성, 적극성, 창조성 및 민주성과 같은 인간성이 완전히 무시되고, 기계적인 규칙과 강제에 의해 일이 진행되므로 노동자들은 작업에서 완전히 소외되어 그들의 직무에 대해 만족을 얻을 수 없게 되었다.

오늘날에는 노동자의 인간성이 회복되고 그들이 작업에 대한 보람과 만족을 느끼면서 일을 하게끔 하기 위한 상향식 관리(bottom up management) 방식이 도입되어 널리 이용되고 있는데, 이는 참가적 관리(participative management)로서의 스타일을 가진다.

전통적으로 관리방식은 하향식 관리와 상향식 관리의 두 가지 스타일로 구분되어 왔다. 최근에는 중간 영역에 상하향식 관리(up-down management) 스타일이 주장되고 있다. 이러한 경영관리방식의 스타일 특성은 〈표 9-1〉과 같다.

〈표 9-1〉 경영관리스타일의 특성비교

	하향식	상 · 하향식	상향식
지식창조의 주체	• 최고경영층이 창조 • 활동의 초기 단계에 창안됨	• 기업가적 중간층을 중심으로 한 집단이 창조	• 기업가적 개인이 창조
자원 전개	• 계층에 입각하는 배분 • 자금의 시너지를 추구	• 복합적 관점에서의 명확한 배분	• 자기조직화를 원칙으로 하여 사람의 시너지를 추구
구조 특성	• 큰 본사 • 강대한 본사 스탭 • 업무의 편람화	• 팀을 핵심으로 한 조직 • 분사경영의 가능성	• 작은 본사 • 자율성을 가진 자기조직화 조직
과정 특성	• 최고경영층의 강력한 리더십(카리스마) • 정보처리의 철저화 • 잡음, 혼돈의 축소	• 촉매요인으로서의 리더십 • 조직적 정보 창조 • 잡음, 혼돈의 증폭	• 지원적 리더십(후원자) • 정보의 창조 • 잡음과 혼돈을 전제로 함
축적되는 지식	• 형식지의 축적 • 컴퓨터화	• 형식지, 암묵지의 축적	• 암묵지의 축적 • 체감, 실감으로서의 개인에 체화
결점	• 회사와 최고경영층의 운명의 동기화 • 과당경쟁에의 돌입	• 구성원들의 피폐	• 시간이 걸림 • 개인의 조정이 어려움

하향식 관리는 최고경영층이 지식창조의 주체가 되어 창출하고 활동이 초기단계에 창안되는 특성이 있으며, 자원 전개는 계층에 입각하여 배분하고 자금의 시너지를 추구한다. 구조 특성은 본사가 크고 강대한 본사 스탭과 업무의 편람화가 특징이다. 과정 특성은 최고경영층의 강력한 리더십인 카리스마가 있고, 철저한 정보처리를 통하여 잡음과 혼돈을 축소하는 특징이 있다. 축적되는 지식은 형식지의 축적과 컴퓨터화를 특징으로 한다. 이 방식은 회사와 최고경영층의 운명의 동기화와 과당경쟁에 돌입하는 단점이 있다.

상 · 하향식 관리는 지식창조를 기업가적 중간층을 중심으로 한 집단이 창출하는 특성이 있으며, 자원 전개는 복합적 관점에서 명확한 배분이 이루어지며, 구조 특성은 팀을 핵심으로 한 조직과 분사 경영의 가능성이 특징이다. 과정 특성은 촉매요인으로서 리더십, 조직적 정보 창조, 잡음과 혼돈이 증폭되는 특징이 있다. 축적되는 지식은 형식지와 암묵지의 축적을 특징으로 한다. 이 방식은 구성원들이 피폐해질 수 있다는 단점이 있다.

상향식 관리는 개인이 주체가 되어 지식을 창출하는 특성이 있으며 자원 전개는 자기 조직화를 원칙으로 하여 사람의 시너지를 추구하고, 구조적 특성은 작은 본사와 자율성을 가진 자기 조직화 조직을 특징으로 한다. 과정 특성은 지원적 리더십인 후원자와 정보의 창조, 잡음과 혼돈을 전제로 한다. 축적되는 지식은 암묵지의 측적과 체감 · 실감으로서 개인에 체화되는 특징이 있다. 이 방식은 시간이 걸리고, 개인의 조정이 어렵다는 단점을 갖고 있다.

2) 목표에 의한 관리

(1) 목표에 의한 관리의 의의

현재 목표에 의한 관리(MBO: management by objectives)는 광범위하게 실행되고 있다. 그러나 광범위하게 적용되고 있으면서도 목표에 의한 관리의 의미는 명확하지 않다. 어떤 사람은 일종의 평가도구로 생각하기도 하고 어떤 사람은 동기유발의 한 기법으로 생각하기도 한다. 또 어떤 사람은 계획화와 통제의 수단으로 보기도 한다. 즉, 목표에 의한 관리의 개념과 적용은 다양하며 개념이 어떻게 발전해 왔는지에 대해 초점을 맞춰 볼 필요가 있다.

목표에 의한 관리는 핵심적인 많은 관리활동을 시스템적 방법으로 통합하고, 조직과 개인의 목표를 효과적이고 효율적으로 달성하고자 의도적으로 관리하는 포괄적인 관리시스템이다. 목표에 의한 관리는 전통적 관리방식에 대한 반성에서 출발하여 인간성을 중시하여 구성원들이 자발적으로 활동의욕을 고취하여 높은 성과를 달성하도록 스스로 목표를 설정하고 이를 달성하도록 관리해야 한다는 것이다.

(2) 목표에 의한 관리의 변천

① MBO의 초기사상

집단이나 개인이 어떤 최종 결과를 기대하고 노력을 경주하며 업적의 기준을 삼는다는 것은 상식적으로 이야기 되어온 것이기 때문에 누가 목표를 강조하는 접근법을 처음으로 시도했는지에 대해서는 정확히 알 수는 없다. 그러나 몇몇 사람들이 오래 전부터 목표에 의한 관리를 강조함으로써 체계적인 절차로 발전할 수 있었다.

1954년에 드러커(P. F. Drucker) 교수는 기업 상태에 영향을 주는 모든 분야에 목표는 반드시 필요한 것임을 강조함으로써 목표에 의한 관리(MBO)의 발전에 촉매역할을 하였다. 그는 자체 통제(self-control)와 자체 감독(self-direction)을 강조하는 사상을 주장하였다. 또한 조직관리 상에서 목표 및 실적 위주로 관리자를 평가하는 시스템인 업적평가절차를 개발하려는 의도에서 주장한 목표에 의한 관리는 상급자와 하급자가 함께 참여하여 목표를 설정하고 실행한 후 이를 평가하는 것이다.

제너럴일렉트릭사(GE)는 경영의사결정의 분산화를 위한 조직개편 과정에서 MBO를 적용하였다. 이 회사는 핵심적 성과분야(key result area)를 구별하고 성과 측정에 대한 상당한 연구를 수행함으로써 이러한 평가 철학을 실천했던 것이다.

오디온(G.S. Odiorne)은 MBO를 조직의 상위 관리자와 하위 관리자들이 공동으로 그들의 공동 목표를 설정하고, 기대되는 결과를 예측하기 위해서 각사 책임분야를 규정하고 조직단위를 운영하기 위한 지침으로 사용하여 조직 구성원들의 기여도를 평가하는 일련의 업무평가과정이라고 하였다. 즉, MBO는 조직의 구성원들이 목표를 설정하는 것만으로 그치지 않고 조직 전체 목표 및 각 부분 목표를 달성하기 위해 자기의 직무에서 무엇을 해야 할 것인지를 구체적으로 설정하고 설정된 목표와 성과를 상호 비교하여 자율 통제하는 것이다.

② 실적 평가에 대한 강조

1957년 하버드 비즈니스 리뷰(Harvard Business Review)에 행동과학적 접근법의 중요한 공헌을 한 맥그리거(D. McGregor)의 고전적인 논문이 게재되었는데 이 논문에서 구성원들의 평가기준을 구성원들의 인간성에 초점을 맞춘 전통적인 평가프로그램을 비판하였다. 전통적 접근법에서는 관리자들이 구성원들의 인간적 가치에 대해 판단을 내릴 것을 요구하고 있다.

그러나 맥그리거는 목표에 의한 관리(MBO)라는 드러커의 개념에 기초하여 평가의 새로운 접근법을 제시하였다. 특히 그는 구성원들이 책임을 지고 단기 목표를 설정하며 상사와 함께 설정된 목표를 검토할 것을 제안하였다. 물론 상사는 구성원들이 정한 목표를 거부할 수 있는 권한을 가지고 있지만 적당한 환경만 조성해 준다면 그 권한은 전혀 행사할 필요가 없게 된다.

실적 평가는 구성원들 자신이 당초에 정한 목표와 대비하여 스스로 평가하도록 하였다. 이 새로운 접근법은 자기평가와 자기발전을 촉진시키며 그 사람의 성격보다는 업무실적에 초점을 두고 평가할 것을 강조하고 있다. 평가과정에 구성원들이 적극 참여하게 됨으로써 보다 실현성이 있고 동기부여 하는 환경이 조성되기도 한다.

③ 단기목표와 동기부여의 강조

메릴랜드대학교(The University of Maryland)가 수행한 연구에서 특정 목표의 설정은 구성원들에게 최선을 다하라고 말로 요구하는 것보다 더 높은 성과가 나타낸다는 것을 발견하였다. 또한 높은 수준의 의지는 높은 성과를 달성하는 것과 밀접한 관계를 갖는다는 것을 알았다. 이러한 초기 현장연구와 함께 후속연구에서는 목표의 전반적인 평균수준이 현저한 상승 추세를 보인 것이 발견되었다. 이러한 기업에서 목표달성 수준의 증가와 계속적인 생산성 증가현상이 주목을 받았다. 그러나 후속연구가 수행되었을 때는 생산성의 증가가 점차 줄어들었다. 목표설정이 구성원들을 동기부여하는 유일한 요소는 아닐지라도 중요한 요인임에는 틀림없다는 결론이 도출되었다.

④ 목표에 의한 관리의 시스템적 접근법

MBO과정에 통합될 수 있는 조직구조의 설계라든지, 포트폴리오관리, 관리자개발, 경력개발, 보상프로그램 및 예산편성 등 관리의 하부시스템이다. 이들 관리활동은 하나의 시스템으로 통합될 필요가 있다. 총체적인 관리시스템으로서 MBO를 조사했던 초기 연구 가운데 하나는 대부분의 관리활동이 MBO과정에 통합될 수 있고 마땅히 통합되어야 한다는 것을 보여주고 있지만 통합정도는 각 활동에 따라 다르게 나타났다. 즉, 관리기능과 통합정도가 가장 높은 분야는 통제, 계획 및 지휘 분야이다. 그러나 인적자원관리의 충원과 배치 및 조직화에 속하는 핵심적인 관리활동도 MBO과정에 훌륭하게 통합되었다. 이러한 사실들은 MBO효과를 거두려면 이것을 총체적인 시스템으로 보아야 한다는 것을 의미한다.

(3) 목표에 의한 관리의 구성요소

MBO는 포괄적인 관리시스템으로서 다음과 같은 구성요소를 갖는다.

① 목표의 설정

목표의 설정(setting of objectives)은 가장 중심이 되는 구성요소이며 목표는 측정가능 해야 하고 구체적이어야 하며 기대되는 단위 및 관리자의 능력범위 내에서 이루어져야 하고 현실적이고 달성 가능해야 하며 달성한 결과에 대하여 측정가능 하고 해당 조직의 필요한 시간에 의해 달성 제한 기간이 명시되어야 한다.

② 참여

MBO는 조직구성원들의 참여(participation)를 중요시하기 때문에 구성원들의 참여에 의한 목표설정이 강조된다. 즉 구성원들이 수행할 목표를 상사와 구성원들이 참여하여 공동으로 설정해야 구성원들이 수행할 목표가 명확해 지고 구성원들이 쉽게 수용할 수 있는 것이다.

③ 피드백

구성원들의 참여에 의해 설정된 목표의 추구과정과 달성에 관한 평가결과가 사후에 측정되어 피드백(feedback)됨으로써 목표 설정과 성과 평가가 상호 연계될 수 있어야 한다. 이러한 과정에서 수행되는 피드백의 중요성은 피드백이 명확하게 이루어질 때 집단의 문제해결 능력이 증진되고 개인의 직무수행 능력이 향상되기 때문이다.

(4) MBO의 목표수립 시 주의사항

목표에 의한 관리(MBO)가 성공하려면 다음과 같은 여건이 마련되어야 한다.

- 목표의 난이도 : 능력범위 내에서 약간 달성하기 어려운 목표가 좋다.
- 목표의 구체성 : 수량, 기간, 절차, 범위가 구체적으로 정해진 목표가 좋다.
- 목표의 수용성 : 일방적인 지시보다는 상대가 동의한 목표가 좋다.
- 목표의 참여성 : 목표설정 과정에 구성원들이 참여할수록 좋다.
- 결과의 피드백 : 업무가 진행되는 과정에도 현재까지의 수행된 결과를 구성원들에게 알려주는 것이 좋다.

(5) 목표에 의한 관리의 장 · 단점

목표에 의한 관리는 인간성을 중시하여 기업의 구성원들이 자발적인 활동의욕이나 창의력을 발휘하여 높은 성과를 얻게끔 구성원들 스스로 목표를 설정하고 이를 달성하기 위한 관리를 하도록 하는 방식으로 많은 장점을 가지고 있다.

① 목표에 의한 관리의 장점

- 목표는 계획의 전제로 설정되며 성과중심으로 계획하는 것이 이치에 맞는다. 이는 관리자로 하여금 활동이나 업무를 단순히 계획하기보다는 성과를 위한 계획을 고려하도록 만들고 목표가 현실성 있는 것인지를 확인하기 위하여 관리자는 일정 성과를 달성할 방법, 그가 해야 하는 조직과 인사문제, 필요로 하는 자원과 협조를 고려하게 한다. 명확한 목표의 설정이야말로 통제를 하는데 가장 좋은 인센티브가 되며, 통제의 기준을 알게 하는 가장 좋은 방법이다.
- 관리자에게 조직의 역할과 구조를 명확히 하도록 한다. 가능한 정도까지 직위를 맡고 있는 사람이 수행할 것으로 기대되는 핵심적인 결과를 중심으로 구성할 수 있다.
- 목표에 전념하도록 조직 구성원들을 고무시켜 준다. 그들은 단지 일하고 지시에 따르며 지침이나 결정을 기다리고만 있는 수동적인 사람들이 아니라 이제는 스스로 명확한 목표의식을 개인 각자가 갖게 되고 목표 설정에 참여하여 일익을 담당하게 되어 자기의 아이디어를 계획프로그램에 반영시킬 기회를 가질 수 있다. 그들에게 주어진 권한의 재량권 범위를 이해하게 되며 자기의 목표를 달성하는데 필요한 협조를 상사로부터 얻을 수 있게 된다. 이것이 열렬한 주인의식을 갖게 되어 임무에 헌신(commitment)하도록 만드는 요소이다.
- 목표에 의한 관리는 효과적인 계획화를 촉진시키는 것과 같은 방식으로 효과적인 통제를 할 수 있다. 통제는 결과를 측정하고 목표달성을 확실하게 하기 위해 계획으로부터의 이탈을 수정하는 행동을 취하게 하는 것이다.

② 목표에 의한 관리의 단점

목표에 의한 관리는 이러한 이점에도 불구하고 MBO 개념을 적용하는데 있어서의 미숙함에 기인한 단점도 많이 가지고 있다.

- MBO 철학을 가르치지 못한다는 점이다. 목표에 의한 관리가 단순하게 보일 수 있는 만큼 실행하는 관리자는 이에 대해 많은 것을 이해하고 알아야 한다. 그런 다음 목표에 의한 관리가 무엇이며, 어떻게 작용하는지, 왜 수행하며, 성과를 평가함에 있어 무슨 역할을 하며, 무엇보다도 참여자들이 어떤 이익을 받을 것인지 등에 대한 자세한 설명을 구성원들에게 해주어야 한다.
- 다른 종류의 계획화와 같이 목표를 설정하도록 기대되는 사람에게 필요한 지침이 주어지지 않는다면 실시될 수 없다. 관리자는 회사 공동의 목표가 무엇인지, 자신들의 활동이 목표와 어떻게 일치하는지를 알아야 한다. 만일 기업의 목표가 분명하지 못하고 비현실적이며 일관성이 없다면 결국 관리자는 목표에 맞춰 행동하는 것이 불가능하게 된다.
- 실제로 확인할 수 있는 목표를 설정하기는 참으로 어렵다. MBO프로그램에 참여하는 사람들은 지나치게 경제적인 성과의 압박을 받기 때문에 문제있는 행동을 조장하는 경향이 있다. 성과 달성을 위해 비윤리적 수단을 사용할 가능성을 줄이기 위해서는 최고경영층은 실행 가능한 적당한 목표를 설정해야 하고 기대되는 행위를 분명히 해주며 윤리적 행위에 높은 우선순위를 두는 한편, 윤리적 행위에 대해선 포상하면서 비윤리적 행위는 처벌하여야 한다.
- 대부분의 MBO프로그램에서 관리자가 설정하는 목표는 단기적인 것으로서 1년 이상을 초과하는 경우는 매우 드물다. 따라서 장기적인 목표를 무시하고 단기 목표의 실시를 강조할 위험이 존재한다. 물론 이것은 다른 단기적 계획과 같이 현재의 목표는 장기목표에 도움이 되도록 설계한다는 것이 항상 보장해야 한다.
- 경영자들은 종종 목표를 바꾸는 것을 망설인다. 반면에 목표를 지나치게 자주 변경하고, 심사숙고하여 작성하고 계획된 결과를 나타내지 못한다면 목표는 더 이상 의미가 없다. 그럼에도 불구

하고 변경된 기업목적, 변화된 전제 및 수정된 정책에 의하여 쓸모없게 된 목표를 경영자가 달성하려고 노력할 것으로 기대하는 것은 어리석은 일이다.

- 이밖에도 많은 위험과 어려운 점들이 있다. 측정 가능한 목표를 수립하고자 하는 욕구에서 사람들은 양적인 목표를 남용하여 적용될 수 없는 분야에까지 숫자로 표현되는 목표를 시도하거나 최종 결과가 형태를 나타내기 어려운 중요한 목표를 경시할 수도 있다. 회사의 입장에서는 호의적인 기업이미지가 가장 중요한 장점이겠으나 이것을 숫자형태로 표현하기는 어렵다. 경영자는 구성원들의 충분한 참여와 지원을 받으면서도 목표를 건설적 힘으로 사용하지 못할 때가 있다. 또한 목표설정보다 중요한 것은 관리수행에 있다는 사실을 망각할 위험도 있다.

3) 목표에 의한 관리과정

개념상으로 기존 시스템은 기업의 최고경영층에서 출발하여 기업을 이끌어 가고 있는 최고경영자의 적극적인 지원을 받는다. 그러나 목표의 설정이 반드시 최고경영층에서 출발하여야 할 필요는 없다. 이것은 현장수준에서 출발할 수도 있으며 마케팅담당 관리자 차원에서 출발할 수도 있고 이보다 더 낮은 수준에서 출발할 수도 있다.

목표에 의한 관리(MBO)에서 가장 요구되는 것 중의 하나는 일관성 있는 계획화의 전제(planning premise)를 개발하여 전체 부서에 전파하는 것이다. 어느 관리자라도 지침 없이 목표를 설정하거나 계획 또는 예산을 수립해서는 안 된다.

(1) 최고경영층에 의한 목표의 잠정적 설정

적절한 계획화의 전제가 주어졌다면 목표 설정의 첫 단계는 최고경영자가 기업의 목적과 임무 및 주어진 기간 동안 기업이 달성하고자 하는 가장 중요한 목표가 무엇인지를 결정하는 일이다. 이러한 목표는 분기, 1년 또는 5년 등 주어진 상황 하에서 가장 적합하다고 생각하는 기간을 선택하여 설정할 수 있다. 대부분의 경우 목표기간은 연간 예산이나 주요 프로젝트의 완성과 일치하도록 설정되지만 반드시 그렇게 할 필요는 없으며, 오히려 그것이 바람직하지 못할 수도 있다.

어떤 목표는 이보다 훨씬 더 짧은 기간에 달성되도록 계획되어야 하며 어떤 경우는 훨씬 긴 기간에 걸쳐 달성되도록 계획될 수도 있다. 상사에 의해 수립된 목표는 잠정적인 것으로서 일정기간 내에 조직이 무엇을 달성할 수 있고, 또 무엇이 달성되어야 하는지 하는 분석과 판단에 근거하게 된다. 이러한 분석과 판단은 기회와 위협에 비추어 기업의 장점과 약점을 고려한 것이어야 한다.

이러한 목표는 잠정적인 것으로 간주해야 하며 조직에 의해 완전히 확인될 수 있는 명확한 목표가 구성원들에 의해 달성되는 동안 수정될 수도 있는 것이어야 한다. 구성원들에게 목표를 실행하도록 강요하는 것은 구성원들에게서 목표에 대한 자발적 참여의식을 불러일으키지 못하게 되므로 바람직하지 못하다. 대부분의 관리자들은 구성원들과 공동으로 목표를 수립하는 과정을 통해서 구성원들이 이전에 알지 못했던 기회를 발견하기도 하며 다뤄야 할 문제점들을 찾아내기도 한다.

(2) 조직역할의 명확화

목표에 의한 관리(MBO) 프로그램을 수립하고 운영하는데 있어서 지나치기 쉬운 것이 목표를 달성할 책임과의 관계이다. 모든 목표와 부수된 하위목표를 어느 한 사람으로 하여금 명백하게 책임지도록 하는 것이 이상적이다. 그러나 조직구조를 분석해 보면 책임소재가 불분명해 책임의 명확화가 필요함을 알 수 있다. 때로는 주어진 목표의 성격상 조직을 구성하는 것이 불가능해 어느 한 개인의 책임으로 되는 경우도 있다. 즉, 신제품의 착수에 관한 목표 설정에서는 연구부서, 마케팅부서 및 생산부서 관리자들이 행동을 신중히 조화시켜야 한다. 이들 관리자들의 분리된 기능은 생산담당 총 관리자에게 책임을 맡김으로써 집중시킬 수 있다.

(3) 구성원들의 목표설정

관리자들에게 목표와 전략 및 계획화의 전제 등이 확실하게 전달되면 상사는 구성원들의 목표를 설정하는 작업을 구성원들과 함께 진행할 수 있다. 일반적으로 상사는 구성원들에게 어느 정도의 기간과 어느 정도의 자원으로 회사 또는 담당부서가 달성할 수 있다고 믿는 목표가 무엇인지, 달성 가능한 것으로 보이는 목표에 대한 잠정적인 생각을 논의하게 된다.

이러한 시점에서 상사의 역할은 대단히 중요하다. 상사가 구성원들에게 해야 할 질문은 다음과 같다.

- 당신이 기여할 수 있는 일은 무엇인지?
- 나의 업무를 개선하도록 돕고 당신이 더 높은 실적을 올리는데 어떠한 장애물이 있는지?
- 어떻게 하면 개선이 가능한지?
- 내가 도와줄 수 있는 방법은 무엇인지?

목표의 달성을 방해할 수 있는 것들이 매우 많으며 많은 건설적 아이디어가 구성원들의 경험과 지식으로부터 얻어질 수 있다.

구성원들이 목표를 설정할 경우 상사들은 구성원들의 의견을 경청하고, 함께 협조해야 하지만 궁극적으로 구성원들의 목표를 승인하는 책임은 상사가 져야 한다. 그의 판단과 최종 승인은 신축성 있게 합리적으로 달성할 수 있고, 상위 목표를 충분히 뒷받침할 수 있는 것이며 기능이 다른 관리자의 목표와도 일관성을 가지는 것에 기초를 두고 이루어져야 한다. 또한 장기목표와도 상호 모순이 없어야 하고 부서 및 회사의 이익과 상충되는 점이 있어서도 안 된다.

(4) 목표의 재순환

목표설정이 위에서 아래로 배분하는 방식, 아래에서 위로 배분하는 방식 모두 바람직하지 않다. 어느 정도의 재순환과정(recycling)이 필요한 것이다. 최고경영자는 구성원들이 어떠한 목표를 설정할 것인지에 대해 아이디어를 가지고 있지만 구성원들의 참여가 표면화되면서 예비적으로 설정된 목표는 변경될 수 있다.

이와 같이 목표의 설정은 공동작업과정일 뿐만 아니라 재순환을 요구하는 상호작용 과정인 것이다. 현실적으로 판매관리자는 최고경영자가 가능하다고 믿고 있는 것보다 훨씬 더 많은 상품판매를 달성키 위한 목표를 설정할 수 있다. 이 경우에 제조부문과 재정부문의 목표는 틀림없이 영향을 받을 것이다.

제 4 절 의사결정 활동

1. 의시결정의 의의

의사결정(decision making)은 여러 대안으로부터 행동방안을 선택하는 것으로 계획화 과정의 핵심이다. 계획화(planning)는 자원의 개입·방향·명성 등에 대한 의사결정이 이루어져야 가능하다. 경영자들은 의사결정을 중심적 직무로 하고 있는데, 목표를 달성하기 위하여 무엇을 해야 하고, 누가 해야 하며, 언제, 어디서, 어떻게 그것을 할 것인지에 대해서도 선택해야 하기 때문이다. 의사결정은 모든 사람의 일상생활의 한 부분이기도 하지만, 궁극적으로 모든 의사결정은 다른 계획들과 연계되어야 하기 때문에 대안 자체만으로 판단될 수 있는 경우가 드물다.

경영관리활동은 기업 활동에 우선하여 문제해결을 위해 수행되는 의사결정이다. 이러한 의사결정은 둘 이상의 대안 사이에서 선택되는 결정안에 도달하게끔 하는 사고 및 행동과정이다. 즉, 둘 이상의 대안

중에서 최적의 어느 하나를 선택하는 것이다. 경영관리를 의사결정 측면에서 보면, 합리적이고 과학적인 기반에 입각하여 의사결정이 이루어져 기업행동을 수행하게 하는 것이다.

2. 합리적 의사결정의 중요성

우리는 의사결정을 계획화의 주요 부분으로서 고려하였다. 사실상 기회와 목표를 인식하고 있다면 계획화의 핵심은 의사결정의 과정이다. 이러한 맥락에서 볼 때 의사결정에 이르는 과정은 전제 설정, 대안 식별, 목표의 견지에서 대안 평가, 대안의 선택 등의 과정으로 볼 수 있다.

1) 의사결정에서 합리성

효과적인 의사결정은 합리적이어야 하는데 합리성이란 무엇인가? 인간은 언제 합리적인 생각을 하고, 합리적인 의사결정을 하게 되는가? 어떤 목표에 도달하고자 합리적으로 행동하거나 의사결정을 하는 사람은 어떤 행동을 통하여 목표에 도달하고자 노력하고 있다. 이들은 현재 주어진 환경과 제약요인 하에서 목표에 도달할 수 있게 하는 대안적인 행동과정을 명확히 이해하여야 한다. 또한 목표의 관점에서 대안을 분석하고 평가할 수 있는 능력과 정보를 갖고 있어야 한다.

가장 효과적으로 목표를 달성할 수 있는 대안을 선택함으로써 최적의 해결책에 도달할 수 있다. 특히, 경영관리를 수행함에 있어서 완벽한 합리성을 달성하는 것은 어렵다. 즉, 우리의 의사결정은 미래에 관한 것이어야 하는데 미래는 불확실성을 내포하고 있기 때문이다. 또한 목표를 달성하기 위해 추구할 수 있는 모든 대안을 식별해 내기가 어렵다는 점도 완벽한 합리성을 어렵게 한다.

2) 제한된 합리성

경영자는 제한된 합리성(bounded rationality)에 만족할 수밖에 없다. 즉, 정보, 시간, 확실성 등에는 한계가 있기 때문에 경영자가 완전한 합리성을 추구하려해도 합리성이 제한된다는 것이다. 실제로 우리는 완전히 합리적일 수는 없기 때문에 경영자는 위험부담에 대한 회피성향 즉, 매사를 안전하게 처리하려는 욕망이 특정 상황 하에서 최선의 해결책에 이르려는 욕망을 저해하고 있는 것이다.

사이몬(H. Simon)은 이것을 '특정 상황 하에서 대체로 만족할 수 있는 수준 또는 받아 들일만한 수준의 행동방안을 선택하는 것'이라고 하였다. 많은 경영 의사결정이 가능한 한 가장 안전하게 빠져나가려는 욕망을 갖고 이루어지기는 하지만 대부분의 경영자들은 합리성의 한계 속에서 수반되는 위험의 크기와 본질에 비추어 그들이 할 수 있는 최선의 의사결정을 하려고 노력하고 있다.

3. 의사결정의 유형

1) 안소프의 의사결정 유형

안소프(H. I. Ansoff)는 의사결정의 유형을 전략적 결정, 관리적 결정, 업무적 결정으로 분류하고, 각 의사결정의 속성별 과제, 성격, 결정사항, 특징 등을 〈표 9-2〉와 같이 주장하였다.

〈표 9-2〉 의사결정의 유형별 특징

특징 \ 유형	전략적 의사결정	관리적 의사결정	업무적 의사결정
과제	기업의 투자수익률을 최적화할 수 있는 제품/시장믹스 선택	최적의 기업성과를 올릴 수 있는 경영자원의 구조적 문제 해결	투자이익률의 잠재가능성의 최적한 실현
성격	제품/시장 기회에의 경영자원 전체의 배분	자원의 조직화, 취득, 개발	주로 기능별 분야에서의 자원예산의 배분, 자원충당, 변환의 일정계획, 감시통제
결정사항	최종목적과 목표, 다각화 경영, 확장전략, 관리상의 전략, 성장방법, 성장의 시기	조직기구-정보, 권한, 책임의 구조, 자원변환의 조직화, 일의 흐름, 유통시스템, 시설의 입지, 자원의 취득과 개발, 재무·시설·설비·인원	업무목적, 가격·생산량의 수준, 업무활동의 수준-생산 계획, 재고수준, 마케팅 방침과 전략, 연구개발 방침과 전략, 통제일반
특징	의사결정의 집권화, 부분적 무지 하에서의 결정, 비반복적 결정, 비자연 재생적 결정	원재료, 전략적 결정과 업무적 결정의 갈등, 개인목표와 조직목표 사이의 갈등, 경제적 변수와 사회적 변수와의 강한 관련성, 전략상 및 업무상의 문제를 생기게 하는 결정	의사결정의 분권화, 위험과 불확실성, 반복적 결정, 대량의 의사결정, 복잡하기 때문에 생기는 준최적화, 자연재생적 결정

자료원: Ansoff, H.I.(1965), *Coporate Strategy: An Analytic Approach to Business Policy for Growth and Expansion*, McGraw-Hill.

(1) 전략적 결정

전략적 결정(strategic decision)은 기업의 외부환경과 관련된 의사결정이며 기업이 생산·판매할 제품믹스의 결정, 시장의 선정 및 필요한 자원의 배분에 관한 의사결정이다. 이러한 전략적 문제는 기업과 환경 사이에 이루어지는 것이다. 즉, 기업이 어떠한 사업을 하고 있으며 어떤 종류의 사업에 진출할 것인지를 결정하는 것이다. 전략적 결정은 의사결정의 집권화, 부분적 무지 하에서의 의사결정, 비반복적 의사결정, 비자연 재생적 의사결정 등이 특징이다.

(2) 관리적 결정

관리적 결정(administrative decision)은 기업의 자원 활용에 있어서 성과의 극대화를 달성하기 위한 자원의 조직화에 초점을 둔 의사결정이다. 잠재적인 성과를 최대로 창출하는 방식으로 구조화하는 결정으로서 조직편성, 책임관계의 구조화, 작업흐름, 정보흐름, 유통경로 및 시설의 입지 결정 등과 같은 의사결정이다. 관리적 결정은 원재료, 전략적 결정과 업무적 결정의 갈등, 개인목표와 조직목표 사이의 갈등, 경제적 변수와 사회적 변수와의 강한 관련성, 전략상 및 업무상의 문제를 생기게 하는 결정 등이 특징이다.

(3) 업무적 결정

업무적 결정(operating decision)은 기업 자원의 변환과정의 효율성을 극대화하기 위한 의사결정이다. 이는 기업 활동의 수익성을 극대화하는 것으로 기능별·제품별 자원의 배분, 업무활동의 일정계획 수립, 업적의 감독 및 통제활동의 수행 등과 같은 의사결정이다. 업무적 결정은 의사결정의 분권화, 위험과 불확실성, 반복적 결정, 대량의 의사결정, 복잡하기 때문에 생기는 준최적화, 자연재생적 결정 등이 특징이다.

전략적 결정은 비정형적 의사결정(non-programmed decision)이라 하며 업무적 결정은 구조적인 문제를 다루기 때문에 정형적 의사결정(programmed decision)이라고 한다.

2) 정형적 의사결정과 비정형적 의사결정

의사결정은 정형화된 의사결정과 비정형화된 의사결정으로 나눌 수 있다. 정형화된 의사결정은 구조화되어 있고 일상적인 문제점에 적용된다. 비정형적 의사결정은 구조화되지 않고 참신하며 반복되지 않는 특성을 지닌 불확실한 상황에 사용된다. 즉, 애플컴퓨터사(Apple Computer Inc.)에 의한 매킨토시컴퓨터(Macintosh Computer)의

도입 및 아우디(Audi)의 4륜구동 승용차의 개발, 코닥(Kodak)에 의해 개발된 소형 비디오카메라의 판매 등을 들 수 있다. 사실상, 전략적인 의사결정은 주관적 판단을 요구하는 비정형화된 의사결정으로 볼 수 있다.

대부분의 의사결정은 어떤 것도 완전히 정형화되거나 비정형화된 것이라고는 볼 수 없으며 이 두 가지가 결합된 형태로 이루어진다. 비정형화된 의사결정은 대부분 상위 경영자들에 의해 이루어지는데 상위 경영자일수록 구조화되지 않은 문제를 다루어야 하기 때문이다. 조직의 하위계층에서 당면하는 문제들은 일상적이고 구조화된 것으로서 경영자나 관리자 아닌 사람의 의사결정 상의 자유재량을 덜 필요로 하는 것들이다.

3) 확실성, 불확실성, 위험하의 의사결정

모든 의사결정은 어느 정도 불확실성 하에서 이루어지기 마련이다. 그러나 그 정도는 비교적 확실한 것으로부터 매우 불확실한 상황에서의 의사결정에 이르기까지 다양하다.

확실성 하에서 의사결정은 어떤 의사결정에 의해서 나타날 결과를 합리적으로 확신할 수 있는 상황이다. 특정 정보를 이용할 수 있고 정보를 믿을 수 있다면 인과관계를 정확하게 파악할 수 있게 된다. 반면에 불확실성 하에서 의사결정은 빈약한 자료기반(data base)을 갖고 자료의 신뢰성을 알 수 없으며 상황이 변화될지 아닐지의 여부에 대해 확신을 갖지 못하는 상황이다. 즉, 다른 나라에 사업영역을 확대하려는 의사결정을 한 기업이 해당 나라의 문화, 법률, 경제상황 및 정책에 대하여 무지할 수도 있다. 정치적인 상황이 매우 불확실하여 전문가라 할지라도 정부의 변동 가능성을 예측할 수 없는 상황이다.

위험 하에서 의사결정은 사실에 입각한 정보를 갖고 있다 하더라도 의사결정의 질을 향상시키기 위해서는 결과가 나타날 객관적 확률을 추정해 볼 수도 있다. 여기서는 판단과 경험에 근거를 둔 주관적인 확률을 사용할 수도 있다. 이 경우 경영자가 보다 효과적인 의사결정을 할 수 있도록 도와주는 여러 가지 이용가능한 도구가 개발되어 있다.

4) 불확실성 하에서 의사결정을 위한 접근법

불확실한 상황 하에서 의사결정의 질을 높여주는 여러 기법들이 있다. 위험도 분석(risk analysis), 의사결정 수(decision trees), 선호이론(preference theory) 등이 그것이다.

(1) 위험도분석

불확실성에 직면한 모든 의사결정자들은 그들이 행동방안을 선택하는데 따라 부담하게 되는 위험의 크기와 본질을 위험도분석(risk analysis)을 통하여 알고자 한다. 문제해결을 위해 전통적인 OR접근법을 이용하는데 있어서 단점은 대부분의 모델에 사용되는 자료들이 추정치이며 다른 자료들도 확률에 입각하고 있어서 전문가인 스탭들의 일반적인 관례는 최선의 추정치에 도달하는 것이다.

모든 의사결정은 여러 개의 중요변수 간의 상호작용에 입각하고 있다. 이들 변수 가운데 대다수는 불확실한 요소를 지니고 있지만 높은 확률을 가지고 있다. 따라서 신제품개발에 착수하는 것이 현명한지는 몇몇 중요한 변수에 달려 있을 것이다. 즉, 선전비, 생산비, 자본투자 소요액, 판매가능 가격, 잠재적인 총 제품시장 규모 및 신제품에 의해 획득할 수 있는 시장점유율 등이 결정적 변수가 될 것이다.

(2) 의사결정수

의사결정을 분석하는 가장 좋은 방법 중의 하나는 의사결정 수(decision trees)를 사용하는 방법이다. 의사결정수는 의사결정 점, 우연적 사건, 취할 수 있는 여러 결정방안에 대한 확률 등을 나무 가지의 형태로 그리는 것이다. 신제품을 도입할 경우 기업에서는 공통적인 문제가 발생한다. 경영자는 신제품을 개발해야 하는지 기존 제품을 유지해야 하는지를 결정해야 한다. 경영자가 어떤 상황에서 행하게 되는 의사결정 수를 가장 간단하게 표시하면 [그림 9-2]와 유사하게 될 것이다.

[그림 9-2] 의사결정수의 사례

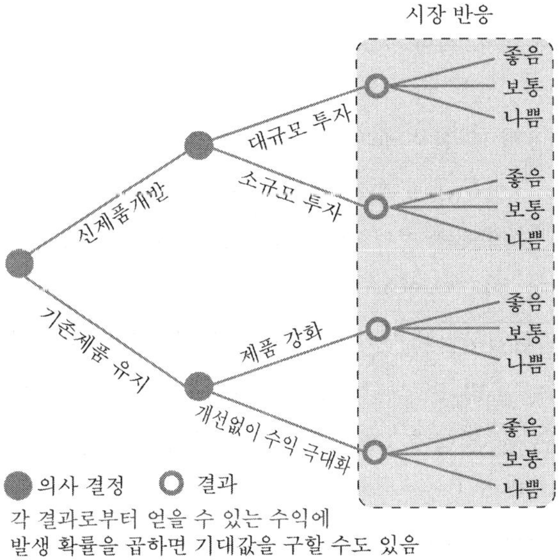

의사결정 수의 방법은 최소한 주요 대안과 대안을 선택한 이후의 결정들이 미래의 사건들에 영향을 받을 것이란 사실을 알 수 있게 한다. 의사결정 수에 나타난 여러 사상의 발생확률을 결합함으로써 원하는 결과에 이르는 의사결정의 진정한 확률을 알 수 있다. 최상의 추정치가 실제로는 아주 위험한 것으로 판명되기도 한다. 의사결정수 접근법에서 한 가지 사실은 확실하다. 즉, 의사결정 수는 의사결정에서 중요한 요소에 초점을 맞춤으로써 광범위한 판단을 대신하고 불확실성하에서 이루어진 의사결정의 논리적 과정을 보여 준다는 점이다.

(3) 선호이론

선호이론 또는 효용이론은 개인마다 위험에 대한 태도가 서로 다를 것이라는 가정에 근거를 둔 이론으로 어떤 사람은 확률로 나타나 있는 것보다 더 낮은 위험을 선택하기를 원할 것이고(위험회피형), 또 어떤 사람은 더 높은 위험을 선택할 것(위험선호형)이다. 여기에서는 선호이론(preference theory)으로 부르고 있지만, 이 기법은 보다 고전적으로는 효용이론(utility theory)으로 불린다. 의사결정에 적용되는 것과 같은 순수한 통계적 확률은 의사결정자가 이를 따르리라는 가정에 근거하고 있다.

의사결정에서 확률에 실제적 의미를 부여하기 위해서는 의사결정자 개인의 위험부담과 회피성향에 관하여 보다 잘 이해할 필요가 있다. 이 위험부담과 회피성향은 사람에 따라 다를 뿐 아니라 위험의 크기와 조직에서 경영자의 지위, 투자하려는 자금이 개인 자금인지 아니면 기업 자금인지에 따라 다르다. 즉, 최고경영자는 하위경영자보다 더 큰 위험부담에 친숙해 있으며 일반적으로 최고경영자의 의사결정 영역에는 보다 큰 위험요소가 포함되는 경향이 있다.

또한 위험에 대한 사람들의 태도에 관하여는 많은 것을 알 수 없지만 어떤 사람은 어떤 상황에선 위험 회피자가 되고 다른 상황에서는 위험선호형이 된다는 것, 그리고 어떤 사람은 천성적으로 높은 위험회피 성향을 가지고 있으며 다른 사람은 낮은 위험회피성향을 가지고 있다는 것을 알 수 있다.

실패위험에 크게 영향을 받는 경영자는 어느 정도 위험기피자가 되는 경향이 있어 실제로는 평균적으로 행동하지 않는다. 따라서 실제 의사결정에는 통계적 확률만으로 충분하지 않음을 알 수 있다.

경영사상 열 마당 협동적 사회시스템이론

1. 협동적 사회시스템이론의 출현

C.I. Barnard

경영관리의 전분야에서 출간된 가장 영향력 있는 책들 중 하나는 1938년에 바너드(C. I. Barnard)가 저술한 '경영자의 기능(The Functions of the Executive)'이다. 일생을 경영자로 지냈으며, 1927년부터 1938년까지는 뉴저지전신전화회사(the New Jersey Bell Telephone Company)의 사장이기도 했던 바너드는 파레토, 메이요, 그가 강의를 했던 하버드대학교의 유능한 학자들에 의해 크게 영향을 받은 훌륭한 학자이자 지식인이었다.

경영자에 대한 그의 분석은 경영자의 기능을 이해하고 분석하기 위하여 그들이 활동하는 시스템 내에서 경영자의 주요 업무를 연구했다는 점에서 사회시스템적인 접근법이라 할 수 있다. 그의 저술 '경영자의 기능'에서 조직을 '의식적으로 조정된 인간 활동 또는 노력의 시스템'이라고 정의하고, 조직을 구성원들뿐만 아니라 조직과 관련을 맺고 있는 외부 세력들의 힘이 상호작용하는 장(field)으로 보았다.

따라서 그는 조직에서 중요한 것은 조직의 생존과 발전을 가능하게 하는 에너지 형태로 외부로부터 유입되는 공헌의 양을 어떻게 하면 충분하게 유지할 수 있을 것인지 하는 것이라고 보았다.

2. 협동적 사회시스템이론의 전개

바너드(C. I. Barnard)는 사회시스템을 둘 이상의 사람이 가지고 있는 아이디어, 영향력, 욕구 및 사고의 협동적인 상호작용으로 보았다. 그러므로 개인 간 행위요소 및 집단행위 요소의 양자에 모두 관심이 있었고, 이러한 상호작용이 협동시스템을 이끌어 가는 것으로 생각하였다. 물론 모든 경영자들은 협동적인 사회시스템 내에서 활동하며 여러 개념, 원칙 및 기법들을 간과하는 경향이 있었다.

이러한 사회시스템 접근방법은 트리스트(E. L. Trist)에 의하여 발전되었다. 트리스트는 사회적 문제를 해결하기 위해서 협동적 사회시스템(cooperative social system)을 연구하는 것으로 충분하지 않다는 것을 발견하고 기술시스템과 사회시스템에 어떻게 영향을 미치고 어떠한 영향을 받는지를 연구해야 한다고 주장하였다. 즉, 개인의 태도와 집단행동은 그들이 작업하는 사회기술시스템에 의하여 영향을 받는다는 것이다. 이와 같이 사회기술시스템 접근법은 조직을 상호 작용하는 사회시스템과 기술시스템으로 보았다.

3. 바너드의 협동시스템 사고

바너드는 협동적 사회시스템이론(cooperative social system)의 사상적 시조이다. 그는 조직의 특성을 규정한 학자로서 조직을 상호 작용하면서 하위시스템(sub system)에 의해서 상호 협동하여 이루어지는 총체적 시스템으로 정의하였다.

바너드의 공식조직과 비공식조직의 개념은 조직분석에서 중요한 역할을 하고 있어서 조직 내의 의사소통, 동기유발 등과 관련하여 공식조직과 비공식조직을 밀접하게 관련지어 이해하였다. 비공식조직에 대한 바너드의 주장은 인간관계론자들의 연구를 통해 많은 부분 지지되고 있는 것이다.

이러한 분석시각을 바탕으로 바너드는 조직의 지속적 유지를 위해 필수적이라고 생각되는 '경영자의 기능'을 제시하였다. 즉, 경영자는 조직의 골격과 인사에 대한 고려를 바탕으로 지휘 · 통제 상의 의사소통 기능을 수행하고, 유인, 설득, 감독, 교육 등을 통해 조직이 필요로 하는 자원을 얻어내는 기능을 수행한다고 주장하고 있다.

또한 경영자는 조직의 목표를 일반적인 것에서부터 단순하고 특정한 것에 이르기까지 조직 내에서 구체화될 수 있도록 인도하는 기능을 수행한다. 조직에는 존재와 활동을 정당화시켜 주는 기능이 필요하기 때문에 고도의 책임성과 도덕성을 확보하는 기능이 요구되어 다른 사람을 위해 도덕을 창조하는 능력을 창의적 도덕성이라고 보고 이것을 리더십의 요체라고 주장하였다.

바너드는 인간들의 의식적이고 신중한 협동시스템(cooperative system)으로 조직을 해석하였다. 그는 관리기능에 목적 설정과 자원확보 기능을 추가했으며, 특히 목적 달성에 있어서 경영자와 구성원들 사이의 상호 협조와 의사소통의 중요성을 부각시키고 조직의 협동적 시스템을 위해서 개인의 참여가 중요하다고 주장하면서 협력에 대한 물리적 보상 뿐 아니라 자극이나 유인의 중요성을 강조하였다.

바너드는 조직의 목표가 조직 전체의 협동을 위해 필요한 분업기능을 하위조직과 구성원들에게 부여하는 것으로 조직이 추구하는 목표와 구성원들의 목표를 모두 만족하도록 해야 효과적으로 운영될 수 있다고 주장하였다. 따라서 하위조직과 구성원들의 기여와 공헌에 따라 적절한 보상을 해야 하고 그를 위한 동기를 부여할 수 있도록 해야 하며 대외적으로 경영환경에 대해서 적절한 적응을 통해 대외적인 조직 균형이 필요하다고 주장하였다.

이 이론은 사이몬(H. A. Simon)과 마아치(J. G. March)로 이어지는데 이들은 경영관리를 어떤 문화적 상호관계의 시스템인 사회시스템으로 이해하여 시스템을 해명하였다. 사회시스템의 개념이 공식조직에 한정되는 수가 많으나 모든 시스템에 인간관계를 내포하고 있다.

바너드의 조직이론은 자발적 협동을 강조하였기 때문에 조직에 있어 권위(authority)의 개념에 대해서도 새로운 해석을 하고 있다. 그는 권위의 수용자에게 있어서 권위는 자신에 대한 개인적 통제권의 포기를 전제로 하기 때문에 개인에 의한 통제권의 자발적 포기가 선행되지 않는 한 권위는 성립할 수 없다고 주장하였다. 조직의 권위는 개인의 행위를 전체 목적을 위해 희생하려는 의지를 바탕으로 하는 것이며 조직에서 활동의 조정을 가능하게 하는 것이 협동하려는 자세이다.

바너드는 조직이 인간들의 의식적 협동시스템인 만큼 조직으로 유입되는 사람들의 공헌과 그들의 자발적 기여를 유발하기 위한 유인(incentives)이 균형을 이루어야 하는데 이를 조직의 균형(equilibrium of organization)으로 파악하고, 조직은 유인과 공헌의 순환과정이 반복적으로 균형을 유지하는 동태적 균형(dynamic equilibrium)에 의해 존립된다고 주장하면서 이를 조직의 경제(economic of organization)라는 개념으로 설명하였다. 성공적인 조직의 경제를 실현한 조직이 목표달성으로 그 활동을 지향할 수 있도록 하는 것이 소성의 기능이다.

경영사의 과업은 공식조직에서 협동적인 노력 시스템을 유지하는 것이라고 판단한 그는 협동적 시스템을 추구하는 이유와 본질을 규명하는데 전념하였다. 바너드는 저술을 통해서 관리 직무상의 중요한 요소들에 중점을 두면서 의사결정과 리더십에 관한 탁월한 통찰력을 제시하고 있으며 뛰어난 경영자의 경험에 의한 지적인 권위를 함께 담은 것으로 사회시스템적 접근법을 택하고 있다.

개인 간 및 집단행위 접근법은 협동적 사회시스템으로서 인간관계연구에 중점을 두도록 촉구하여 왔다. 이러한 변화는 모든 사물을 시스템적인 관점에서 고찰하려는 경향에도 일부 기인한다. 또한 이것은 잘 조직화된 협동을 강조함으로써 집단행위 접근법을 개선하려는 욕구의 결과이기도 한 것이다.

4. 협동적 사회시스템이론에 대한 평가

바너드가 경영학이론에 남긴 공헌에는 주목할 만한 것이 많다. 특히 조직화된 기업을 문화적인 환경 가운데 갈등과 대립에 처해 있는 하나의 사회적인 시스템으로 인식하였다는 것은 이론가나 실무가에게 매우 유익한 사고방식을 제공하였고 사회시스템에서 집단행동의 연구 등은 경영관리분야에 커다란 업적을 남겼다.

바너드는 조직을 의사결정의 구조체로 보고 경영의 합리적인 의사결정 책임을 강조하였으며 이것을 위해 효율적인 커뮤니케이션이 중요하다고 보았다. 경영자의 의사결정 기능은 사이몬(H.A. Simon)의 이론을 통해서 더욱 발전하게 되었다.

바너드의 이러한 공헌은 조직에서 인간들 사이의 협동으로 표출되고 조직의 목표달성에 맞추어져 있어서 조직적 결합을 가능하게 하는 접착제로서 조직을 둘러싼 사람들의 협동이 응집요소라고 보았다.

바너드이론은 조직연구에서 시스템적 이론의 성립을 위한 단서를 제공하였고 사이몬 등 이후의 조직이론의 발전에 있어서 중요한 이론적 자원들을 공급하는 공헌을 하였다.

제10장 경영관리과정의 계획화

제 1 절 계획화

1. 계획화의 의의

계획화(planning)는 조직에서 함께 일하는 개인의 업무가 효과적인 성과를 달성할 수 있는 환경을 설계하는 데 경영자의 가장 중요한 임무는 구성원들 모두가 조직 목표를 달성할 수 있는 방법을 어느 정도 이해하고 있는지를 파악하는 것이다. 집단의 노력이 효과적이기 위해서는 개개인은 그들이 달성하도록 되어 있는 것이 무엇인지를 반드시 알아야 된다. 본 장은 「그림 10-1]과 같이 전개하고자 한다.

계획화는 임무와 목표를 선택하고 그것을 달성하기 위한 행동방안이 포함되어야 한다. 즉, 계획화는 미래의 여러 대안적인 행동과정들 가운데에서 대안을 선택하는 의사결정을 필요로 하고 미리 선정된 목표에 대한 합리적인 접근법을 마련해 준다.

[그림 10-1]　경영관리과정의 계획화

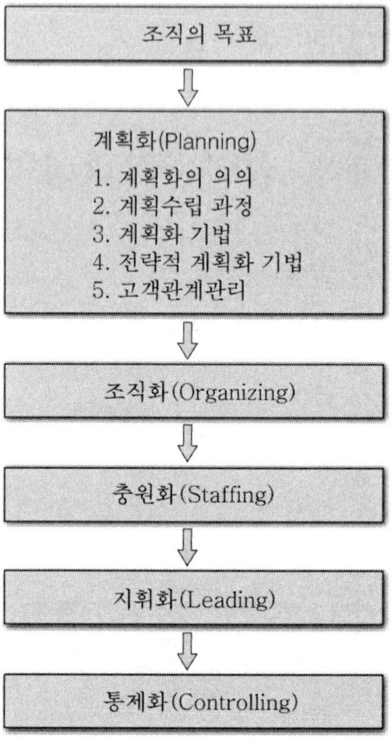

계획화는 현재의 기업 상황과 미래의 기업 상황 간에 생기게 될 괴리(gap)를 메워주기 위한 교량적 역할을 담당하며 조직의 목표를 달성하기 위하여 언제 어디서 어떤 일을 어떻게 할 것인지를 결정하는 과정이다.

일반적으로 목표와 계획화는 바람직한 결과와 사상의 네트워크를 형성해야 한다. 즉, 목표들이 상호 연결되어 있지 못하고 상호 보완적이지 못하다면 구성원들은 자신의 부서에 이익이 되는 것이지만 기업 전체로 볼 때는 해로울 수도 있는 방법을 따르는 경우가 빈번히 발생할 수 있다.

1) 사명 및 목적의 중요성

계획수립은 경영의 기능으로서 조직, 충원, 지휘, 통제 등의 활동에 선행하는 관리활동으로 기업이 추구하는 사명이나 목표를 설정하고, 목표를 달성하기 위한 방법을 결정하는 과정이다. 따라서 계획화는 사명(mission)이나 목표(target)를 명확히 정의하는 것에서 시작해야 한다.

이러한 사명 및 목표를 결정할 때 기업은 고객이 누구이고 그들의 기대가 무엇인지를 파악할 필요가 있다. 또한 목표가 명확히 정의되어야 달성할 수 있는 수단이 쉬워지기 때문에 목표 설정에는 구체적이고 측정 가능해야 하며 기간이 명시되어야 하고 달성가능성이 고려되어야 한다.

2) 전략 및 방침

전략 및 방침(strategies and policies)은 특정 상황에서 의사결정과 행동의 광범위한 가이드라인이 되는 표준계획이다. 즉, 전략은 목표를 달성하는데 필요한 활동과정의 선택과 자원의 배분에 대해 결정하는 것이고 방침은 의사결정의 사고나 행동을 이끌어 주거나 통로역할을 하는 진술을 이해하는 것이다.

3) 절차 및 규칙

절차와 규칙(procedure and rule)은 특정한 상황에서 어떤 행동을 해야 하는지를 세부적으로 규정한 것이다. 이는 전략에 근거하여 보다 구체적인 행동방식이나 과정을 나타낸다. 이러한 절차나 규칙은 통상 매뉴얼이나 핸드북 형태로 만들어져 있어서 업무현장에서 쉽게 활용되도록 하고 있다.

절차와 규칙은 일반적이고 전사적인 성격을 갖는 방침의 틀 안에서 이루어지는 행위들을 지도하는 구체적인 수단이다. 절차는 경영활동이 추구하고자 하는 일정목표에 도달하기 위하여 추구해야 하는 방법을 자세히 나타낸 것으로 시간적 순서에 따라 연속성에 의해서 구체화한 계획이다. 또한 규칙은 사고에 대한 지침이라기보다는 행동에 대한 지침이다. 즉, 규칙은 반드시 수행해야만 하거나 수행해서는 안 되는 행동을 미리 정해 놓은 행위의 기준이다. 이러한 규칙은 시간적 순서가 없다는 점이 절차와 다르며 적용과정에서 자유재량이 없다는 면에서도 방침과 다르다.

4) 예산 및 스케줄

예산(budget)은 각종 활동에 자원을 배분하는 내용이 포함된 것이다. 능력 있는 관리자는 조직이 필요로 하는 예산을 조달하여 지원해 줄 수 있어야 하고 책정된 범위 내의 예산을 사용하면서 목표를 달성할 수 있어야 한다.

또한 구성원들에게 과업을 부여할 때 과업의 완료 시한을 제시해 주는 것이 바람직하다. 완료 시한은 업무활동의 추진을 보다 확실하게 할 수 있도록 계획의 중간과정에서 방향표석으로서 제시할 필요가 있다.

2. 경영 계획화의 일반원칙

쿤츠(H. Koontz)에 따르면 경영 계획화에서 목표를 효율적으로 달성하기 위해서는 목표 공헌의 원칙, 계획 우선의 원칙, 계획의 보편성 원칙, 계획의 효율성 원칙 등 일반원칙을 준수해야 한다.

1) 목표 공헌의 원칙

목표 공헌의 원칙(contribution to objectives)은 경영계획의 수립에 있어서 조직목표를 설정하고 목표를 달성하는데 초점을 맞추어 계획이 수립되어 계획대로 수행되면 당연히 목적이 달성되어야 한다는 것이다. 즉 모든 계획은 기업의 목표를 효과적으로 달성하는데 기여해야 한다는 원칙이다. 이 원칙은 의도적인 협력을 통하여 조직 목적을 달성하기 위해 조직화된 조직체의 기본 성격에서 도출된 것이다.

2) 계획 우선의 원칙

계획은 조직, 충원, 지휘, 통제 등 관리활동의 달성을 위해 설계되므로 모든 관리기능의 수행에 선행해야 한다. 실제에서는 모든 관리기능이 하나의 행동시스템으로 구성되어 있지만 계획화는 모든 조직 노력에 필요한 목표를 수립한다는 점에서 독특한 것이다.

이 밖에도 관리자들이 어떤 종류의 조직관계와 어떤 자질을 가진 인적자원이 필요한지, 또 어떤 방향으로 구성원들을 이끌어야하며 어떤 종류의 통제를 적용해야 하는지 등을 알기 위해서는 계획을 수립해야 한다. 그리고 모든 관리업무들도 그것을 효과적으로 수행하기 위해서는 효율적인 계획을 수립해야 한다. 계획 우선의 원칙(primacy of planning)은 계획이 조직, 충원, 지휘, 통제 과정보다 우선해야 한다는 원칙이다.

3) 계획 보편성의 원칙

계획의 보편성 원칙은 왜 사람들이 전략수립과 관리를 구분하는지를 쉽게 이해할 수 있게 해준다. 어떤 관리자는 조직에서 부여하는 권한이나 지위로 인하여 다른 관리자에 비하여 보다 중요한 계획을 수립할 수도 있고, 어떤 관리자의 계획은 다른 사람이 수립한 계획보다 더욱 기본적이고 기업의 보다 광범위한 분야에 적용 가능한 것일 수도 있다.

계획의 보편성 원칙(pervasiveness of planning)은 경영계획의 수립이 모든 조직의 최상위층에서부터 최하위층의 관리자에 이르기까지 어느 정도의 계획화에 대한 책임을 부여해야 효율적인 경영계획이 수립될 수 있다는 것이다. 계획은 최고 경영층에서부터 하위경영층에 이르기까지의 기능이며 이를 계획의 보편성 원칙이라 한다.

4) 계획 효율성의 원칙

어떤 계획은 목표 달성을 증진시킬 수는 있지만 불필요하게 비용이

너무 많이 들 수 있다. 합리적인 비용으로 목표를 달성할 수 있는 계획이라면 효율성이 있는 것이다. 여기서 말하는 비용은 시간이나 금전 또는 생산성 측면뿐만 아니라 개인 및 조직의 만족도라는 측면으로도 측정될 수 있다.

계획의 효율성 원칙(efficiency of plans)은 계획을 수립하고 운영하는데 소요된 제반비용 및 기타 요인들에 의한 손실을 상쇄하고 기업의 목표 달성에 기여한 정도로서 합리적인 비용으로 목적을 달성할 수 있는 계획이 효율성이 있다. 효율성의 원칙은 계획이 효율적인 것이어야 하며 경제성을 발휘하는 것을 전제로 해야 한다는 것이다.

3. 경영 계획화의 특성

경영 계획화는 관리자가 경영계획을 수립하는 전반적인 활동으로서 경영계획은 4가지 특성을 가지고 있다.

1) 미래의 환경변화와 불확실성에 대처

경영활동의 수행은 환경의 변화와 불확실성 하에서 이루어지고 있다. 즉 계획기간이 길어질수록 불확실성이 높아져 경영활동을 위해 고려해야 하는 대체수단이 많아지기 때문에 계획의 타당성이 점점 낮아지게 된다. 이러한 환경변화와 불확실성에 대처하기 위해서는 철저하고 합리적인 계획화가 요구되는 것이다.

2) 경영 목표에 부합

현대의 경영활동은 효율성과 생산성을 높이기 위하여 분업으로 이루어지고 있다. 분업 하에서 각 부문은 그들의 목표에 주의를 집중시키고 전체의 경영 목표에는 소홀히 하는 경향이 있을 수 있다. 따라서 계획화는 부문 간의 경영활동을 종합하면서 기업의 경영목표에 부합하는 계획화가 이루어져야 한다.

3) 경영관리의 효율적 달성

계획화는 경영활동을 효율적으로 달성하는 것이기 때문에 경영계획을 경제성의 원칙에 따른 계획 활동으로 수립해야 한다. 즉, 주어진 여건 하에서 최대의 효율을 추구하든지 최소의 비용으로 달성하는지 하는 것이 전제조건이다.

4) 통제의 불가결한 전제

계획화는 통제기능의 기준이 된다. 전반적인 조직 전체 계층의 과업 수행 상황을 감독하기 위해서는 통제기능의 기준이 필요한데 계획화는 이러한 기준이 되는 것으로서 계획과 통제는 동전의 앞뒷면의 관계에 있다고 할 수 있다.

4. 경영계층에 따른 계획의 유형

계획의 유형을 계획의 범위에 따라 분류하면 전략적 계획, 전술적 계획, 운영계획 등으로 나눌 수 있고, 시간적으로 보면 장기계획, 중기계획, 단기계획으로 나눌 수 있다. 전략계획과 운영계획은 [그림 10-2]에서 보듯이 조직 내에서 조직계층별 계획으로 수행된다.

[그림 10-2] 조직계층별 계획

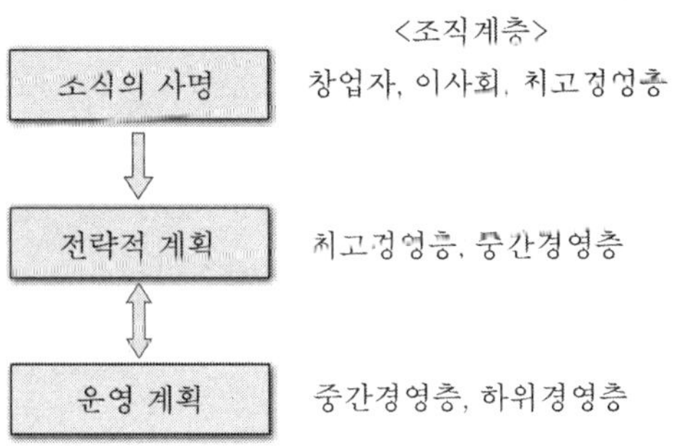

1) 장기계획인 전략적 계획

조직의 목표가 결정되면 장기계획이 수립되어야 하는데 이는 3년 이상의 기간을 대상으로 하는 계획이다. 전략적 계획(strategic plan)은 장기적인 관점에서 조직이 나아갈 방향을 결정하는 것이다. 따라서 장기적 계획은 다소 추상적이며 최고경영자가 수행하는 의사결정으로 외부환경이 중시되기 때문에 전략적 계획의 수립단계에서 조직의 목표를 설정하고 이를 달성하기 위해 자원의 조달과 배분 및 수행방안을 결정해야 한다.

2) 중기계획인 전술적 계획

중기 계획은 1~2년의 기간을 대상으로 하는 계획으로 전술적 계획(tactical plan)은 전략적 계획에 근거하여 수립되는 전략적 계획보다 구체적이고 중기적이며 중간관리자가 수행하는 의사결정으로 내부 환경 의존적이라고 할 수 있다.

3) 단기계획인 운영계획

단기계획은 1년 이하의 기간을 대상으로 하는 계획으로 운영계획(operational plan)은 전략적 계획을 실천하기 위한 구체적인 활동이 담긴 계획이다. 운영계획에는 조직이 실제로 활동하는 데 필요한 계획이 수립되게 된다. 이러한 운영계획은 기능적으로 다음과 같은 계획이 포함된다.

- 생산계획 : 제품의 생산량과 생산시기, 재고수준 등에 관한 계획
- 재무계획 : 생산과 마케팅 활동을 지원하기 위한 자금조달계획
- 마케팅계획 : 제품과 서비스의 판매, 물류에 관한 계획
- 인적자원계획 : 사람의 채용, 선발, 배치 등에 관한 계획

제 2 절 계획수립과정

계획화는 경영활동의 출발점이며 모든 조직에 적용할 수 있는 계획수립은 [그림 10-3]과 같은 과정을 거쳐 수립된다.

[그림 10-3] 계획수립 6단계

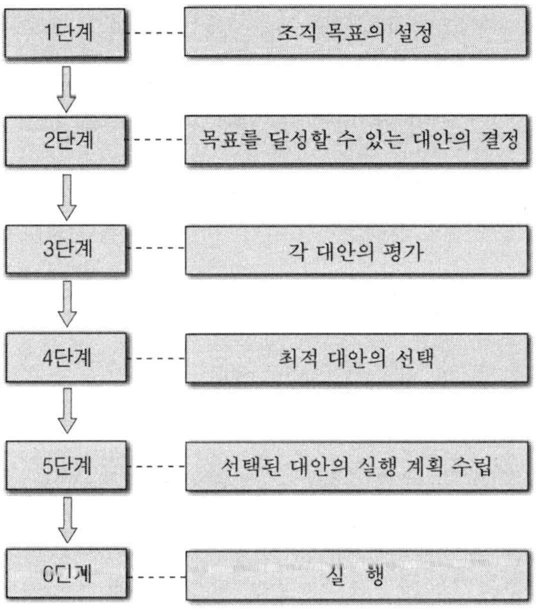

1. 조직 목표의 설정

계획수립은 조직의 관리시스템이 어떻게 하면 조직의 목표를 달성할 것인지에 초점이 맞춰져 있기 때문에 계획수립 활동이 시작되기 전에 가장 먼저 조직의 목표가 분명하게 정의되어야 한다. 즉, 계획을 수립하기 전에 기업 전체의 목표를 명확하게 정의하고 이에 따라 각 부문별 목표를 설정해야 한다. 즉, 경영활동을 보다 효율적으로 실천하기 위해서는 신중하게 명확한 목표를 설정해야 한다.

조직 목표의 설정은 기업 전체에 대한 목표를 장기 및 단기로 수립하고 소속단위별 목표를 설정하는 것이다. 목표는 미래에 기대되는 결과를 구체적으로 명시하고 달성해야 하는 최종 시점과 가장 강조해야 할 곳은 어디며 전략, 방침, 절차, 규칙, 예산, 프로그램 등의 네트워크를 통하여 무엇을 달성해야 하는지를 나타내는 것이다.

조직 목표는 모든 부서의 목표를 규정하는데 이 목표를 반영하여 계획을 수립해야 하기 때문에 주요 계획의 방향을 제시해 준다. 상위부문 목표는 하위 부서의 목표를 통제하며 조직의 라인을 따라 내려가면서 하향적인 통제가 이루어진다.

기업들은 수익성, 판매성장, 시장점유율 향상, 혁신성 및 명성 등을 포함하여 다원적인 목표를 추구하는 데 이렇게 다원적인 목표를 명확히 설정하기 위해서는 중요도에 따라 계층적으로 정의하고 계량화하여 명확히 해야 하며 현실적이고 일관성 있는 목표를 설정해야 한다.

2. 목표를 달성할 수 있는 대안의 결정

조직의 목표가 명확하게 설정되고 나면 목표를 달성하는데 기여할 수 있는 가능한 대안을 찾아야 한다. 즉, 대안은 인력, 자산, 설비, 시간 등의 제약요인이 목표를 달성하는데 장애요인으로 나타날 수 있으므로 철저한 분석을 통하여 평가해야 한다.

일반적인 문제는 대안을 찾아내는 것이 아니라 대안의 수를 줄임으로써 가장 유용한 것만을 분석할 수 있도록 하는 것이다. 수학적 기법과 컴퓨터를 사용하더라도 완전하게 검토될 수 있는 대안의 수에는 한계가 있다. 계획수립자들은 예비검토(preliminary examination)를 통하여 가장 유용한 대안을 찾아내도록 해야 한다.

3. 각 대안의 평가

대안평가에서는 어떤 대안이 목표를 달성할 수 있는 성공가능성을 가지고 있는지를 평가해야 한다. 이는 특정 조직의 목적과 목표, 가치 등을 실행하기 위하여 구체화된 지침을 가지고 평가해야 한다. 따라서 대안평가는 상식선에서 추구할 수 있는 것으로 모든 구성원들이 목표를 향해서 일할 때 목표 달성에 장애가 되는 사항을 스스로 제외시켜야 한다.

여러 개의 대안적 행동에 대한 강점과 약점을 검토하고 목표를 효율적으로 달성할 수 있는 대안을 상호 비교함으로써 평가하는 것이다. 어떤 대안은 가장 이윤이 높을 것 같으나 많은 현금지출을 필요로 하고 회전속도가 느린가 하면 다른 방안은 이윤이 좀 적긴 하지만 위험이 낮을 수도 있다.

이러한 평가를 객관적으로 수행하기 위해서는 전반적인 내용을 잘 나타낼 수 있도록 주제를 명확히 해야 하고 전반적인 평가항목을 자세히 기술해야 하며 권한의 범위와 내용을 확정하고 평가를 지원할 수 있는 평가 규범을 작성해야 한다.

4. 최적 대안의 선택

기업은 의사결정에 고려되는 대안을 평가하여 최적 대안을 선택하기 위한 의사결정을 해야 한다. 경영자들은 대안의 선택에서 대안적인 행동방안을 탐색하고 검토한 후에 모든 가능한 대안들 중에서 목표와 관련하여 최대의 성과를 낼 수 있는 대안을 선택해야 한다.

5. 선택된 대안의 실행계획 수립

최적의 대안이 선택되면 이를 실행할 장·단기적이고 전략적·전술적 계획을 수립하게 된다. 최적 대안이 선택되면 기본계획을 지원하고 보완하기 위한 파생계획을 수립해야하는 것이다. 항공회사가 일단의 신형 항공기를 도입하기로 결정했다는 것은 곧 여러 개의 파생계획을 세우라는 신호이며 각종 목적에 맞는 인재의 채용과 훈련, 예비 부품의 구입, 비치, 정비시설의 개발과 취항 일정, 광고, 금융 및 보험 등에 관한 파생계획을 수립해야 한다는 것을 알리는 신호인 것이다.

6. 실행

실행은 수립된 계획을 효율적으로 수행하여 목표를 달성하는 것이다.

제 3 절 계획화의 기법

계획화는 경영의 순환과정에서 첫 단계로서 성공적인 경영을 위한 핵심적인 요소이다. 계획화에 이용되는 기법은 예측법, 상황대응계획법, 시나리오계획법과 같은 예측기법과 벤치마킹, 참여적 계획법 등이 있다〈표 10-1〉.

〈표 10-1〉 계획화에 이용되는 기법

계획화 자료의 기반	계획화 기법
예측	- 예측법 - 상황대응계획법 - 시나리오계획법
외부조직	- 벤치마킹
내부 구성원들	- 참여적 계획법

1. 예측법

예측법(forecasting)은 미래에 어떤 일이 발생할 것인지에 관한 가정을 만드는 과정이다. 일반적으로 계획이 미래의 문제이기 때문에 좋은 계획은 명시적이든 묵시적이든 정확한 예측을 전제로 한다. 따라서 경영자는 계획을 수립할 때 위험이 내포되어 있는 외부의 환경예측자료를 있는 그대로 활용하는 것보다는 전문가들의 예측, 공표된 각종 예측자료, 각종기관의 예측자료 등을 활용해야 하며 계획화는 이러한 자료를 근거로 경영자 자신이 예측한 자료를 바탕으로 수립해야 한다.

2. 상황대응 계획법

계획화는 미래의 예측 자료를 바탕으로 수립되기 때문에 미래의 불확실성이 커질수록 계획은 비효율적일 가능성이 커진다. 상황대응계획법(contingency planning)은 환경 변화로 인하여 당초 계획이 부적절한 것으로 판단되었을 때 새로운 환경에 적절히 대응할 수 있도록 내안을 찾아 행동을 수정하는 단기간의 예측기법이다.

3. 시나리오 계획법

시나리오계획법(scenario planning)은 미래에 전개될 여러 시나리오를 예측하고 각 시나리오에 대응하는 계획을 수립하는 장기간의 예측기법이다. 기업이 계획을 수립할 때 다양한 시나리오를 준비할수록 미래 환경변화에 유연하게 대처할 수 있다.

4. 벤치마킹

벤치마킹(benchmarking)은 현재의 성과를 비교하고 미래에 취할 수 있는 행동을 식별하는데 외부적인 비교기준을 활용하여 도움을 받는 기법이다. 이 기법의 목적은 다른 기업이 어떻게 잘하고 있는지를 파악하고 이를 자신의 기업에서 어떻게 효율적으로 활용할 것인지를 결정하는 것이다.

5. 참여적 계획법

참여적 계획법(participatory plan)은 기업이 수립한 계획에 영향을 받고, 이를 수행해야 하는 구성원들이 계획화 과정에 참여하는 기법이다. 이러한 방법은 계획을 수립할 때 다양한 계층의 구성원들이 많이 참여하면 할수록 활용 가능한 정보의 양이 많아지고 창조성이 향상되어 조직에 많은 이익을 제공할 수 있다.

제 4 절 전략적 계획화 기법

전략적 사고는 의사결정을 내리고 행동했을 때 일어날 수 있는 결과에 관심을 갖고 신중하게 생각하는 것이다. 전략적 사고로 접근하는 가장 좋은 방법은 개인과 회사 양측을 동시에 고려하는 것이며 경영자의 유일한 자산을 자신과 회사를 위해 가치 있는 결과가 나오도록 정신적, 정서적, 신체적 에너지를 사용하는 것이다.

경영전략은 기업의 목표달성을 위해 의사결정이 긴밀하게 결합되고 통제되게 하는 것으로 기업 활동을 계획하고 실행하기 위해 의사결정 시스템을 구축하는 것이다. 마이클 포터(M. Porter)는 경영전략을 기업의 경쟁우위를 구축하고 구체적인 경쟁방식을 선택하는 의사결정 행동이며 기업의 여러 활동을 결합하여 독점하고 가치 있는 전략적 지위(strategic position)를 창출해 내는 것이라고 하였다.

1. 경쟁우위전략

1) 경쟁우위의 중요성

대부분의 기업들이 리엔지니어링, 다운사이징, 간접인력감축 등 경영혁신활동을 추진해 왔다. 즉, 경영자들은 유행하는 경영혁신기법을 경쟁적으로 도입하여 적용하고 있다. 또한 전사적 품질관리(total quality management), 시간기준 경쟁(time based competition), 벤치마킹(benchmarking) 등 다양한 경영혁신기법을 한꺼번에 묶어서 경영현장에 투입하기도 한다.

이러한 경영혁신기법은 대부분 경영현상의 개선, 즉 운영의 효과를 개선하는데 초점을 맞추고 있다. 이러한 현상은 소비자들을 대상으로 차별화된 가치를 제공하는 독특한 선택을 지닌 기업만이 살아남을 수 있는 시대이기 때문이다. 모든 기업들이 동일한 변수를 갖고 경쟁하게 되면 기준이 점점 높아지고 그 결과 어떤 기업도 완전한 경쟁력을 갖기 힘들어 결국은 지속적으로 경쟁우위를 창출하는 것이 전략의 기본이 된다.

최근 전략적으로 생각하고 행동하는 능력이 위축되어 있는 기업들이 많다. 많은 미국 기업들이 단기적인 사고에 젖어 즉각 결과를 얻어내는 방법을 찾기에 혈안이 되어 있다. 그래서 인력을 삭감하거나 장기적으로 기업의 가치를 증가시킬 수 있는 제품이나 기능까지 아웃소싱(outsourcing)하는 우를 범하고 있는 것이다.

2) 경영전략의 원칙

현대 기업들이 경영전략을 구축하는 중요한 원칙 4가지가 있다.

- 좋은 전략은 산업의 구조적인 변화와 산업 내에서의 경쟁위치를 고려한 전략이다. 기존 산업이 지닌 매력성이 기업의 경영성과에 커다란 영향을 미치기 때문에 이러한 상황은 전략의 좋고 나쁨과는 비교가 되지 않는 원천적인 요소인 것이다. 어떤 기업이 불경기에 수익성이 나쁜 산업에 진출한다면 그 산업 내에서 아무리 좋은 전략을 실행하여 경쟁력을 확보하고 있다 하더라도 수익성은 좋지 못할 것이다. 경영자들은 산업의 특성을 파악해 산업의 미래를 제대로 읽어 내는 것이 성공의 열쇠라는 사실을 명심해야 한다.
- 선도기업은 해당 산업에서 최적화에 성공한 기업이 아니라 해당 산업의 형태를 바꾸고 산업의 특성을 새롭게 정의하는 기업이다. 문제는 정의된 산업의 특성을 어떻게 자사에게 유리한 환경으로 전환시킬 것인지 하는 것이다. 선도 기업은 기존 산업구조에 그대로 적응하지 않고 산업에 영향을 끼쳐서 산업을 재편하도록 시도하는 기업이다. 여기서 성공의 열쇠는 경쟁의 본질을 자기 회사의 특성에 맞게 바꿔서 스스로 운명을 개척해 나가는 것이다.
- 좋은 전략은 어떤 계층의 고객들에게 독특한 가치를 제공함으로써 시장에서 독특한 위치를 점유하는 전략이다. 모든 고객들에게 모든 것을 모두 다 훌륭하게 제공할 수 있는 기업은 없다. 즉, 고객에게 제공하려는 가치가 무엇인지를 분명히 정의해 놓아야 한다. 표적 고객층이 다양할 경우에도 원하는 가치를 모두 제공하기보다는 다양한 고객들의 욕구에서 공통분모를 찾아 그 욕구를 독특한 방법으로 충족시켜 주는 것이 좋다.

- 차별화를 하더라도 가치를 제공하는 방법이 상호보완관계를 이루도록 경쟁사와 차별화해야 한다. 만약 방법에 차별화가 어렵다면 다른 회사가 비용을 들이지 않고 모든 것을 쉽게 모방할 우려가 있어 결국에는 상호 파괴적인 경쟁으로 치다를 우려가 있기 때문이다. 동일한 고객을 대상으로 같은 방법을 가지고 경쟁하는 것은 실패하기 쉽다. 일반적으로 기업들은 모든 분야에서 항상 세계 최고를 지향하는 태도가 자사가 제공하는 제품 범위와 가치 범위를 지나치게 좁게 인식할 심리적 위험을 내포하고 있고 실패가 두려워서 선택을 꺼리는 경향이 있는데 이는 전략 창출에 커다란 장애가 될 수 있다.

3) 변화에 대한 적응

기업은 고객의 욕구가 변하고 기술이 변하고 경영관행이 변화하기 때문에 이에 신속하게 적응해야 한다. 운영효과를 개선하는 분야에서 엄청난 변화가 일어나고 있기 때문에 경영의 질을 개선하는 것과 경쟁지위를 전환시키는 것은 다른 문제임을 인식해야 한다. 즉, 서비스 배달과정이 시대에 뒤떨어져 있다면 이를 묵과할 수 없기 때문에 새로운 방법과 기법, 아이디어를 총동원하여 개선해야 한다.

전략의 연속성을 유지하는 것과 운영효과를 개선하는 것이 동시에 이뤄져야 하는데 전략적 지위(strategic position)의 선정은 경쟁사와 구분되는 독특한 목표를 세우는 것으로 경쟁사와의 관계가 상호보완적이어야 함을 인식해야 한다. 이러한 조건을 만들어내기 위해 제공하는 제품과 가치의 핵심이 연속성을 유지해야 하는 것이다.

2. 사업포트폴리오전략

1) 산업 내 경쟁분석

산업조직론 관점에서 포터(M. Porter)는 경쟁의 범위를 넓게 보았다. [그림 10-4]에서 보듯이 기존 동종 업종에서 사업하는 기업 간의 경쟁을 넘어서 산업 내에 참여하는 공급자와 구매자, 잠재적인 진출기업 및 기존의 대체 제품 생산자들 전체가 기업의 잠재수익에 중대한 영향을 미치는 경쟁자임을 잘 밝혀주었다.

[그림 10-4] 산업 내에서 경쟁을 유발하는 요인들

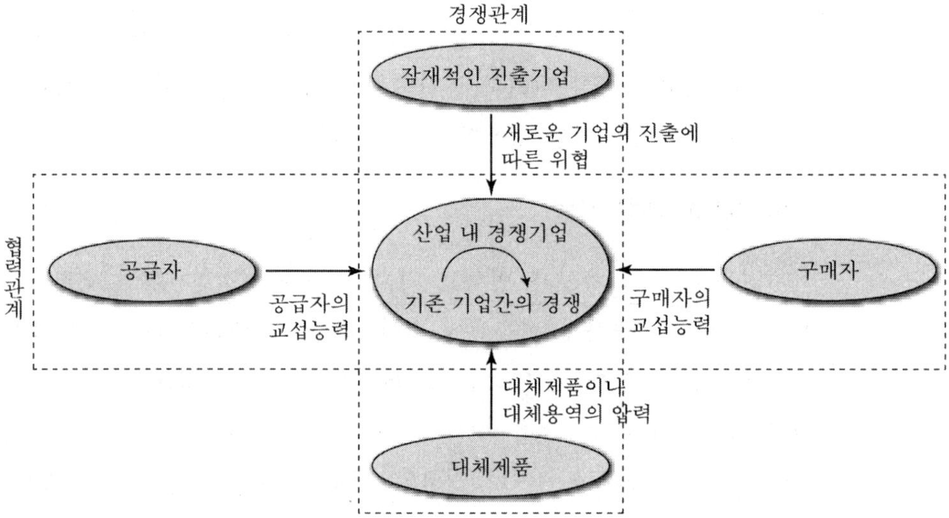

자료원: M. Porter, *Competitive Strategy*, Free Press, 1980. p. 14. 수정

(1) 기존 기업 간의 경쟁분석

시장에서 기존 기업 간의 경쟁은 유사한 업종에서 사업을 하기 때문에 항상 치열할 수밖에 없다. 이러한 경쟁은 가격이나 광고, 신제품 진수, 고객서비스나 제품보증 등의 형태로 전개된다.

기존 기업 간의 경쟁은 이러한 요인에 따라 경쟁강도가 결정되고 있다. 즉, 경쟁력이 비슷한 기업이 많을수록 산업의 성장률이 완만할수록 고정비용과 재고비용이 클수록 부가가치가 클수록 제품의 차별성이 적고 교체비용이 적을수록 정보차원이 복잡하고 경쟁자가 다양할수록 해당 산업에 대한 전략적 이해관계가 클수록 철수장벽이 높을수록 경쟁은 보다 치열해진다.

(2) 잠재적인 진출기업의 위협분석

새로운 진출기업이 시장의 특정 산업에 진출할 때는 새로운 능력과 시장을 확보하려는 강한 의욕 및 상당한 자원을 가지고 진입하게 된다. 이 때는 그 산업의 진입장벽과 기존 기업들의 대응에 따라 진출기업의 폭이 결정된다. 즉, 진입장벽이 높고 새로운 진출기업에 대한 기존 기업들의 보복적 대응이 강할 경우 신규진입이 주는 위협요인은 미약할 것이다.

이러한 진입장벽은 절대적인 원가우위, 규모의 경제, 제품 차별화, 상표인지도, 소요자본, 교체비용, 유통경로의 접근성, 규모와 무관한 비용 상의 불리함, 정부의 정책, 예상되는 보복 등이 있으며 이들이 클수록 신규 진입이 어려워지게 되어 경쟁이 억제된다.

(3) 공급자 교섭력 분석

공급자가 구매자보다 유리한 상대적 지위를 점유하고 있는 경우에 가격인상이나 판매하는 제품의 질을 떨어뜨리겠다는 위협을 통해서 공급자가 교섭력을 발휘할 수 있다. 공급자들이 강력한 힘을 지니게 만드는 여건은 구매자들을 강력하게 만드는 상황과 유사한 형태를 보인다.

이러한 공급자의 교섭력을 결정하는 요인은 산업 내 전반적인 구매에 대한 상대적 비용, 원가 또는 차별화에 대한 투입요소의 영향, 후방 통합의 위협과 대비된 전방 통합의 위협, 투입요소의 차별화, 산업 내 공급자 및 기업들의 교체비용, 공급자의 집중, 공급자 매출 비율의 크기 등이 있다.

이러한 공급자의 영향력을 결정하는 여건들은 주변 상황에 따라 변화할 수 있으며 기업이 통제할 수 없는 경우가 많다.

(4) 구매자 교섭력 분석

구매자들은 가격 인하, 품질 향상 및 서비스 증대를 요구한다. 가격

인하의 목소리는 산업의 수익성을 감소시킬 수 있기 때문에 구매자의 교섭력이 경쟁을 좌우할 수 있다. 즉, 특정 산업의 구매집단이 경영활동에서 어느 정도 상대적인 비중을 지니는지에 따라 달라진다.

이러한 구매자의 교섭력을 결정하는 요인은 구매자 집중도와 기업 집중도, 구매자 정보, 후방 통합 능력, 대체재의 존재 등이 있다. 즉, 구매자의 가격민감성은 가격/총구매량, 제품차별화 정도, 상표인지도, 품질 성과에 대한 영향, 구매자 이익 등에 의해 결정된다. 이러한 요인들은 시간이 흐르거나 기업의 전략적 결정에 따라 변화하게 되며 주변 여건이 변화하게 되면 구매자들의 힘도 커지거나 작아지게 된다.

(5) 대체품의 위협 분석

산업 내의 기업들은 대체품을 생산하는 기업들과 경쟁을 벌이고 있기 때문에 경영자들은 경쟁의 범위를 포괄적으로 보아야 한다. 대체품의 위협을 중시하는 기업은 대체품이 특정 산업의 수익을 잠재적으로 제한하기 때문에 경쟁의 범위를 넓게 보는 것이다.

이러한 대체품 위협의 결정요인은 대체품의 상대적 가격, 교체비용, 대체품에 대한 구매자 성향 등이 있다. 즉, 설탕 제조업자는 옥수수 시럽으로부터 경쟁 압력을 받고, 섬유 유리 단열재 생산업자는 스치로폴로부터 경쟁 압력을 받으며, 경비용역산업은 전자경보장치로부터 극심한 경쟁 압력을 받고 있기 때문에 수익률 향상에 제약을 받는다. 또한 수동타자기는 전동타자기에게 그리고 퍼스널 컴퓨터에 의해 대체되어 버렸다.

지금까지 논의한 경쟁요소 중에서 구매자와 공급자는 기업의 전략에 따라 제휴를 맺거나 네트워킹의 대상이 될 수 있다. 즉, 경쟁의 대상으로만 파악하지 말고 협력의 대상으로 파악하는 전략을 구축하는 것이 필요하다.

그러나 기존 경쟁자와 잠재적 진출기업, 대체품은 경쟁의 대상이 되어 경쟁관계가 성립되는 것이다. 이러한 산업구조를 결정하는 경쟁요인들은 서로 동태적으로 연결되어 있기 때문에 상호관련성과 동태적인 관계를 분석해야 산업구조를 정확히 파악할 수 있다.

3. BCG매트릭스전략

BCG 매트릭스는 미국의 경영자문회사인 보스톤컨설팅그룹(Boston Consulting Group)에서 개발한 기법으로 시장 성장률과 상대적 시장 점유율을 기반으로 한 매트릭스이다. 이는 기업의 외적 요인인 시장 성장률과 기업의 내적 경쟁능력인 상대적 시장점유율의 두 차원에서 각 전략적 사업단위(SBU : strategic business unit)의 지위를 포지셔닝하여 새로운 전략을 구축하는 데 유용한 기법이다. 시장성장률이 낮으면 상대적으로 이익을 얻을 기회가 적기 때문에 시장의 매력성이 떨어지고 시장성장률이 높아서 이익을 얻을 기회가 많으면 시장매력성이 높아지는 것이다. BCG 매트릭스는 전략적 사업단위를 4가지 유형으로 구분하고 있다(그림 10-5).

[그림 10-5] BCG 매트릭스

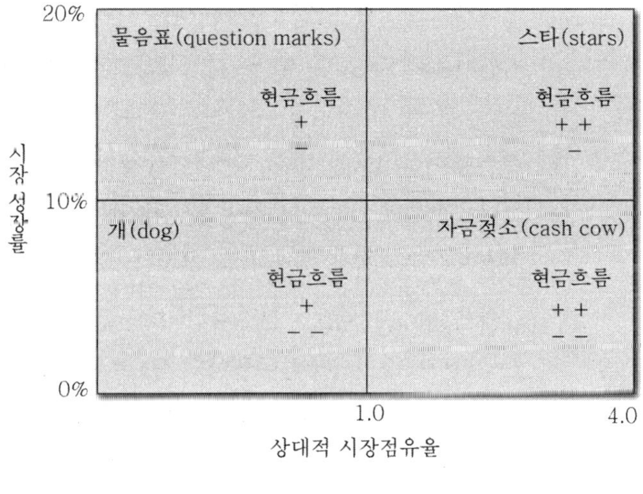

[그림 10-5]에서 세로축은 각 전략적 사업단위가 속해 있는 시장성

장률로 매력도를 나타내고 가로축은 동일 산업에서 최대 경쟁자의 시장점유율에 대한 자사 전략적 사업단위의 상대적 시장점유율이다. 즉, 사업의 성장률과 상대적 시장점유율로 알 수 있는 기업의 상대적 경쟁지위관계를 보여주고 있다.

- 스타(star) : 고성장-고점유율로 대변되는 전략적 사업단위로서 현금 흐름의 차원에서 볼 때 많은 자금유입이 이루어지는 반면에 고성장에 따르는 많은 자금유출이 이루어지고 있어 현금흐름의 측면에서 자체적인 균형을 이룰 수 있는 사업이다. 그러나 현금유출입의 균형은 시장점유율의 지속여부에 따른 투자전략의 변화에 의해 좌우된다.
- 자금젖소(cash cow) : 저성장-고점유율로 대표되는 전략적 사업단위로서 현금을 창출하는 자금젖소 부문은 강한 경쟁적 지위와 낮은 성장률을 갖는 영역인데 이 사업은 시장기반이 잘 형성되어 있고 낮은 원가로 생산하는 지위에 있다. 그러므로 이러한 기업의 제품은 기업운영에 필요한 자금을 공급할 수 있다. 이러한 유형은 성장속도가 느려서 새로운 투자기회가 많지 않은 사업이다. 반면에 고점유율에 따른 자금유입이 활발하게 이루어져 기업 내의 다른 투자안이나 R&D를 위한 자금원으로 활용되고 있다.
- 물음표(question mark) : 고성장-저점유율로 대표되는 전략적 사업단위로서 시장의 성장속도가 매우 빠르지만 상대적으로 시장점유율이 낮은 사업이다. 물음표 부문에 속하는 사업은 시장점유율은 낮으나 높은 성장률을 보이고 있는 부문으로 현금투자가 요구된다. 즉, 시장점유율이 낮기 때문에 자금유입 정도가 적고 이익도 낮은 수준에 머물러 있지만 시장의 성장속도가 매우 빠르기 때문에 이러한 성장에 부응하기 위하여 많은 소요자금이 필요하다. 따라서 투자의 확대 또는 포기의 결정을 통해서 스타

(stars)로 갈 것인지, 개(dog)로 갈 것인지를 결정해야 한다. 여기에 속하는 사업은 높은 성장률과 강력한 경쟁적 지위를 차지하는 사업이다. 이 사업들은 높은 성장률과 이익을 얻을 기회를 갖고 있다.

- 개(dog) : 저성장-저점유율로 대표되는 전략적 사업단위로서 시장성장률도 낮고 상대적 시장점유율도 낮은 상태에 놓인 부분이다. 시장점유율이 낮은 상태에 있기 때문에 경험곡선을 충분히 기대할 수 없고 시장 성장률이 저조하기 때문에 점유율을 늘리기 위한 노력에 막대한 비용이 들게 된다. 따라서 현금흐름의 극대화를 위한 최소 수준까지 원가를 줄이는 노력이 수반되어야 하고 단기적으로 시장에서 철수하는 전략을 사용하기도 한다.

이러한 BCG의 성장률-점유율 매트릭스는 현금흐름에 대한 관리문제를 해결하는 기법이다. 즉, 각 사업단위가 현금을 유출시키는 역할을 하게 되는지 또는 현금유입의 역할을 하는지에 따라 현금흐름의 내적 균형이라는 목표달성을 위한 의사결정을 필요로 한다.

이와 같이 BCG 매트릭스는 현금흐름에 초점을 맞추어 현금흐름을 최대화하는 것이 목표를 달성하는 것으로 간주하였다. 포트폴리오 매트릭스는 전략적 사업단위를 중심으로 조직화되어 있는 수개의 사업부문을 가진 대기업을 위해 개발된 것이다.

이 포트폴리오 분석은 1970년대에 널리 유행했지만 지나치게 단순화되었다는 등의 비판이 있다. 또한 성장률을 기준으로 하기 때문에 산업의 매력을 평가하는 데는 불충분한 것으로 평가되고 있다. 마찬가지로 경쟁적 지위를 측정하는 기준이 되는 시장점유율 또한 부적절한 기준이 될 수 있다. 따라서 현금흐름의 최대화가 수익률의 최대화가 아니기 때문에 이러한 문제점을 보완하기 위해 나타난 기법이 GE/Mckinsey 매트릭스이다.

4. GE/Mckinsey 매트릭스

제너럴 일렉트릭사(GE)와 컨설팅회사인 맥킨지사에 의해 개발된 이모형은 시장점유율이나 시장성장률보다 더 포괄적인 개념을 사용하고 있다. 산업매력도를 구성하고 있는 요인들은 크게 시장요인, 경쟁요인, 재무적 요인, 경제적 요인, 기술적 요인, 사회적 요인, 정치적 요인으로 나누어진다. 각 요인은 보다 세분화된 요소들에 의해 구성되고 이들의 조합으로 산업매력도를 나타낸다. 이들 변수를 통해 소집단을 분석하는 것이 산업매력도-사업위치도 매트릭스이다[그림 10-6].

[그림 10-6] GE/Mckinsey 매트릭스

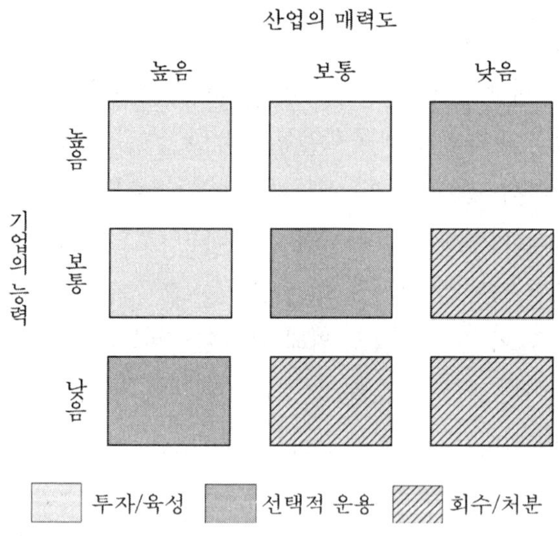

시장에 대한 전망은 성장률뿐만 아니라 시장규모, 고객의 욕구충족 수준, 기술과 시장경제상황 등 여러 요소에 의해 평가된다. 또한 각 사업단위의 경쟁력도 규모와 성장률, 고객의 충성도, 유통시스템, 경영조직 등 많은 평가요소에 의해 좌우된다.

GE/Mckinsey는 사업평가 매트릭스를 작성하여 이를 전략수립 및 실행에 응용하기 위해서 환경에 대한 분석과 그에 따른 전략개발이라는 과정을 거치게 된다. 일반적으로 시장 매력도와 사업의 경쟁적 위치에 의해 분리된 각 소집단에 대해서 다음과 같은 전략을 수립할 수 있다.

- 방어적 투자 : 현상유지를 위한 투자전략
- 침투적 투자 : 현재의 경쟁적 지위를 높이기 위하여 이익을 희생하더라도 적극적으로 자원을 투입하는 전략
- 재생적 투자 : 자금유출만을 강조한 결과로 희생된 경쟁적 지위를 되찾기 위한 투자전략
- 선택적 투자 : 시장의 여러 부문에서 경쟁적 지위가 강화되어야 할 새로운 시장을 선택하여 자원을 집중 투입하는 전략
- 최저투자 : 단기적인 자금수확을 최대화하고 철수를 목적으로 자원투입을 최저수준으로 제한하는 전략
- 철수전략 : 해당 사업을 정리하는 전략

[그림 10-6]에서 9개의 소집단에 나타난 전략은 시장매력도와 경쟁적 지위에 아무런 변화가 없을 때 지속될 수 있는 전략으로서 시간의 흐름에 따른 지위 변화는 전략의 변경을 불가피하게 한다.

좌상단의 3개 부분에 속하는 사업단위는 산업의 매력도가 크고 경쟁력이 강하기 때문에 집중적으로 투자하여 발전시키는 전략을 구사하여야 할 것이다. 또한 매력도와 경쟁력이 중간인 3개 부분에 속하는 사업단위는 현상유지전략을 구사하는 것이 바람직할 것이다. 우측 하단의 3개 부분에 속하는 사업단위는 수확전략이나 철수전략 중 어느 전략을 선택할 것인지를 신중하게 결정해야 한다.

5. SWOT매트릭스 전략

최근 상황분석을 위해 SWOT매트릭스가 도입되고 있다. SWOT매트릭스는 사업포트폴리오보다 적용범위가 넓으며 강조하는 점이 다르다. 이는 기업 내의 강점(strength)과 약점(weakness), 외부 환경의 위협(threat)과 기회(opportunity)를 분석하여 전략적 계획을 수립하는 것이다.

1) 4개의 대안적 전략

외부 환경을 분석하면 기업이 활용할 수 있는 기회와 위협이 되는 요인을 파악할 수 있는데 이를 기업 내부의 강점과 약점을 대응시켜 4가지 상황이 도출되며 각 상황에 적합한 전략을 구사할 수 있다. 〈표 10-2〉는 SWOT매트릭스의 4가지 전략대안을 나타내고 있다.

〈표 10-2〉 전략 형성을 위한 SWOT매트릭스

내적 요인 / 외적요인	내부 강점(S) (strength)	내부 약점(W) (weakness)
외부 기회(O) (opportunity)	SO전략 : Maxi-Maxi -조직내 강점과 외부의 기회를 이용한 가장 성공할 수 있는 전략	WO전략 : Mini-Maxi -외부 기회의 강점을 살리고 내부 약점을 극복하기 위한 전략 개발
외부 위협(T) (threat)	ST전략 : Maxi-Mini -위협을 피하고 처리하기 위하여 내부적인 강점을 사용	WT전략 : Mini-Mini -삭감전략, 청산 또는 합작투자

- ST전략(내부 강점-외부 위협) : 이는 조직 내부의 강점으로 외부 환경의 위협에 대응하는 전략이다. 즉, 내부의 강점을 극대화하고, 외부 위협은 최소화하는데 목적이 있다.
- SO전략(내부 강점-외부 기회) : 이는 회사의 외부 기회를 이용하기 위해 내부 강점을 사용할 수 있을 때 효과적인 전략이다.

기업이 외부 환경 상의 위협요소에 직면하면 기회에 역점을 둘 수 있도록 하기 위해 내부 강점으로 위협에 대처하는 전략이다.

- WT전략(내부 약점-외부 위협) : 이는 위협과 약점을 최소화하는 것으로 합작투자나 회사 축소, 경우에 따라서는 기업을 청산하기도 한다.
- WO전략(내부 약점-외부 기회) : 이는 약점을 최소화하고 기회를 극대화하는 전략이다.

6. 본원적 경쟁전략

산업 내 경쟁분석이 이루어지면 기업은 본원적 경쟁전략을 찾아야 한다.

1) 본원적 경쟁분석

시장에서 본원적 경쟁전략을 적절하게 선정한 기업은 산업 평균 수익률보다 높은 수익률을 달성하면서 성장한다. 포터는 [그림 10-7]과 같이 투자수익률을 높이고 장기적으로 산업에서 경쟁우위를 갖기 위한 본원적 경쟁전략의 유형을 제시하고 있다.

[그림 10-7] 본원적 경쟁분석

경쟁범위 \ 경쟁우위	원가우위	차별화
산업전체	1. 원가우위전략 (overall cost leadership)	2. 차별화전략 (differentiation)
산업외 특정부분	3A. 원가집중화 (focus)	3B. 차별적 집중화 (focus)

자료원: M. Porter(1980), *Competition Strategy*, Tree Press.

(1) 원가우위전략

전략적 접근이 추구하는 목표는 대부분 경험에 근거하여 원가를 절감하는데 있다. 즉, 판매 서비스 및 기타의 여러 분야에서 원가를 계속적으로 면밀히 관찰하여 절감해 나가는 것이 필요하다. 이 전략의 목적은 경쟁기업에 비하여 낮은 비용구조를 갖게 하려는 것이다.

원가우위전략(overall cost leadership strategy)은 기업이 최저 원가를 달성할 수 있는 기업이어야 하고, 원가우위를 달성하기 위해 경쟁하는 기업이어야 성공할 수 있다는 것이다. 기업들의 원가우위는 표준화된 제품을 통하여 절대적인 원가우위를 획득하려고 하고 학습곡선이나 경험 곡선의 하향을 통하여 비용을 낮추려고 한다.

이러한 원가우위전략은 경쟁자, 구매자, 공급자, 잠재적 경쟁자 및 대체품과 같은 경쟁 강도를 결정하는 요소로부터 기업에게 이점을 제공한다. 즉, 공급자 또는 구매자의 교섭력은 2위의 기업이 제거될 때까지만 이익을 감소시키며 이때 효율적이지 못한 기업이 가장 먼저 어려움을 겪게 된다.

(2) 차별화전략

원가우위전략(overall cost leadership strategy)을 추구하는 회사는 해당 산업분야에서 상품과 서비스와 관련하여 독특한 것을 시장에 내놓으려 한다. 포르쉐(Porsche)의 스포츠카는 특별한 것이며 카터필러(Caterpillar)사도 신속한 서비스와 예비 부품의 준비로 차별화하고 있다.

차별화전략은 기업이 제공하는 제품이나 서비스를 차별화하여 구매자에게 독특하다고 인식될 수 있는 제품을 창출하는 것이다. 이러한 차별화전략에서 발생하는 추가비용을 능가하는 부가가치를 얻을 수 있으며 산업 내에서 창출하고 유지하는 차별화를 통해 평균 이상의 성과를 얻을 수 있다. 차별화의 전략적 논리는 경쟁자와 상이한 속성을 선택하는 것이다.

이러한 차별화전략은 산업의 전체 시장을 대상으로 하는 전략이기 때문에 높은 시장점유율과 양립할 수 없다는 것에 유의해야 한다. 차별화는 독특하게 인식될 수 있는 제품을 창출하는 것이기 때문에 차별화를 이루기 위해서는 광범위한 시장조사, 제품설계, 양질의 원자재 등을 사용해야 한다. 즉, 이는 많은 비용의 발생으로 인하여 원가가 높아질 수 있어서 유의해야 한다.

차별화의 방법은 기술적 차별화와 마케팅 차별화가 있는데, 전자는 제품의 품질이나 디자인 기술 등과 같은 기술요인에 의한 차별화이고 후자는 상표이미지, 광고, 고객서비스 등과 같은 마케팅활동에 의한 차별화를 말한다.

(3) 집중화전략

집중화전략(focus strategy)은 어떤 특수한 고객층, 특별한 제품 종류 또는 어떤 특정지역 등에 회사의 노력을 집중시키는 전략이다. 즉, 상품이나 서비스를 전체적으로 산업에 맞추기보다는 시장의 특별한 부분을 강조하는 것이다. 이는 저원가 전략과 차별화 전략에 의해 또는 이 두 전략을 동시에 수행함으로써 달성될 수 있을 것이다.

집중화전략은 특정시장, 특정 구매자 집단이나 특정 지역을 집중적으로 공략하는 것이다. 이것은 광범위하게 경쟁하는 경쟁기업보다 좁은 시장을 중점적으로 공략하는 것이 효율적임을 전제로 한다. 이는 원가 집중화전략과 차별적 집중화전략으로 나눌 수 있다.

전자는 표적시장에서 원가우위를 추구하고, 후자는 집중화하려는 기업의 표적시장과 산업 내의 다른 세분시장 간에 차이점이 존재할 때 적용이 가능하다. 기업들이 집중화를 달성하면 이를 통하여 경쟁우위 원천을 방어할 수 있기 때문에 산업에서 평균 이상의 이익을 올릴 수 있다.

2) 본원적 경쟁전략의 위험분석

기업은 본원적 경쟁전략의 속성을 유지하기 위해 전략의 모방을 어렵게 하는 장벽을 갖고 있어야 하지만 이러한 장벽은 무너질 수 있기 때문에 기업이 지속적인 경쟁적 지위를 획득하기 위해 투자함으로써 경쟁자에게 장벽이 끊임없이 높아지거나 이동하고 있음을 보여 주어야 한다.

이러한 본원적 경쟁전략은 경쟁기업에게는 잠재적 위협으로 작용할 수 있지만 〈표 10-3〉과 같은 위험이 존재한다는 사실을 명심하여 사용해야 한다.

〈표 10-3〉 본원적 경쟁전략의 위험분석

원가우위전략의 위험	차별화전략의 위험	집중화전략의 위험
• 원가우위가 지속적이지 못할 경우 · 경쟁자의 모방 · 기술의 변화 · 원가우위를 변화시키는 기타 요인들 • 차별화의 유사성이 소멸될 경우 • 원가 집중화 기업이 더 낮은 원가를 성취할 경우	• 차별화가 지속적이지 못할 경우 · 경쟁자의 모방 · 구매자에게 차별화가 중요하지 않도록 만드는 요인들 • 원가적으로 유사성이 소멸될 경우 • 차별적 집중화 기업이 더 큰 차별화를 성취할 경우	• 차별화전략이 요망될 경우 • 구조적으로 목표시장이 매력성이 감소될 경우 · 구조적 침식 · 수요의 감소 • 광범위한 시장을 담당하는 경쟁자가 세분산업을 장악하는 경우 · 기타 인접 세분산업과 차이 · 광범위한 라인의 이점 증가 • 새로운 집중화 기업이 더욱 세분화를 달성할 경우

자료원 : 윤훈현 · 오장균(2008), 『글로벌마케팅』, 형지사, p. 85.

본원적 경쟁의 개념은 산업구조에 따라 경쟁우위를 얻는 방법이 여러 가지 있을 수 있다. 따라서 본원적 경쟁전략은 기업이 차별화나 집중화를 위하여 상이한 기반을 선택하거나 상이한 전략을 추구하면 일정 수준의 수익성을 유지할 수 있다.

〈표 10-3〉에서 보듯이 본원적 경쟁전략의 위험분석을 보면, 원가우위전략의 위험은 원가우위가 지속적이지 못할 경우 경쟁자의 모방, 기술의 급격한 변화, 원가우위를 변화시키는 기타 요인 등이 나타날 위험이 있다.

차별화전략의 위험은 차별화가 지속적이지 못할 경우 경쟁자의 모방, 구매자에게 차별화가 중요하지 않도록 만드는 요인들이 발생할 수 있고 원가적으로 유사성이 소멸될 경우, 차별적 집중화 기업이 더 큰 차별화를 성취할 경우 등의 위험성이 있다.

집중화전략의 위험은 차별화전략이 요망될 경우 구조적으로 목표시장의 매력성이 감소될 경우는 구조적 침식과 수요의 감소가 나타날 수 있고, 광범위한 시장을 담당하는 경쟁자가 세분산업을 장악하는 경우에는 기타 인접 세분산업과 차이, 광범위한 라인의 이점이 증가하고, 새로운 집중화 기업이 더욱 세분화를 달성할 경우 등의 위험성이 있다.

제 5 절 고객관계관리

1. 고객관계관리의 의의

정보기술의 발전은 기업들이 방대한 데이터베이스를 구축할 수 있도록 하였고 고객의 중요성과 전략적 활동성에 대한 기업의 인식을 변화시켜왔다. 또한 이를 수용하기 위한 정보인프라의 발전이 가속되면서 고객관계관리가 기업경영의 핵심으로 부각되고 있다.

고객관계관리(CRM: customer relationship management)는 디지털을 기반으로 기업과 고객과의 관계를 효율적으로 관리하는 것으로 인터넷, 데이터베이스 등을 활용하여 실제 가치를 추구하는 일부 고객을 표적화하고 체계적으로 관리하는 것이다. 즉, 기업이 제품이나 서비스를 구매하는 고객과 커뮤니케이션을 최적화하는 전략이다.

고객관계관리는 신규 고객의 확보, 기존 고객의 유지 및 고객의 수익성을 증대시키기 위하여 지속적인 커뮤니케이션을 통해 고객행동을 이해하고, 고객에게 영향을 미치기 위한 광범위한 접근을 말한다.

2. 고객점유 중시전략의 실행

1) 포트폴리오에 따른 고객집단의 차별화

고객관리를 간소화하기 위해서는 고객들을 세분화할 필요가 있다. 고객 관리자는 고객의 거래 증가에 관한 책임이 있기 때문에 이러한 작업에 필요한 활동이나 커뮤니케이션에 유리하게 고객 포트폴리오가 작성되어야 한다. 고객 관리자는 관리하는 포트폴리오에서 나타나는 문제에 대한 해결이나 기회 설정에 관한 책임을 부여할 필요가 있다.

그래서 나타나는 문제, 자사와의 관계, 제품에 대한 태도가 동일한 고객을 하나의 포트폴리오에 할당해야 한다. 이러한 포트폴리오가 작성되면 고객 관리자의 업무는 명확하게 관리될 수 있다. 고객관리의 가장 간단한 방법은 개별 고객의 거래상황에 따라 고객을 세분화하는 것이다. 가장 평생가치가 높다고 생각하는 고객에는 특전을 제공하는 등 특별하게 대우하는 것이다.

우량고객의 포트폴리오 관리가 가장 효과적인 것은 공통의 문제나 기대를 포함하고 있는 경우 충분한 시간이나 배려를 제공하는 여유와 개별 고객에게 친근감을 느끼도록 하는 것이다. 우량고객을 대상으로 포트폴리오를 작성하는 것이 의미가 있으려면 누가 어떤 거래에 적합한지 하는 것이 최대 관심사이다. 고객감소 방지나 고객을 유지하려면 가장 중요한 고객에게 가장 큰 관심을 보여야 한다. 그래서 개별 고객을 미래적 가치에서 포트폴리오로 고객을 세분화하여 특별대우를 제공할 때 고객을 차별화하는 하나의 방법이 된다.

2) 고객 관리자 권한의 명확화

고객 관리자는 제품의 품질이 가장 중요하다. 고객식별 마케팅은 고객의 욕구에 맞는 제품의 품질이 기본이기 때문이다. 그래서 고객 관리자의 목표는 이러한 제품을 가지고 목표 고객에게 최대의 만족을 제공하는 것이다. 그러나 사업거래 점포의 경우 고객 수가 수십 명에서 패키지 제품의 경우는 수백만 명에 이르기까지 다양하고, 제품 범주와 고객의 기대 수익도 모두 다르다.

고객 관리자는 개별 고객에게 최대의 만족을 제공하기 위해 제품을 개선하고 신속한 배송을 도모하는 등 고객이 직면하고 있는 문제를 해결하여 고객 만족을 창출해야 한다. 또한 이러한 고객의 욕구를 공장이나 제품 관리자에게 전달해야 한다. 고객 관리자는 손익에 대해 책임을 져야하는 계열 관리자이기 때문에 제조부문, 제품 관리자, 마케팅서비스 관리자들은 고객 관리자가 고객에게 많은 기회를 제공할 수 있도록 협력을 통하여 문제해결을 위한 도움을 주어야 한다.

3. 고객관계관리의 필요성

고객관계관리(CRM)는 전사적으로 고객과 고객 정보에 대한 마인드 자체를 바꾸고 개선하며 집중적이고 지속적인 관리를 한다면 완전한 정착단계를 이룰 수 있을 것이다. 즉, 고객관계관리는 고객, 정보, 사내 프로세스, 전략, 조직 등 경영전반에 걸친 관리체계이며 이는 정보기술이 기반이 되어 구성된다. 고객관계관리는 다음 5가지 필요성에 의해 대두되었다.

- 변화하는 시장 환경에 적응하기 위해서이다. 이는 변화하는 시장 환경에 적응할 수 있도록 마케팅의 방향, 환경, 제도를 바꾸는 방안으로 고객관계관리가 필요하게 되었다.
- 기존 고객의 유지에 효율적이다. 이는 현재 기업들이 대부분 기존 고객관리보다는 신규 고객의 유치에만 초점을 맞추고 있으며, 기존 고객의 요구를 제대로 파악하지 못하고 있기 때문에 고객의 정보는 많으나 고객을 이해하기 위한 방안이 없어 많은 고객관리에 대한 문제점을 지니고 있었다.

- 고객을 파악하는 시스템의 미비이다. 이제까지 개별 고객의 욕구를 파악할 수 있는 시스템이 미비하였다. 그러나 정보기술과 네트워크기술이 발전함에 따라 고객들의 욕구를 파악하는 기술이 다양하게 발전하였다.
- 개별 고객에게 서비스를 제공하는 방법이 결여되었다. 이는 지속적으로 고객에게 서비스를 제공할 수 있는 방법이 없었기 때문에 개별 고객에 대한 서비스를 어떻게 해야 할 것인지, 어떤 방향으로 할 것인지에 대한 방안이 필요하였다.
- 기업이 고객지향 개념으로 사고를 전환하였다. 이는 기업이 전사적으로 고객 지향적이어야 할 필요성을 갖게 되었다. 이는 점차 시장의 경쟁 상황으로 인하여 고객에 대한 관심이 높아졌고 고객을 관리해야 하는 당위성을 깨닫게 된 것이다.

4. 고객관계관리에서 평생가치의 활용

고객관계관리(CRM)에서 중요시 하는 고객의 평생가치(life time value)는 한 고객이 해당 기업의 고객으로 존재하는 전체 기간 동안 해당 기업에 제공할 것으로 추정되는 재무적인 기여도라고 할 수 있다. 그러면 고객의 평생가치는 왜 중요시되어야 하는가?

고객을 획득하는 데 들어간 비용을 회수하려면 고객과의 장기적인 관계를 유지하는 것이 유리하게 된다. 이러한 장기적인 관계를 유지함으로써 고객들로부터 얻을 수 있는 가치를 고객의 평생가치라고 한다.

1) 고객의 평생가치의 활용

고객들은 항상 최상의 구매 조건을 탐색하다가 특정 구매시점의 상황을 기준으로 판단하여 구매한다. 이러한 고객을 장기적인 관계를 유지하여 그들의 구매가치에 결정적인 영향을 미치는 고객으로 변화하는 것이 고객의 평생가치를 높이는 전략이다.

평생가치의 산정은 단순하게 평생가치를 산정하는 방법과 이러한 방법의 단점을 보완하여 만든 평생가치 모형이 있다. 단순 평생가치 모형은 고객들의 평균 구매금액을 기준으로 거래기간에 대한 구매금액을 산정하는 방식 즉, 평생가치는 평균 구매금액에 거래기간을 곱하여 산출할 수 있다.

2) 평생가치 활용의 기대효과

이렇게 평생가치를 고객세분화에 활용하면 다음과 같은 효과를 기대할 수 있다.

- 정교한 표적 고객의 선정
- 이익을 극대화하고 새로운 제품 및 서비스 개발
- 촉진 비용의 절감
- 유통경로 비용의 절감

3) 고객의 평생가치 산정 시 고려사항

고객의 평생가치를 산정할 때에는 4가지를 고려해야 한다.

- 업종과 제품의 특성을 명확하게 정의해야 한다. 업종이 다르고 제품의 성격이 다르면 이에 대한 평생가치의 산정 방식도 달라져야 한다. 즉, 마진이 매우 낮은 제품의 경우 고객과의 관계 구축에 필요한 원가를 특정 제품의 반복 구매를 통하여 회수하기 어렵고, 기술 변동성이 심한 제품의 경우 평생가치 산정에 문제가 있다.
- 표적 고객을 명확하게 해야 한다. 10대 고객인지, 20대 고객인지 고객의 생활 방식은 어떠한지에 대한 면밀한 분석이 필요하다.
- 어느 정도의 정확성을 요구할 것인지 하는 것이다. 고객의 평생가치 산정은 여러 가지 통계적인 방법이 적용되며, 적용 범위도

다르기 때문에 각각의 상황에 따른 신뢰도가 필요하다.

- 각각의 구성요소별로 다른 모형을 구축할 것인지 하는 것이다. 주요 변수가 달라지면 구축을 위한 모형도 달라져야 한다.

이러한 고려사항들을 세밀하게 고려한 후에 고객의 평생가치를 산정해야 정확한 평생가치가 가능해진다.

경영사상 열한 마당

시스템이론

1. 시스템 사고의 태동

L.V. Bertalanffy

조직연구에서 시스템 개념이 적용되기 시작한 것은 제2차 세계대전 이후이다. 시스템이론(system theory)은 베르탈란피(L.V. Bertalanffy)의 일반시스템이론, 위너(N. Wiener)의 사이버네틱스(cybernetics)이론, 캇츠와 칸(D. Katz and R. Kahn)의 개방시스템이론, OR(operations research)이나 시스템분석(system analysis) 등을 중심으로 하는 계량적 시스템이론 등을 중심으로 발전하였다.

생물학자인 베르탈란피는 현대 학문들이 지나치게 분화하는 것에 반대하여 상이한 학문적 성과들을 상호 연계시킬 수 있는 개념적 틀로서 일반시스템이론(general system theory)을 주장하였다. 이러한 시스템이론은 급변하는 환경하에서 기업이 개별 조직에 국한되는 관점보다는 조직행동에 관한 보다 폭넓은 관점의 필요성을 인식하게 되면서 시스템 접근법(system approach)을 적용하게 되었다.

2. 일반 시스템이론의 유형

시스템이론가들은 단순시스템과 복합시스템, 기계적 시스템과 유기적 시스템, 개방시스템과 폐쇄시스템 등 시스템에 대한 다양한 유형으로 발전시켰다. 시스템 구성부분들의 분화정도에 따라 단순시스템과 복합시스템으로 구별한다. 기계적 시스템은 하위 단위들 간의 상호의존성이 경직되어 있는 것을 말하고 하위 단위들 간의 결합이 느슨하여 덜 경직되어 있는 것을 유기적 시스템이라 한다. 개방시스템과 폐쇄시스템은 시스템과 환경의 상호작용이 이루어지는지 여부에 따라 분류한다.

일반시스템이론가들은 조직을 시스템의 한 유형으로 보고 기본적으로 하나의 유기적 복합시스템으로 주장하고 있다. 따라서 시스템이론은 조직을 개별적 부분으로 분해하여 검토하는 접근법을 거부하는데 조직을 상호의존적인 전체로 보아 통합된 틀 속에서 연구하는 것이 시스템이론의 특징이다.

1940년 사이버네틱스 개념의 창시자인 수학자 위너(N. Wiener)는 살아 있는 두뇌와 같이 유연하고 적응하는 행동능력을 지닌 인공물의 개발을 시도하는 과정에서 사이버네틱스의 개념을 도입하였다. 사이버네틱스 시스템은 자기규제성(self regulation)을 가장 큰 특징으로 하는데, 이들은 조직을 하나의 자기규제적 사이버네틱스 시스템으로 보고 있다. 이들에 의하면 조직은 환경으로부터 부정적 피드백에 자동으로 적응하여 시행착오와 자기수정 작용을 함으로써 균형을 유지하는 특성을 지닌다.

3. 개방시스템의 특징

캇츠와 칸(D. Katz and R. Kahn)은 개방시스템의 관점에서 조직을 설명하는 대표적인 학자들이다. 이들은 조직이 개방시스템으로서 특성을 지닌다고 주장하였다.

- 시스템으로서 조직의 생존은 환경으로부터 에너지 유입에 의존한다는 에너지의 유입(importation of energy)
- 조직시스템은 투입물을 처리하여 새로운 산출물을 만들어 낸다는 변환과정(through-put)
- 조직의 산출물은 환경으로 되돌려진다는 산출(output)
- 시스템과 환경 사이의 에너지 교환은 순환적인 성격을 띠며 조직의 산출물은 피드백에 의하여 새로운 일련의 시스템 순환과정이 시작되게 하는 원천이라는 활동의 순환으로서의 시스템(system as cycles of events)
- 모든 폐쇄시스템은 외부로부터 에너지를 공급받지 못하기 때문에 해체되거나 쇠퇴하는 경향을 갖는데 이것을 엔트로피라고 하고 개방시스템은 환경으로 내보내는 것보다 더 많은 에너지를 유입함으로써 부의 엔트로피(negative entropy)를 증가시킨다고 하였다. 생물유기체가 얻을 수 있는 부의 엔트로피가 제한되어 있는데 반해 사회시스템은 거의 무한정의 부의 엔트로피를 유지할 수도 있다.
- 시스템의 투입물에는 물리적 에너지뿐만 아니라 정보의 투입((information input)도 포함되며, 시스템이 어떤 상태로부터 이탈될 때 그것을 바로잡기 위한 행위를 촉발시키는 정보를 부정적 피드백(negative feedback)이라

하고 시스템은 복잡한 정보를 단순화하고 자기 방식으로 해석하는 것을 부호화 과정(coding process)이라고 한다.

- 시스템은 환경과의 교류 속에서도 자기규제 능력에 의거하여 규칙적인 안정상태(steady state)를 유지하고자 하며 시스템의 이러한 성격을 역동적 항상성(dynamic homeostasis)이라고 한다.
- 개방시스템은 일반적 형태나 역할을 보다 정교하고 특정화된 방향으로 분화(differentiation)하는 경향이 있으나 시스템에 대한 이해는 부분들 간의 통합적 관계를 바탕으로 하여야 한다.
- 개방시스템은 상이한 출발점과 자원, 상이한 방식에 의하면서도 동일 결과성(equifinality)을 얻을 수 있는 유연한 조직이다.

4. 시스템이론의 경영에 적용

한편 계량적 시스템이론은 조직의 운영과정을 투입-변환-산출-피드백에서의 에너지 흐름을 중심으로 계량적으로 연구한다. 이러한 분야에서는 OR, 시스템 분석, 시뮬레이션 등과 관련된 다양한 기법들이 개발되었다. 계량적 시스템이론가들이 관심을 갖는 것은 시스템의 설계를 염두에 둔 합리적 지식의 개발이라 할 수 있다.

행동과학과 자연과학 분야에 뿌리를 두고 있는 시스템이론은 조직을 개방시스템으로 보고 개방시스템(open system)과 폐쇄시스템(closed system)으로 나누어 개방시스템은 외부 환경과 끊임없이 상호 교류하는 시스템을 의미하며 폐쇄시스템은 시스템 자체 내에서 대부분의 요소를 활용하는 구조를 말한다. 그러나 폐쇄시스템은 실제로 적용하기가 어렵기 때문에 일반적으로 시스템이라고 하면 개방시스템을 의미하고 기업조직을 개방시스템으로 보았다.

시스템은 상호 연결되고 상호 작용하는 여러 하위 시스템으로 구성되어 있으며 외부 환경에서 지속적으로 자원을 제공받는 개방적이고 역동적이다. 투입·변환·산출의 과정을 되풀이 하며 피드백을 통하여 투입과 변환과정을 조정하여 균형을 유지하려고 한다는 특징이 있다.

모든 시스템은 다양한 부분에서 서로 상충되는 목표와 기능을 가지고 있다. 즉, 소비자를 만족시키기 위해 제품 사양을 조정할 필요가 있다고 주장하는 마케팅을 담당하는 부서와 현재 사양에서 품질을 높여야 한다는 생산 부서의 갈등에서 보듯이 하위 시스템 간 상충된 목표를 갖는 경우가 있다.

모든 시스템은 다양한 수단을 사용하지만 결국 하나의 목표를 추구하게 된다.

이러한 현상을 동일 결과성이라고 한다. 즉, 기업은 생존과 발전을 위해 다양한 수단을 강구해야 한다.

시스템 이론의 경영에 적용

투입(Input)		전환과정(Transformation)		산출(Output)
· 자본 · 노동 · 전략 · 정보	⇨	· 관리활동 · 관리기법의 적용 · 조직 구성원들의 활동	⇨	· 제화/서비스 · 재무적 성과 · 비재무적 성과

시스템이 환경변화에 적응하지 못하면 결국 그 시스템은 쇠퇴하거나 소멸하게 된다. 이러한 현상을 엔트로피(entropy)라고 한다. 따라서 엔트로피 현상에서 벗어나기 위해 환경변화에 적응하기 위해 시스템도 끊임없이 변화하게 된다.

개방시스템의 외부환경은 보통 자연적 환경과 사회적 환경으로 분류된다. 자연적 환경은 구체적인 요소로 공간, 자원 등을 말하며, 사회적 환경은 이해 관계자들을 비롯한 사회적 관계를 의미한다. 기업조직에서 외부환경의 가장 중요한 요소는 이해관계자들일 것이다. 이해 관계자들은 주주, 고객, 공급자, 정부 및 조직에 기득권을 가지고 있는 사람들을 말한다. 학자들은 각 조직의 특징에서 이해관계자들이 무엇을 강조하느냐에 따라 투입과 산출이 달라진다고 하였다. 만약 조직이 이해관계자들의 요구에 귀를 기울이지 않으면 조직이 추구하는 목표를 달성하기 어려울 수도 있다.

5. 시스템이론에 대한 평가

물리학과 생물학에서 오랫동안 사용되어 온 시스템이론과 시스템분석이 경영학의 이론 및 실제에 적용됨으로써 많은 공헌을 하였다. 시스템은 서로 다른 기능을 수행하는 여러 독립된 구성인자들이 전체 목적성을 달성하기 위해 유기적으로 연결되어 상호작용하는 통합체이다.

시스템적 접근법은 어떤 대상이 주어진 경우 그것에 포함하는 요소와 각 요소의 사이에 성립되는 관계를 명확히 하고 그들이 전체로 구성하는 통일체를 명확히 함으로써 대상을 해명하고자 하는 방법이다. 특히, 기업을 하나의 개방시스템으로 간주하여 환경과의 관계를 고려할 때 경영관리를 계획 · 조직 · 통제라는 시스템적으로 파악하는 접근법은 보다 나은 경영학의 이해를 위해 유용하다.

제11장 경영관리과정의 조직화

제 1 절　조직화의 의의

최근 동태적인 경영환경에서 기업은 새로운 경쟁위협과 변화하는 고객의 요구에 신속하게 대응할 수 있도록 조직구조를 설계할 필요가 있다.

1. 조직화의 의의

조직화(organizing)는 기업의 목적을 달성할 수 있도록 조직구성원들 각자의 직무와 상호간의 관계를 규정하는 것이다. 이러한 조직화는 업무를 결정하고 과업을 분할하는 것이고 직무와 구성원들의 집단화, 권한과 책임의 할당을 통해 이루어진다.

조직화 과정은 기업 내부에 존재하는 관계의 체계와 구조인 공식적인 조직구조이다. 공식조직(formal organization)은 공동의 목표와 명확한 목표를 위해 함께 일하는 둘 이상의 구성원들로 구성된다. 이러한 목표는 명확히 규정된 권한, 분업, 부문화, 관리위계, 통제범위 및 의사결정의 집중화 등이 효율적이고 효과적인 조직구조를 설계하는 데 사용된다. 조직화의 목적은 업무를 가장 효과적이고 효율적으로 수행하는데 필요한 제 요소인 인원, 방법, 자재, 자금 등을 합리적으로 배분하고 조정하는데 있다[그림 11-1].

[그림 11-1] 경영관리과정의 조직화

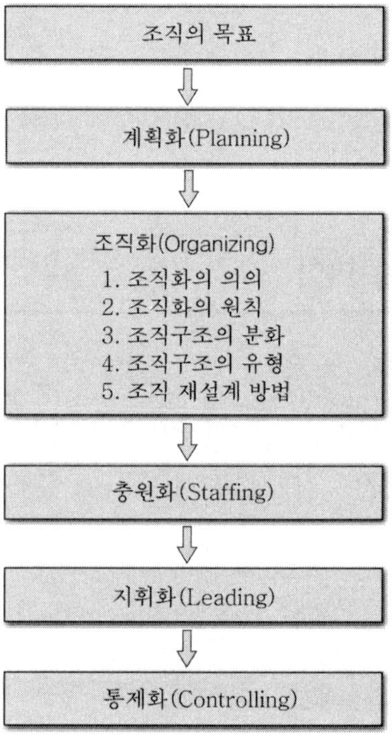

2. 조직화의 요소

기업이 목표를 효과적이고 효율적으로 달성하도록 계획화 과정을 거치면 조직의 효율성을 높이기 위해서는 조직의 합리적인 구성요소를 갖추어야 한다. 이를 위한 조직화 과정에서 고려해야 할 조작화의 요소는 다음과 같다.

1) 직무

직무(job)는 조직 구성원들이 조직의 목적을 달성하기 위해서 책임져야 하는 일정한 범위의 과업으로서 업무를 범주화시킨 것이다. 일반적으로 기업이 규모가 커지면 업무가 증가하여 업무의 분할이 일어나 직무의 전문화가 요구된다.

2) 권한

권한(authority)은 할당된 과업을 수행하는데 필요한 공식적이고 합법적인 권력이다. 기업 내에서 어떤 의사결정을 하거나 자원을 임의로 사용할 수 있는 권리가 권한이다.

3) 책임

책임(responsibility)은 조직 구성원들이 상급자로부터 받은 직무와 권한을 이용하여 목표를 달성해야 할 의무이다. 이는 조직 내에서 구성원들이 자기에게 주어진 과업을 수행하겠다고 수락할 때 내부적으로 발생한다.

4) 직위

직위(position)는 조직 구성원들이 수행해야 할 직무가 부여되면 이를 효과적으로 달성하기 위한 권한과 책임을 구체적으로 규정해야 하는데 각 구성원들에게 부여되는 조직의 기본 단위이다.

5) 상호관계의 설정

경영자의 과업 중에서 중요한 것은 삼면등가의 원칙, 즉 직무, 권한, 책임이 서로 균형을 유지하도록 하는 것이다. 권한의 중심문제는 외부수행에 관한 의사결정이며 권한 · 책임 · 의무의 관계는 삼면등가의 입장에 있다[그림 11-2].

[그림 11-2] 삼면등가의 원칙

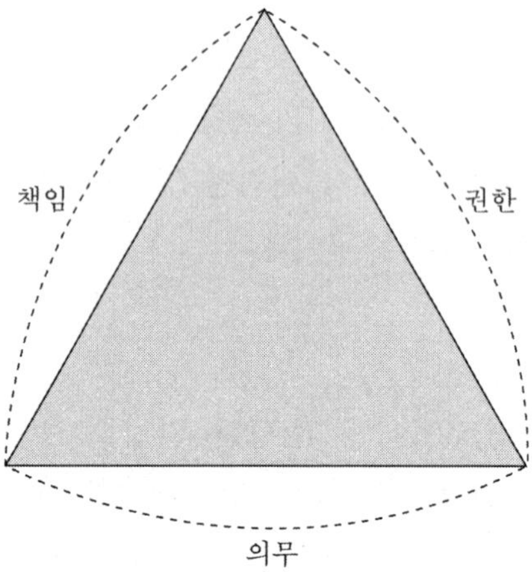

직무는 언제나 권한 · 책임 · 의무가 반드시 동등하게 수반되므로 '삼면등가의 원칙'이라고 한다. 조직이 합리적으로 구성되기 위해서는 각 직위의 상호 간에 발생되는 직무의 범위 및 권한, 책임의 중복 및 모순관계가 가능한 한 없어야 한다.

3. 조직화의 유형

1) 공식조직

공식조직(formal organization)은 공식적으로 조직된 기업에서의 의도적인 역할 구조를 말한다. 공식조직은 창조적 재능을 이용할 수 있는 자유재량과 개인적인 기호의 역량을 인정할 수 있는 융통성을 가져야 하지만 집단 상황에서의 개인적인 노력은 집단목표와 조직목표를 지향해야 한다.

모든 구성원들의 협동적인 활동은 조직의 목표를 달성해야 하겠지만 시야를 넓혀 효과적인 공식조직을 확립하도록 이끌어줄 수 있는 원칙들을 모색해야 한다. 이러한 원칙들은 목표의 통일성과 조직의 효율성에 관련되는 것이다.

2) 비공식 조직

바너드(C. I. Barnard)는 '관리자의 기능(the functions of the executives)'에서 비공식 조직(informal organization)이 공동 목표에 기여한다 하더라도 공동 목표에 대한 의식이 없이 이루어지는 행동은 일체의 개인적인 활동이라고 주장하였다. 즉, 조직도표(organization chart)상에서 이름만 알고 있는 사람보다는 다른 부서에서 근무하는 사람일지라도 자기가 알고 있는 사람에게 조직 문제에 관한 조력을 요청하는 것이 용이하다는 주장이다.

최근 아리조나 주립대학교의 데이비스(K. Davis)는 비공식조직을 공식조직으로 설정되거나 요구되지는 않지만 사람들이 서로 교제하게 됨에 따라 자발적으로 생겨나는 개인적, 사회적 관계의 네트워크라고 주장하고 있다.

인간 상호간의 관계는 집단의 인원수, 관련된 실제 인원, 그 집단의 관심사항, 리더십의 변화 및 지속적인 변화 과정 등에 의해 영향을 받는다. 따라서 관리자는 비공식 조직에 관하여 잘 알고 있어야 하며 그것을 적대시해서는 안 된다. 즉, 구성원들을 관리할 때 비공식 조직을 이용하는 것이 유리하다는 것을 알아야 한다.

제 2 절 조직화의 원칙

조직화의 원칙에는 목적의 원칙, 기능화의 원칙, 권한 책임의 원칙, 권한 위임의 원칙, 명령 일원화의 원칙, 감독범위 적성화의 원칙 등이 있다.

1. 목적의 원칙

조직의 각 부문은 목표가 있으며 전체 조직의 목적과 부합 또는 조화되어야 한다. 그리고 각 부문의 목표는 공표되어 공유되어야 한다.

2. 기능화의 원칙

조직을 형성할 때 각 직무의 존재 이유와 그 기능의 내용을 명확히 한 후 그 직무에 적합한 인력을 배치해야 한다. 즉, 조직을 구축할 때 사람 중심이 아닌 작업 중심으로 접근하고자 하는 것이 기능화의 원칙이다.

3. 권한 · 책임의 원칙

조직 구성원들에게 과업이 주어질 때 권한(authority)과 책임(responsibility)이 동시에 주어져야 한다. 즉, 책임수행에 필요한 충분하면서도 일정한 권한이 주어져야 하고 공정하게 배분되어야 하며 분명하게 제시되어야 한다.

4. 권한 위임의 원칙

권한과 책임은 구성원들에게 위임될 수 있지만 위임한 상사는 그 결과에 대해 책임을 져야 한다. 권한위임은 조직 내의 구성원들이 상위자의 지시나 명령을 받지 않고도 자신의 독자적인 판단만으로 직무를 수행할 수 있도록 상위자가 지니는 직무수행의 권한을 구성원들에게 위임하는 것이다.

권한 위임은 경영자의 부담을 줄여줌으로써 경영자 자신의 능력을 충분히 발휘할 수 있는 기회를 가진다는 점과 경험 및 자신감을 가질 수 있는 기회를 제공받는다는 점에서 의의가 있다.

5. 명령일원화의 원칙

조직 구성원들이 과업을 수행하는데 있어서 모든 지시와 보고는 수직 계층화되어 있어야 한다는 원칙이다. 이 원칙은 조직 구성원들이 한 명의 상사에게 보고하고 조직 구성원들에게 누구한테 명령을 받아야 하는지에 대해 공식화함으로써 중복된 명령-보고 관계에서 유발하는 갈등의 소지를 없애야 한다는 것이다. 이러한 명령일원화의 원칙은 조직이 비교적 작고 단순하거나 안정적인 환경 하에 이루어지는 경우에 효과적이다.

6. 감독범위 적정화의 원칙

감독범위는 경영자의 효율성에 큰 영향을 미치는데 한 사람의 경영자가 구성원들을 지휘나 감독 등 관리할 수 있는 인원에는 한계가 있다는 원칙이다. 이는 직무의 성격과 내용, 구성원들의 능력과 숙련의 정도, 조직규모, 커뮤니케이션의 난이도, 성과의 측정과 통제수단의 유무 등에 따라 달라질 수 있다. 즉 적정한 관리의 범위는 존재하지 않으며 상위 경영자라면 구성원들 4~7명, 하위 관리자라면 8~20명 정도를 지휘하는 것이 적정하다는 것이다.

제 3 절 조직구조의 분화

1. 조직 분화의 의의

조직의 분화(departmentalization of organization)는 어떤 조직이 수행해야 할 업무를 모두 파악한 후 이를 유사하거나 상호 관련이 있는 것끼리 조합한 다음 이 조합 간의 관계를 설정하는 것이다. 즉, 업무를 별개의 직무로 분할하고 구성원들에게 과업을 할당하는 과정을 분업(division of labor)이라고 하고 이러한 과업을 더 작은 직무로 재분할하는 것을 전문화(specialization)라고 한다.

혁신기법을 사용하는 일부 구성원들은 다른 구성원들보다 성과가 좋을 수 있기 때문에 경영자는 이러한 기법을 모든 구성원들이 공유할 수 있도록 하는 것이 중요하다. 조직분화에는 수직적 분화와 수평적 분화가 있다.

- 수평적 분화 : 조직의 업무 중에서 상호 대응되는 수준의 업무 단위를 묶어 분화하는 것이다. 수평적 분화의 기준이 되는 것은 기능, 제품, 지역, 고객, 업무과정 등이 있다.
- 수직적 분화 : 조직의 상하로 이어지는 계층의 수를 구분하는 것이다. 수직적으로 분화되는 단계가 길어질수록 의사결정의 속도가 늦어지는 등 환경변화에 적절하게 대응하는 것이 어려워지기 때문에 최근에는 조직 상하 계층의 수를 줄이려는 다양한 시도가 이루어지고 있다.

2. 부문화

부문화(departmentalization)는 작업을 직무로 분할한 후 직무를 다시 집단화해서 유사하거나 관련이 있는 직무들을 조정하는 것이다. 조직에서 보편적으로 활용되고 있는 부문화의 5가지 기본유형이 있다.

1) 기능별 부문화

기능별 부문화(functional dcpartmentalization)는 대부분의 기업에서 일반적으로 채택하고 있는 방식으로 기능의 분화에 따라 업무를 분류하여 부문화하는 것이다. 즉, 생산, 마케팅, 인적자원, 재무 등과 같이 조직단위 내에서 수행되는 주요 기능에 기초를 두고 부문화한다. 기능별 부문화는 특히 소규모 회사에서 많이 채택하는 조직 유형으로서 [그림 11-3]과 같다.

[그림 11-3] 기능적 부문화

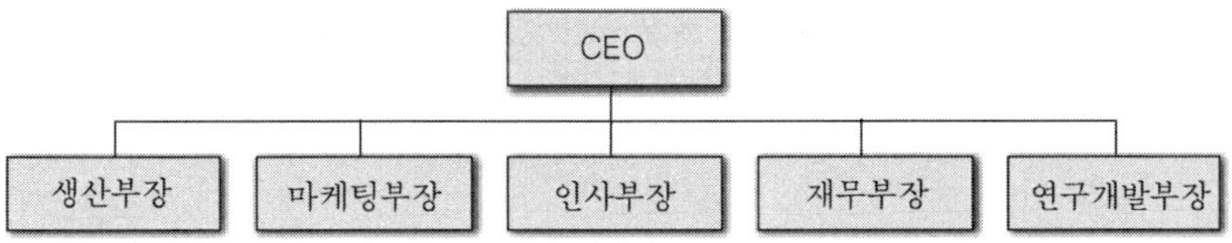

2) 제품별 부문화

제품별 부문화는 조직단위에서 생산하거나 판매하는 제품이나 서비스에 기초하여 하나의 제품 또는 제품군으로 집단화하여 조직하고 한 사람의 해당 부서장 책임 하에 모든 경영의사결정을 수행하는 방법이다. [그림 11-4]는 제품별 부문화에 의해 구성된 조직도이다.

[그림 11-4] 제품별 부문화

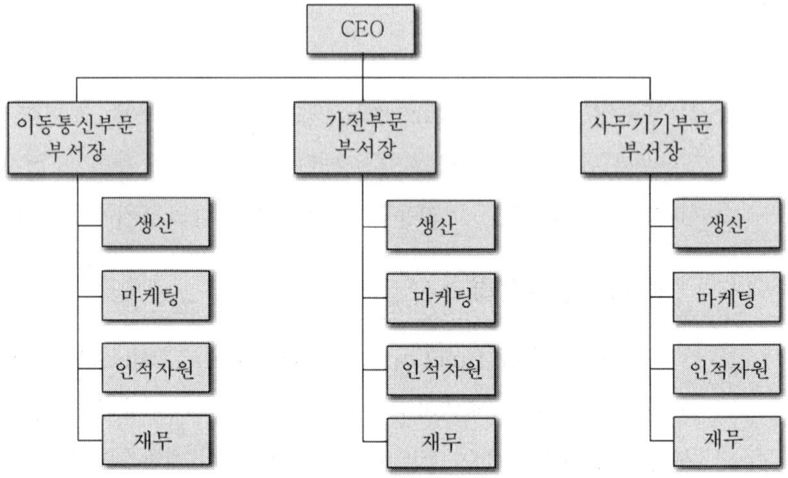

3) 고객별 부문화

고객별 부문화는 조직단위가 봉사하는 고객의 주요 유형에 기초하여 도매업자, 소매업자 등과 같이 특정 고객군의 욕구를 충족시키기 위해서 만들어진 부문화이다. 고객별 부문화는 관리자가 특정 고객에 대하여 지속적이고 집중적인 관심을 갖게 할 수 있으므로 고객의 욕구를 충족시킬 수 있다. [그림 11-5]는 고객별 부문화의 조직도이다.

[그림 11-5] 고객별 부문화

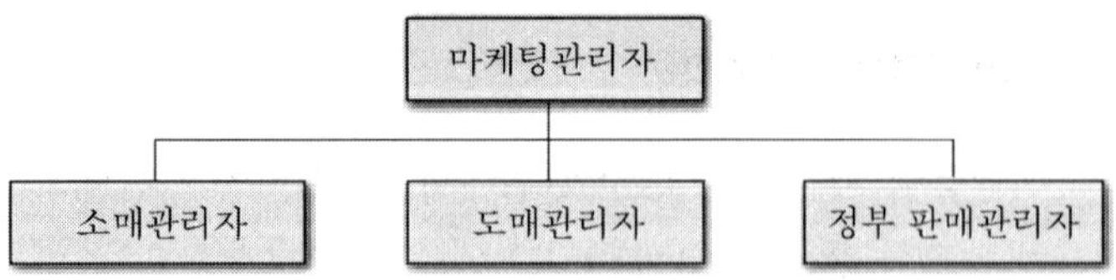

4) 지역별 부문화

지역별 부문화는 각 지역별로 사업부를 조직하는 형태로 각 사업부는 지역을 중심으로 활동을 전개한다. [그림 11-6]에서 보듯이 북미지역 마케팅, 유럽지역 마케팅, 아시아지역 마케팅, 남미지역 마케팅 등과 같이 조직단위의 지리적 분할에 기초하여 특정지역을 담당하는 사업부가 있는 조직도이다.

[그림 11-6] 지역별 부문화

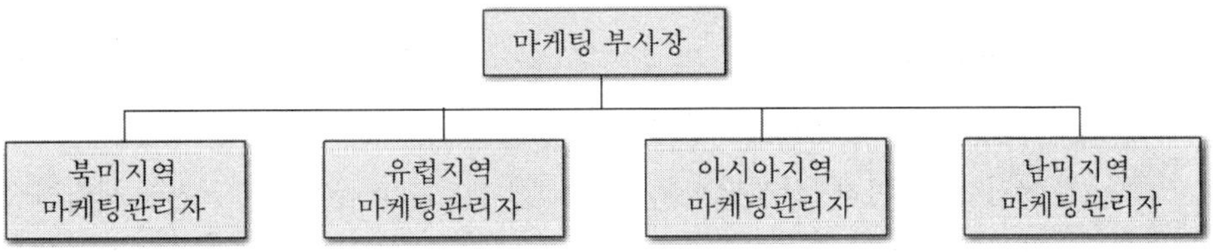

3. 경영관리 위계

경영관리 위계(managerial hierarchy)는 최고경영층, 중간관리층, 하위관리층 등 3계층으로 구성된다. 경영관리 위계에서 각 조직단위는 상위단계에 있는 경영관리자의 통제와 감독을 받으며 위계가 높을수록 더 많은 권한과 책임을 갖는다.

이 경우 권한(authority)은 조직이 부여하고 구성원들이 인정하는 합법적 권력으로 어떠한 행위를 해줄 것을 요청하는 개인이 그 요청을 받아들여질 것이라고 기대할 수 있게 한다. 대부분의 경영자는 지휘계통에서 하위에 있는 구성원들에게 어느 정도의 권한과 책임을 위임하게 된다. 권한위임(delegation of authority)은 구성원들이 그들의 감독자에게서 책임을 부여받는 것이다.

4. 통제범위

1) 통제범위의 비교

기업은 조직단위 내에서 수행하는 작업을 효율적으로 감독하기 위해 관리위계의 각각 수준에 얼마나 많은 경영 관리자가 필요한지를 결정해야 한다. 일반적으로 조직의 상위단계에서는 4～8명, 하위 단계에서는 8～15명 이상이 효율적이라고 한다.

영국의 저명한 컨설턴트인 어윅(L. Urwick)은 모든 상위 책임자에 있어 이상적인 구성원들의 수는 4명이며, 반면에, 조직의 최하위층에서는 특정 과업의 수행책임만 주어지고 다른 사람을 감독할 책임은 주어지지 않기 때문에 8-12명이 될 수 있다고 하였다. 그러나 다른 학자들은 한 명의 관리자가 20～30명의 구성원들을 관리할 수 있다고 주장하고 있다.

이러한 통제범위(span of control)는 경영 관리자가 직접 감독할 수 있는 구성원들 수를 말하는데 〈표 11-1〉에서 보듯이 좁은 통제범위와 넓은 통제범위는 각각 장 · 단점을 가지고 있다.

좁은 통제 범위의 장점은 높은 수준의 통제가 가능하고 구성원들의 수가 적다는 것은 경영관리가 각각의 구성원들과 더 친밀하다는 것일 수 있으며 밀접하게 감독하면 즉각적인 피드백을 제공할 수 있다는 것이다.

한편, 넓은 통제 범위의 장점은 적은 경영관리단계는 능률제고와 비용절감을 할 수 있고 구성원들의 자율성 증대는 신속한 의사결정이 이루질 수 있으며 조직의 유연성이 커지고 임파워먼트로 인한 높은 구성원들에게 직무만족도를 줄 수 있다는 것이다.

〈표 11-1〉 좁은 통제범위와 넓은 통제범위 비교

	장점	단점
좁은 통제범위	• 높은 수준의 통제 • 구성원들의 수가 적다는 것은 경영관리가 각각의 구성원들과 더 친밀하다는 것일 수 있음 • 밀접하게 감독하면 즉각적인 피드백을 제공할 수 있음	• 경영관리단계가 더 많으며, 비용이 더 듦 • 수직적 계층들로 인한 느린 의사결정 • 최고경영층의 고립 • 구성원들의 자율성을 떨어뜨림
넓은 통제범위	• 적은 경영관리단계는 능률제고와 비용절감을 의미함 • 구성원들의 자율성 증대는 신속한 의사결정으로 이루어짐 • 조직의 유연성이 커짐 • 임파워먼트로 인한 높은 직무만족도	• 느슨한 통제 • 많은 수의 구성원들로 인해 친밀감 결여 가능성 • 경영관리자가 너무 얇게 분포되어 있으므로 필요한 리더십이나 지원을 제공할 수 없음 • 부서 간 조율이나 동시작업을 수행하기 어려움

2) 효과적인 통제범위 결정요인

한 명의 관리자가 몇 명의 구성원들을 효과적으로 관리할 수 있는지에 대한 통제범위의 결정요인은 구성원들의 훈련 정도, 권한위양의 명확성, 계획의 명확성, 객관적 기준의 사용, 변화율, 커뮤니케이션 기법, 필요한 개인접촉의 정도 및 조직계층에 의한 변화 등이 있다.

(1) 구성원들의 훈련 정도

구성원들의 훈련이 잘 되어 있을수록 관리자의 시간을 적게 필요로 하고 덜 필요로 한다. 따라서 훈련 문제는 새롭고 보다 복잡한 산업일수록 증가하므로 복잡한 전자 산업과 미사일 산업에 있어서의 방침과 절차상의 급격한 변화는 훈련문제를 증가시키게 된다.

(2) 권한위양의 명확성

관리범위에 영향을 주는 부실한 조직이 보여주는 가장 심각한 증상은 권한 위양이 부적당하거나 불분명하다는 것이다. 관리자가 명확히 규정된 과업을 수행할 수 있도록 명확하게 권한을 위양한다면 잘 훈련된 구성원들은 상사의 시간과 관심을 최소화하는 한도 내에서 그 과업을 수행할 수 있을 것이다.

(3) 계획의 명확성

계획들이 잘 수립되고 시행 가능한 것이며 구성원들이 자신에게 기대하고 있는 바를 이해한다면 상부의 시간은 거의 필요하지 않게 될 것이다. 이러한 것은 반복적인 작업 책임을 맡고 있는 생산관리자의 경우에 주로 발생한다. 따라서 하나의 대량 작업복 제조공장에 있어서 생산관리자들은 무려 30명이나 되는 구성원들과 함께 만족스럽게 작업을 수행하는 것이다.

(4) 객관적 기준의 사용

관리자는 개인적 관찰이나 객관적 기준의 사용을 통해서 구성원들이 계획을 따르고 있는지의 여부를 확인해야 한다. 계획으로부터 이탈(deviations)을 용이하게 나타낼 수 있는 훌륭한 객관적 기준이 있다면 관리자들은 많은 시간을 소모하는 접촉을 피할 수 있게 되며 성공적인 계획수행에 결정적으로 중요한 예외적인 지점에 관심을 집중시킬 수 있게 되는 것이다.

(5) 변화율

어떤 기업은 다른 기업에 비해 훨씬 빠른 속도로 변화한다. 이러한 변화율은 방침이 정식화될 수 있고 방침의 안정성이 유지될 수 있는 정도에 대한 결정요인이다. 변화율은 폭넓은 관리범위로 운용되건 매우 협소한 관리범위로 운용되건 간에 기업의 조직구조를 설명해 준다.

(6) 커뮤니케이션 기법

사용되는 커뮤니케이션 기법의 효과성은 관리범위에 영향을 준다. 객관적인 통제기준은 일종의 커뮤니케이션 수단이지만 다른 여러 커뮤니케이션 기법은 구성원들에게 소비되는 시간을 감소시켜 준다. 계획과 지식을 간단명료하게 전달하는 능력 또한 관리범위를 확대시키는 경향이 있다.

(7) 필요한 개인적 접촉의 정도

서면보고, 메모, 방침기술서, 계획문서 또는 그 밖의 개인적 접촉을 필요로 하지 않는 전달매체로는 완전히 처리될 수 없는 상황이 있다. 관리자는 서로 주고받는 회의의 형식으로 만나서 문제를 토의하는 것이 자신에게 유익하고 구성원들에게 고무적일 수 있다는 것을 알게 될 것이다. 또한 직접 얼굴을 대면하는 회동에서만 해결될 수 있는 것과 같은 정치적으로 섬세한 문제도 있을 수 있다.

(8) 조직계층에 의한 변화

가장 효과적인 관리범위의 규모가 조직계층에 따라 달라진다는 사실을 발견하였다. 연구자들은 이러한 변수를 고려하기 위한 모델을 개발, 시험한 결과, 개인별의 전문화 정도가 관리범위에 영향을 주는 가장 중요한 변수임을 발견하였다.

제 4 절 조직구조의 유형

1. 라인조직

라인조직(linc organization)은 최고경영자로부터 하위 방향으로 신행되는 직접적이고 명백한 권한 계통과 커뮤니케이션 경로를 갖도록 설계한 조직이다. 경영관리자들은 행정적 업무를 포함한 모든 활동에 대한 직접적인 통제력을 갖는다. 즉 모든 직위가 명령권한의 라인으로 연결된 조직 유형으로 상위자의 명령과 권한이 직선적으로 구성원들 또는 일선 작업자에게 직접 전달되는 조직구조로서 지휘시스템의 일원화가 가해질 수 있는 조직이다.

라인 조직의 장점에는 다음과 같은 것들이 있다.

- 명령계통이 단순하다.
- 권한과 책임의 한계가 명확하다.
- 통솔력이 강해 경영 전반의 질서가 확립된다.
- 의사결정이 신속하게 이루어질 수 있다.

라인 조직의 단점에는 다음과 같은 것들이 있다.

- 경영자가 만능 관리자가 되어야 한다.
- 경영자의 전문화가 결여될 수 있다.
- 명령에 의해 행동함으로 관리자 양성이 어렵다.
- 부문 간의 독립성으로 유기적 조정이 어렵다.
- 하위 관리자의 의욕상실과 창의력이 결여될 수 있다.

2. 기능별 조직

기능별 조직(functional organization)은 라인조직의 단점을 보완하기 위해서 수직적 분화에 중점을 두고 관리자의 업무를 기능화의 원칙과 기능별 전문화의 원칙에 따라 부문별로 전문적인 관리자를 두고 지휘 · 감독하는 조직유형이다.

기능별 조직에서는 관료제의 원칙을 수용하여 조직의 위계질서를 강조함으로써 경영기능이 최고경영조직, 관리조직, 업무조직 등으로 수직적으로 분화되어 의사결정 권한이 최고경영층에 집중되는 동시에 명령통일을 위해 조직의 직무와 권한이 명확해지고 의사전달과정이 공식화되는 특성이 나타나게 된다.

기능별 조직의 특성은 부서간의 교류가 많이 필요하고 상호작용이 많은 조직에 적합하고, 간단한 기술, 안정적 환경, 동질적 시장 상황에 있는 기업에 효과적이다. 기능별 조직을 효과적으로 운영할 때 분업화와 조직 구성원들의 전문화를 제고할 수 있고 리더의 명령에 따라 조직이 일사분란하게 움직일 수 있는 장점이 있다.

기능별 조직의 장점에는 다음과 같은 것들이 있다.

- 부서에 맞는 업무를 일관성 있게 배정할 수 있고, 업무수행 능력이나 문제해결 능력도 우수하다.
- 각 기능 범주 내에서 심도 있는 훈련과 기능개발이 가능하다.
- 자원의 효율적인 활용으로 규모의 경제를 이룰 수 있다.

기능별 조직의 단점에는 다음과 같은 것들이 있다.

- 제품불량, 비용과다, 환경변화에 대한 대응 실패 등 조직의 전체적인 문제가 발생했을 때 책임 소재를 구체적으로 석시하기 어렵다
- 기능부서 간에 의사소통과 조정이 어렵다.

3. 라인-스탭 조직

오늘날 많은 조직은 라인조직의 단점을 보완하기 위하여 라인-스탭 조직을 채택하고 있다. 라인-스탭의 관계는 조직 내의 생활방식으로서 중요하며 조직 구성원들의 권한관계는 필수적으로 기업운영에 영향을 주기 마련이다. 라인과 스탭에 관하여 널리 인정되고 있는 개념으로 라인 기능은 기업목표의 달성에 직접적인 영향을 주는 주 기능인 것이고 스탭 기능은 라인에 있는 관리자가 기업의 주요 목표를 가장 효과적으로 달성할 수 있도록 도와주는 기능을 수행하는 것이다. 이러한 견해를 가지고 있는 사람들은 제조와 판매를 라인기능으로 구매, 경리, 인사, 공장유지 및 품질관리를 스탭기능으로 분류한다.

라인-스탭 조직(line and staff organization)은 조직구조에 스탭기능을 보완하는 방법으로 라인조직을 강화할 수 있다. 스탭들은 라인조직의 경영관리자에게 전문적인 자문을 해주거나 지원서비스를 제공한

다. 즉, 전문화의 원칙과 명령일원화의 원칙을 조화시켜 스탭의 권한을 조언으로 한정시킨 상태에서 제안된 조직 유형으로 전문지식이나 기술을 가진 사람들이 스탭이 되어 보다 효과적인 경영활동을 하도록 협력하는 것이다.

라인직위는 제품과 서비스를 창출하는 공정에 직접적으로 관리되지만 스탭은 라인 구성원들이 목표를 달성하기 위해 필요로 하는 경영서비스 및 지원서비스를 제공한다. 라인-스탭 조직은 [그림 11-7]과 같다.

[그림 11-7] 라인-스탭 조직

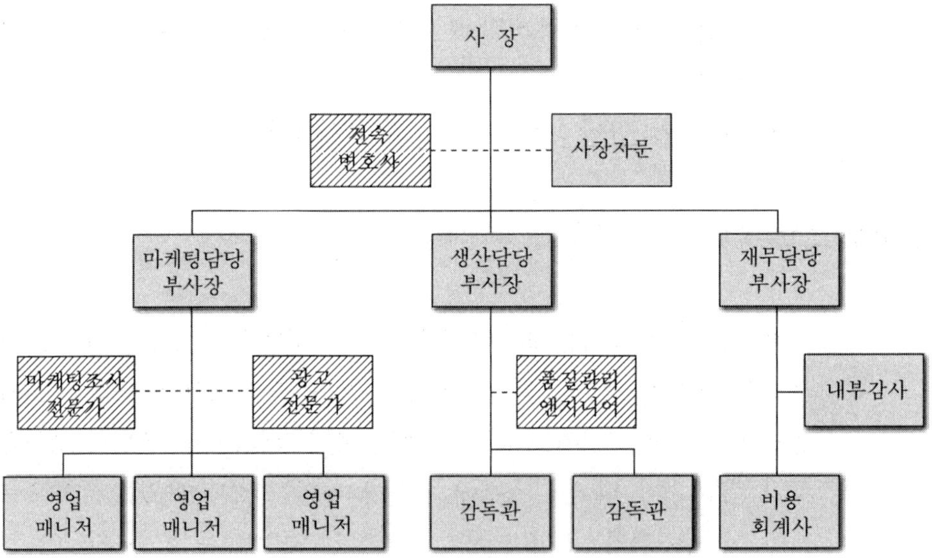

라인-스탭 조직의 장점에는 다음과 같은 것들이 있다.

- 전문적 스탭의 도움으로 효과적인 경영을 수행할 수 있다.
- 라인조직이 유지되어 라인조직의 장점을 보유할 수 있다.
- 스탭의 권한이 자기 부문 내에 한정되어 라인활동에 안정감을 갖게 한다.

라인-스탭 조직의 단점에는 다음과 같은 것들이 있다.

- 라인의 명령 계통과 스탭의 조언 계통의 혼란을 야기할 수 있다.
- 스탭조직의 설치로 인해 제 비용이 증가한다.
- 라인과 스탭 상호간의 의존성이 생겨 경영활동상 지장을 가져올 수 있다.

4. 위원회조직

위원회(committee)는 사람들로 구성된 집단이며 모든 위원회가 집단 의사결정에 개입하게 되는 것은 아니지만 위원회를 다른 조직수단으로부터 구별해 주는 것은 이러한 집단행위라는 특징인 것이다. 위원회가 여러 면에서 비판을 받고 있기는 하지만 올바른 목석을 위해 사용되고 적절히 업무를 수행하는 위원회 회합은 더 큰 동기를 유발할 수 있고 문제해결을 증진시킬 수 있으며 생산을 증가시킬 수 있다.

위원회 조직(committee organization)에서는 권한과 책임을 개인이 아닌 집단이 보유한다. 위원회의 역할은 자문을 해주는 역할에 국한되어 조직 내에서 과업들을 조율하는 일을 수월하게 해낼 수 있다. 즉 경영정책이나 특정한 과제의 합리적 해결을 목적으로 각 부문에서 선출된 전문가로 구성된 위원회를 조직 내에 설치하는 것이다.

문제해결에 있어서 광범위한 정보를 필요로 하거나 결정사항의 중대성이 크며 이를 수행하기 위해서는 참가자의 충분한 사전 이해가 필요한 경우 위원회조직을 통해서 결정하도록 하는 것이 유리하다.

위원회 조직의 장점에는 다음과 같은 것들이 있다.

- 각 부문의 정보를 반영함으로 합리적 의사결정이 가능하다.
- 협의과정이 민주적이며 상호 보완적이다.
- 다양한 시식과 경험이 교환되며, 중복을 피하고 핵심적인 내용을 활용할 수 있다.

위원회 조직의 단점에는 다음과 같은 것들이 있다.

- 회의과정에서 시간낭비와 기동성이 결여될 수 있다.
- 책임부재로 불성실한 결정이 될 수 있다.
- 개인적 창의성을 저해할 수 있다.

5. 프로젝트조직

프로젝트 조직(project organization)은 전통적인 라인-스탭, 사업부제 조직의 보완조직이다. 즉, 특정 과제나 목표를 달성하기 위해 구성하는 임시조직으로서 태스크포스팀(task force team)이라고도 한다. 즉, 공장건설, 신제품 개발, 새로운 시장개척 등과 같이 경영관리상 비반복적으로 일어나는 의사결정을 동태적으로 수행하기 위해 일정기간 형성되었다가 목표가 달성되면 해체되는 일시적인 작업집단으로 구성되는 조직 유형이다.

기술변화의 속도가 빠르게 진행되고 있는 경영환경에서 기업 활동을 효율적으로 수행하기 위해서 동태적 개방시스템에 맞추어야 하는 과업에 대해서 중요성이 부각되고 있다.

프로젝트 조직의 장점에는 다음과 같은 것들이 있다.

- 임시적인 조직으로 프로젝트를 수행할 수 있기 때문에 비교적 조직의 인력운영에 유연성을 확보할 수 있다.
- 프로젝트의 목표가 분명하기 때문에 목표달성 여부를 확실히 알 수 있다.

프로젝트 조직의 단점에는 다음과 같은 것들이 있다.

- 프로젝트 조직은 일시적인 조직이어서 원래 소속되어 있던 부서와의 관계 설정이 모호해질 수 있다.
- 프로젝트 조직은 기존 조직 내 여러 부서에서 선발된 사람들로 구성되기 때문에 팀 내의 조화와 효과성의 유지가 어렵다.

6. 사업부제 조직

사업부제 조직(divisionalized organization)은 전통적인 기능조직 유형과는 달리 단위적 분화의 원리에 따라 사업부 단위를 편성하고 각 단위에 대하여 독자적인 생산과 영업 및 관리 권한을 부여하여 제품별, 시장별, 지역별 이익중심점을 중심으로 독립채산제를 실시하는 조직유형이다. 즉, 권한위양의 원칙과 독립채산제를 기초로 한 분권적 조직의 한 유형이다. 최근 기업이 대규모화되고 나각화되면서 기술혁신이 급속하게 나타나는 상황에서 이에 대응하기 위한 능동적이고 적응적인 조직구조의 하나이다.

사업부제 조직의 장점에는 다음과 같은 것들이 있다.

- 업무수행에 대한 통제와 평가를 용이하게 할 수 있다.
- 사업단위별 책임경영과 자율경영을 실시할 수 있다.
- 미래 경영자를 양성할 수 있는 학습기회를 제공한다.
- 조직 구성원들에 대한 동기부여와 능력개발을 촉진할 수 있다.

사업부제 조직의 단점에는 다음과 같은 것들이 있다.

- 사업관리자 간 과열경쟁으로 역기능적인 갈등을 유발할 수 있다.
- 사업단위의 자율경영으로 전체 조직의 일관성을 상실할 수 있다.
- 전체적으로 중복두사가 증가할 수 있다.
- 자원분산, 관리비 증가로 능률이 저하될 수 있다.

7. 매트릭스 조직

라인조직이나 라인-스탭 조직은 융통성이 떨어지는 단점이 있다. 그러나 오늘날 경제 환경이 빠르게 변화하고 있고 경쟁이 심하고 제품의 수명주기도 짧다. 이러한 변화로 인하여 매트릭스조직의 인기가 높아지고 있다. 매트릭스 조직(matrix organization)은 기능별 조직과 프로젝트 조직구조의 장점을 결합시킨 독특한 유형의 조직이다. 이들의 장점을 결합하고 단점을 보완하기 위한 목적으로 프로젝트별로 필요한 인적자원을 기능별 조직으로부터 배정하는 유형이다.

매트릭스 조직에서 구성원들은 전통적인 명령일원화의 원칙을 무시하고 두 상급자의 지시를 받으며 보고를 하게 된다. 즉, 하나는 기본이 되는 부서이고 다른 하나는 프로젝트팀에 속하게 되어 두 명의 상사를 두고 명령을 받게 되는 것이다. [그림 11-8]에서 보듯이 3가지 특수 프로제트 그룹(A, B, C)과 각각의 그룹을 감독하는 관리자를 가진 매트릭스 조직구조를 보여준다.

[그림 11-8] 매트릭스 조직구조

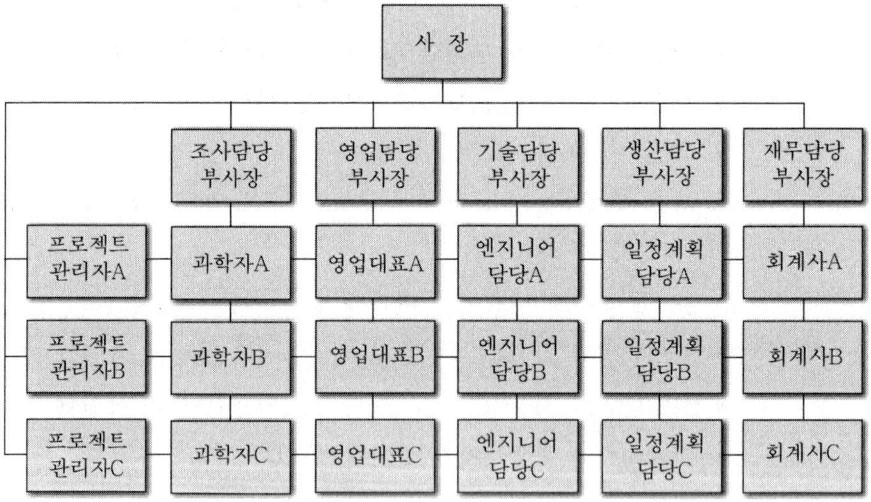

매트릭스 조직의 장점에는 다음과 같은 것들이 있다.

- 기능부서 간 유기적인 협조가 이루어져 조직운영 및 문제해결에 도움이 된다.
- 정보가 공유되기 때문에 팀 수준에서 발생하는 문제를 해결할 때 보다 양호한 의사결정을 할 수 있다.

- 다양한 전문가들의 기술과 능력을 활용하여 기업은 창조력과 혁신을 제고할 수 있으며, 복잡한 과업을 수행할 수 있다.
- 매트릭스 조직은 유연하며, 환경의 변화에 신속하게 적응할 수 있다.
- 어떤 프로그램이나 제품 또는 프로젝트 관리자의 성과에 대한 책임을 강조할 수 있다.

매트릭스 조직의 단점으로는 다음과 같은 것들이 있다.

- 2명의 상관으로부터 명령을 받기 때문에 명령계통에 혼란을 줄 수 있다.
- 보고관계와 직무에 대한 책임이 명확하지 않을 수 있다.
- 일반적으로 팀 미팅으로 시간이 많이 낭비되는 경향이 있다.
- 일반적인 조직 유형보다 비용이 많이 소요된다.

8. 전략적 제휴를 통한 네트워크조직

현대의 기업조직은 정보통신기술을 이용하여 조직 구성원들이나 각 부서가 가지고 있는 정보와 지식을 전달 · 공유시켜 그것이 축적되고 새롭게 창조되도록 하는 것이 무엇보다 중요하다. 따라서 조직 구성원들은 서로 간에 유기적인 연계를 극대화시킬 필요가 있는데 이 경우 네트워크조직을 활용할 수 있다[그림 11-9].

이러한 네트워크 조직은 기업 활동이 글로벌화되면서 전략적 제휴(strategic alliances)를 통해서 활발하게 일어나고 있다. 즉, 본사는 한국에 있고, 경영진은 한국인이지만, 원료는 호주에서 구입하고 자본은 미국에서 50%를 받아들이고 판매는 전 세계에 조달하는 글로벌 네트워크 조직이 될 수 있다.

[그림 11-9] 조직형태의 진화

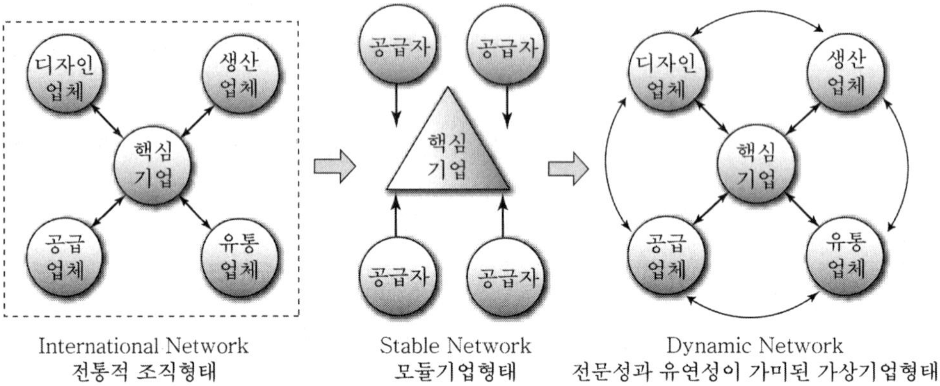

제 5 절 조직의 재설계

1. 혁신의 의의

세계적인 기업들은 환경변화에 지속적이고 신속하게 적응하고 끊임없이 학습하고 진화하고 있다. 이러한 상황에서 기업이 사업과 경영과 전략방식에 대한 전환이 없이는 변화하는 환경에서 계속 존재하기 어렵다. 기업경영에 혁신이 필요한 이유는 바로 환경이 급격하게 변화하고 있기 때문이다.

경영혁신(management innovation)은 기업이 목표 달성을 위해 해오던 사업과 업무를 새로운 아이디어와 새로운 방식으로 전환하는 것이다. 즉, 새로운 비전과 경영이념, 새로운 제품이나 서비스, 새로운 조직 설계와 리더십, 새로운 기술과 생산 공정, 구성원들을 변화시키는 새로운 교육훈련 프로그램 등을 의도적으로 실행함으로써 기업의 운영을 본질적으로 변화시키는 과정이다.

2. 경영혁신의 실천

1) 사전준비

(1) 현황파악과 아이디어 개발

기업이 경영혁신을 추진하기 위해서는 사전에 다음과 같은 현황 파악과 준비가 필요하다.

- 현황조사 : 문제가 어디에 있으며 변화의 필요성 정도는 어떠한지를 파악한다.
- 종합적 접근 : 변화시킬 부분에만 몰두하지 말고 그것과 연계되는 기업의 모든 요소들과의 상호작용을 파악하여 관련요인들 전체의 동반적 혁신을 모색한다.
- 구성원들 조사 : 구성원들이 혁신에 성공할 수 있는지 혁신을 얼마나 바라고 있는지를 파악한다.

(2) 분위기 조성

혁신적 아이디어가 내부에서 산출될 수 있도록 분위기를 마련해 놓아야 한다.

- 준비와 진단 : 변화에 필요한 인적 · 물적 자원의 점검과 구성원들의 사기 정도를 검토할 필요가 있다.
- 타당성 검토 : 창출된 아이디어를 조직 구성원들에게 알리고 토론과정을 통해서 타당성을 검토하여 구체적인 혁신 프로그램을 만든다
- 혁신전략 수립 : 혁신의 전략과 목표를 수립한다.

2) 혁신방법의 선택

혁신 방법에는 점진적 변화방식과 급진적 변화방식이 있다.

- 점진적 변화 : 조직의 전략이나 구조 등 기본적인 체계는 그대로 두고 환경이 변화하는 대로 적응해 가면서 점진적으로 개선해 나가는 방식이다.
- 급진적 변화 : 조직의 구조와 전략을 변화시키면서 근본적으로 폭넓고 빠르게 변화를 시도하는 방식이다.

3) 혁신의 추진단계

혁신의 추진에는 최고경영자의 의지와 강력한 추진력을 바탕으로 구성원들에 대한 기대감, 자원 지원에 대한 의지가 선행되어야 한다. 레빈(C. Lewin)에 따르면 인간 사회의 모든 시스템은 안정 상태에 있어서 변화의 징후가 있으면 저항이 일어남으로 안정 상태는 해빙단계로 접어들어 동요 상태가 된다. 기존 시스템이 변화에 어느 정도 노출되어 과거의 방식이 규범으로 바뀌게 되면 이를 변화단계로 보고 이러한 시스템이 기존 시스템으로 돌아가지 않도록 재동결단계로 동결시켜야 한다고 주장하였다.

- 해빙단계(unfreezing) : 구성원들이 변화 욕구를 의식하는 과정으로 혁신에 대해 무관심한 구성원들에게 변화 욕구를 일으켜 보너스, 특별수당 등을 제공함으로써 변화에 저항하지 않고 협조할 수 있도록 하는 것이다.
- 변화단계(change) : 기존 상태에서 새로운 상태로 바뀌는 단계로서 새로운 사고, 새로운 기계, 새로운 제도의 도입과정이다. 즉, 구성원들이 새로운 것을 받아들이도록 유도하고 설득해 나가는 것이 중요하다.

- 재동결단계(re-freezing) : 기업 차원에서 계속적인 지원과 강화활동으로 변화된 새로운 제도가 제 기능을 다하여 좋은 결과를 내도록 보상을 통하여 변화된 상태를 안정시키고 시간이 지남에 따라 효과가 소멸되는 것을 막는 것이다.

3. 경영혁신 기법의 특징

기업의 경영혁신 기법으로 이용된 경험곡선(experience curve), 품질관리(quality control), 전략사업단위(strategic business unit), 기업문화(corporate culture) 등이 널리 보급되어 왔다. 최근에는 리스트럭처링(restructuring), 리엔지니어링(reengineering), 다운사이징(downsizing), 벤치마킹 (benchmarking)등이 도입되어 활발하게 사용되어 왔다.

1) 리스트럭처링

리스트럭처링(restructuring)은 급변하는 경영환경 속에서 기업이 생존하고 성장하기 위해서 기업의 사업구조 차원에서 비전(vision)을 구체화시키는 경영혁신 기법이다. 즉, 비전은 추상적인 기업의 미래 지향점이고 리스트럭처링은 사업구조를 통해서 비전을 달성할 것인지에 대한 방법을 제시함으로써 구체적인 미래상을 그려내는 것이다.

리스트럭처링은 구조조정으로 기업이 영위하고 있는 사업의 성장성이나 수익성이 둔화되는 내부 환경의 변화, 기술혁신, 경쟁심화 등 외부 환경의 변화에 대응하기 위해 인원감축, 신규 사업진출, 주력 사업전환, 중복사업 통폐합 또는 축소 등을 수행하는 기업시스템의 변화이다.

2) 리엔지니어링

리엔지니어링(reengineering)은 1990년대 초에 직능식 조직으로는 제품의 품질, 서비스, 속도 등에 까다로워진 고객을 만족시킬 수 없다는 사고에서 등장한 기법이다. 기존 기업의 경영활동을 무시하고 기업의 부가가치를 창출하는 활동을 새롭게 구성하는 경영혁신 기법이다.

이는 경영계층의 복잡성으로 의사결정 지연을 초래하는 기능 중심의 수직적 사고에서 고객에게 신속하게 반응하는 프로세스 중심의 구매, 생산, 판매, A/S, 고객만족의 과정에서 부가가치를 창출하는 프로세스를 중심으로 사고하는 것이다. 리엔지니어링의 성과는 비용절감과 상품개발 기간의 단축, 소비자의 욕구에 대응할 수 있다는 것이다. 리엔지니어링은 리스트럭처링(restructuring)과 많은 차이가 있다. 이들의 차이점은 〈표 10-2〉와 같다.

〈표 10-2〉 리스트럭처링과 리엔지니어링의 비교

항 목 / 범위	리스트럭처링	리엔지니어링
범위	부분 최적화	전체 최적화
방향성	기존의 비즈니스 프로세스를 전제로 혁신	처음부터 재설계
대상	인원감축 비채산성 부분의 철수	업무방법(과정, 구조)
방법	응급 대응	근본적 대응
도입효과	점진적	급진적

리스트럭처링은 인원 감축이나 채산성이 없는 사업에서 철수하는 활동이 중심을 이루지만, 리엔지니어링은 사업의 방식을 백지상태에서 재검토하여 가장 효율적인 방법으로 혁신하는 것이다.

3) 다운사이징

1980년 초반, 스태그플레이션과 후발개도국들이 가격경쟁력을 갖추고 시장을 잠식함에 따라 미국 기업들의 경쟁력은 급격하게 약화되었다. 이러한 위협에 직면한 미국 기업들은 세계적인 경제 환경의 변화 속에서 생존하기 위해 비대한 관리층과 비효율적인 조직을 변화시켜야 할 필요성이 대두됨에 따라 조직의 분권화, 슬림화, 과정의 통합화를 통한 다운사이징(downsizing)이 등장하였다.

미국 기업들은 경영활동의 범위가 확대되면서 기업의 조직구조가 복잡해짐에 따라 관리업무를 수행하고 있는 인력집단의 수요와 공급 사이에 문제가 대두되었다. 다운사이징은 조직 규모를 축소시키는데 중점을 두기 때문에 조직 축소, 인력 감축, 새로운 핵심 사업에 대한 선택과 집중으로 이루어진다. 즉 일상적인 관리업무와 서류작업들을 정보시스템이 흡수함으로써 수요와 공급 간의 괴리(gap)가 단축되었다.

4) 벤치마킹

벤치마킹(benchmarking)은 기업들의 지속적인 개선을 지원하고 경쟁상 이점을 확보하는데 필요한 정보를 수집하기 위한 수단으로서 기업의 내부 활동 및 관리능력을 외부적인 비교시각을 통해 평가하고 판단하는 것이다.

벤치마킹의 핵심은 자신의 회사 업무수행 과정과 유사한 과정을 훌륭히 수행하고 있는 우량기업의 실무를 파악하고 이들 중 자사에 도입할 수 있는 실무를 적절하게 수정하여 도입하는 것이다. 따라서 벤치마킹은 업무프로세스를 지속적으로 개선하고 추구함으로써 고객에게 보다 나은 가치를 전달하고자 하는 품질관리기법의 하나이다.

벤치마킹의 전제조건은 최고경영자의 지원과 참여로써 기업이 직면하고 있는 전략적 이슈, 성과개선이 필요하다고 판단되는 프로세스 등에 관한 우선순위를 파악하여 벤치마킹에 대한 지원이 있어야 한다는 것이다. 적절한 교육 및 훈련프로그램의 확보로써 벤치마킹으로 인한 조직의 변화는 적절한 교육훈련을 통해서 이루어져야 한다. 또한 조사 및 정보수집 기능의 확보로써 계획-자료수집-분석-수정이라는 프로세스 수행에 필수적인 조사 및 정보수집 기능을 담당할 유능한 내부 전문가의 확보 및 유지가 필요하다.

4. 경영혁신 성공요인

이러한 경영혁신의 성공은 역할과 책임, 성과측정과 보상제도, 조직구조, 정보기술, 가치의 공유 및 기술 등이 경영혁신의 결과로 인하여 얼마나 변화하는지에 달려 있다.

경영혁신의 구현이 성공하기 위해서는 저항을 감소시키고 적극적으로 변화에 적응하기 위해서 구성원들이 프로젝트를 수행하는데 참여와 권한부여가 보장되어야 한다. 조직구조와 경영혁신의 관계를 기술하는 업무통합은 경영혁신의 결과 새롭게 설계된 과정의 가장 기본적이고 일반적인 특징이다. 따라서 경영혁신은 과업 전체를 수행하는 것이 품질 향상, 프로세스의 시간과 비용의 감소를 가져올 수 있는 개인 또는 소규모 팀이 이상적인 프로세스이다.

경영사상 열두 마당 | 상황적합이론

1. 상황적합이론의 대두

F.E. Fiedler

상황적합이론(contingency theory)은 1960년대 이후 가장 주목받고 있는 접근법의 하나로 주어진 상황 또는 환경에 가장 잘 적응하며 조직 목적을 가장 효율적으로 달성할 수 있는 관리방법을 규명하는 이론이다.

이러한 목적으로 상황적합이론을 연구하는 학자들은 실증적 연구를 통해서 주어진 상황 또는 환경변수와 관리조직 변수의 사이에 적합관계(contingent relation)를 규명하는 노력을 지속적으로 수행해 왔다. 즉, 상황적합이론은 상황과 조직이 어떠한 관계를 맺고 있으며 이들 간에 어떠한 관계가 성립될 때 조직의 효과성이 높아질 수 있는지를 연구하는 이론이다. 이 이론은 과정보다는 객관적인 결과 그 자체를 중시하고 부분이 아닌 조직 전체를 분석단위로 하며 종합적인 접근법을 강조하고 조직의 환경적응을 중시하며 사회현상에 대한 보다 발전적인 통찰을 만들어내려는 특징이 있다.

이러한 연구는 리더십 연구에서도 활발하게 이루어졌는데, 상황적합이론은 리더십 연구가 리더 자체에만 초점을 맞추었던 특성연구, 행동연구를 통해서 리더가 일하고 있는 상황 하에서 리더십을 연구하는 계기를 만들었다. 상황적합이론은 리더십의 결정요인이 리더의 특성뿐만 아니라 리더가 처해있는 조지 상항에 따라 달라지다는 주장이다.

2. 상황적합이론의 전개

초기의 리더십 연구는 리더십을 단지 지휘하는 개념으로 보고 리더에게 편중되어 있었으나 사회변화 등 시대적인 조류에 따라 구성원들과의 협동 차원에서 리더십이 조정되고 발전하였다. 이러한 이론은 리더십 연구의 각기 다른 상황에서 다른 접근방식이 요구된다는 전제 하에 어떤 상황에서 발휘되는지, 가장 효과적인 리더십을 발휘하기 위해서는 리더의 지휘권력, 수행해야 할 과제의 구조와 본질, 리더와 구성원들 간의 인간관계 등에 따라 크게 달라진다는 것을 밝혔다.

따라서 상황적합이론(contingency theory)의 연구는 특정 조직 상황에서 어떠한 지휘행동이 적절한지를 규명하여 조직이 처한 상황에 알맞은 리더가 결정되는 것이며, 조직의 성격과 규모에 따라 리더십의 효과성도 다르게 나타나므로 리더십 상황이 리더에게 유리하거나 불리한 경우에는 과업지향적 리더가 효과적이고 상황이 리더에게 유리하지도 불리하지도 않으면 관계지향적 리더가 효과적이라는 결론에 도달하였다.

따라서 상황적합이론을 주장하는 학자들은 상황에 따라 기업의 조직구조, 관리방식, 리더십 등이 바뀔 수 있어서 어떤 상황에서나 가장 효과적인 리더십 유형은 존재할 수 없으며 리더십 효과는 상황에 적합한 리더십 유형을 발휘할 때 극대화할 수 있다고 주장하였다.

상황적합이론은 피들러(F. E. Fiedler)가 대표적인 학자인데, 번즈와 스톡커(T. Burns and G. M. Stalker 1960)는 경영시스템으로 유기적 시스템과 기계적 시스템을 제시하였다. 유기적 시스템(organic system)은 역동적이며 불확실한 환경에서 가장 유용하게 작동하는 반면 기계적 시스템(mechanistic system)은 정해진 일상적인 업무를 처리하는 안정적인 환경에서 유용하게 작동한다고 주장하였다. 한편, 우드워드(J. Woodward)는 유기시스템의 구조는 정교한 기술이 필요하거나 연속적인 변환·처리 과정을 거치는 경우에 적합하며 기계적 시스템의 구조는 대량생산기술을 요구하는 경우에 적합하다고 주장하였다.

1980년대에 들어서서 민츠버그(H. Mintzberg) 교수는 조직구조와 기술, 목표, 환경, 연령, 작업장, 조직규모와 일치성을 강조하며 상황적합이론을 확대시켰다. 그리고 환경, 기술 및 과업에 적합한 경영시스템과 자원을 찾아내어 조직화하는 것이 사용자의 역할이라고 주장하였다. 조직구조와 조직 환경 간의 일치수준이 효과성을 결정하는 중요한 요인이라고 강조하였으며 사용자는 다양한 문제의 접근방식이 있기 때문에 조직 환경을 잘 이해해야 한다고 주장하였다.

3. 상황적합이론에 대한 평가

상황적합이론은 주어진 상황을 고려할 뿐만 아니라 기업의 행동양태에 대해 주어진 해결방법이 미치는 영향도 고려한다는 것이다. 이러한 성질 때문에 관리적 실무는 사용자들이 이론이나 기법을 적용할 때 주어진 상황의 현실을 고려하도록 요구하게 된다.

경영관리에서 상황적합이론은 모든 상황에서 해낼 수 있는 최선의 방법을 주장하려는 것이 아니다. 과학과 이론이 실무에 어떻게 적용되는지 하는 실무상 상황에 의존하게 되는 것이다. 실제적으로 하는 일이 무엇인지를 관찰하고 이러한 관찰을 통해서 사용자의 역할이 무엇인지에 관한 결론을 도출하는 것이다.

제12장 경영관리과정의 충원화

제 1 절 충원화의 의의

조직화에서 조직구조와 직무가 결정되면 이러한 조직에 적합한 구성원들을 채용하고 교육훈련을 하여 적재적소에 배치해야 한다. 충원화(staffing)는 조직의 목적을 달성하기 위해 형성된 직무에 적합한 사람을 채용 및 훈련, 동기부여, 평가하는 일련의 과정이다. 모든 기업에서 설계된 직무에 해당 자질을 갖추고 잘 훈련된 열정적인 사람을 충원하는 것이 경영자의 관리기능이다[그림 12-1].

기업의 경영자는 합리적인 충원을 위해서 정확한 직무분석을 바탕으로 훌륭한 인재를 확보하기 위한 심리검사나 적성검사 등을 실시해야 한다. 능력에 따른 적재적소에 적합한 인재를 선발 배치하는 것이 무엇보다 중요하다.

성공적인 충원화의 핵심은 최고 수준의 인재를 모집 · 선발하는 회사의 역량, 그들이 필요로 하는 바를 충족시켜줄 수 있는 지원방안, 공평한 보상시스템 및 잠재력을 충분히 발휘할 수 있도록 하는 동기부여에 있다.

[그림 12-1] 경영관라과정의 충원화

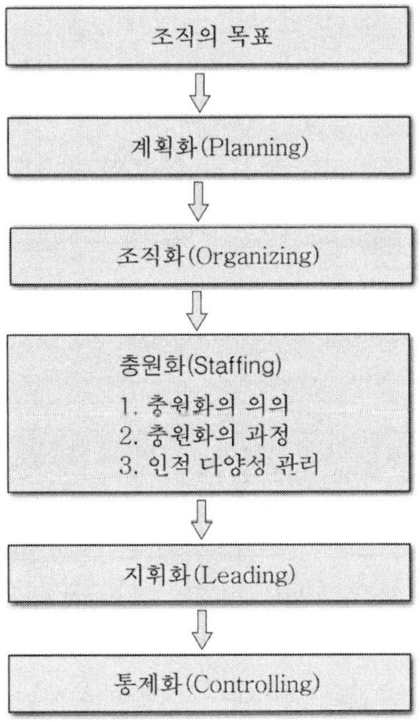

제 2 절 충원화의 과정

충원화 과정은 [그림 12-2]에서 보듯이 기업의 전략적 목표에 따라 직무분석 · 평가, 인적자원 계획의 예측, 지원자 모집, 선발, 교육훈련, 성과계획 · 평가, 급여 · 복리후생 및 경력관리 등의 단계를 거쳐 이루어진다.

1. 직무분석 및 평가

1) 직무분석

인적자원 관리자는 조직의 전략 목표에 따라 각 직무에서 요구하는 사항을 파악하고 충원화 기능을 수행하기 위해 직무분석을 통하여 직무기술서와 직무명세서를 작성해야 한다.

[그림 12-2] 충원화의 과정

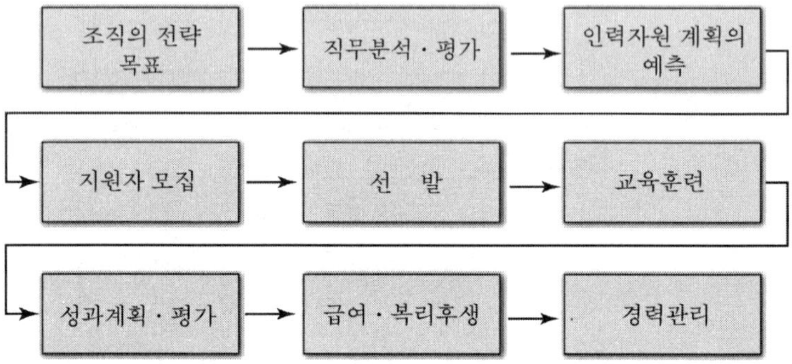

직무분석(job analysis)은 특정 직무 수행에서 요구되는 과업의 내용, 특성, 직무요건 및 직무를 수행하기 위해 구성원들에게 어떤 행동이 요구되는지를 탐색하는 과정이다. 이를 통해 도출된 정보는 직무에 필요한 필수기술, 지식, 능력 등을 명시하는데 활용된다.

직무기술서(job description)는 직무의 형태와 책임사항 등을 명시한 것이고 직무명세서(job specification)는 직무를 성공적으로 수행하는데 요구되는 업무기술, 업무지식, 업무능력에 대한 상세한 조건들을 세분화하여 명시한 문서이다. 이 문서는 충원화의 목적에 활용할 수 있도록 전문화된 직무의 분석표로서 교육경험, 육체적 특성과 건강, 지적능력, 특수한 지식 및 과거 경험 등의 내용을 포함하고 있다.

2) 직무평가

직무평가(job evaluation)는 직무기술서나 직무명세서를 기초로 직무를 평가함으로써 여러 상이한 직무가 조직에서 갖게 되는 상대적 가치를 결정하는 것으로 직급제도의 활용, 구성원들의 적정배치 및 교육훈련의 자료를 획득할 목적으로 이루어진다. 즉, 직무평가는 각 직무의 가치를 결정하는 것으로 직무분석에 의해 작성된 직무명세서를 바탕으로 직무의 중요성, 난이도, 위험도 등을 평가하여 직무를 비교하고 직무의 상대적 가치를 결정하는 것이다.

이러한 직무평가 시 주의해야 할 점은 각 직무수행의 난이도, 복잡도, 권한과 책임의 범위, 업무수행환경 등을 고려하여 직무 자체의 평가에 중점을 두어야 한다. 이러한 과정을 통해서 인적자원관리 담당자들은 적절한 인재 채용을 하게 되는 것이다.

2. 인적자원 계획의 예측

조직의 인력수요 예측은 인적자원 계획의 핵심이다. 인적자원 계획은 인직 자원에 대한 현재 및 미래 수요를 분석 · 예측하고 그 수요를 충족시키기 위해 구성원들을 확보하거나 교체하는 과정이다.

이러한 방법은 미래 시점에서 인력수요를 결정하는 것과 현재 근무인력 중에서 미래 시점에 남아 있을 만한 인력의 수를 추산하는 것이다. 인력자원의 수요 및 공급 예측을 비교함으로써 미래 인력의 수요에 적절히 대응할 수 있는 것이다. 즉 인력자원 계획은 어떠한 자질을 가진 인적자원이 어느 정도 필요한지를 계획으로 수립하는 과정이다.

3. 지원자의 모집

조직의 인력수요가 예측되면 필요한 수요를 모집해야 한다. 모집은 인력자원 계획에 따라 인적자원을 효율적으로 확보하기 위해 외부 인력시장에서 지원자들을 모집하는 과정이다. 이러한 과정은 직무명세서상의 요건에 적합한 능력과 기술을 가진 인적자원을 확보하기 위하여 기업이 구성원들을 충원하는 활동이다. 이러한 모집방법은 내부 채용, 외부 채용 및 인터넷을 활용한 채용이 있다.

- 내부채용: 기업들은 내부 공석이 발생할 때 승진 또는 전근을

실시하여 채용하게 된다.

- 외부채용: 외부 노동시장에서 적절한 채용 대상자를 물색하여 모집하는 것이다. 많은 회사들이 채용 박람회나 기업 채용 설명회를 통해서 외부 모집을 하고 있다.
- 인터넷을 활용한 채용: 최근 인터넷을 활용해 채용을 실시하는 사례가 늘고 있는데, 자사 웹사이트나 노동관련 사이트를 활용하여 채용하는 방법이다.

4. 선발

선발은 지원자를 모집한 후 채용 담당자들이 직무명세서에 따라 모집과정에서 조직에 적합한 인적자원을 선발하는 과정이다. 선발과정은 지원자 가운데 담당직무를 성공적으로 수행할만한 자격을 갖춘 지원자를 결정하는 과정이다.

선발과정은 설정된 선발기준에 따라 1차 서류 심사, 채용시험, 면접, 배경조사, 인적 사항조사, 신체검사를 통해서 채용결정을 하게 된다. 선발과정에서 중요한 것은 선발의 원칙을 준수해야 한다는 것이다. 이러한 원칙은 선발 결과의 신뢰성, 선발도구의 타당성, 충원인력의 경제성을 평가하는 유용성, 법률적 합법성이 보장되어야 한다.

선발방법은 이력서, 면접시험, 신체검사 등 간단한 시험을 통하는 경험적 방법, 적성검사나 흥미검사를 시행하는 과학적 방법, 이들 두 가지 방법을 절충하는 절충적 방법 등이 있다.

5. 교육훈련

선발된 인적자원은 직무에 대한 구성원들의 능력을 향상시키고, 적절한 직무기술을 습득시키기 위해 교육훈련과 개발과정을 거치게 된다. 교육훈련의 목적은 성과의 향상, 업무과실의 감소, 업무 관련지식의 습득, 조직성과의 개선 등이다. 이는 직무교육, 직무 외 교육, 도제훈련 등이 있다.

- 직장내 교육훈련(OJT: on-the-job-training): 직무교육에서 무엇보다 중요한 것은 신입 · 경력 구성원들에게 새로운 기술을 계속 접하도록 교육하는 것이다. 직무교육은 감독자 및 선배의 도움을 받아 직무를 수행하면서 배우는 것이다. 이러한 교육은 순환근무, 수습, 멘토링 등을 통해 이루어진다.
- 직장외 교육훈련(off JT: off-the-job-training): 현장을 떠나 교육장에서 역할연기, 영화, 시청각 자료, 강의, 컴퓨터 등을 이용하여 각종 활동을 하면서 직무에 대해 배우게 된다. 이러한 교육은 실습장 교육 등을 통해 프로그램 학습이 이루어진다.
- 도제훈련: 작업장이나 일정한 장소에서 상사와 피훈련자 간에 일 대 일로 훈련하는 방법으로 종합병원에서 인턴들이 훈련받는 방법이다.

6. 성과계획 및 평가

일반적으로 신입사원들은 오리엔테이션을 통해 성과와 기대치에 대해 배운다. 구성원들이 각자의 직무를 수행함에 따라 관리자들은 정기적으로 이들의 성과를 평가하게 된다. 성과 평가(performance appraisal)는 성과 기대치와 실제 성과를 비교하는 것으로 구성원들의 조직에 대한 기여도를 평가해 교육, 보상, 승진 여부를 판단하는 것이다.

7. 급여 및 복리후생

보상은 급여와 복리후생을 모두 포함하는 개념인데 성과가 높을수록 더 많은 급여를 받기 마련이다. 급여는 급여구조 · 내부영향, 급여 수준 · 외부영향을 고려하여 결정한다. 급여 유형은 근속년수에 비례하여 지급하는 연공급, 직무의 상대적 가치를 평가하여 지급하는 직무급, 직무특성에 직무수행능력을 고려하여 지급하는 직능급, 업무성과를 기초로 지급하는 성과급 등이 있다.

복리후생은 기업이 구성원들이나 그 가족에게 제공하는 멤버십 형태의 간접 보상법이다. 산재보험 등 사회보장 제도가 해당되고 법에 명시되지 않은 혜택을 제공하는 기업도 많다. 복리후생전략은 자신이 원하는 것을 선택할 수 있는 카페테리아식 복리후생, 건강문제를 종합적으로 해결해 주는 건강 복리후생, 육체적 · 심리적 · 정신적 측면에서 균등한 사람이 되도록 지원하는 복합적 복리후생, 변화하는 생활 패턴과 의식변화를 고려하는 리사이클 복리후생 등이 있다.

8. 경력관리

경력관리는 구성원들 개개인이 자신의 경력의 성공을 기하면서 동시에 기업의 목표를 달성할 수 있도록 개인의 경력을 개발하는 관리활동이다. 이는 승진, 이동, 이직으로 정리해고, 파면, 은퇴 등이 이에 해당된다. 즉, 직무에 배치된 구성원들은 인적자원 개발 계획에 따라 순환, 이동, 승진 등의 과정으로 관리해야 한다.

제 3 절 인적 다양성관리

인적 다양성은 연령, 성별, 출신지역, 민족, 신체적 능력 등이 혼합된 상태이다. 다양성 관리(managing diversity)는 모든 구성원들의 잠재력을 각종 과실, 이직, 결근, 낮은 생산성, 저질의 노동력 등과 같은 문제를 배재하고 충분히 활용해 최선의 결과를 내는 것이다.

1. 다양성 경쟁우위

경쟁우위(competitive advantage)는 목표시장에서 해당 기업만이 가지는 독특한 특성 및 동종업체와 차별화되는 경쟁력이다. 오늘날 많은 기업들이 문화적 다양성을 경쟁우위로 인식하고 있다. 〈표 12-1〉은 어떻게 문화적 다양성이 경쟁우위로 이어지는지에 대한 6가지 결과를 제시하고 있다.

〈표 12-1〉 문화적 다양성관리에 의한 경쟁우위 확보

1. 저비용	조직이 다양화됨에 따라 통합비용 역시 늘어나기 마련이다. 다양한 구성원들을 잘 통합하는데 능숙한 기업은 비용우위를 점유하게 된다.
2. 원활한 채용	여성 및 소수민족을 우대한다는 명성은 매력적인 것이다. 그만큼 우수인력들이 스스로 찾아올 확률이 높기 때문이다. 노동시장이 고급화될수록 이 점은 경쟁우위로 작용한다.
3. 효과적인 마케팅	다국적 기업들이 가지고 있는 문화적 감수성은 마케팅을 성공적으로 이끄는 지름길이 된다. 다양한 집단을 상대로 소규모의 마케팅을 실시해 성공한 수많은 사례가 이를 입증한다.
4. 창의성 증진	과거의 규칙에 대한 순응보다는 현재 및 미래의 창의성에 집중해 창의성을 대폭 강화할 수 있다.
5. 문제해결능력 강화	의사결정 및 문제해결의 다양성은 더 넓은 시각을 갖는데 필수적인 요소이며 비판적인 분석을 가능하게 한다.
6. 변화에 빠른 적응	다양성을 효과적으로 관리하는 다문화 조직은 덜 수직적이며 덜 경직되어 있다. 따라서 보다 원활한 의사소통이 이루어지고 외부변화에 보다 신속히 저비용으로 대처할 수 있다.

자료원: Taylor Cox and Stacy Blake(1991), Managing Cultural Diversity: Implications for Organizational Competitiveness, *Academy of Management Executive*, Vol. 5, No. 3.

2. 다양성 관리에 능숙한 기업

다양성 관리의 중요성이 대두됨에 따라 경제잡지 포춘(Fortune)지

는 '소수민족이 일하기 제일 좋은 회사'라는 이름으로 연간 리스트를 만들고 있다. 이러한 리스트를 만들기 위해 회사의 전체적인 분위기, 다양성이 어느 정도 확산되어 있는지, 이사진 가운데 흑인이나 중남미계 아시아계, 원주민 인디언의 분포, 사내 최고액 급여 수령자 중에서 소수민족 비율 등을 사용하여 평가하여 상위기업 리스트를 작성하여 발표하고 있다.

경영사상 열세 마당 | 기업의 인간적 측면과 X · Y이론

1. 맥그리거의 인간관

D. McGregor

미국에서 1930년대의 대공황 때는 경영자들도 큰 타격을 받았다. 기업들은 여론의 지탄을 받고, 대량생산 기업의 노동조합 결성과 파업, New Deal 입법 등에 의하여 크게 흔들렸다. 그러나 그 후 일어난 경영방침과 정책의 변화는 무엇보다도 조직노동자들의 커지는 힘과 여론의 압력에 대처하기 위한 것이었다. 그래서 '경직된 경영'으로부터 '유연한 경영'으로 지향하는 움직임을 보였으나 일시적인 것으로 끝나고 결국 깨달은 것은 통제를 없애버리는 것만으로는 아무것도 안 된다는 것이었다. 경영자가 초기의 권위를 되찾고, 유연한 경영을 표방하는 경향은 기본적인 사고방식이나 전략을 전반적으로 수정하는 것이 아니었다.

구성원들이 헌신적으로 기업의 목표달성에 최선을 다하느냐 하는 것은 목표를 달성하여 얻는 보상 여하에 달려 있다. 기업 구성원들의 만족감이라는 최대의 보상은 기업목표를 위해 노력한 대가의 직접적인 산물로서 얻어지는 것이다. 구성원들은 조건 여하에 따라 마지못해 책임을 지려하는 것이 아니라, 스스로 책임을 지려고 하고, 책임회피, 야심이 없는 것, 무사안일 등은 체득에 의해 그렇게 되는 것이지, 인간 본래의 성질은 아니라고 보는 관점이다.

따라서 맥그리거(D. McGregor)는 조직에서 인간을 어떠한 관점으로 볼 것인지 하는 인간관을 X · Y이론으로 주장하고 있다. 경영자가 어떤 결정을 내리고 그것을 행동으로 옮기는 경우에는 반드시 인간의 본질이나 행동에 관한 어떤 가정이 있기 마련이다.

2. 전통적 견해인 X이론

인간은 태어나면서부터 일하기를 싫어해서 될 수 있으면 일을 하지 않으려 한다는 가정이다. 이러한 가정은 인간이 일하기를 싫어하는 특성 때문에 강압을 당하기도 하고 명령을 받기도 하며 처벌한다는 압박을 받기도 하는데 그렇게 하지 않으면 구성원들은 기업의 목표를 달성하기 위해 충분한 노력을 하지 않을 것이라는 가정이다. 이러한 가정은 인간이 일하기를 싫어하는 특성이 매우 강하기 때문에 상을 준다고 하더라도 점점 더 높은 것을 바라기 때문에 효과가 없다고 주장하고 있다.

이러한 가정의 저변에는 인간은 명령을 받는 편을 좋아하고 책임을 회피하고 싶어 하며, 그다지 야심도 없고 무엇보다도 무사안일을 바란다는 것이다. 사실 우리의 사회시스템에서 인간 가치의 존엄성을 외치고 있지만 대다수의 경영자는 마음속에서 대중이 범용한다는 생각을 가지고 있는 것을 쉽게 볼 수 있다. 이러한 사고를 맥그리거는 X이론이라고 하였다.

이러한 주장은 X이론이 기업에 속해 있는 인간행동을 설명할 수 있는 유용한 사고방식이라는 증거도 많다. 사회과학 분야에서 지난 50년 동안 이루어진 지식의 발전에 따라 인간성이나 기업에 속해 있는 인간행동에 대한 다른 사고를 함으로써 X이론에 의해서는 설명할 수 없었던 점을 어느 정도 해결할 수 있게 되었다. 이러한 새로운 사고방식은 기업 내의 구성원들이 어떻게 행동할 것인지를 예측하고 통제할 수 있게 하는 기반을 마련하는 데 도움이 되었다.

3. 새로운 사고방식인 Y이론

시간이 흐르면서 기업에서 인간의 문제가 경영자의 주요 관심사가 되었다. 일반적으로 경영자는 기계적인 사고에서 인도주의적으로 사물을 보게 되었으며, 구성원들에 대해서 공평하고 관대한 조치를 취하려고 노력해 왔다. 경영자들은 구성원들을 낮은 임금으로 혹사시키는 것이 적어졌으며 공장들 사이의 극단적인 상호 경쟁도 적어지고 대체로 안전하고 밝은 직장 환경이 마련되었다.

따라서 Y이론의 가정은 노동을 하는 것이 인간의 본성으로서 놀이나 휴식과 마찬가지이며, 인간은 태어나면서부터 일하기를 좋아한다고 가정하고 있다. 인간은 외부로부터 통제하거나 강압하는 방법이 기업의 목표달성에 도움이 되지 않는 것으로 보고 자발적으로 맡은 바 목표를 위해 스스로 자기 자신을 동기유발한다는 것이다.

맥그리거는 기업 내의 문제해결을 위해 비교적 고도의 상상력을 구사하고 창의적 고안에 공헌하는 능력은 인간에게 갖춰져 있는 것이며 현대 기업에서는 구성원들의 지적 능력이 아주 일부밖에 활용되지 못하고 있다고 주장한다. 경영자가 전략을 구축하는데 있어서 이러한 사고방식은 X이론과는 매우 다른 의미를 갖고 있다. Y이론은 인간이 성장하고 발전할 가능성이 있으며 때때로 장소에 적합한 방법을 선택할 필요가 있음을 주장하고 있다.

Y이론은 기업 내에서 구성원들이 잘 협조되지 않는 것을 인간성이 본래 그러하기 때문이 아니라 그 인간이 가지고 있는 능력을 활용하는 경영자의 능력이 부족하기 때문이라고 보았다. X이론에 입각한 사용자는 회사의 생산성이 오르지 않으면 그것을 함께 일하는 인간의 성격 탓으로 돌려버리지만 Y이론은 이러한 문제를 경영자의 탓으로 돌린다. Y이론에서는 구성원들이 게으르고 무관심하고 책임을 회피하려 하고 완고하고 창의성이 없고 비협조적이라면 그 원인이 경영자의 조직통제 방법에 문제가 있다고 주장한다.

이러한 관점에서 Y이론의 사고방식이 X이론의 사고방식보다는 사회과학적 지식과 논리가 잘 맞는 것만은 확실하다. 그러나 이러한 사고방식이 의미하는 바를 실행하는 것은 경영층의 마음속 깊이 스며있는 전통적인 행동에 대해 도전장을 내밀고 있는 것이다.

4. 기업에 적용된 통합의 원리

X이론에 의하여 마련된 핵심적인 조직원리는 권한행사에 의한 명령과 통제인 계층의 원리(scalar principle)이고 Y이론에서는 통합의 원리(integration principle)이다. 즉, 구성원들이 기업의 성장을 위해서 노력함으로써 각자의 목표를 최고로 달성할 수 있는 조건을 만들어 주는 것이다. 그러나 현재로서는 계층의 원리가 경영자의 태도에 깊이 뿌리를 박고 있기 때문에 통합의 원리가 의미하는 바가 쉽게 이해되기는 어렵다.

기업 경영자의 심리적 환경도 기업 활동을 하는 구성원들의 몸에 배어 있기 때문에 대부분의 방침이나 작업 방법, 여러 결정과 관계들은 현재의 모습을 도저히 바꿀 수 없는 것으로 여기게 된다. 이러한 입장에서는 기업의 요구가 구성원들의 요구에 우선한다는 것이 당연시되고 있다. 원래 고용계약에 따라 구성원들은 임금을 받는 대신에 경영자의 명령과 통제에 복종하도록 되어 있다고 생각하고 있다. 통합에 기반을 둔 자기통제(self-control)는 고용관계에 대한 현재의 사고방식과는 맞지 않는 것이다. 통합과 자기통제는 기업 목표와 구성원들 개개인의 요구나 목표를 확실한 방법으로 조정할 수 있다면 기업은 좀 더 능률적으로 목표를 달성할 수 있다는 것이다.

통합의 원리에 의하면 기업의 요구도 구성원들 개개인의 욕구도 무시해서는 안 되는 것이다. 경영자와 구성원들이 협력해서 진지하게 노력하면 구성원들에도 기업에도 적합한 통합적 해결책이 마련되는 일이 있겠지만 언제나 그렇다고는 할 수 없다. 즉, Y이론의 사고에 의하면 통합이 달성되지 않으면 기업은 손해를 보는 것이다.

경영자가 통합의 원리를 충분히 배려하고 있기 때문에 사내 훈련에 노력하고 있다고 생각하는 사람들이 있을지도 모른다. 그러나 많은 돈과 사람을 들여가면서 회사의 번영과 구성원들의 행복은 밀접한 관계가 있다고 구성원들을 설득하려고 노력하고 있다. 즉, 구성원들이 자기의 꿈을 실현하는 제일 좋은 방법은 회사의 목표를 위해 지속적으로 노력하는 것이라고 기회가 있을 때마다 강조한다.

이것은 경영자가 이미 통합의 원리를 실행에 옮기고 있는 증거이다. 이러한 경영자의 노력은 명백히 X이론의 사고방식에 영향을 받을 것이다. 이러한 주장의 배후에는 기업의 요구와 번영은 당연히 구성원들 개개인의 요구에 우선한다는 생각이 있는 것이다. 통합은 기업이 번영할 수 있도록 한 마음으로 일하는 것이며, 그 성과를 보수로서 나누는 것이다. Y이론의 사고방식이 옳은 것이라면 이러한 상태를 만들 수 있는 것인지, 그리고 만들 수 있다면 어느 정도로 만들 수 있는지 하는 것이 문제이다.

5. 동기유발에 관한 기본 사고

최근에 연구성과를 보면 구성원들의 근무의욕을 불러일으키는 기본 사고가 지지되고 있다. 이러한 사고에 의하면 X이론 자체의 옳지 못한 점과 X이론을 지지하는 좁은 사고가 잘못이라는 점도 측면적으로 설명할 수 있다. 인간은 무한한 욕구를 가지고 있고 어떤 한 가지 욕구가 충족되면 고차적인 욕구로 발전하게 되고 인간은 누구나 자기의 욕구를 충족하려고 노력한다.

따라서 경영자들은 동기부여의 원동력에 대해 관심을 가져야한다. 따라서 구성원들이 지시 받은 일 밖에는 하지 않는 태도, 책임을 회피하려는 태도 등을 타고난 인간성 탓으로만 돌리면 안 된다.

당근과 채찍이론(carrot and stick theory)으로써 구성원들을 동기부여하려는 생각은 X이론의 사고방식이며 이것이 효과적인 경우도 있다. 그러나 당근과 채찍이론은 구성원들이 어느 정도 생활수준이 향상되면서 이러한 수단에 의해 스스로 분발하여 만족을 얻으려고 노력하는 상태를 만들어 낼 수도 있고 반대로 구성원들에게 오히려 좌절감을 안겨줄 수 있다.

현대 사회에서 이러한 방법은 구성원들이 목표로 삼고 있는 차원의 원동력으로서 그다지 중요하지 않기 때문이다. 명령과 통제는 자기 존중의 욕구와 자아실현의 욕구를 중시하는 구성원들을 동기를 부여하는 데는 효과가 없다. 따라서 X이론은 특정한 경영전략의 결과에 대해서 설명하는데 지나지 않을 수 있다.

제13장 경영관리과정의 지휘화

제 1 절 지휘활동의 의의

기업이 설정된 목표와 실행계획을 수립하고 이를 체계적이고 합리적으로 수행할 수 있는 조직을 구축하여 이에 적합한 인적자원을 충원하면 이러한 인적자원을 최적 상태로 활용하여 기업 목표 및 조직 효과성을 제고시키기 위한 지휘화가 필요하다.

1. 지휘의 의의

지휘화(leading)는 조직이 목표를 달성하기 위하여 조직 구성원들에게 적절한 활동방향을 제시하는 과정이다. 즉, 조직 구성원들이 맡은 업무를 장·단기적으로 유효하고 능률적으로 수행하여 조직 목표에 기여하도록 그들에게 동기를 부여하고 지도·감독하는 모든 활동의 관리자 기능이다.

[그림 13-1]　경영관리과정의 지휘화

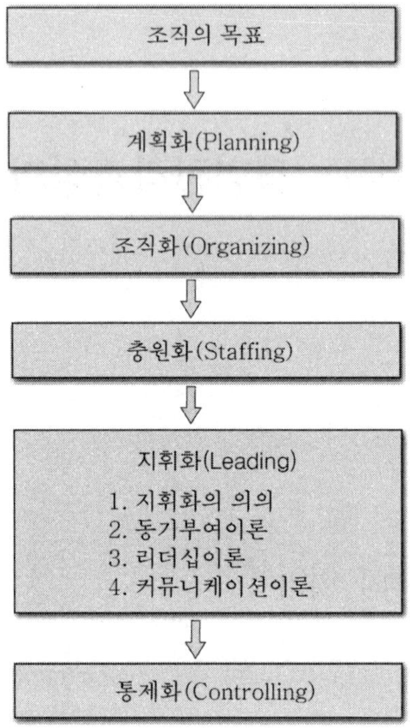

전통적 입장에서 지휘는 상위자가 구성원들에게 갖는 당연한 권한의 개념으로 인식되어 전제적 성격을 지니고 있었다. 그러나 최근에 지휘는 상위자가 구성원들의 수용을 전제로 한 상호관계 내지 상호작용적 관점에서 논의되고 있다.

따라서 효과적 지휘활동을 위해서는 구성원들의 동기부여, 커뮤니케이션, 이를 전제로 한 관리자의 리더십 개발에 대한 이해가 필요하다. 이러한 동기부여와 효과적 리더십의 발휘를 위해서는 조직 내의 경영활동에 대한 정보의 원활한 커뮤니케이션이 전제가 되어야 한다.

2. 지휘의 원칙

경영자는 관리과정에서 구성원들에게 부여된 역할, 인간의 개성 및 성격 등 인적요소에 대한 특성, 사회시스템의 일원으로서 역할의 다양성, 개인 존엄성과 중요성, 환경에 적응하는 인간으로 보는 사고 등을 이해해야 한다. 따라서 지휘에서는 다음과 같은 기본원칙을 준수해야 한다.

- 목표 조화의 원칙: 조직 구성원들의 개인적 목표와 조직의 목표가 조화되도록 지휘활동을 수행해야 한다.
- 명령통일성의 원칙: 구성원들은 단일 상관의 명령과 지휘를 받고 책임을 부여받음으로써 원활한 지휘와 책임감이 강화된다.
- 직접 감독의 원칙: 효율적으로 구성원들을 지휘하기 위해서는 경영자가 개별적으로 접촉하면서 직접 감독해야 효율적으로 업무를 수행하는 데 필요한 정보, 훈련, 의사소통을 할 수 있다.
- 감독기술의 원칙: 업무나 조직 환경의 변화에 따라 지휘, 감독기술을 변화시켜 나가야 한다.

3. 동기부여과정의 이해

인간은 일정한 동기에 의해 행동하게 되고, 인간행동은 목표를 달성하려는 욕구에 의해서 유발된다고 할 수 있다[그림 13-2]. 즉, 인간의 행동은 욕구충족의 실마리(cue)를 제공해야 유발됨으로 구성원들의 바람직한 행동을 유도하여 경영성과를 실현하기 위해서는 구성원들이 가지고 있는 욕구나 동기를 파악하여 이를 충족할 수 있는 강화요인을 제공해야 행동을 유발할 수 있다.

이러한 동기부여과정은 결핍된 욕구에 초점을 두어 구성원 행동의 내적요인 즉, 개인의 행동을 작동시키고 에너지를 일정한 방향으로 조정하고 유지하게끔 하는 내적요인에 대해 연구하는 내용이론(content theory)과 개인의 행동이 어떻게 형성되는지에 대해 연구하는 과정이론(process theory)이 있다.

[그림 13-2] 동기부여과정

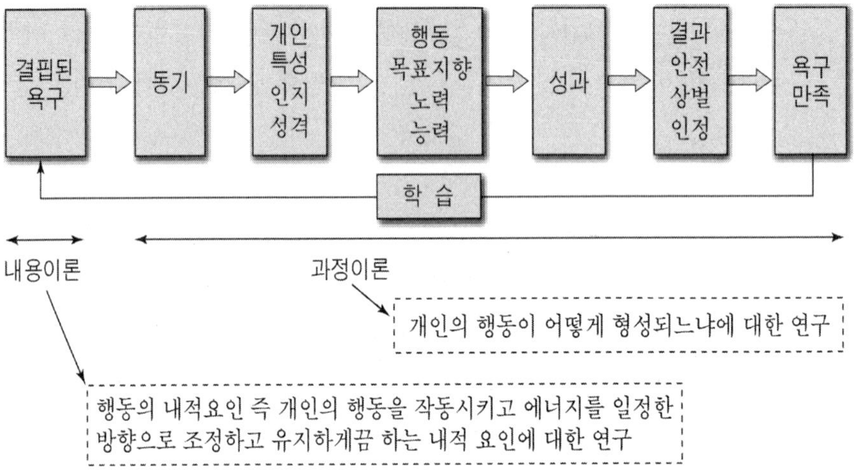

동기부여(motivation)는 어떤 목적을 달성하기 위하여 특정 방향으로 개인이 행동하도록 유도하는 것이다. 기업에서 동기부여는 구성원들이 조직 목표를 지향하도록 행동을 유발하고 규제하며 유지시켜 나가는 과정이다. 즉 동기부여는 개인의 행동이 실제로 작동되는 과정 또는 작동되도록 유발하는 과정이다. 이러한 동기부여 행동의 유발과정은 다음과 같다.

- 행동의 활성화(energization behavior): 결핍된 욕구를 충족시키기 위한 내적 심리상태, 즉 동기를 유발시키고 이를 행동으로 활성화시키는 과정으로 의식·무의식적으로 개인의 욕구결핍을 충족하기 위하여 에너지가 전환되는 과정이다.
- 행동의 유도(channeling of behavior): 활성화된 에너지를 기업의 특정 목표를 지향하도록 활성화하여 행동을 유도하는 과정이다.
- 동기부여된 행동의 강화(reinforcement of motivated behavior): 특정의 방향을 지향하는 활성화된 행동이 지속적으로 유지되도록 강화시키는 과정이다.

제 2 절 동기부여이론

인간의 동기는 의식적이든 무의식적이든 간에 욕구(needs)에 기초를 두고 있다. 1차적인 욕구에는 물, 음식, 공기, 수면, 주택과 같은 생리적인 욕구가 있고, 2차적인 욕구에는 자존심, 지위, 다른 사람과의 우호적 관계, 애정, 성취, 자기주장 등이 있다. 이러한 인간의 욕구는 개인에 따라 강도가 다르며 시간의 흐름에 따라 강도는 변화된다.

동기부여(motivation)는 추진력, 욕망, 욕구, 희망적인 말을 내용으로 하는 일반적인 용어이다. 경영자가 구성원들에게 동기를 부여한다는 것은 구성원들이 욕구를 충족시킬 수 있다고 생각하는 작업에 추진력을 가지고 수행하도록 하는 것을 말하며 구성원들로 하여금 원하는 방식으로 행동하도록 유인하는 것이다.

이러한 동기부여이론(motivation theory)은 내용이론(content theory), 과정이론(process theory) 및 강화이론(reinforcement theory)으로 나눌 수 있다. [그림 13-3]에서 보듯이 각 이론을 보면 내용이론은 인간의 욕구를 이해하고 다양한 욕구를 가진 사람들이 각기 다른 업무 상황에서 어떻게 반응하는지를 알 수 있게 해주고 과정이론은 주어진 보상에 대하여 구성원들이 어떤 의미를 부여하며 다양한 업무 상황에서 어떻게 반응하는지에 대한 추가적인 통찰력을 제공해 준다.

1. 내용이론

동기부여이론의 내용이론(content theory)은 인간이 욕구를 충족하지 못하면 긴장을 느끼게 되고 이러한 긴장은 자신의 행동이나 태도에 영향을 미치게 된다는 것이다. 따라서 리더는 구성원들의 욕구가 무엇인지, 욕구의 내용이 무엇인지를 파악해야 한다는 주장이다. 이러한 내용이론은 욕구단계이론, ERG이론, 동기-위생이론, XY이론, 성취이론 등이 있다.

[그림 13-3]　동기부여이론

동기부여이론	접근방법	의 문
내용이론 (content theory)	초점을 사람에게 두고, 사람들이 왜 특정 행동을 하는지 분석	무엇(what) 때문에 동기부여 되는가?
과정이론 (process theory)		어떤(how) 과정을 통해서 동기부여 되는가?
강화이론 (reinforcement theory)	사람의 행동은 환경적인 결과에 의해 결정	외부 환경에 의해 어떤 영향을 받는가?

1) 매슬로우의 욕구단계이론

(1) 인간의 욕구단계

1943년과 1954년 심리학자 매슬로우(A. Maslow)는 욕구단계이론을 발표하였다. 이 이론은 인간들이 가지고 있는 욕구는 일련의 단계가 있어서 하위단계의 욕구가 충족되어야 순차적으로 상향적으로 욕구가 발생해 상위단계의 욕구를 충족시키는 방향으로 동기부여가 된다는 주장이다. 즉, 그는 인간의 욕구를 가장 낮은 것으로부터 가장 높은 것으로 올라가는 계층(hierarchy)의 형태로 보고 어떤 욕구가 충족되면 그 욕구는 더 이상 동기유발 요인이 되지 않는다고 결론지었다. [그림 13-4]에서 보듯이 매슬로우는 인간의 욕구단계를 5단계로 설명하고 있다.

[그림 13-4] 매슬로우의 욕구단계이론

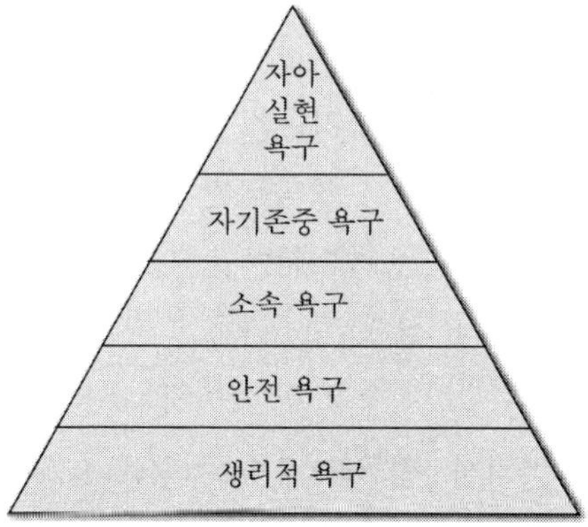

- 생리적 욕구(physiological needs): 인간의 생명을 유지시켜주는 기본적인 욕구로는 음식, 물, 따뜻함, 의류, 주택 및 수면 등의 욕구가 있다. 매슬로우는 이러한 욕구들이 삶을 유지하는데 필요한 만큼 충족되지 않는 한 다른 욕구들은 사람을 자극하지 못한다고 주장하였다.
- 안전 또는 안정의 욕구(safety or security needs): 이 욕구는 물리적 위험으로부터 벗어나려는 것과 직업, 재산, 음식, 주택 또는 안전을 잃게 되는 두려움으로부터 벗어나려는 욕구이다.
- 애정 또는 소속의 욕구(love, affection and belongingness needs): 우정, 사랑, 애정, 소속에 대한 욕구로 다양하게 불리며 인간이 본래 사회적 존재이기 때문에 다른 사람들에게 속하고 싶어 하거나 인정받기를 원하는 욕구이다.
- 자기존중의 욕구(self-esteem needs): 인간은 일단 소속의 욕구가 충족되면 그들은 자신 스스로와 다른 사람들에 의해 존경받기를 원하는 경향이 있다. 이와 같은 욕구는 권력, 위신, 지위, 및 자신감 등이 만족감을 낳게 된다.
- 자아실현의 욕구(self-actualization needs): 자기만족 및 자아성취에 대한 욕구로 이러한 욕구를 가장 고차원적인 것으로 간주하고 있다. 이 욕구는 자신의 모든 능력을 최대한 발휘하여

무엇인가를 이루려는 욕망이다.

(2) 욕구이론의 역동성

그러나 이러한 욕구이론은 동태적으로 나타나고 있다. 즉, 인간의 욕구는 하나의 욕구가 충족되면 다른 욕구가 나타난다는 주장을 하나의 욕구가 100% 충족되어야만 다음 욕구가 나타나는 것으로 오해하기 쉽다. 그러나 실제로는 다음 욕구로 이행될 때마다 욕구충족에 있어서 하위계층의 욕구들이 차지하는 상대적인 비율이 감소한다고 볼 수 있다. 따라서 욕구의 충족 이행은 [그림 13-5]와 같은 형태로 이루어진다.

[그림 13-5] 심리적 발달 수준에 따른 욕구의 상대적 강도

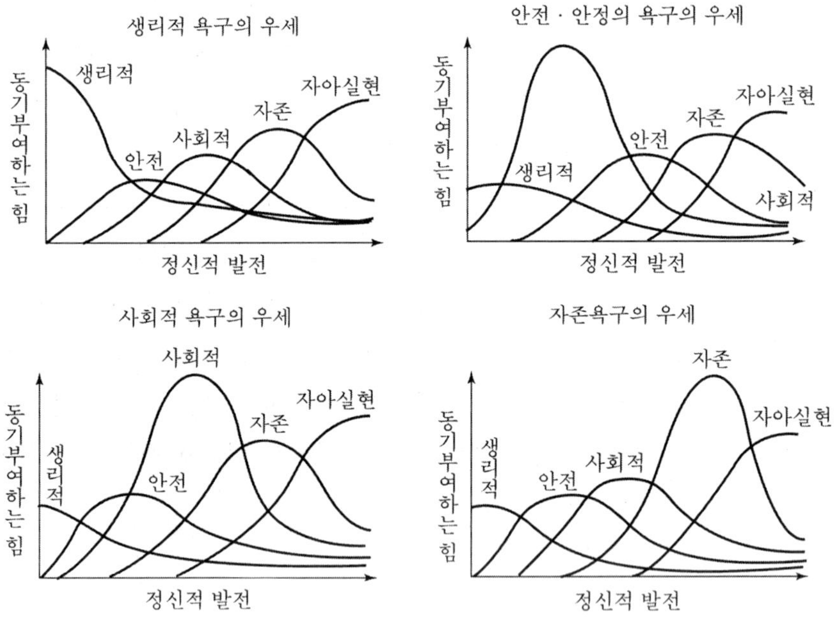

자료원: D. R, Silver(1977), *Contemporary Management*, McGraw-Hill, pp. 44-49.

[그림 13-5]에서 보듯이 동기부여는 정신적 발전과정에서 새로운 욕구의 출현이 점진적으로 나타나게 되고 지배적 욕구가 일정한 행동을 일으키는데 있어서 다른 욕구들과 상호 배타적으로 작용해서 단일

한 결정요인으로 행동에 영향을 미치는 것이 아니라 대부분의 행동은 상대적으로 강도가 서로 다른 여러 욕구들이 존재하면서 단계별로 우세한 욕구가 있어 해당 욕구를 충족해야 다음 단계로 상승한다고 볼 수 있다.

(3) 욕구이론의 시사점

욕구단계이론은 하위단계에서 욕구가 충족되어야 상위단계의 욕구를 충족하기 위한 동기부여가 된다는 것이다. 따라서 경영자는 기업 내에서 일하는 구성원들의 욕구가 어느 단계에 있는지를 면밀히 검토하여 상위단계로 동기부여가 될 수 있도록 해야 한다. 또한 효율적인 경영을 위해서는 자원의 집중적 배분보다는 단계별로 가장 우세한 욕구부터 충족시켜야 하고 구성원들을 고차원적 관점에서 인간적인 대우를 해야 한다는 것을 알 수 있다.

2) 알더퍼의 ERG이론

(1) ERG이론

1969년 발표된 알더퍼(C. P. Alderfer)의 ERG이론은 매슬로우의 욕구단계이론이 직면한 문제점을 극복하고자 실증적 연구에 기반을 둔 수정이론이다. 매슬로우처럼 욕구의 계층성을 주장하되 3단계 즉, 존재욕구, 관계욕구, 성장욕구로 단순화하여 개념을 추상화 한 것이다.

- 존재욕구(E: existence needs): 인간이 존재하기 위하여 필요한 물리적·생리적 욕구로 매슬로우의 생리적 욕구와 안전의 욕구가 이에 해당하는 것이다.
- 관계욕구(R: relatedness needs): 인간의 사회생활과 관련된 욕구로 매슬로우의 안전의 욕구 중에서 타인과 관련된 욕구와 애정의 욕구, 자기 존중의 욕구의 일부에 해당하는 욕구이다.
- 성장욕구(G: growth needs): 개인의 잠재력 개발, 자아실현, 성장과 관련된 욕구로 매슬로우 욕구단계의 존경의 욕구 일부와

자아실현 욕구에 해당하는 욕구이다.

[그림 13-6]과 같이 알더퍼는 ERG이론에서 매슬로우의 욕구이론에서와 같이 욕구단계별로 욕구충족행동을 하는데 구성원들이 만족하면 상위단계로 발전하는 만족-진행으로 이행되지만 욕구충족이 좌절되면 아래 단계로 퇴행하는 좌절-퇴행 행동이 나타난다고 주장하고 있다.

[그림 13-6] 알더퍼의 ERG이론

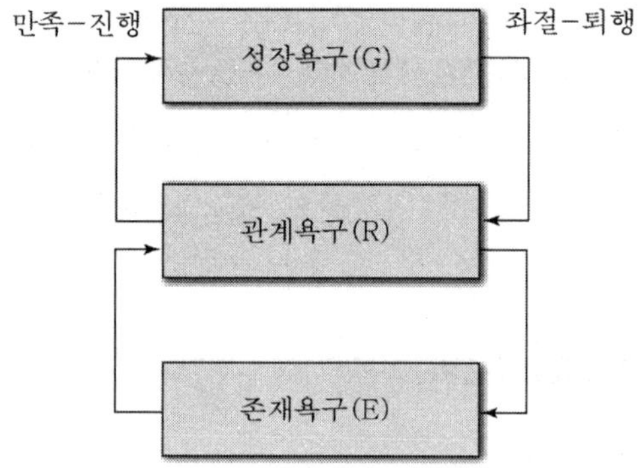

(2) ERG이론의 시사점

매슬로우의 욕구단계이론은 하위단계 욕구를 충족하면 상위단계로 진행하는 과정만을 설명하고 있지만 알더퍼의 ERG이론은 원하는 욕구가 충족되지 않으면 좌절-퇴행의 과정도 보여주고 있다. 즉, 매슬로우는 하위욕구가 만족되면서 상위욕구로 진행되어 가는 것에 초점을 두고 연구하였지만 알더퍼는 상위욕구가 만족되지 않을 때는 하위단계에 대한 욕구가 커진다고 보고 있다. 또한 매슬로우 이론은 한 인간의 욕구는 단계적으로 한 단계에 대한 욕구만 강조하나 알더퍼는 동시에 둘 이상의 욕구도 추구한다고 주장하고 있다.

(3) ERG이론의 공헌 및 비판

알더퍼의 ERG이론은 개별 요인들 가운데 개인이 지니고 있는 욕구 간의 역할에 관해 체계화된 주장을 제시하였다. 이 이론은 개인의 욕구요인이 직무의 성질, 사회적 환경 및 작업 요건 등을 포함하는 작업환경에 대처하는데 중요한 기능을 한다는 점을 깨닫게 하였다. 그러나 제안된 가설적 명제들을 실증적으로 연구한 결과 부분적으로 지지하는 자료를 얻었으나 전반적으로 지지되지는 못하였다는 비판을 받고 있다.

3) 허즈버그의 동기-위생이론

허즈버그(F. Herzberg)와 그의 동료들은 매슬로우의 욕구단계이론을 조직구성원들에게 적용하여 상당히 수정하였다. 이들 연구는 동기의 2요인 이론(two-factor theory)을 찾으려는 데 목적이 있었다. 1959년과 1966년에 발표된 허즈버그의 동기부여이론은 인간이 직업적 체험으로부터 진정으로 원하는 것이 무엇인지 하는 의문을 제기하면서 이루어졌다.

(1) 동기유발-위생 요인의 관계

구성원들의 직무 만족-불만족과 관련한 특정한 직무요인들은 구성원들의 직무만족도와 관련이 있는 동기유발요인과 불만족과 관련이 있는 위생요인으로 주장하였다. 위생요인(hygiene factors)은 작업환경의 외재적인 요인으로서 회사방침, 감독, 작업환경, 작업장의 대인관계, 급여와 복지혜택, 고용보장, 임금 등 개인이 욕구를 충족시키는 데 있어서 개인의 불만족을 창출해 낼 수 있는 요인들이다. 이러한 위생요인은 매슬로우의 생리적 욕구, 안전욕구 및 사회적 욕구의 일부에 해당된다.

동기유발요인(motivation factors)은 직무에 내재하는 요인으로서 성취감(achievement), 인정감(recognition), 직무 자체(work itself), 책임감(responsibility), 성장(growth), 승진(promotion) 등 개인으로 하여금 직무 만족을 느끼게 하여 스스로 열심히 일하게 함으로써 성과를 높이는 요인으로 매슬로우의 자기존중의 욕구와 자아실현의 욕구에 해당한다.

허즈버그의 연구 결과에 따르면, 기업 구성원들에게 만족을 주는 요인과 불만족을 주는 요인은 차원이 별개이다. 즉, 만족의 반대를 불만족이 아니라 '만족하지 않는 것'이라고 보았고, 불만족의 반대도 만족이 아니라 '불만족하지 않는 것'이라고 보았고, 이를 설명하기 위해 동기요인-위생요인을 주장하였다. 만족여부에 영향을 미치는 요인을 동기요인이라 하고, 불만족 여부에 영향을 미치는 요인을 위생요인이라고 하였다. 동기요인과 위생요인의 관계는 [그림 13-7]에 나타나 있다.

[그림 13-7]　허즈버그의 동기유발-위생요인의 구조

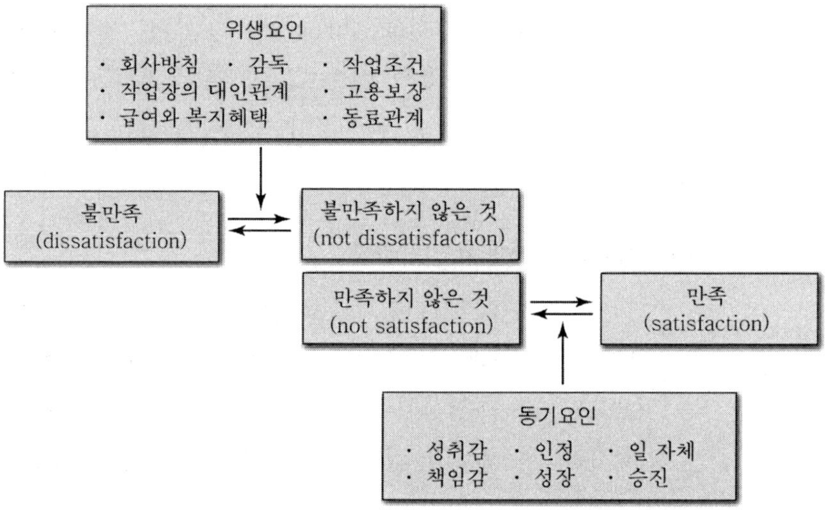

이들 연구의 흥미로운 결과 중 하나는 위생요인을 제대로 관리하면 구성원들의 불만족을 예방할 수 있지만, 이러한 요인들이 만족감이나 동기부여의 원천으로 작용할 수는 없다고 믿었다. 즉, 좋은 작업조건은 불만족을 예방하여 구성원들이 계속 근무하게 할 수는 있지만, 그들을 동기부여하거나 열심히 일하게 만들 수는 없다는 것이다.

(2) 허즈버그이론의 시사점

허즈버그는 경영자들이 구성원들의 만족도를 높이기 위하여 동기요인에 초점을 맞출 필요가 있다고 주장하였다. 일반적으로 동기요인의 제공은 구성원들에게 동기를 부여하고 직무만족을 제공하며, 효과적인 성과를 창출할 수 있다. 그러나 동기요인의 결여가 항상 불만족이나 부실한 성과로 이어지는 것은 아니지만, 이러한 요인의 부재는 구성원들이 최선을 다하기보다는 적당히 할 일만 하게 만드는 결과를 낳을 가능성이 높다는 것이다.

(3) 허즈버그이론의 공헌 및 비판

허즈버그가 제기한 직무만족의 본질에 관한 효과, 구성원들 행동의 내재적 · 외재적 요인들의 효과에 관한 의문들은 동기이론(motivation theory)과 직무만족이론(job satisfaction theory)의 발달에 공헌하였다. 즉 직무의 내재적 특성과 관련된 동기요인의 강조를 통해 직무확대(job enlargement) · 직무충실(job enrichment) 등의 기법이 개발되어 직무재설계(job redesign)에 대한 관심을 제고시킨 점이다.

그러나 허즈버그이론이 많은 공헌을 했음에도 불구하고, 타당한 비판들도 있다. 그의 연구가 구성원들의 동기부여에 대해 설명하고 있지만, 직무만족에만 초점을 맞춘 것이었고, 다른 비판은 방법론의 신뢰성 문제로 상황변수의 영향과 만족과 생산성 사이의 추정관계를 무시했다는 비판이 있다.

4) 맥그리거의 X · Y이론

(1) X Y이론

1957년 맥그리거(D. McGregor)는 관리자가 다른 사람들과의 관계에 비추어 그들이 자신을 어떻게 볼 것인지 하는 기본적인 의문을 갖고 연구를 시작하였다. 이는 인간 본질의 인식에 대한 어느 정도의 사고를 요구하는데 인간을 수동적인 존재로 보는 전통적인 인간관을 X이론으로 보고, 인간을 능동적이고 자율적인 존재로 보는 새로운 인간관인 Y이론을 제시하였다. 맥그리거는 X형 · Y형이 따로 존재하는 것이 아니라 한 인간 속에 X형 기질과 Y형 기질이 모두 있다고 주장하였다. 맥그리거는 X이론과 Y이론의 인간관을 〈표 13-1〉과 같이 정의하고 있다.

〈표 13-1〉 맥그리거의 X형 · Y형의 가정

X형 인간관	Y형 인간관
• 대부분의 사람들은 본래 일하기를 싫어하고 가능하면 일을 하지 않으려 한다. • 대부분의 사람들은 도전정신이 없으며, 생활의 안전을 중시한다. • 대부분의 사람들은 명령받기를 좋아하고, 책임지기를 싫어한다. • 대부분의 사람들은 창의력이 없다.	• 대부분의 사람들은 휴식이나 놀이를 취하는 것처럼 일하기를 좋아한다. • 대부분의 사람들은 자기에게 주어진 책임을 받아들이고, 책임을 기꺼이 지고자 한다. • 대부분의 사람들은 경제적 보상보다 자아실현의 욕구충족을 더 중요시한다. • 대부분의 사람들은 문제를 해결하는 창의력을 갖추고 있다.

(2) 맥그리거이론의 시사점

맥그리거는 Y이론에 입각한 자율적 경영방식을 주장하고 있다. 즉, 경영자는 인간의 본성에 대해 긍정적인 생각을 북돋우고 통제적 분위기보다는 서로 협력하는 분위기를 조성해 줌으로써 구성원들 스스로 조직의 목표를 달성하는 데 적극적인 공헌을 할 수 있도록 여건을 만들어 주는 것이 중요하다는 것이다.

(3) 맥그리거이론의 공헌 및 비판

대부분의 경영자들은 현실적으로 참여적 관리방식을 수용하려고 하나 구성원들이 자신의 행동방향을 설정하고 스스로 통제하여 조직 목표를 위해서 창조적으로 기여할 능력이 있는지에 대해서 회의적이다. 그러나 맥그리거 이론은 인간 동기에 관한 기본 가정들이 인적자원관리에서 핵심이 된다는 사실을 경영자들에게 일깨워 주었다.

5) 맥클리랜드의 성취욕구이론

(1) 맥클리랜드의 성취이론

맥클리랜드(D. C. McClelland)는 욕구의 위계적 구조를 제안하기는 하지만, 이 위계가 모두 학습된 것이라고 주장하여 욕구위계가 본능적 성질을 띠며 고정된 것이라는 매슬로우의 주장과 달리하고 있다. 그는 기본적으로 동기를 부여하는 욕구를 권력욕구(n-power), 친화욕구(n-affiliation) 및 성취욕구(n-achievement) 등 세 유형으로 제시하였다. 이러한 세 가지 욕구 유형과 관련하여 사람들을 대상으로 연구를 수행하였으며 성취욕구에 중점을 두고 연구를 수행하였다.

- 권력욕구(n-power): 권력에 대하여 높은 욕구를 가진 사람들이 자신의 영향력과 지배력을 행사하는 것에 커다란 관심을 갖고 있다는 사실을 발견하였다. 일반적으로 이러한 사람들은 리더의 지위를 추구하고 있으며 화술이 좋은 사람들이나. 그들은 설득력을 지니고 있으며 거침없이 말하고 완고한가 하면 고압적이기도 하다. 또한 그들은 가르치거나 대중 앞에서 연설하기를 좋아한다.
- 친화욕구(n-affiliation): 애정에 대한 욕구가 강한 사람들은 일반적으로 사랑을 받는데 즐거움을 얻으며 사회적 집단으로부터 소외당하는 고통을 회피하려는 경향이 있다. 이러한 사람들은 유쾌한 사회적 관계를 유지해 나가는데 관심이 있으며 친근감과 이해심을 즐기고 곤경에 처한 다른 사람들을 위로하고 도와줄 자세가 되어 있으며 다른 사람과 친밀한 관계로 지내기를 좋아한다.
- 성취욕구(n-achievement): 높은 성취 욕구를 가진 사람들은 성공에 대한 상한 욕구와 함께 실패에 대한 상한 두려움을 가지고 있다. 그들은 도전하기를 원하고 자신들에게 적당히 어려운 목표가 설정되어지길 원하며 위험에 대하여 현실적으로 접근해 간다. 즉 그들은 문제를 분석·평가하고 일을 수행하는데 대해 개인적 책임을 지며 그들이 수행하고 있는 일에 대하여 상세하고 신속한 피드백을 받기를 좋아한다. 또한 이들은 쉬지 않고 오랜 시간동안 일하기를 좋아하는 경향이 있으며 실패하더라도

지나치게 걱정하지 않고 자신이 주도권을 잡기를 원한다.

이러한 권력욕구, 친화욕구, 성취욕구의 세 가지 욕구는 기업 구성원들이 직무를 잘 수행하도록 하기 위해 누구나가 인식해야 한다는 점에서 경영관리와 특별한 관계가 있다. 왜냐하면 모든 기업의 모든 부서들은 목표 달성을 위해 함께 일하는 개인들의 집단을 대표하는 것이므로 성취에 대한 욕구는 가장 중요하기 때문이다.

(2) 맥클리랜드 이론의 적용

맥클리랜드와 동료 학자들의 연구에서 기업가(entrepreneurs)나 특정 기업을 시작하고 발전시키는 경영자들은 성취욕구가 매우 높고, 권력욕구도 꽤 높으나 친화 욕구는 매우 낮다는 것을 보여 주었다. 관리자들은 일반적으로 성취욕구와 권력욕구가 높았고 친화욕구가 낮게 나타났지만 기업가(entrepreneurs)만큼 높거나 낮지는 않았다.

맥클리랜드는 소규모 기업에 있는 사람들이 가지고 있는 성취동기의 패턴을 명확하게 파악했는데 사장들은 일반적으로 매우 높은 성취동기를 가지고 있었다. 반면에 대규모 기업의 임원급들은 보통 수준의 성취동기를 지니고 있음에 비해 권력 욕구와 친화 욕구는 강하게 지니고 있다는 흥미로운 사실을 발견하였다. 또한 대규모 기업의 경우 중상위계층의 경영자나 관리자들은 그들의 사장보다 더 높은 성취동기를 가진 것으로 나타났다.

이것은 최고 경영자들이 성취감을 이미 달성했지만, 그들의 밑에 있는 관리자들은 성취를 위해 노력하고 있기 때문으로 보인다. 모든 관리자들이 높은 성취동기를 가져야 하는지에 대해서는 반문을 제기하고 있다. 높은 성취동기를 갖는 사람은 그렇지 않은 사람보다 더 빨리 승진하는 경향이 있다. 그러나 대부분의 관리행위는 성취동기 이외의 다른 특성을 요구하기 때문에 모든 기업들이 아주 강한 성취동기를 가진 관리자들과 함께 높은 친화욕구를 가진 관리자들도 필요로 하는 것이다. 친화욕구는 사람들과 어울려 일하고 조직 내에서 일하는 개인들의 노력을 통합하기 위해 중요한 것이다.

2. 과정이론

동기부여이론의 과정이론(process theory)은 구성원들이 자신이 일한 만큼 공정한 평가를 받고 자신이 하는 일에 뭔가 기대할 만한 것이 있으면 열심히 일할 동기가 생긴다는 것이다. 이들은 구성원들이 어떤 과정을 거치면서 동기가 부여되는지를 연구한 것이다. 과정이론에는 공정성이론, 기대이론 등이 있다.

1) 공정성이론

(1) 공정성이론의 의의

공정성이론은 동기유발에 있어서 개인이 보상시스템을 공정한 것으로 인식하고 있는지의 여부에 좌우된다. 이 이론은 투입물(노력, 경험, 교육 등)에 대한 관계에 있어 각 개인들이 얻은 보상이 다른 사람들에 비해 공정하거나 공평한지에 관한 개인들의 주관적인 판단에 기초한다.

1965년 애덤스(J. S. Adams)는 조직구성원들이 상대방으로부터 자신의 공헌에 대한 정당하고 공평한 대가를 받아야 된다고 생각하는데 그 판단은 자기의 성과뿐만이 아니라 다른 사람의 성과와 비교한 것을 기초로 한다고 주장하였다. 그는 공정성이론(equity theory)에서 구성원들이 자신이 일한 성과에 대한 대가와 다른 구성원들이 일한 성과에 대한 대가를 상대적으로 비교하여 그 결과에 따라 동기가 부여된다고 주장하였다[그림 13-8].

공정성이론은 자신의 산출/투입 비율과 타인의 산출/투입 비율을 상대적으로 비교한 후 그 결과에 따라 다음과 같은 반응이 나온다고 주장하고 있다.

[그림 13-8] 공정성 이론

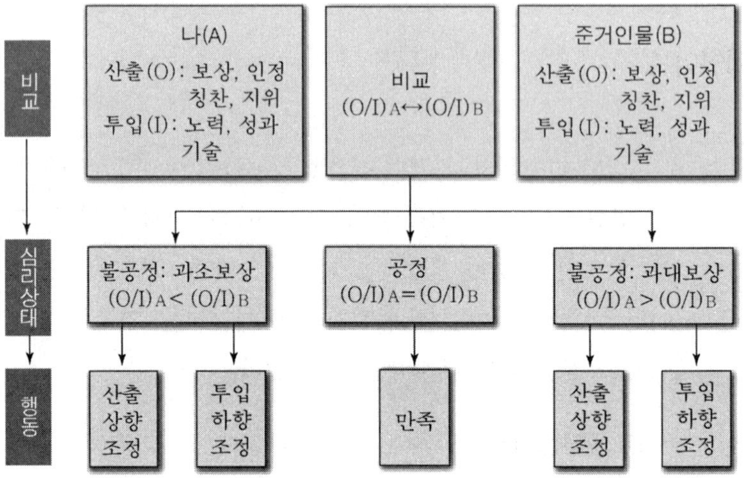

⊙ 자신의 비율이 타인의 비율보다 큰 경우

- 자신의 노력을 늘린다.
- 타인의 대가를 늘리도록 한다.
- 기준으로 삼은 구성원들을 바꾸거나 내가 상대적으로 더 받는 것은 당연하다고 생각한다.

⊙ 자신의 비율이 타인의 비율보다 작은 경우

- 자신의 투입을 줄인다.
- 타인의 대가를 줄이게 하거나 투입을 늘리도록 한다.
- 기준으로 삼은 구성원들을 바꾸거나 내가 상대적으로 적게 받는 것이 당연하다고 생각을 바꾼다.

(2)공정성이론의 시사점

경영자들은 구성원들의 만족도를 향상시키기 위해 공정성 이론을 활용할 수 있다. 모든 구성원들이 평등하고 공정한 대우를 추구하는 것을 알고 공정성에 대한 구성원들의 인식을 이해하여 불공정함에 대한 우려를 줄이는 노력을 해야 한다. 공정성이론은 경영자에게 항상 형평성의 원칙에서 벗어나지 않도록 공정한 배분을 위해 노력해야 하며, 무조건 많은 보상을 한다고 해서 구성원들이 만족하는 것은 아니라는 사실을 말해주고 있다.

(3) 공정성이론의 공헌 및 비판

인간들은 보상이 부적절하다고 느껴지면 불만을 갖게 되어 성과(산출물)의 질이나 양을 감소시킬 것이며 경우에 따라서는 그 조직을 떠나게 될 것이다. 공정한 보상을 받는다고 느낀다면 그들은 계속 동일한 수준의 성과(산출물)를 생산해 낼 것이고 공정하다고 생각하는 것보다 더 많은 보상을 감축시키는 것도 가능할 것이다. 문제가 되는 것은 인간들이 자신의 공헌과 타인이 받는 보상을 과대평가하고 있다는 것이다.

2) 기대이론

동기부여이론 중에서 가장 많은 지지를 받고 가장 널리 수용되는 이론 중의 하나가 기대이론(expectancy theory)이다. 기대이론의 기초는 개인의 동기부여가 행위와 보상이 어떻게 연결될 것인지에 관한 개인의 지각에 의존하는 것이다.

(1) 기대이론

심리학자인 브룸(V. H. Vroom)은 인간들이 그들의 목표가 가치 있다고 믿으며 목표를 성취할 수 있게 도와주는 것이 무엇인지 알고 있다면 목표를 달성하고자 어떤 것을 하게끔 동기화될 것이라고 주장하였다. 인간은 자기가 바라는 목표에 도달할 수 있다고 확신이 설 때 행동이 동기부여 된다는 것이다.

브룸의 기대이론은 어떤 것을 하게 되는 인간의 동기가 적극적이든 소극적이든 간에 그늘 노력의 결과에 스스로 부여하는 가치에 의해 결정된다고 주장하고 있다. 이러한 동기는 자신의 노력이 목표를 성취하는데 실질적으로 도움을 줄 것이라는 확신을 갖게 될 때 더욱 크게 될 것이라는 의미이다.

$$행동의\ 동기력(M) = 유의성(V) \times 기대감(E)$$

한 인간의 동기부여에 대한 강도는 결과에 대한 개인의 선호 강도인 유의성(valence)에 특정 행동이 원하는 결과로 이끌어 줄 가능성인 기대감(expectancy)에 의해 좌우된다고 주장하고 있다. 어떤 사람이 특정한 목표를 성취하는데 무관심하다면 유의성은 0이 되며 그 사람이 그 목표를 달성하지 못할 것으로 보일 때에는 부(-)의 유의성(negative valence)이 나타난다.

기대이론에 따르면, [그림 13-9]에서 보듯이 최선의 대안으로 행동하게 되기까지 개인은 노력의 성과에 대한 주관적 확률인 기대감, 성과수준이 원하는 바의 보상을 가져다 줄 가능성인 수단성(instrumentality), 개인의 보상에 대한 선호도인 유의성을 근거로 합리적 평가를 한다는 것이다.

[그림 13-9] 기대이론의 구조

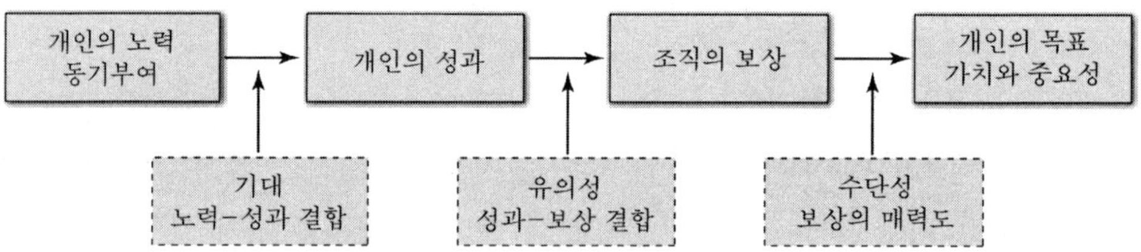

- 기대(expectancy): 어떤 특정 행동을 열심히 하면 소기의 성과를 달성할 수 있으리라는 가능성에 대한 주관적 확률과 믿음이다. 즉, 노력과 성과 사이에서 구성원들이 자신의 노력이 실제로 성과를 가져오게 할 것이라고 믿는 정도이다.
- 유의성(valence): 보상의 절대적 가치가 아니라 어느 개인이 특정 보상이나 결과에 대해 갖는 매력도나 선호의 강도를 말한다. 즉, 어떤 결과에 대한 개인이 갖는 가치나 중요성을 나타낸

다. 즉 특정한 행동과정의 결과에 대한 유인이나 개인욕구의 강도를 반영하는 것이다.

- 수단성(instrumentality): 노력을 통해 어떤 수준의 성과를 달성하면 그에 적합한 보상이나 결과를 받게 될 것이라고 지각되는 확률을 말한다. 즉, 성과에 따른 승진과 같은 결과 사이의 관계에 대한 개인의 지각을 반영한다. 즉 수단성은 자신의 성과가 승진하는 데 도움이 될 것이라고 믿는 정도를 반영하는 것이다.

기대이론은 행동의 동기가 자신이 수행할 행동이 가져올 결과에 대하여 인식하고 있는 가치와 이러한 결과가 실현가능할 것으로 기대하고 있는 가능성에 의해 결정된다고 주장한다.

(2) 기대이론의 시사점

경영자들은 구성원들의 능력을 강화시켜서 노력하면 업적을 낼 수 있다는 자신감을 얻도록 해야 하고 성과가 좋은 구성원들에게는 어떤 방법으로든지 보상을 해줌으로써 구성원들에게 노력하면 보상을 받는다는 확신을 심어주어야 한다는 시사점을 준다.

기대이론의 연구결과에서 최선의 업무수행을 하는 구성원들은 그들의 직무수행과 그들이 가치를 부여하는 보상의 수용 사이에 강한 상관관계를 갖고 있는 사람들이라는 것이다. 따라서 조직은 성과에 따라 구성원들에게 어떠한 방식으로든 보상을 제공하는 노력을 해야 한다. 또한 성과를 토대로 하여 구성원들에게 보상을 제공할 때도 모든 구성원들의 성과와 보상 사이의 수단성이 분명하게 이해될 수 있도록 공개되어야 한다.

(3) 기대이론의 공헌 및 비판

브룸의 기대이론에서는 개인들이 느끼는 가치가 시간과 장소에 따라 다르다는 가정으로 이는 실생활에 보다 정확하게 맞는 듯이 보인다. 또한 관리자의 직무는 업무성과를 낼 수 있는 환경을 설계하는 것으로

이 때는 다양한 상황에 따른 차이를 고려해야 하는 사상과 일치한다. 그러나 이것을 실무에 적용하는 데는 어려운 점이 있다는 것이다.

3. 강화이론

하버드대학교의 심리학 교수인 스키너(B. F. Skinner)는 긍정적 강화 또는 행동수정(behavior modification)이라고 불리는 강화이론을 주장하였다. 개인은 적절한 직업 환경의 설계, 업무 성과에 대한 칭찬에 의해 동기가 부여될 수 있으며 부실한 업무성과에 대한 처벌은 부정적 결과를 낳게 된다고 주장하였다.

1) 강화이론의 내용

스키너는 구성원들의 참여와 조언을 얻어 특정 목표를 설정하고 결과에 대해 신속하고 규칙적인 피드백이 가능하게 하였으며, 업무성과가 향상되면 인정과 칭찬으로 보상을 하였다. 업무성과가 목표에 미달하더라도 그들을 도울 수 있는 방법을 찾아내고 그들이 한 것 중에서 잘한 일에 대해서는 칭찬해야 한다. 또한 구성원들에게 그들이 관련되어 있는 회사의 문제점에 대한 충분한 정보를 주는 것은 성과에 매우 유용하고 동기를 부여할 수 있다는 사실을 발견하였다.

동기부여의 강화이론(reinforcement theory)은 구성원들의 행동이 환경적인 결과에 의해 결정된다고 주장한다. 즉, 구성원들의 행동은 동기부여나 행동을 설명하기 위하여 개인을 중심으로 연구하는 것이고, 환경적인 결과는 외부적인 환경과 인간행위의 결과에 초점을 두고 있다. 이러한 강화이론의 기본 전제는 효과의 법칙(law of effect)에 있다. 즉, 행동의 결과가 즐겁거나 유익한 것이면 그러한 행동은 반복될 가능성이 높다는 것이다.

여기서 강화(reinforcement)는 같은 행동이 반복해서 일어나게 하는 것 또는 학습자가 이미 갖고 있는 느낌이나 태도, 지식을 더 견고

하게 해 주는 것을 말한다. 스키너(B. F. Skinner)의 조작적 조건화에서 사용되고 있는 4가지 강화전략은 다음과 같다.

- 적극적 강화(positive reinforcement) : 기업에 바람직한 행동에 대하여 칭찬이나 금전 등으로 보상하여 자신의 행동이 즐거운 결과를 가져왔다고 느끼게 함으로써 그러한 행동을 강화시키는 방법이다.
- 소극적 강화(negative reinforcement) : 구성원들 자신이 하는 행동으로 인하여 바람직하지 않은 결과가 나타날 것을 회피하고 리더가 원하는 행동을 강화시키는 방법이다.
- 처벌(punishment) : 구성원들이 기업에 바람직하지 않은 행동을 했을 때 그로 인해 자기 자신에게 불리한 결과가 야기됨을 보여줌으로써 바람직하지 않은 행동을 줄이거나 없애고자 하는 방법이다.
- 소멸(extinction) : 바람직한 행동의 결과가 나타났을 때 구성원들이 기대하는 즐거운 결과(칭찬이나 보상)를 주지 않거나, 바람직하지 않은 결과가 나타났을 때 처벌을 하여 바람직하지 않은 행동을 줄이거나 제거하는 방법이다.

다음 [그림 13-10]은 4가지 강화전략의 실행을 예로 들어 설명한 것이다.

적극적 강화와 소극적 강화의 목표는 정확히 목표를 달성하는 것이기 때문에 이를 위하여 적극적 강화는 목표를 달성하면 추가적인 보상이나 격려를 하는 것이고, 소극적 강화는 목표를 달성하도록 지속적으로 격려를 하는 것이다. 반면에 소멸과 처벌의 목표는 목표 생산성의 달성이 전제된 상태에서 지연생산을 줄이기 위한 것으로 이를 위하여 지연시간이 길면 감봉을 하거나 성과급을 취소할 수 있다.

스키너는 4가지 강화 유형 중에서 적극적 강화와 소멸은 개인적 성장을 고무하는 반면에 소극적 강화와 처벌은 개인의 성숙을 저해하여 조직의 비효율성을 가져온다고 주장하고 있다 따라서 이러한 강화를 제공하여 개인의 행동을 유발하거나 중단시키려 할 때는 강화스케줄(schedule)을 작성하여 사용한다.

[그림 13-10] 강화이론의 사용 예

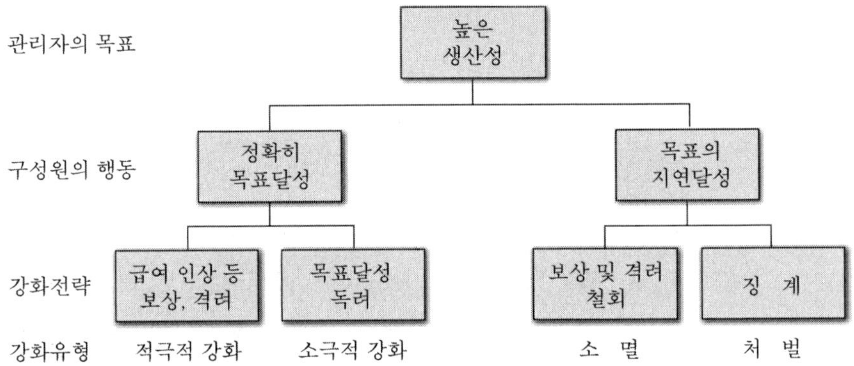

2) 강화이론의 시사점

이러한 강화이론은 효과를 발휘하기에는 지나치게 단순하다고 여겨지고 있고, 많은 행동과학자들과 관리자들은 이론의 효과성에 대해 회의적이다. 그러나 많은 기업들은 이러한 접근법이 유익하다는 것을 믿고 있다. 에머리 항공화물회사는 이 방법을 적용하여 작업자들로 하여금 단지 적재하기 전에 컨테이너를 작은 상자들로 적절하게 채웠는지 확인하도록 유인함으로써 상당한 비용을 절감할 수 있었다.

이처럼 스키너 강화이론의 장점은 훌륭한 관리활동의 요건과 매우 밀접하게 연관되어 있다는 것이다. 이러한 접근법은 업무성과의 달성을 방해하는 장애물을 제거할 것과 신중한 계획화 및 조직화, 피드백을 통한 통제, 의사소통의 확대를 강조하고 있다.

4. 동기부여이론의 적용

동기부여이론은 구성원들이 생산적이고 협동적인 행동을 하도록 유발하기 위한 동기부여 요인으로서 경영자의 경제적 요인, 관심을 끌어주는 인간적인 요인, 작업에 대한 흥미, 근로분위기 조성, 개인의 권력을 행사할 기회, 성취감과 인정감, 희망하는 작업조건 등을 들고 있다. 지금까지 동기부여이론들은 구성원들의 동기부여에 대한 이해에 기여하는 폭넓은 이론들과 연구조사 결과를 제시하고 있다.

1) 동기부여적 직무설계

경영자들은 구성원들의 동기를 부여하고 성과를 높이기 위해 어떻게 기존 직무를 재설계할 수 있을까? 다음 3가지 대안이 현장에서 널리 활용되어 왔다.

(1) 직무확대

직무 확대(job enlargement)는 한 구성원들이 수행하는 과업의 수와 다양성을 증대시켜 직무를 수평적으로 확장하여 과업 다양성을 증대시키는 것으로 구성원들의 직무에 대한 만족도를 높일 수 있는 방법이다. 즉, 직무확대는 반복적인 업무를 수행함으로써 느끼는 지루함을 제거하기 위해 직무를 보다 다양하게 만들려고 노력하는 것이다.

직무확대는 책임을 늘리지 않고 동일한 과업을 추가함으로써 직무의 범위를 넓혀주는 것을 의미한다. 예를 들면, 한사람의 생산라인 근로자에게 자동차에 범퍼 장착과 함께 프론트후드도 설치하도록 임무를 확대하는 것이다. 그러나 직무확대의 단점도 있다는 것을 알고 고려해야 한다. 구성원들이 책임이나 보상수준에 변화를 주지 않으면 과업이 늘어난 것으로 받아들일 수 있다는 것이다.

(2) 직무 충실화

직무충실화(job enrichment)는 허즈버그(F. Herzberg)의 동기유발이론과 관련이 되는데 도전감, 성취감, 인정감, 책임감과 같은 요소들이 동기유발요인이다. 이는 직무의 수평적 확장으로 구성원들에게 더 많은 자율성과 책임, 의사결정 권한을 제공하는 것으로 직무수행을 심화시키는 요인들이다. 이는 충실화된 직무에서 다양한 재능과 능력을 발휘할 수 있으며 요구되는 과업의 계획·실행·평가에 더 많은 통제력을 행사할 수 있다는 특징이 있다.

직무충실화는 근로자에게 직무를 보다 높은 차원에서 도전감과 성취감을 이루도록 하는 것이다. 직무충실화는 다음과 같은 방법을 통하여 효과를 달성할 수 있다.

- 근로자들이 작업방법, 절차와 속도 및 자제의 수락과 거부와 같은 것을 결정함에 있어 보다 많은 자유 허용
- 구성원들의 참여와 근로자 간의 상호작용을 하여 업무가 회사의 최종 제품 및 기업의 복지에 어떻게 공헌하는지를 알 수 있도록 하는 단계의 채택
- 업무성과에 대한 피드백의 제공
- 사무실 또는 생산시설의 배치, 온도, 조명과 청결 등과 같은 작업환경의 분석과 변경에 대한 근로자의 참여

(3) 직무순환

직무순환(job rotation)은 구성원들을 한 직무에서 다른 직무로 옮겨 배치하는 것이다. 구성원들의 기술적 기초를 넓히기 위해 수행할 수도 있고, 구성원들이 특정 직무에 흥미를 잃었거나 도전의식을 느끼지 못할 때 수행할 수 있다. 조직은 직무순환을 통해서 일정관리나 생산과정에서 유연성을 높일 수 있고 다양한 직무를 훈련시킬 수 있다

는 장점이 있지만 훈련기간과 비용이 증대되고 생산성이 감소한다는 단점이 있다.

2) 근무 스케줄링의 대안

기업은 다양한 인력의 욕구를 충족시키고 수준 높은 구성원들을 근무시키기 위해 노력하는 등 경쟁력을 유지하고 경제적으로 성장하기 위해 노력한다. 이 경우 경영자들은 구성원들에게 동기를 부여하고 그들을 만족시키기 위한 새로운 방법들을 구상하는 도전에 직면하게 된다. 전통적인 근무 스케줄의 대안인 압축근무제(compressed workweek), 근무시간 자유 선택제도(flextime), 직무 공유(job sharing), 재택근무(telecommuting)와 같은 제도가 인기가 높다.

3) 인정감 · 임파워먼트 · 경제적 인센티브

모든 구성원들은 직무를 통해 성취하고자 하는 독특한 욕구들을 갖고 있다. 조직은 광범위한 구성원들의 욕구를 작업환경에서 다룰 수 있다. 따라서 동기부여를 받은 구성원들이 늘어날 수 있다는 것을 보장하기 위해 폭넓은 인센티브를 고안해야 한다. 인정감(recognition)은 긍정적인 피드백과 심리적 강화요인으로 작용하면서 구성원들이 잘 수행한 일이 무엇인지와 그들의 기여가 조직에 의해 높이 평가되었다는 것을 알려 준다.

구성원들 참여라고 불리는 임파워먼트(impowerment)는 의사결정 권한을 조직 내 모든 수준의 구성원들에게 위임하는 것이다. 구성원들은 계획과 실행, 의사결정의 결과에 대한 평가에 더 많은 책임을 부여받는다. 의사결정 과정에 참여하도록 허용하고 결정을 실행하는데 필요한 자원에 접근할 수 있게 하면 구성원들은 그들의 기술과 능력을 더욱 발휘하여 조직의 성공에 기여할 것이다.

동기부여에 대한 논의는 성과를 높이기 위한 금전적 인센티브의 활용을 포함해야 한다. 기업은 성과급 프로그램, 이윤배분, 보너스 등과 같은 다양한 변동급여 프로그램을 활용할 수 있어야 효과가 크다.

5. 동기부여의 최근 동향

이 부분의 학습 목적은 구성원들의 동기와 만족도가 생산성과 조직의 성과에 어떻게 영향을 주는지를 이해하는 것이다. 교육훈련, 종업원지주제도, 직무와 생활의 균형에 따른 이익 등 긍정적인 추세는 다음과 같다.

1) 교육훈련

구성원들에게 교육훈련의 기회를 제공하는 기업들은 더 많은 동기를 부여받은 인력으로 인해 이익을 얻을 수 있다. 신기술을 훈련받은 구성원들은 생산성이 높아지고 직무를 바꾸는데 따른 저항이 줄어든다. 교육훈련은 자신의 능력과 자존심에 대한 구성원들의 느낌을 북돋아주는 부수적인 이익도 있다.

2) 종업원지주제도

종업원지주제도(employee ownership)의 저변에는 이 제도가 구성원들을 기업의 동업자처럼 행동하게 만들 수 있다는 배경이 있다. 구성원들은 기업의 주인처럼 생각하고 행동하고 고객의 욕구를 살피고 불필요한 비용을 절감하며 업무를 원활하게 처리하고 더 오랜 시간 일에 몰입하도록 동기부여될 것이다.

3) 직무와 생활의 균형에 따른 이익

직무와 생활의 균형은 현장에서 구성원들이 생활을 다채롭게 관리하고 때로는 생활의 요구에 적극적으로 대처할 수 있도록 기업들이 도움을 주는 것이다. 기업은 구성원들이 직업적인 책임감과 개인적인 의무감 사이에서 균형을 잡을 수 있도록 돕는데 더 적극적인 역할을 해야 한다. 기업은 재택근무, 파트타임 직위, 직무공유, 육아보조, 노인 예방진료계획 지원, 작업장 피트니스센터 등을 제공할 수 있다.

제 3 절　리더십이론

1. 리더십 연구

1) 리더십의 의의

1949년 이진의 리너십에 대한 연구는 리더가 소유하고 있는 개인적인 특성(traits)을 찾아내려는 데 초점을 두었다. 이러한 리더십 특성이론에서 우수한 리더들은 그들만이 갖는 공통적 특성이 있으며, 이러한 특성을 지닌 사람들이 리더가 되면 그 리더의 구성원들은 리더의 영향력을 잘 수용한다는 사고에서 출발하였다.

이러한 사고는 리더의 어떠한 특성이 리더십을 유효하게 하는지, 효과적인 리더와 일반 사람을 구별하는 특성은 무엇인지를 분석하는 것이다. 특성이론의 초기 연구는 영웅·위인으로 불리는 사람들의 특성 연구에 초점을 맞추었다. 위대한 사람(great man) 이론에서 출발된 특성이론은 리더는 선천적으로 타고난 것이지 후천적으로 육성되어지는 것이 아니라는 주장이다[그림 13 11]

리더는 미래지향적으로 무엇을 해야 할 것인지를 정해 주고, 구성원들 스스로 해나가도록 자극하고 인도해 주는 리더십을 발휘하는 역할을 해야 한다. 리더십(leadership)은 특정 기업이 지향해야 할 비전과 목표를 설정하고, 조직구성원들로 하여금 이를 달성하기 위해 의욕적으로 일하도록 동기를 유발하고 분위기를 조성하는 과정이다. 즉, 기업의 목표를 달성하도록 하기 위하여 구성원들의 행동에 영향을 미치는 과정이다.

[그림 13-11] 리더는 무엇을 하는 사람인가?

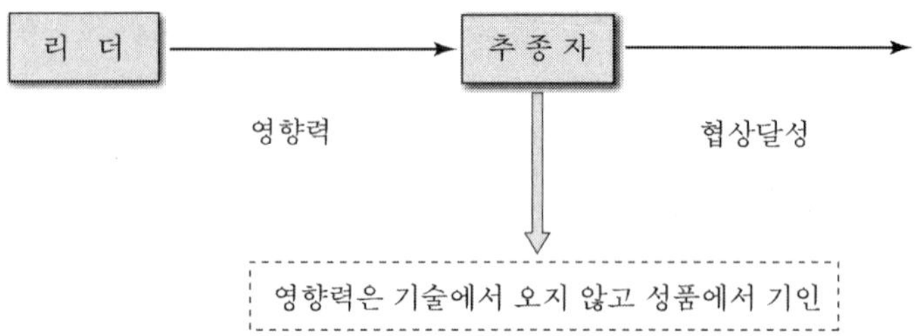

2) 리더십 스타일

리더의 지위에 있는 개인들은 다른 사람들의 행동에 영향을 미치려는 시도를 할 때 상대적으로 일방적인 방식을 쓰는 경향이 있는데, 다른 사람과 상황에 반응하는 경향이 개인마다 다르다는 것이다. 이러한 행동양식을 리더십 스타일(leadership style)이라고 한다. 〈표 13-2〉에서 보듯이 개별 리더의 리더십 스타일은 독재적 리더십, 참여적 리더십, 자유방임적 리더십 등으로 구분할 수 있다.

〈표 13-2〉 경영관리자의 리더십 스타일

리더가 보유한 권한의 양 ←		
독재적 스타일	참여적 스타일 (민주적, 합의적, 자문적)	자유 방임적 스타일
• 경영관리자는 대부분의 결정을 내리고 권위적인 방식으로 행동한다. • 경영관리자는 결정에 대한 구성원들의 태도에 대해서는 관심이 없는 것이 보통이다. • 과업완수가 강조된다. • 군대의 장교나 일부 생산라인의 감독관이 주로 활용하는 접근방식이다.	• 경영관리자는 집단구성원들과 의사결정을 공유하고 팀워크를 장려한다. • 경영관리자는 문제와 대안에 대한 논의를 장려한다. • 경영관리자는 구성원들의 아이디어와 태도에 관심을 기울인다. • 경영관리자는 구성원들을 코치하고 조율된 노력을 하도록 돕는다. • 많은 성공적인 조직에서 발견되는 접근방식이다.	• 경영관리자는 모든 권한과 통제력을 사실상 구성원에게 넘겨준다. • 집단 구성원들은 과업을 부여받고 그것을 달성할 자유도 넘겨받는다. • 의욕, 경험, 교육의 수준이 모두 높은 개인들에게 효력이 좋은 접근방식이다. • 하이테크 기업, 실험실, 대학에서 발견되는 접근방식이다.
집단 구성원들이 보유한 권한의 양 →		

- 독재형 리더(autocratic leadership): 독재형 리더는 구성원들의 의견을 거의 받아들이지 않는 지배적인 리더이다. 이러한 리더들은 자기 방식대로 의사결정하고 문제를 해결하는 것을 좋아한다. 그리고 구성원들이 아주 구체적이고 세밀한 지시에 따라 해결책을 실행할 것이라고 생각한다.
- 참여적 리더십(participative leadership): 제안된 행동이나 결정에 대하여 구성원들의 의견을 참작하고 구성원들의 참여를 장려하는 리더이다. 이러한 리더의 스타일은 민주적 스타일, 합의적 스타일, 자문적 스타일 등이 있는데, 민주적 리더는 집단의 모든 구성원들에게 의견을 내라고 독려하고, 구성원들이 투표를 통하여 최종 결정을 내리도록 결정한다. 합의적 리더는 문제에 대한 논의를 장려한 후 관여한 모든 구성원들에게 최종 결정에 동의할 것을 요구한다. 자문적 리더는 의사결정을 내리기 전에 구성원들과 의논을 하지만, 최종 결정 권한은 계속 자신이 갖는다.
- 자유방임적 리더십(free-rein leadership): 자유방임형 리더는 자신의 권력이나 영향력을 거의 사용하지 않음으로써 구성원들이 하는 일에 고도의 독립성과 행동의 자유를 부여하는 것이다. 이러한 리더는 목표설정과 목표달성 수단을 결정함에 있어서 구성원들에게 의존하며, 또한 리더는 자신들의 역할을 구성원들에게 정보를 제공하거나 주로 그 집단을 둘러싼 외부환경과의 중개자로 행동함으로써 구성원들의 업무를 돕는 것으로 보고 있다. 즉, 구성원들은 과업을 할당받고는 과업을 달성할 최선의 방법을 해결책으로 내놓을 수 있는 자유재량을 부여받는다.

2. 리더십 연구패러다임

리더십이론은 [그림 13-12]에서 보듯이 어떤 특성을 가진 리더가 우수한 리더인지에 초점을 두고 연구한 리더십의 특성이론(trait theory), 리더의 어떤 행동으로 인해 리더십이 발휘되는지에 초점을 두고 연구한 리더십의 행동이론(behavioral theory), 어떠한 상황에서 리더의 어떤 행동이 리더십을 발휘하는지에 초점을 두고 연구한 리더십의 상황적합이론(contingency theory)이 있다.

[그림 13-12] 리더십이론의 전개과정

의 문	접근방법	리더십이론
어떤 사람이 리더십이 있을까?	훌륭한 리더들의 공통적인 특성을 파악	특성이론 (trait theory)
리더가 어떻게 행동할 때 리더십이 발휘될까?	훌륭한 리더들의 행동양식을 파악	행동이론 (behavioral theory)
어떤 상황에서 리더의 어떤 행동이 리더십을 발휘할까?	조직이 처한 상황과 리더의 행동양식을 연계하여 연구	상황적합이론 (contingency theory)

1) 리더십의 특성이론

리더십 특성이론(trait theory)은 리더의 성격, 지능, 가치 등 효과적인 리더의 특성을 확인하고 우수한 리더의 선발을 중시하였고, 관찰하기 어려운 추상적인 구성개념을 측정하는데 초점을 맞추었다. 이러한 연구의 결과, 능력 있는 리더가 갖추어야 하는 공통적인 특성에 대하여 연구를 통해 특성요인을 제시하고 있다.

이러한 특성이론의 연구 중에서 로크(E. Locke)가 주장하는 성공적인 리더의 개인적 특성은 다음과 같다.

- 추진력: 리더는 정열적이고 주도권을 쥐어야 하고 끈기가 있는 능력.
- 자신감: 자신을 믿고 자신의 능력을 믿는 능력.
- 창조성: 창조적이고 독창적인 능력.

- 인지능력: 정보를 통합하고 해석할 수 있는 지능의 보유 능력.
- 경영지식: 자신의 기업이 속한 산업의 전반적인 기술적 토대에 대하여 아는 능력.
- 동기부여: 공동의 목표를 달성할 수 있도록 조직구성원들에게 영향력을 미치는 능력.
- 유연성: 구성원들의 요구나 상황의 변화를 수용하는 능력.
- 정직과 청렴: 정직하고 예측가능하며 도덕적인 능력.

이러한 결과로 1940년대에 이르러 이 분야의 많은 학자들은 리더십에서 개인적 특성이 미치는 역할은 미미하며, 리더십은 상황을 떠나서는 연구될 수 없는 집단 상황으로 파악되어야 한다는 네 공감대를 형성하게 되었다. 즉 리더의 개인적 특성은 리더십에 영향을 미치기는 하지만 그 비중은 미미하다는 것이다. 이러한 주장을 펼친 대표적 학자는 스톡딜(R. M. Stogdill 1948)이다. 이를 중심으로 연구 성과를 종합하여 리더의 핵심적인 특성을 요약하면 〈표 13-3〉과 같다.

〈표 13-3〉 리더의 특성

Stogdill (1948)	Mann (1959)	Stogdill (1974)	Lord et al. (1986)	Kirkpatrick & Locke(1991)
지적능력 민감성 통찰력 책임감 신취성 지속성 자신감 사교성	지적능력 적응성 외향성 지배성향 남성적 기질 감수성	통찰력 책임감 진취성 지속성 자신감 사교성 성취욕 협동성 참을성 영향력	지적능력 남성적 기질 지배성향	추진력 지도욕구 정직 · 성실성 자신감 인지적 능력 사업지식

2) 리더십의 행동이론

1940년대 후반부터 본격적으로 소개된 리더십 행동이론은 효과적인 리더들이 어떠한 행동 스타일 또는 행동 패턴을 보이는지를 규명하여 효과적이라고 입증된 리더십 스타일을 훈련시켜 리더를 양성하고자 하였다. 즉, 리더십 행동이론은 효과적인 리더가 타고나는 것이 아니라 육성되어진다는 전제에서 출발한다.

리더십의 행동이론은 관찰 가능한 행동을 측정하는데 초점을 두고, 효과적인 리더십 행동의 본보기를 파악하고 구성원들에게 훈련을 통하여 이러한 행동을 보이는 리더를 육성하는데 관심을 가지고 있다. 리더십 행동이론(behavioral theory)은 리더의 행동을 생산에 관한 관심과 사람에 대한 관심 차원의 행동으로 구분하고 리더가 어느 차원에 더 관심을 갖는지에 따라 리더십의 유형을 구분하였다.

초기의 행동이론은 관찰 가능한 리더십 행동을 확인하고 이러한 행동과 리더십 효과간의 관계를 규명하는데 초점을 두었다. 이러한 연구결과 인간중심의 리더가 과업중심의 리더보다 성과가 우월하고 바람직한 리더의 유형인 것으로 주장하였으나 후기 연구는 과업과 인간 모두에 관심을 갖는 리더가 우수한 리더인 것으로 주장하고 있다.

리더십 행동이론의 연구에서 오하이오 주립대학교의 리더십연구와 블레이크와 무톤(R. Blake & J. Mouton)의 리더십 관리격자이론이 대표적이다.

(1) 오하이오 주립대학의 리더십 연구

1945년 오하이오 주립대학교는 스톡딜(R. M. Stogdill)의 연구에 기초하여 리더들이 조직이나 집단을 이끌 때 어떻게 행동하는지를 측정할 수 있는 도구로 설문지를 개발하여 효과적인 리더십 행동을 찾아내고자 하였다.

이들은 리더들이 집단이나 조직을 지도할 때 어떻게 행동하는지를 분석하기 위해 리더 행동기술 설문지(LBDQ: leader behavior description questionnaire)를 개발하여 구성원들에게 지각된 리더행동을 측정하였다. 그 결과, [그림 13-13]에서 보듯이 구조화 주도성(initiating structure)과 배려성(consideration)으로 대표되는 4가지 리더십 유형을 개발하였다.

[그림 13-13]　오하이오 주립대학교의 리더십 유형

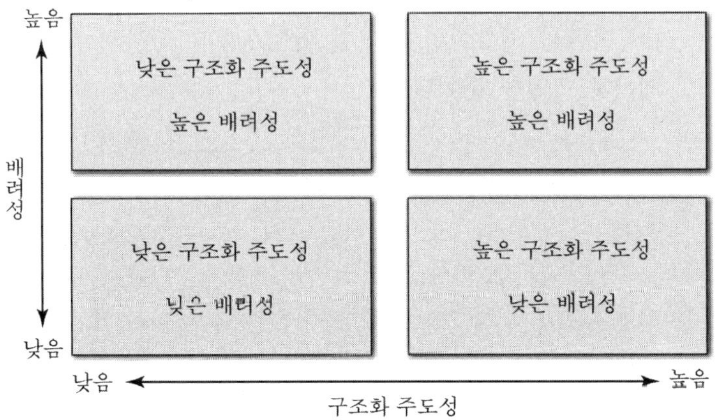

- 구조화 주도성(initiating structure) : 리더가 목표 달성을 위해 자신의 역할과 구성원들의 역할을 정의하고 구조화하려는 정도를 반영한다. 이 차원에서 높은 점수를 받은 리더는 계획수립, 정보전달, 스케줄링 등을 통해 활동을 지휘하는 데 매우 적극적인 역할을 수행한다.
- 배려성(consideration) : 리더가 상호 신뢰, 구성원들의 아이디어에 대한 존중 및 구성원들의 느낌에 대한 배려성 등과 같은 특성을 갖는 관계를 구성원들과 형성하는 정도를 반영한다. 이 차원에서 높은 점수를 받은 리더는 좋은 분위기를 만들고 쌍방 커뮤니케이션을 하지만, 낮은 점수를 받은 리더는 집단 구성원들과의 관계에서 매우 비인간적인 경향이 많다.

1950년대와 1960년대에 많은 연구자들이 리더의 행동이 구성원들의 만족과 성과에 미치는 정태적 영향을 극대화하기 위해 어떻게 이 두 가지 리더십 유형을 조화시킬 것인지에 관심을 가지고 연구를 진행하였다. 그러나 아직까지 4가지 유형 중 가장 효과적인 리더십 유형에 대한 명확한 해답은 없다.

일반적으로 (고)배려형 리더의 구성원들이 전직과 결근율이 낮았으며, (고)구조화 주도형 리더는 구성원들의 성과를 증진시키는 것으로 나타났으나 지속적으로 지지할 만한 연구결과를 도출하지 못하고 있다. 따라서 이상적인 리더십 유형으로 (고)배려-(고)구조화 주도형을 제안하고 있을 뿐이다.

그러나 후속 연구들은 구조화 주도성과 배려성이라는 리더십 행동과 리더십 효과성 간의 관계를 검토하는 데 상사의 가치관, 집단의 규모, 과업의 특성, 구성원들의 성격 특성, 구성원들의 통제 위치 및 직무 경험 등 다양한 상황 변수들을 고려하고 있다.

(2) 블레이크와 무톤의 관리격자이론

① 관리격자 이론의 의의

블레이크와 무톤(R. Blake & J. Mouton)의 이론은 관리자가 생산성과 인간 모두에 관심을 가져야 할 중요성을 밝히고 있는 기존 연구들에 입각하여 훈련방법과 다양한 리더십 스타일의 조합을 식별하는 수단으로 널리 사용되어 왔다.

관리격자는 2개의 차원으로 되어 있는데, 인간에 관심을 갖는 차원과 생산에 관심을 갖는 차원이다. 블레이크와 무톤은 무엇에 대한 관심이라는 표현을 사용하는 것은 관리자가 어떻게(how) 생산성에 관심을 갖는지 또는 어떻게(how) 인간에 대하여 관심을 갖는지를 의미하는 것이지, 그룹에서 산출하는 생산 규모에 대하여 얼마만큼(how much) 관심을 갖는지를 의미하는 것이 아니다.

인간에 대한 관심은 리더가 목표를 달성하기 위해 노력하고 있는 구성원들에 대해 조직을 위한 몰입과 신뢰의 구축, 구성원들의 개인적 가치의 실현, 좋은 작업환경의 제공, 공정한 임금구조의 유지, 좋은 사회적 관계의 촉진 등과 같은 행동을 얼마나 배려하는지 하는 것이다. 생산에 대한 관심은 리더가 조직의 목표를 달성하기 위해 정책결정, 신제품개발, 생산과정상의 문제해결, 작업분담, 판매량 등과 관련된 행동을 어떻게 노력하는지 하는 것이다.

블레이크와 무톤(R. Blake & J. Mouton)은 오하이오 주립대학교의 연구를 기초로 리더의 행동 유형을 구체화하고, 효과적인 리더십 행동을 배양하기 위해 [그림 13-14]와 같이 관리격자이론(managerial grid theory)을 주장하였다.

[그림 13-14] 블레이크와 무톤의 관리격자 이론

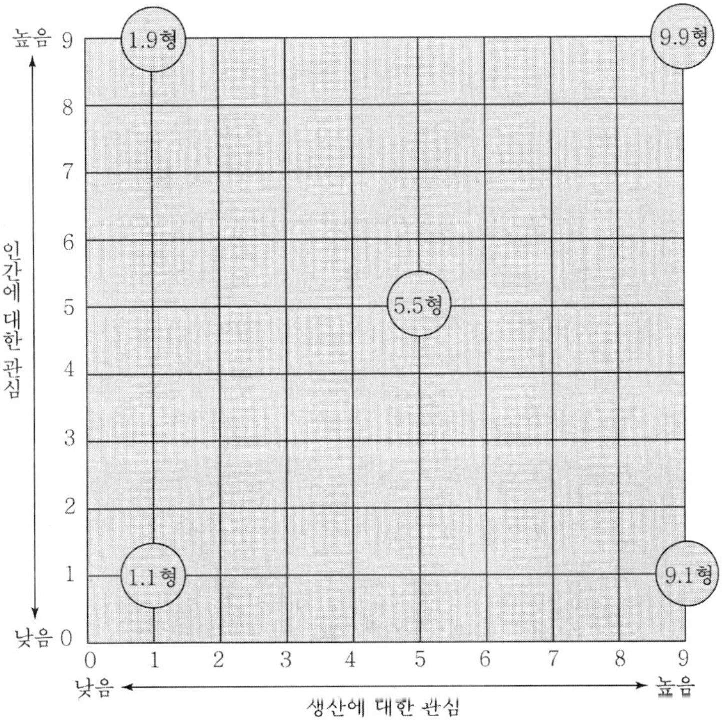

- 1.1형(무관심형) 리더 : 무관심형은 생산과 인간의 양면에 최저의 관심을 나타내는 리더형으로 인간에 대한 관심과 생산에 대한 관심 모두 적어 과업달성에 최소한의 노력만 하는 리더이다. 이러한 리더는 나름대로 의도와 목적이 있음에도 불구하고 사실상 이들은 자기의 직무를 포기하고 단지 시간 때우기 식이거나 최고경영자로부터 구성원들에 이르는 정보나 전달하는 심부름꾼으로서 행동한다.

- 1.9형(컨트리클럽형) 리더 : 컨츄리클럽형은 생산보다 인간을 중시하는 리더형으로 조직 구성원들에 관심은 매우 높으나 성과에는 관심이 별로 없는 리더이다. 이러한 리더는 구성원들의 욕구나 동기를 충족시키면 그들이 스스로 알아서 일을 수행할 것이라고 생각한다. 이들은 모든 사람이 긴장이 없고 우호적이며 행복하면서도 기업의 목표를 달성하기 위한 협조적인 노력에는 아무도 관심을 갖지 않는 환경을 조성한다.
- 9.1형(과업형) 리더 : 과업형은 생산에 대한 관심만 보이는 리더형으로 조직 구성원들에 대해서는 관심이 낮지만 생산에 대한 관심은 가장 높은 리더이다. 즉, 효율적인 운영을 하도록 촉진하는 데에만 관심이 있고 인간에 대해서는 거의 관심을 가지지 않아 리더십 유형에 있어서는 매우 독재적인 유형이다. 이러한 리더들은 혼자서 의사결정을 하며 관리의 초점도 과업 달성이나 생산성 제고에만 맞추므로 구성원들을 하나의 수단으로 취급하는 경향이 있다.
- 5.5형(중간형) 리더 : 중간형은 생산과 인간에 대해 중간 정도의 관심을 보이는 유형으로 구성원들의 요구에 의해 합리적으로 목표를 설정하고 원만한 방법으로 업무를 수행시킨다. 조직 구성원들에 대한 관심과 생산에 대한 관심을 중간 정도에 두는 리더이다. 이러한 리더는 절충에 신경을 쓰는데, 구성원들의 요구에 의해 합리적으로 목표를 설정하고 원만한 방법으로 과업을 수행하도록 한다. 그러나 이러한 리더는 자신의 특성이나 주관을 뚜렷하게 부각시키지 못하여 구성원들에게 우유부단한 리더십으로 비춰질 수 있다.
- 9.9형(팀형) 리더 : 팀형은 생산과 인간의 양면에 높은 관심을 보이는 형으로 조직 구성원들과 생산에 대한 관심이 모두 매우 높은 유형의 리더이다. 즉, 이들은 인간 및 생산 모두에 대해 가능한 최고수준의 헌신적인 행동을 보여준다. 이들은 진정한 팀의

관리자로서 기업의 생산성 욕구와 개인의 욕구를 조화시킬 수 있다. 이러한 리더는 조직의 공동 목표와 상호 의존관계를 강조하고 조직 구성원들의 적극적인 참여를 유도하고 의사결정을 공유하며 높은 수준의 성과를 달성하기 위하여 필요한 팀웍을 적극적으로 지원하는 리더이다.

② 관리격자이론의 적용

이러한 관리격자 모형은 궁극적으로 가장 이상적인 리더형으로 9.9형(팀형)을 지향한다. 그러나 이러한 유형이 항상 효과적인지에 대해 많은 의문을 제기하고 있다. 즉, 조직이 심각한 위기에 처해질 경우 리더는 민주적이기보다 독재적으로 행동하는 것이 효과적일 수 있기 때문이다.

최근에는 리더의 이러한 두 가지 행동 이외에 추가적으로 발전지향적 행동을 강조하고 있는데 리더는 항상 새로움과 변화를 추구하고 비전을 제시하여 구성원들을 자극하여 조직이 무엇이든 새롭게 시도하도록 하여 더 나은 조직을 만들어 가는 행동을 해야 한다. 이러한 발전 지향적 리더십 행동이 변화를 추구하는 현대 기업 세계에서 효과적인지를 연구한 결과 이러한 리더가 구성원들의 만족도를 높이고 구성원들로부터 유능한 리더로 인정받는다는 사실이 나타나고 있다.

(3) 리더십 행동이론의 공헌

리더십 행동이론의 연구결과들은 어떠한 측면에서는 리더십 발전에 기여한 반면 다른 측면에서는 비판을 받고 있다.

- 리더십 행동이론의 기여도는 리더십 행동이론이 추상적인 리더의 특성에 얽매이지 않고 리더십 연구의 범위를 관찰 가능한 행동으로 넓혀 다양한 상황에서 리더의 행동을 연구하는 방향으로 확대시켰다.
- 리더는 훈련되어진다는 전제에서 리더십 훈련에 대한 실무적 지

침을 제공해 주고 있다. 과업지향 행동 및 관계지향 행동과 관련된 광범위한 측정의 틀을 제공하여 행동의 구성요소를 설명해 줌으로써 리더십 훈련에 필요한 툴(tool)을 제공해 주고 있다.

- 리더십의 복잡성을 이해하는 데 필요한 광범위한 개념적 지침을 제공해 주고 있다. 즉 자신의 행동을 과업지향과 관계지향 차원에서 살펴봄으로써 리더는 자신의 유형을 어떻게 개선하고 변화시켜야 하는지에 대한 지침을 제공해 주고 있다.

(4) 리더십 행동이론의 비판

리더십 행동이론에 대한 비판적 관점은 다음과 같다.

- 리더십 행동이론은 리더십 효과성에 일관되게 관련되는 보편적인 리더행동을 찾아내고자 하였다. 그러나 연구자들의 이러한 목표는 연구결과의 비일관성으로 인해 그 목적을 달성할 수 없었다. 즉 어느 상황에서나 효과적으로 적용될 수 있는 리더십을 찾아낼 수가 없었다.
- 리더의 행동과 구성원들의 행동을 분리하여 기술하고 있다. 리더십은 리더와 구성원들간의 상호작용을 통해서 발휘된다고 볼 수 있다. 리더의 행동은 구성원들의 행동 결과로서 또는 구성원들의 행동을 조건으로 행동할지 모르기 때문이다. 행동이론은 리더와 구성원들의 상호작용 과정을 분석하지 않았기 때문에 업적이 나쁜 구성원들이나 집단을 리더가 어떤 식으로 유능하게 하는지 리더의 영향 과정을 밝히지 않았다.
- 리더십 행동이론은 리더의 행동과 구성원들의 성과와 만족간의 직접적 관계에 치우친 경향이 있다. 즉 리더행동의 어떤 요인을 매개로 구성원들의 성과와 만족에 영향을 미치는지를 밝히지 못하였다. 즉 리더가 구성원들의 역량을 개발시킨다든가, 기술을 변화시킨다든가, 열정과 흥분 등을 유도하여 장기간에 걸쳐 성과에 미치는 영향에 대해서는 충분히 연구하지 못하였다.

3) 리더십의 상황적합이론

리더십의 상황적합이론은 많은 연구들이 리더십은 리더가 출현하고 활동하고 있는 상황에 의해 크게 영향을 받는다는 전제하에 이루어져 왔다.

(1) 상황적합이론의 대두

1960년대까지 보편타당한 리더십 특성과 이론을 규명하려는 연구가 실효성을 입증하지 못하자 1960년대 후반부터 리더십을 연구하는 사람들은 리더십 효과성은 상황에 따라서 달라진다는 전제하에 관심의 초점을 상황에 두게 되었다. 즉, 리더가 처해 있는 상황에 대한 분석이 미흡하여 특성이론과 행동이론이 한계점에 이르자 리더십의 역할, 기능, 행동 및 구성원들의 과업수행과 만족에 영향을 미치는 상황변수를 찾기 시작하였다.

1960년대까지의 대다수의 리더십 특성이론과 행동이론들은 타당한 리더의 특성과 행동을 파악하려 하였으나 보편타당한 이론을 찾아내지 못하였다. 즉 여러 연구를 통해 나타난 결과는 리더의 보편타당한 특성이나 행동이 존재하기보다는 특성과 행동이 리더십 효과성에 미치는 영향이 여러 상황적 요인에 따라 달라진다는 것이다. 따라서 연구자들은 다양한 상황은 다양한 유형의 리더십을 필요로 한다는 전제에서 리더에게 가장 효과적일 수 있는 특성 · 기능 · 행동을 결정해 주는 상황을 확인하는데 관심을 기울인 것이다.

리더십 상황적합이론은 연구의 초점을 리더에 두는 것이 아니라 리더 · 구성원 · 조직이 처해 있는 상황에 의해서 리더의 가치가 판단되고, 리더십 효과성이 결정된다는 것에 초점을 두었다. 이는 리더십 발휘가 조직현장에서 일어날 수밖에 없기 때문에 다양한 현장변수들과의 상호작용을 전제로 해야 한다는 것이다.

리더십 상황적합이론은 리더의 특성이나 행위가 추종자나 조직에 미치는 영향을 조절해 주는 변수를 파악하여 특성이나 행동과 상황

간의 적합관계를 설명하는 이론이다. 여기서 상황 조절변수는 리더의 특성이나 행동의 영향력을 증가시키거나 감소시키는 변수이다. 상황적합이론에서 고려되는 일반적인 상황 조절변수는 리더의 특성, 구성원들의 특성, 집단 및 과업특성, 조직체 요인 등을 들 수 있으나 연구의 관점에 따라 다소 차이가 있다.

이러한 요소들은 리더십 과정에 작용하는 사회적 요인으로 연구관점이나 연구자의 견해에 따라 중점을 달리 두면서 해석되고 있다. 리더십 상황적합이론은 이들 요소들을 중심으로 리더십 상황을 유형화하고 리더십 과정에서 이들 요소들의 역할과 리더십의 효과를 분석하고 있다. 따라서 리더십 상황적합이론은 리더가 상황의 산물이며, 특정 상황에서 요구되는 특정한 리더가 존재하므로 리더가 여기에 부응하면 효과적인 리더십 발휘가 가능하다는 원리를 기본으로 하고 있다. [그림 13-15]에서 보듯이 리더십 상황적합이론은 리더십 특성이나 행동에 관련하여 상황요인을 추가하여 이들 간의 적합성에 초점을 맞춘 것이다.

[그림 13-15] 리더십 상황적합이론

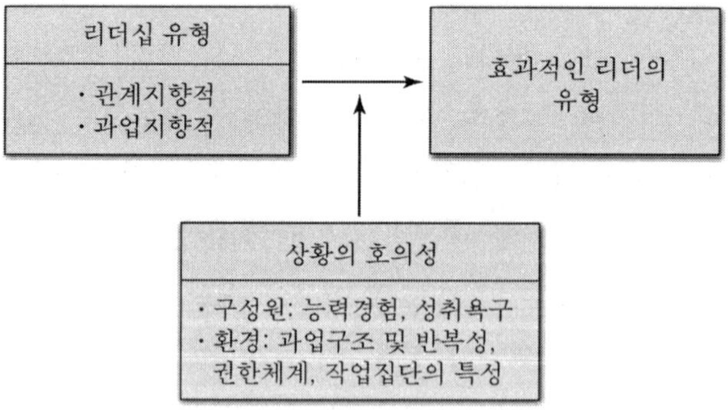

리더십 상황적합이론에서 조직 내 리더의 효과는 특별한 상황에 동태적이고, 유연하게 대응하고자 노력함으로써 달성할 수 있다는 것이다. 이러한 리더십 상황적합이론에서 리더는 상황의 산물이며, 특정 상황에서 효과적인 특정한 리더가 존재하므로 리더가 여기에 부응하면

효과적인 리더십의 발휘가 가능하다는 원리를 기본으로 하고 있다.

상황적합이론(contingency theory)은 리더의 행위와 조직이 직면한 상황을 연계시켜 특정 상황에서 보다 유효한 리더십 유형을 연구하는 이론이다. 상황적합이론에서는 특정 상황에 적합한 리더 유형을 결정하기 위해서는 리더가 특정 상황을 얼마나 통제할 수 있는지가 중요한 과제이다.

(2) 피들러의 상황적합이론

상황적합이론의 대표적인 일리노이대학교의 피들러(F.E. Fiedler)는 어떤 사람이 리더가 되는 것은 그들 성격의 속성 때문만이 아니라 다양한 상황적 요인 및 리더와 집단구성원들 간의 상호작용 때문이라고 주장하였다. 또한 리더십 상황의 구성요소로 리더와 구성원들의 관계, 과업구조, 리더의 지위 권력을 제시하고 상황의 호의성은 이들 변수의 조합으로 결정된다고 주장하였다. 이러한 변수를 조합하면 8가지 상황이 도출되며 이를 리더의 통제 가능성이 높은 것부터 낮은 것으로 나열하면 〈표 13-5〉와 같다.

〈표 13-5〉 리더십의 상황변수의 조합

<table>
<tr><td rowspan="3">상황요인</td><td>리더-구성원들 관계</td><td>좋음</td><td>좋음</td><td>좋음</td><td>좋음</td><td>나쁨</td><td>나쁨</td><td>나쁨</td><td>나쁨</td></tr>
<tr><td>과업 구조화</td><td>높음</td><td>높음</td><td>낮음</td><td>낮음</td><td>높음</td><td>높음</td><td>낮음</td><td>낮음</td></tr>
<tr><td>지위 권력</td><td>강함</td><td>약함</td><td>강함</td><td>약함</td><td>강함</td><td>약함</td><td>강함</td><td>약함</td></tr>
<tr><td colspan="2" rowspan="2">리더십 상황</td><td>Ⅰ</td><td>Ⅱ</td><td>Ⅲ</td><td>Ⅳ</td><td>Ⅴ</td><td>Ⅵ</td><td>Ⅶ</td><td>Ⅷ</td></tr>
<tr><td colspan="8">유리한 상황 ←→ 불리한 상황</td></tr>
<tr><td colspan="2">상황의 통제 가능성 정도</td><td colspan="8">높음 ←→ 낮음</td></tr>
<tr><td colspan="2">적합한 리더십 특성</td><td colspan="3">과업지향형</td><td colspan="3">관계지향형</td><td colspan="2">과업지향형</td></tr>
</table>

자료원: F. E. Fiedler and M. M. Chemers(1982), *Improving Leadership Effectiveness: The leader match concept*(2nd ed), NY: John Wiley.

〈표 13-5〉에서 보듯이 리더와 구성원들 간의 관계가 좋고, 과업이

구조화 되어 있으며, 지위가 갖는 권력이 클수록 통제가능성이 높은 상황이 되며 리더와 구성원들 간의 관계가 나쁘고 과업이 구조화 되어 있지 않으며 지위가 갖는 권력이 작을수록 통제가능성이 낮은 상황이 된다.

따라서 리더십 상황이 리더에게 유리하거나(Ⅰ, Ⅱ, Ⅲ), 불리할 경우(Ⅶ, Ⅷ)에는 과업지향형 리더가 효과적이며 상황의 유리함의 정도가 중간 수준(Ⅳ, Ⅴ, Ⅵ)이면 관계 지향적 리더십을 발휘하는 것이 효과적임을 알 수 있다. 피들러는 어떠한 리더십이 가장 효과적인 리더십이 될 것인지를 결정하는데 도움을 주는 리더십 상황의 3가지 주요 차원을 설명하였다.

- 리더-구성원들 간의 관계(leader-member relations) : 구성원들이 리더를 신뢰하고, 리더가 지시하는 것을 기꺼이 따르는 정도로 집단 분위기를 가지고 주장하였다. 리더가 집단 구성원들로부터 지지와 신뢰를 얻게 되면 리더의 입장은 매우 강하고 상황에 대한 통제력도 상당히 높아지므로 리더십 효과가 증대될 수 있다.
- 과업구조(task structure) : 과업의 구조화된 정도를 나타내는데, 과업의 목표, 달성방법, 성과기준 등이 분명하게 명시되어 있는 정도를 의미한다. 즉, 목적 또는 결과가 명확히 기술되어 있는지, 작업내용이 얼마나 명확히 기술되어 있는지, 목적달성 방법은 명확한지, 문제의 해결에 필요한 절차가 명확하고 가능한 해결안은 있는지, 일의 명확성을 얼마나 쉽게 체크할 수 있는지 등이다. 과업의 구조화 정도가 높을수록 리더가 구성원들의 과업행동을 감독하고 영향력을 행사하기가 쉽다.
- 지위권력(position power) : 리더가 구성원들을 지도·평가하고, 필요한 상과 벌을 제시할 수 있는 권력을 지니고 있는 정도이다. 리더의 지위권력이 클수록 자신의 정책 및 통제에 순응하

도록 할 수 있으며 보상과 벌을 적절히 조정할 수 있다.

이러한 여러 상황에 적합한 리더의 유형은 상황의 통제가능성이 아주 높거나 낮은 극단적인 경우에는 과업지향형 리더가 바람직하고 중간 수준의 통제가능성이 있을 경우에는 인간지향형 리더가 바람직하다는 것이다.

피들러의 상황적합이론은 일정한 조건에서 특정한 리더의 행동양식이 어떤 이유로 다른 행동양식보다 더 효과가 있으며 효과가 있다면 얼마나 효과가 있는지를 설명하지 못하는 한계점이 있다.

(3) 리더십의 3차원 이론

3차원 리더의 효과성모형은 오하이오 주립대학교의 연구결과를 계승해서 리더 행동 가운데 배려행동과 구조화 행동의 두 행동요인을 중시하면서 리더십을 발휘하기에 적절한 정도에 따라 상황의 효과성(effectiveness)을 구분해야 한다고 주장하였다. 즉, 리더십의 최종적인 효과는 이러한 두 차원의 행동유형과 상황의 효과성을 포함한 3차원의 요소에 의해서 결정된다는 것이다.

1969년 허시와 블랜차드(P. Hersey & K. H. Blanchard)는 리더십 행동이론에서 제시된 리더십 유형이 리더십 효과성과의 일관된 관계를 밝히지 못함에 따라 리더십 상황모형을 제시하였다. 이들은 피들러(F.E. Ficdlcr)와는 달리 리더의 성격이나 동기구소에 따라 리더를 구분하지 않고, 행동적 관점에서 리더의 행동을 유형화하여 리더는 동일한 행동스타일을 보이는 것이 아니라 상황에 따라 상이한 리더십 스타일을 구사할 수 있다고 주장하였다. 이들은 리더가 상이한 행동을 구사하게 되는 상황조절변수로 구성원들의 성숙도(maturity)를 설정하고 구성원들의 성숙도에 따라 상이한 리더십을 구사하여야 한다고 주장하였다.

이들은 리더의 행동은 행동이론에서 연구되었던 관계행동(relationship behavior)과 과업행동(task behavior)으로 구분하고 두 가지 행동을 조합하여 4가지 리더십 행동을 제시하였다.

- 지시형(telling) 리더십 : 높은 지시적-낮은 지원적 행동유형으로 대부분의 의사소통의 초점이 목표달성에 맞추어져 있으며, 리더는 집단 구성원들이 무슨 목표를 어떻게 달성해야 하는지에 대한 작업지시를 하고 구성원들의 작업 활동을 주의 깊게 감독한다.
- 설득형(selling) 리더십 : 높은 지시적-높은 지원적 행동유형으로 의사소통의 초점을 목표 달성과 정서적 지원 양쪽에 맞추고 있다. 설득형 리더는 구성원들의 참여를 고무하고 아이디어를 장려함으로써 자신과 구성원들이 모두 참여하는 팀 정신을 촉구하지만 여전히 무슨 목표를 달성할 것인지에 대한 최종 결정은 리더가 내린다.

리더의 행동양식이 상황에 적합하다면 환경의 효과성은 정(+)의 높은 값을 지니게 되고 부적당한 경우에는 부(-)의 값을 지니는 것으로 나타나 이상적인 리더만이 모든 조건에 적합한 것이 아니라는 주장이다. [그림 13-16]은 허시와 블랜차드의 3차원 리더 효과성 모형이다.

이 이론은 두 차원의 리더행동과 상황요인에서 중요한 요인인 구성원들의 성숙도(maturity)에 관한 정보를 활용할 수 있게 되어 있다. 구성원들의 성숙도가 높은 M4의 경우, 성숙도를 나타낸 수평선분 가운데서 M4로부터 수직선을 그어서 사분도까지 올라가면 정규분포 모양을 이루는 곡선에 닿게 된다. 즉 M4의 경우에는 Q4가 있는 곳에서 수직선분과 정규분포고선 모양을 이루는 곡선이 서로 만난다. 이는 M4의 상황에서 리더의 낮은 관계 및 낮은 과제행동이 효율적이라는 것을 나타내는 것이다.

[그림 13-16] Hersey와 Blanchard의 3차원 리더 효과성 모형

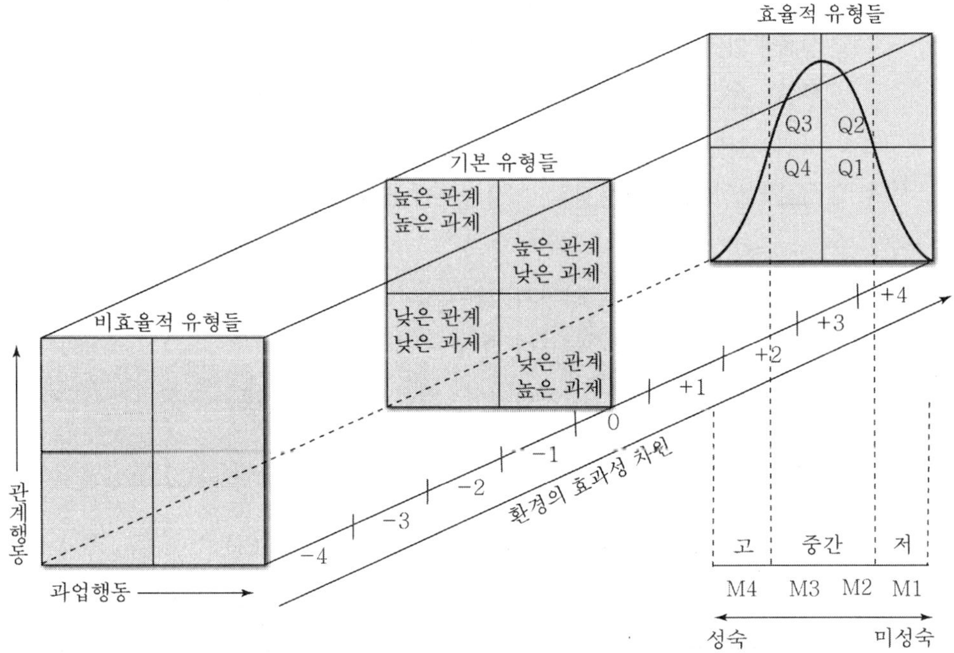

자료원: P. Hersey & K. H. Blanchard(1982), *Management of Organization Behavior: Utilizing Human Resource*(4th ed.), Englewood Cliffs, NJ.: Prentice-Hall.

- 참여형(participating) 리더십 : 높은 지원적-낮은 지시적 행동 유형으로 리더는 목표에만 초점을 맞추지 않고, 경청, 칭찬, 아이디어 제출 및 권유, 피드백 제공과 같은 지원적 행동을 통하여 구성원들이 달성해야 할 과업을 위해 능력을 발휘하도록 동기유발을 시도한다. 참여적 리더는 일상적 의사결정의 책임은 구성원들에게 넘기지만 문제해결을 촉진하는 책임을 리더가 가지고 있다.
- 위임형(delegating) 리더십 : 낮은 지원적-낮은 지시적 행동유형으로 리더는 계획, 통제 등의 활동을 줄이고 수행해야 할 업무에 대한 합의가 이루어지면 그 직무의 수행방법의 결정과 직무 책임을 구성원들에게 위양한다.

허시와 블랜차드는 이러한 4가지 리더십 유형의 효과성을 높일 수 있는 상황조절변수로 구성원들의 성숙도를 들고 있는데 이는 직무상의 성숙도와 심리상의 성숙도 측면으로 구분된다. 직무상의 성숙도는 직무와 관련된 지능 및 기술적 능력이며 심리상의 성숙도는 자신감과 자기 존경심으로 이들은 특정 과업을 수행하는 능력과 수행하려는 의지를 결합시켜 구성원들의 성숙도를 4단계로 나누고 있다.

- M1 : 능력과 의지가 모두 낮은 상태
- M2 : 능력은 낮으나 의지는 강한 상태
- M3 : 능력은 뛰어나지만, 의지가 약한 상태
- M4 : 능력과 의지가 모두 높은 상태

이 모델에 따르면 구성원들이 미성숙 단계인 M1단계에서는 지시형(telling) 리더십이 효과적이며 M2단계에서는 설득형(selling) 리더십, M3단계에서는 참여형(participating) 리더십, 그리고 M4단계에서는 위임형(delegating) 리더십이 가장 효과적이라고 주장한다.

1988년에 허시와 블랜차드는 발달 정도를 준비성(readiness level)으로 수정하는데 준비성의 개념은 직무에 대한 경험, 직무수행에 필요한 지식 등을 나타내는 직무의 준비성과 직무를 수행하려는 의지, 성취하려는 바람 등을 나타내는 심리적 준비성의 개념으로 구분된다. 이와 더불어 집단 전체 역시 개인이 가지는 준비성과 같은 개념을 가질 수 있으며 리더가 집단 전체와 같이 업무를 수행하는 상황에서는 집단 전체의 준비성 정도에 따라 효과적인 리더행동이 달라져야 한다고 하고 있다.

그러나 이 이론은 실무적 측면에서 융통성 있는 적응적 리더 행동을 강조하여 같은 구성원들이라 할지라도 성숙수준의 변화에 따라 서로 다르게 다루어야 한다는 사실을 제시하고 있다. 실제로 구성원들의 성숙도라는 것이 조직의 리더십 발휘현장에서 다른 변수에 비해 얼마나 중요한지는 어렵지 않게 간파할 수 있다. 따라서 최근까지도 실제 작업현장에서 리더의 훈련모델로 많이 활용하고 있다.

4) 리더십이론의 최근 동향

최근 리더십 연구동향은 임파워먼트 리더십과 변혁적 리더십으로 집약할 수 있다.

(1) 임파워먼트 리더십

임파워먼트 리더십(empowerment leadership)은 과업수행과 관련하여 구성원들의 심리적 임파워먼트에 영향을 주는 과정으로 볼 수 있다. 최근 기업들은 많은 구성원들을 의사결정에 참여시키고 있는데 이는 기업 내부의 모든 구성원들이 기업에 상당한 가치를 안겨줄 수 있는 독특한 지식, 기술, 능력을 보유하고 있다는 신뢰를 바탕으로 하고 있다. 리더들은 임파워먼트를 통해 기업 내 모든 지위에 있는 구성원들과 정보와 책임을 공유한다.

① 임파워먼트 리더십의 의의

임파워먼트는 의사결정 권한과 더불어 구성원들에게 그러한 의사결정을 실행하는데 필요한 자원에 대한 통제력을 제공한다. 구성원들에게 권한을 부여하면 구성원들은 기업에 대해 주인의식을 느끼면서 자신의 능력에 대한 자신감을 키우는 과정을 통해서 기업에 몰입하게 된다.

임파워먼트가 효력을 발휘하기 위해서는 리더가 구성원들에게 필수적인 정보에 접근할 수 있도록 하고 결과를 명확하게 예측하며 행동의 한계를 정해 주고 그들의 결정을 수행하는데 필요한 자원을 제공하는 것으로 구성원들의 의사결정을 용이하게 해야 한다. 또한 구성원들에게 권한을 부여한 다음에는 기업에 유리한 의사결정을 위한 길잡이 역할을 하는 전략적 원칙으로 구성원들을 지도해야 한다. 예를 들면, 월마트는 매일 저렴한 가격(every day low price)이라는 원칙을 이해시킴으로써 구성원들이 의사결정을 쉽게 하도록 하였다.

② 임파워먼트 리더십 과정

콘거와 카눈고(J. A Conger & R. N. Kanungo 1988)에 따르면, 심리적 임파워먼트는 자기효능감을 증진시키는 것으로 정의하고 있다. 이처럼 심리적 임파워먼트의 핵심요소인 자기효능감에 초점을 맞추면 임파워먼트 리더십은 구성원들의 자기효능감, 즉 자신의 과업수행 능력에 대한 자신감을 향상시키는 것이다.

자기효능감은 직접적인 성공경험, 관찰을 통한 대리경험, 사회적 설득 및 정서적 상태 등 4가지의 정보원천에 의해 영향을 받는다. 이러한 임파워먼트 리더십 과정은 [그림 13-17]과 같다.

[그림 13-17] 자기효능감 향상을 위한 임파워먼트 리더십 과정

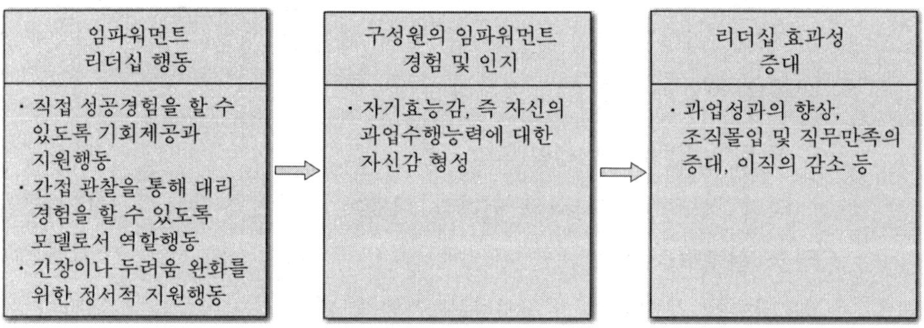

- 직접적인 성공경험 : 직접적인 성공경험은 가장 영향력 있는 효능감 정보원천으로 개인의 성공은 자기효능감을 높이고, 반복적인 실패는 자기효능감을 낮춘다. 따라서 리더는 구성원들의 실패를 막고 성공적인 과업수행을 위해서 적절한 기술이나 능력배양 및 지도, 기술개발의 기회 및 활용 기회의 제공 등의 역할을 해야 한다. 또한 구성원들이 과업수행에서 성공경험을 할 수 있도록 모델링 등을 통해 필요한 기술이나 능력을 전달하고 피드백을 통해 지도하며 습득하고 개발한 기술이나 능력을 스스로 활용할 수 있도록 격려함으로써 구성원들의 자기효능감을 높일 수

있다.

- 관찰을 통한 대리경험 : 구성원들은 자신과 비슷한 능력의 구성원들이 성공적으로 과업을 수행하는 것을 봄으로써 자신도 성공적으로 할 수 있다는 믿음을 강화함으로써 자기효능감을 높일 수 있다. 따라서 리더는 구성원들 중에서 성공적으로 과업을 수행할 수 있는 비교대상을 개발함으로써 파급효과를 노릴 수 있다.
- 격려를 통한 사회적 설득 : 구성원들은 격려와 같은 사회적 설득을 통해서 자기효능감에 대한 정보를 얻게 된다. 즉, 다른 구성원들로부터 자신이 과업을 성공적으로 수행할 수 있는 능력을 가지고 있다는 격려, 성과피드백, 성공이나 실패에 관련된 정보 등을 받음으로써 자신의 자기효능감은 증가될 수 있다. 따라서 리더는 다양한 사회적 설득 방법을 통해 구성원들의 자기효능감을 높일 수 있다.
- 정서적 지원 : 조직 구성원들은 자신의 능력을 판단하는데 있어서 스트레스, 긴장, 초조감, 피로 등 자신의 정서적 상태에 의해 영향을 받기도 한다. 따라서 리더는 구성원들에 대해 정서적 지원을 해주거나 지원적이고 신뢰하는 분위기를 조성함으로써 구성원들의 정서에 도움을 주어 자기효능감을 높일 수 있다.

이러한 임파워먼트 리더십은 자신의 능력에 대한 강한 자신감이 개인행동과 성과에 영향을 주는 내적 통제의 기본 메커니즘이기 때문이다. 자기효능감 개념에 기초한 임파워먼트 리더십은 구성원들로 하여금 과업수행 능력에 대한 믿음과 자신감을 갖도록 만들고 성과와 몰입의 향상을 유도하는 과정으로 볼 수 있다.

(2) 변혁적 리더십

최근 변혁적 리더십(transformational leadership)은 급격하게 변화하는 환경에서 중요한 리더십의 개념으로 강조되고 있다. 기업의 급격한 환경변화는 리더로 하여금 구성원들을 개발하고 동기를 부여할 것을 강조하고 있는데, 리더는 구성원들 자신이 개인의 이해관계를 넘어서 집단의 목표를 추구하도록 더 높은 수준의 욕구를 자극하고, 이에 호소하는 변혁적 리더십을 사용하여 구성원들을 개발하고 동기를 부여할 것을 요청하고 있다.

변혁적 리더는 구성원들에게 미래 비전의 공유를 통해 그들의 몰입도를 높임으로써 그들이 당초 생각했던 것보다 훨씬 높게 목표를 초과한 성과를 달성할 수 있도록 동기를 부여해 주는 리더이다.

변혁적 리더십을 교환관계에 기초를 두고 구성원들이 바라는 것을 제공해 줌으로써 구성원들의 행동을 유도하는 거래적 리더십의 특별한 경우로 보는 견해도 있으나, 변혁적 리더십은 구성원들의 현재 욕구수준을 높여 더 높은 수준의 욕구, 즉, 자유, 정의, 평등, 평화 또는 인도주의에 호소하여 구성원들로 하여금 자신의 이익을 초월하여 조직의 이익을 위해 공헌하도록 동기를 부여하는 것이다. 즉, 구성원들에게 비전을 제시함으로써 구성원들의 마음속에 그려진 목표를 달성하기 위해 열심히 일하도록 권유한다.

① 변혁적 리더십의 구성요소

변혁적 리더십의 구성요소는 카리스마, 개별적 배려, 영감적 동기부여, 지적 자극 등이다.

ㅇ 카리스마 : 리더의 카리스마적 자질은 구성원들로 하여금 리더의 비전이나 가치관에 대하여 신뢰감을 갖게 하고, 리더에 대해 열정적인 감정을 느끼게 한다. 콘거와 카눈고(J. A. Conger & R. N. Kanungo)는 카리스마적 행동을 다음과 같은 특성으로 제시하고 있다.

- 카리스마적 리더는 언제나 현상을 참을 수 없는 것으로 간주하고 불만족한 현실과는 비교가 안될 만큼 개선되고 이상적인 세계에 관한 비전을 제시한다.

- 비전과 목표를 달성하기 위하여 상당한 정도의 위험을 감수하며 목표에 도달하는 방법도 특별한 방법을 동원한다.
- 추종자들의 욕구와 관심에 주목하고 있으며 이를 해결할 자신이 있다는 것을 강조한다.
- 구성원들 간의 합의에 의하기보다는 개인적인 자질을 통해서 영향력을 행사한다.
- 카리스마적 리더는 상당히 과격한 변화를 추구하지만 한편으로 상당히 현실적인 사람들이다.

○ 개별화된 배려 : 구성원들을 1:1 관계에 기초하여 개별적으로 다루며, 구성원들의 개인적인 욕구에 관심을 기울이고 이를 파악하여 만족시키며 멘토링이나 코칭 등을 통해 구성원들의 욕구를 자극하고 높여 구성원들을 개발하고자 한다. 즉, 리더의 관심과 이해하고자 하는 의지, 구성원들의 관심사항을 공유하는 것이다.

○ 영감적 동기부여(inspirational motivation) : 구성원들에게 비전을 제시하고 열정을 불러일으키며 격려를 통해 에너지를 북돋우고 과업에 매진하도록 만드는 행동이다. 이러한 리더는 바람직한 목표를 제시하고 이를 달성할 수 있는 수단을 제공함으로써 구성원들이 스스로 능력을 가지고 있다고 느끼도록 한다.

○ 지적 자극(intellectual simulation) : 구성원들로 하여금 과업수행의 기존 방식에 의문을 제기하고 새로운 방식을 사용하도록 도와주며 구성원들의 가치관, 신념, 기대뿐만 아니라 리더나 조직의 가치관, 신념, 기대에 대해 의문을 제기하도록 지원해 줌으로써 구성원들에게 지적 자극을 제공한다.

② 변혁적 리더십 과정

최근 연구자들에 의해서 연구되고 있는 변혁적 리더십 과정(transformational leadership process)은 조직과 구성원들에게 확실한 변화를 가져오게 하는 것이다. 이 과정은 비전의 설정, 가치화, 연결, 고무, 권한 부여와 지속적인 커뮤니케이션 등 핵심요소를 포함하고 있다.

- 비전의 설정(visioning) : 변혁적 리더의 특성 중의 하나는 비전의 설정으로 조직의 미래를 명확하게 이해하고 완전하게 볼 수 있는 상상력 또는 통찰력이다. 효과적인 변혁적 리더는 조직 내의 모든 구성원들에게 그들 자신의 비전을 설정하기 위한 안내도를 가지도록 요구하기보다는 각각의 구성원들이 그들 자신의 비전을 가지도록 노력한다.
- 가치화(valuing) : 변혁적 리더에 대한 연구에서 변혁적 리더들이 가치화 즉, 가치 추구적이었다는 것을 주장하고 있다. 이러한 가치들은 리더에 의해 모형화되고 리더와 구성원들이 비전을 수행하기 위해 모색해야 할 것으로 받아들였다.
- 연결과 고무(articulating and inspiring) : 비전의 설정은 리더가 조직이 나아갈 방향을 구분할 수 있게 하고, 조직이 달성해야 할 최종적인 목표를 알 수 있게 한다. 변혁적 리더는 연결을 통해서 비전을 다른 구성원들에게 분명하게 정의해 주고 알려주는 것이고, 구성원들을 고무시켜 정열적인 구성원들을 만들고 자기의 팀에 속하기를 원하도록 한다.
- 권한부여와 지속적 의사소통 : 변혁적 리더십은 구성원들에게 그들의 비전의 달성에 중요하게 공헌할 수 있다는 신념을 가지도록 고무시키는 리더의 능력에 핵심이 있다. 이것은 구성원들 스스로 가치를 인지하고 새로운 도전에 능동적으로 참여하게 하는 권한을 부여하는 것이다.

③ 현대사회에서 요구되는 리더의 자질과 특성

리더십 이론의 초기에 등장했던 특성이론과는 달리 오늘날의 리더에게는 [그림 13-18]과 같은 자질과 특성들이 필요하다.

[그림 13-18] 현대사회에서 요구되는 리더의 자질과 특성

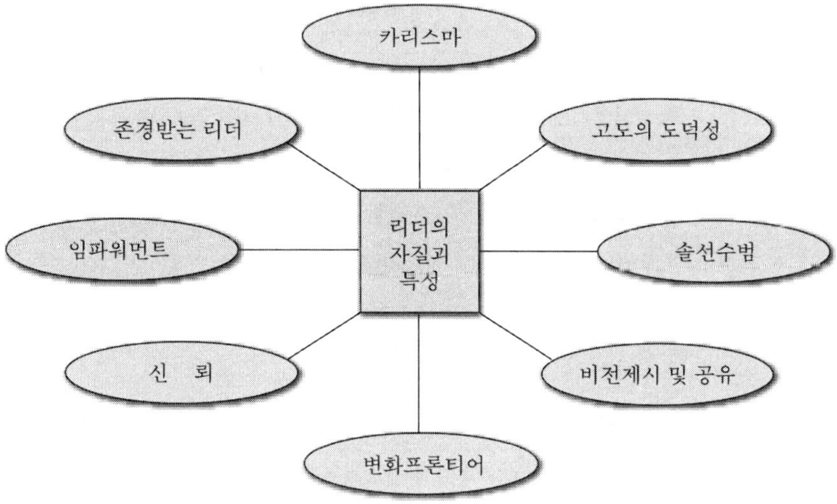

- 카리스마(charisma) : '신이 주신 재능(gift)'을 뜻하는 그리스어에서 유래된 말로 오늘날의 리더는 자유, 자율, 평등, 정의, 평화, 인본주의 등과 같은 바람직한 가치관, 존경심, 자신감 등을 추종자들에게 심어주어 구성원들에게 성공과 성취의 상징이 되고 그들로부터 호의를 얻으며 자신이 가진 인간적 매력을 통해 이들을 이끄는 사람이다.
- 고도의 도덕성 : 1970년대부터 중시되어온 기업윤리(business ethics)나 기업의 사회적 책임은 이제 단지 이론적인 또는 이념적인 수준에서의 논의대상이 아니라 경영현장에서 실제행동으로 나타내야 하는 실천과제이다. 따라서 리더는 사리사욕을 생각하기보다는 공존공영과 대의를 먼저 생각하는 정신이 중요하다.
- 솔선수범 : 동서양의 역사적 위인이나 리더들은 하나같이 모범

을 보여 왔으며, 특히 위기 앞에서 솔선수범하는 자세를 보여 왔다. 따라서 리더는 항상 선두에 서서 모범을 보이며 구성원들을 이끌어나가야 한다.

- 비전의 제시 및 공유 : 비전 만들기는 근본적인 변화가 요구되거나 변화가 진행 중인 조직에서 모든 구성원들을 일깨우고 조직의 방향을 재설정하거나 완전히 새롭게 변신할 수 있도록 하는데 꼭 필요한 성공요소이다. 따라서 리더는 조직의 장기적 비전을 제시하고 구성원들에게 이 비전의 달성을 위해 매진할 것을 호소하여야 한다.
- 변화 프론티어 : 오늘날과 같이 지식, 정보, 기술 등이 중시되는 지식경제시대에서의 변화는 곧 생존으로 변화의 수용이 불가피하다. 따라서 리더는 혁신의 기수가 되어 변화를 이끌어 가도록 하여야 할 것이다.
- 신뢰 : 존스 홉킨스 대학의 프랜시스 후쿠야마 교수는 신뢰(trust)라는 저서에서 새로운 글로벌 경제시대에는 사회 구성원들 간 높은 신뢰를 구축한 사회만이 유연한 조직을 일궈 경쟁력을 갖출 수 있다고 강조할 정도로 신뢰를 국가경쟁력의 주된 요소로 파악하였다. 따라서 리더는 조직 내 신뢰분위기를 조성하고 어떠한 경우에도 신뢰를 저버리지 않도록 노력해야 한다.
- 임파워먼트(empowerment) : 조직구성원들에게 자신이 조직을 위하여 많은 중요한 일을 할 수 있는 권력, 힘, 능력 등을 갖고 있다는 확신을 심어주는 과정이다. 이러한 확신을 조직원들에게 심어주기 위해서는 능력과 의지를 키우는 일, 공식적 권력을 위임해 주는 일, 그리고 실제 의사결정과정에 깊이 참여하도록 함으로써 자신의 영향력을 체험토록 하는 일들이 전제되어야 한다.
- 존경받는 리더 : 사회가 점차 지식사회로 변함에 따라 기업의 경우에도 지식을 습득하고 활용할 수 있는 능력이 기업의 미래를 좌우할 것으로 예상되는 지식경영시대에서 기업경쟁력의 요

체는 바로 인적자원이다. 이러한 의미에서 구성원들의 재능과 능력 및 건전한 의지를 업무와 조직발전에 활용하도록 하여야 한다.

따라서 21세기에는 상사나 대외관계에서만 두각을 나타내는 리더가 되어서는 안 되며 구성원들과 관련하여 존경 받는 리더, 멋있는 상사, 인기 있는 상사가 되어야 하며, 구성원들을 대할 때 지켜야 하는 몇 가지 원칙을 지켜야 한다.

- 구성원들을 지위로 대하지 말고 인간으로 존중하여야 한다.
- 구성원들에 대해 많은 것을 알려고 하여야 한다.
- 역지사지(易地思之)의 관점에서 구성원들의 입장이 되어 구성원들의 지위에서 생각해 보아야 한다.
- 구성원들의 작은 장점과 가치에 대해서도 칭찬을 아끼지 말아야 한다.
- 모름지기 리더는 구성원들에게 믿음을 주어야 한다.

제 4 절 커뮤니케이션이론

1. 커뮤니케이션의 의의

심리학자들은 커뮤니케이션에 관심을 가지고 있다. 그들은 정보의 시작, 전파 및 수신과 같은 커뮤니케이션 과정에서 발생하는 인간적 문제에 강조점을 두고 있다. 그들은 원활한 커뮤니케이션에 장애가 되는 것 특히, 개인 간의 관계에 장애가 되는 것을 밝혀내는데 초점을 두었다. 사회학자 · 정보이론가 및 심리학자 등은 커뮤니케이션 네트워크의 연구에 초점을 맞추었다.

그러나 경영에서의 커뮤니케이션(communication)은 기업에서 구성원들 사이에 의미가 담겨 있는 기호(symbols)를 보내고 받는 과정이다. 즉, 커뮤니케이션은 단지 개인 간의 커뮤니케이션이 아니라 조직 내 모든 부문 간의 정보와 물자와 감정의 교류이다. 조직을 지휘하는 관리자는 조직 내에서 효율적인 커뮤니케이션이 이루어질 수 있도록 많은 노력을 기울여야 한다.

기업에서 커뮤니케이션의 역할은 상급자가 구성원들의 행동을 지시·통제하는 기능이 있고 구성원들을 칭찬해 주고 목표를 지정해 주어 사기를 높이는 동기부여 기능이 있으며, 구성원들의 감정을 동료 또는 상사에게 표출하는 감정표출 기능이 있고, 효율적인 커뮤니케이션을 위해 필요한 정보를 주고받는 정보소통 기능을 해야 한다.

바너드(C.I. Barnard)는 커뮤니케이션을 공통의 목표를 달성하기 위해 조직 내에서 구성원들을 서로 연결하는 수단이라 하였다. 이러한 기능은 커뮤니케이션의 기본적인 기능에 해당한다. 집단 활동은 정보의 전달 없이는 불가능한데 정보의 전달 없이는 조정과 변화가 실시될 수 없기 때문이다.

2. 커뮤니케이션의 과정

커뮤니케이션은 사고(thought)나 아이디어(idea)를 가진 송신자로부터 시작된다. 커뮤니케이션의 과정은 [그림 13-19]와 같이 송신자가 수신자에게 정보를 전달하는 과정이다.

[그림 13-19] 커뮤니케이션 과정

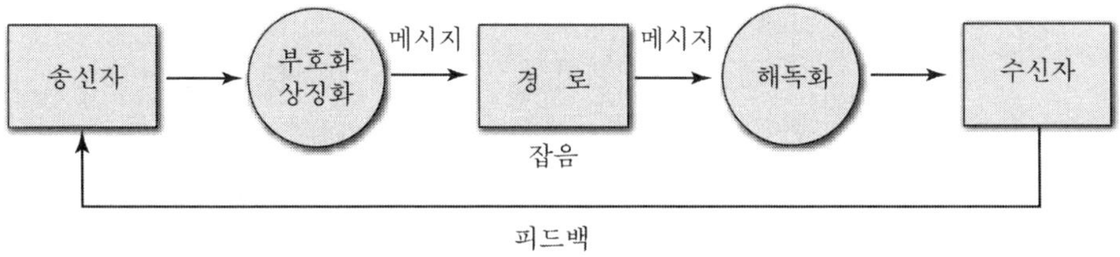

- 제1단계 : 송신자가 수신자에게 전달하고자 하는 메시지를 언어적 또는 비언어적 의미가 담긴 기호, 기호화 또는 상징화 하여 표현한다.
- 제2단계 : 송신자가 표현한 의사가 커뮤니케이션 경로(communication channel)를 통해 수신자에게 전달된다. 정보는 송신자와 수신자를 연결하는 경로를 통해 전달된다. 메시지는 구두 또는 문서 등이 될 수 있고 메모, 컴퓨터, 전화, 전보 또는 텔레비전을 통해 전달될 수도 있다.
- 제3단계 : 수신자는 송신자가 기호, 기호화 또는 상징화 하여 표현한 의사의 의미를 해석하는데 이 과정에서 수신자가 해석한 송신자의 의사는 송신자가 의도했던 의미와 달리 전달될 수 있다.
- 제4단계 : 수신자는 자신이 해석한 송신자의 의사가 송신자가 의미한 것과 일치하는지를 피드백을 통해 확인한다.

3. 조직 내의 커뮤니케이션 유형

효과적인 의사결정을 위해선 어떤 종류의 정보를 관리자가 필요로 하는지를 결정하는 것이 필요하다. 이러한 정보를 획득하려면 관리자의 상하급자와 그리고 조직 내의 기타 부서나 사람들로부터 빈번히 정보를 얻어야 할 필요가 있다.

효과적인 조직에서는 커뮤니케이션이 하향, 상향, 대각선의 방향 등 다양한 방향으로 흐른다. 전통적으로는 하향식 커뮤니케이션이 강조되었지만 커뮤니케이션이 하향식으로만 흐를 경우 문제점들이 늘어날 수 있다. 즉, 효과적인 커뮤니케이션은 구성원들로부터 시작되어야 한다는 주장도 있는데 이것은 상향식 커뮤니케이션이다.

수평적 커뮤니케이션은 동일한 또는 유사한 조직상의 지위에 있는 사람들 사이에 이루어지는 커뮤니케이션이다. 그리고 교차커뮤니케이션은 직접적인 보고관계를 이루지 않으면서 여러 상이한 수준의 지위에 있는 구성원들 간에 이루어지는 커뮤니케이션이다.

- 하향식 커뮤니케이션(downward communication) : 조직계층의 상위수준에서 하위수준의 사람에게로 흐른다. 이러한 종류의 커뮤니케이션은 권위주의적 풍토의 조직에 존재한다. 하향식 구두형 커뮤니케이션을 사용하는 매체로는 지시, 연설, 회합, 전화, 확성기 및 비밀전달 등이 있다. 하향식 문서형 커뮤니케이션은 메모, 편지, 편람, 방침기술서, 절차집 및 전자식 뉴스게시판 등이다.
- 상향식 커뮤니케이션(upward communication) : 하급자로부터 최상급자로 전달되어 조직계층을 따라 계속 위로 진행되는 형태이다. 이러한 흐름은 커뮤니케이션 경로에 속해 있는 관리자들에 의해 방해를 받기도 한다. 이들은 메시지를 여과하며 모든 정보를 그대로 상위자에게 보고하지 않는 경우가 있는데, 특히 불리한 정보의 경우에는 그 정도가 더 심하다.
- 교차 커뮤니케이션(crosswise communication) : 조직 내의 동일 또는 유사 수준에 있는 사람들 간에 정보의 수평적 흐름 및 직접 보고관계에 있지 않은 상이한 수준의 사람들 간의 대각선적인 정보 흐름이 동시에 이루어지는 것이다. 이러한 커뮤니케이션은 신속한 정보흐름을 촉진하고, 이해증진 및 조직목표 달성을 위한 노력을 조정하기 위해 사용된다. 많은 커뮤니케이

션이 조직계층을 따라서 흐른다기보다는 명령계통의 체계를 가로질러 전달된다.

4. 효율적인 커뮤니케이션의 장애요인

효율적인 커뮤니케이션(efficient communication)은 최소의 비용으로 송신자가 의도한 메시지가 수신자에 의해 정확하게 일치하는 해석을 추구하는 것이다.

1) 커뮤니케이션 경로의 문제

커뮤니케이션 경로 중 문서를 이용하는 경로는 전달할 의미의 내용이 쉽고 빠르게 확산시켜야 할 때 전달내용이 공식적이고 권위를 담아야 할 때 채택되는 커뮤니케이션 경로이다. 반면에 구두경로는 설명하기 복잡하고 즉각적인 피드백이 요구되는 상황에서 효과적이며 개인적이고 감정적인 커뮤니케이션이 필요할 때 활용할 수 있는 경로이다. 이러한 두 경로 중에서 관리자는 상황에 적합한 커뮤니케이션 경로를 적절히 활용하는 능력이 필요하다.

2) 문서나 구두 전달방식의 문제

관리자가 자신의 의견을 문자 유형으로 정확하게 표현하는 일은 쉬운 일이 아니다. 의사전달이 잘못되어 오해를 사는 일도 많다. 경영자 훈련모임에서의 강의는 서면, 유인물, 슬라이드, 비디오테이프 및 필름을 사용함으로써 너욱 효과를 높일 수 있다. 사람들은 메시지가 몇 가지 매체를 통해 반복될 때 교육내용을 더욱 정확히 이해하며 회상해 낼 수 있게 된다는 증거가 있다.

3) 비언어적 신호의 문제

비언어적 커뮤니케이션은 손짓, 몸짓, 발짓, 얼굴표정, 눈짓 등과 같은 신체를 이용하는 바디 랭귀지에 의한 커뮤니케이션은 큰 효과를 발휘하기도 하지만 오해를 불러일으키기도 한다. 기업의 경영자들은 일반적으로 언어적 커뮤니케이션과 비언어적 커뮤니케이션을 동시에 활용하는 경우 언어적으로는 동의 하지만 얼굴 표정은 비동의인 경우를 볼 수 있다.

4) 환경적 커뮤니케이션 방해

커뮤니케이션 중에 나타나는 환경적 방해는 예상 못한 상황의 발생이다. 전화벨이 울린다든지 또는 각종 잡음이 발생할 수 있어서 효율적인 커뮤니케이션을 방해하고 있다.

5) 정보의 여과

정보의 여과는 송신자가 의도적으로 정보를 여과하여 정확한 정보를 전달하지 않는 경우이다. 즉, 정보를 여과하는 중에 의도적이든 아니든 간에 정보를 누락시킬 수도 있고 왜곡할 수도 있다.

경영사상 열네 마당 통합경영이론

1. 통합경영이론의 출현

P.F. Drucker

통합경영이론을 주장한 드러커(P.F. Drucker)는 오스트리아 빈에서 태어나 독일 프랑크푸르트 대학에서 국제법과 공법을 전공하여 박사학위를 받았고, 신문기자로 일했으며, 영국 런던에 이주하여 국제은행에서 경제 전문가로 일하기도 하였다.

그는 미국에 정착하면서 뉴욕 주의 사라 로렌스대학에서 경제학과 통계학을 강의하였고, 베닝턴 대학에서 철학 및 정치학 교수를 지냈으며, 제너럴 모터스(GM)사의 컨설팅을 수행하였고, 마셜 플랜에 고문 자격으로 참여하기도 하였다. 그 후 뉴욕대학의 경영학부 교수로 재직하였고, 클레어몬트 경영대학원 사회과학부 석좌 교수를 역임하였다.

드러커는 분권화, 민영화, 권한위양(empowerment), 지식노동자(knowledge worker), 학습조직(learning organization), 목표관리(MBO), 수평조직(flat organization) 등 새로운 경영용어의 창시자이기도 하다.

2. 최고의 경영학자

피터 드러커는 30대의 젊은 학자시절 미국의 제네럴모터스(GM)의 기업조직 분석을 수행하였다. 그는 GM을 분석한 경험을 바탕으로 〈기업의 개념〉이라는 책을 저술하게 되는데, 이 책에서 그는 GM 같은 거대기업은 경제적 시스템보다는 미로와 같이 복잡한 사회적 기구가 될 것이라고 진단하면서 GM에서 채택하고 있던 연방식 분권조직제도를 중심으로 분권화(decentralization)의 이점을 강조하였다. 이 조직은 사업부제라고 불리는데 분권적 자립단위를 최대의 협동적 통일체로 인식하는 것으로 이 조직방식은 대단한 성공을 거두었다.

그의 주장들은 대부분 기업 현장에 그대로 적용됐으며, 경영학의 방향을 제시하는 역할을 하였다. 〈경영의 실제〉에서 목표관리(objectives management)

라는 개념을 제시하였고, 〈성과경영〉과 〈효율적 사용자〉에서 사용자가 되기 위한 덕목과 행동강령을 다루었다. 국영기업을 다루면서 〈민영화(privatization)〉라는 개념을 창시하였고, 〈새로운 현실〉에서 소련 연방의 해체를 예언하기도 하였다. 〈후기 자본주의 사회〉에서 미래 자본주의 사회는 지식을 중시하는 사회가 될 것이므로 기업이나 국가 모두 이러한 변화에 주목할 것을 충고하면서 노동생산성이 아닌 지식생산성에 관심을 갖도록 주장하였다.

제14장 경영관리과정의 통제화

제 1 절 통제화의 의의

1. 통제의 의의

통제화(controlling)는 관리과정에 있어서 경영자가 수행해야 하는 관리활동으로 계획하여 실시한 결과가 계획에서부터 벗어나는 실행을 예방하고 수정하기 위한 것이다. 그러므로 통제는 조직목적을 달성할 수 있도록 하는 중요한 관리기능이며 조직 안에서 이루어지는 매우 복잡한 활동을 통합·조정하여 조직목표 속으로 구성원들이 행동을 일치시키는 중요한 역할을 한다. 또한 통제는 경영자가 수행하는 여러 일들이 계획된 방향으로 진행되어지고 있는지를 확인하고 이상이 있을 때는 바로 잡는 과정을 말한다.

[그림 14-1] 경영관리과정의 통제화

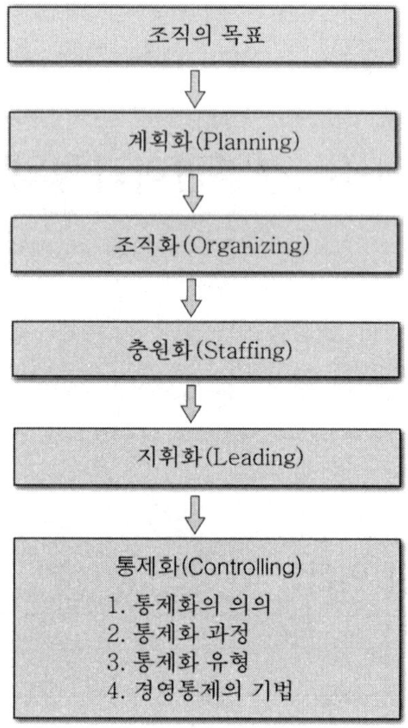

경영통제는 기업목표에 따라 각 활동의 성과표준을 정하고, 정보흐름 체계를 설계하며 설정된 표준과 실제 성과를 비교하여 표준과 성과의 차이와 중요성을 측정하여 모든 기업자원들이 기업의 목표를 달성하는 데에 가장 효율적이고 효과적으로 사용되어질 수 있도록 수정행동을 취하는 과정이다.

통제화(controlling)는 조직의 목적을 달성하기 위하여 계획대로 되도록 하는 모든 행위이다. 경영통제는 경영계획에 의해 실행된 업무의 성취수준이 계획에 근거하여 기준에 도달하도록 하기 위하여 계획과 실행 간의 편차를 측정하고 그 원인을 밝히며 이를 수정하는 관리활동으로 관리과정을 이루는 관리활동 중 하나이다.

경영통제는 경영관리과정의 마지막 단계로서 현재의 경영성과를 측정하고 사전에 설정된 목표가 계획으로부터 벗어나는 사고를 예방하는 것이다. 또한 외부환경이 처음에 계획했던 예상과 일치하는지, 구성원들이 계획안에 의거하여 확실하게 실행되고 있는지 또는 목표달성을 위하여 계획을 실행하는데 있어서 문제점이 존재하는지를 통제기능을 통하여 살펴 볼 필요가 있다.

2. 경영통제의 중요성

기업의 활동에서 경영통제가 중요한 것은 다음과 같다.

- 효과적인 목표 달성 : 조직의 목적 달성 여부를 최종적으로 확인하는 활동으로 관리과정을 마무리하고 계획수립단계에 피드백하는 관리활동으로 통제의 유효성은 통제시스템이 얼마나 목표달성을 용이하게 하는지에 달려 있다.
- 실행과 연계 : 구성원들의 실수나 오류는 통제를 통해 목표가 달성되고 있는지를 확인하여 수정함으로써 생산성에 영향을 줄 수 있다. 기업경영에서는 적합하지 못한 부품이 주문되고 가격결정이 적절치 못한 문제점들이 잘못 진단되기도 한다. 따라서 통제시스템은 경영자로 하여금 이러한 오류와 실수들이 심각한 문제로 악화되기 전에 발견될 수 있도록 해준다.
- 권한위양과 분권화 : 반복적인 업무는 의사결정권을 구성원들에게 위임함으로써 조직에서의 권한위임을 촉진시킨다. 통제시스템의 실행은 구성원들이 위임받은 과업을 성취하고 있는지의 여부를 파악할 수 있는 유일한 방법이다. 통제시스템 없이 경영자는 구성원들의 업무진행에 관하여 점검할 수 없다.
- 환경의 불확실성: 예상치 못한 환경 변화에 대응방안을 제시함으로써 관리자가 환경변화에 대응할 수 있도록 해 준다. 경영자는 통제기능을 통하여 재화나 용역에 영향을 주는 변화를 발견하게 되며 이러한 변화로 인한 위협이나 기회에 대처하도록 행

동하게 된다.

- 조직의 복잡성: 기업의 규모가 커지고 제품이 다양해지며 조직도 복잡해짐에 따라 체계적인 통제활동이 중요해진다. 오늘날 조직이 분권화되면서 많은 조직들이 여러 지역에 판매사무소와 연구 설비 또는 공장들을 가지고 있다. 조직의 모든 운영이 본사에 의하여 통제가 어렵게 되면 분권화를 통하여 조직의 통제노력을 단순화할 수 있다.

3. 통제화의 기준

통제의 기준(criteria)은 업무의 수행결과를 평가하기 위해서는 사전에 계획된 기준이 있어야 한다. 즉, 계획단계에서 기준을 설정해야 업무수행결과를 어떻게 측정할 것인지도 철저하게 준비해야 한다. 통제기준의 유형은 양적 기준과 질적 기준 두 가지가 있다.

- 양적 기준 : 생산량, 불량률, 매출액, 순이익 등과 같이 수치로 표시되는 기준이다. 설정과 측정이 쉬운 일반적인 기준으로 조직위계상 하위계층에 많이 적용되는 기준이다.
- 질적 기준 : 질적 기준은 조직의 화합, 조직 내 개인의 신뢰도, 충성도 등과 같이 계량화할 수 없지만 성공적인 경영을 위해서는 꼭 필요한 기준이며 여러 각도에서 다양한 측정방법을 연구개발하여 사용하고 있다.

제 2 절 통제화 과정

통제과정은 [그림 14-2]에서 보듯이 성과측정, 기준과의 비교, 수정

행동 등의 3단계로 이루어진다.

[그림 14-2] 통제화 과정

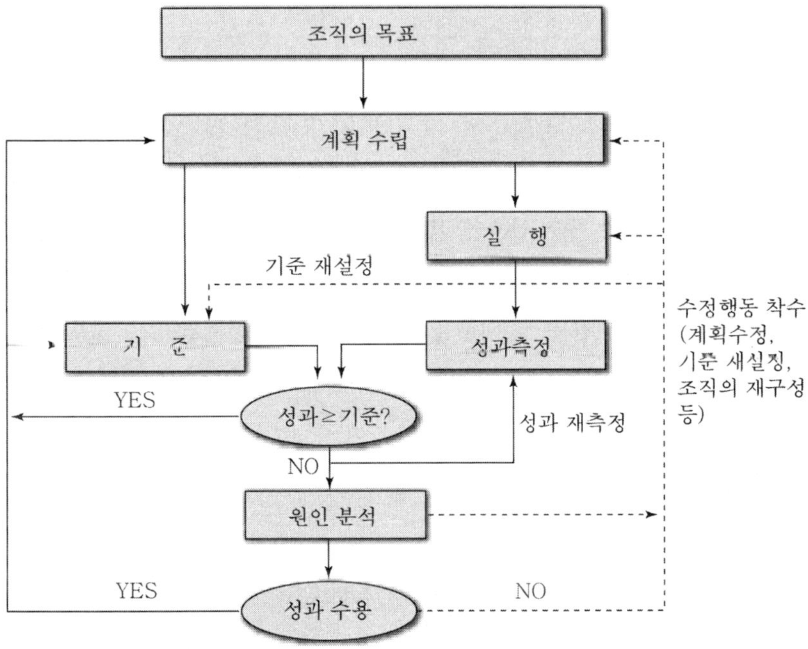

1. 성과의 측정

통제활동의 제1단계는 성과를 측정하는 것이다. 계획단계에서 무엇을 어떻게 측정할 것인지가 정해지지만 그 내용은 포괄적이기 때문에 이 단계에서는 계획에서 설정한 내용을 구체화시킨 후 통제활동에 들어간다.

성과측정을 하기 전에 측정단위를 명확하게 해야 하고 측정단위의 결정은 업종에 따라서 다르고 동일 업종이라도 업무에 따라서 그 용이함이 다를 수 있다.

2. 평가기준과 비교

평가기준은 계획단계에서 설정된 것으로 달성해야 하는 목표치이다. 이러한 평가기준은 설정단계에서 무엇을 어떻게 측정하였는지를 관리자와 충분히 상의하여 이해와 공감 속에 진행되어야 한다. 통제활동은 궁극적으로 조직의 목표를 달성하는 것이기 때문에 관리차원에서 측정된 성과와 평가기준을 비교한 결과는 다양하게 활용되어야 한다. 따라서 통제 활동의 이해관계자가 통제활동이 시작되기 전에 미래에 이루어질 통제활동의 내용을 알고 있어야 통제활동이 용이하게 이루어져 결과적으로 조직의 목표를 쉽게 달성할 수 있게 된다.

3. 수정행동의 착수

수정행동(corrective action)은 측정된 성과와 기준을 비교하여 성과가 기준에 미달할 때 관리자가 취하는 행동으로서 기준에 미달하지 않을 때에는 일어나지 않는 행동이다. 하지만 기준설정이나 성과측정에 있어서 문제가 있다면 이러한 수정행동은 잘못 이루어진 것이기 때문에 수정행동이 이루어지기 전에 이미 설정된 기준이 합리적으로 결정되었는지, 성과측정의 신뢰성(reliability)과 타당성(validity)이 확보되었는지를 확인해야 한다.

수정행동이 이루어질 때에는 기준에 미달된 상황에 대한 문제와 징후를 구분할 줄 알아야 한다. 문제(problem)는 조직의 목표달성을 방해하는 요인이며, 징후(symptom)는 이러한 문제가 있다는 일종의 신호이다. 징후와 문제를 혼동하게 되면 수정행동은 실패로 끝나게 되며 올바른 수정행동은 징후를 다루는 것이 아니라 목표달성을 방해하는 요인인 문제를 제거하는 것이다.

제 3 절 통제의 유형

관리자가 수행할 수 있는 경영통제의 유형은 〈표 14-1〉과 같이 사전통제(pre-control), 진행통제(concurrent control), 사후통제(feedback control)의 세 가지로 나눌 수 있다.

〈표 14-1〉 통제시스템의 비교

통제 구분	의의 및 특징	예
사전통제	· 업무의 실행이 시작되기 전에 계획단계에서 이루어지는 통제활동 · 목표달성을 위하여 사전준비를 확인하는 통제로서 가장 바람직한 통제방법임	· 각종 통제시스템의 구축, 인적 물적 자원의 확인, 교육훈련 등
진행통제	· 업무가 수행되는 도중에 이루어지는 통제활동 · 사전에 구축된 시스템에 의해 이루어지는 경우에 실시간의 정보획득이 가능하기 때문에 더욱 효과적임	· 현장감독, 각종 정보시스템 등을 이용한 실시간 정보에 의한 확인
사후통제	· 업무가 종료된 후에 이루어지는 통제활동 · 피드백만이 가능하기 때문에 결과의 변경이 불가능함	· 일반적으로 많이 활용되는 통제 방법

자료원: 장영광 · 정기만, 『생활 속의 경영학』, 제3판, 신영사, p. 279.

1. 사전통제

사전통제(pre-control)는 계획단계에서 이루어지는 통제활동으로 목표 달성을 위하여 사전준비를 확인하는 통제로서 가장 바람직한 통제 방법이다. 이러한 사전통제는 현재의 상황을 분석하여 미래를 예측하는 것이기 때문에 환경의 불확실성이 크면 적용하기가 힘들다. 따라서 미래의 변화가능성이 적거나 또는 미래에 대한 사전정보가 충분히 있어야 가능하다.

2. 진행통제

진행통제(concurrent control)는 업무가 수행되는 도중에 이루어지는 통제 활동으로서 사전에 구축된 시스템에 의해 이루어지는 경우 실시간의 정보획득이 가능하기 때문에 더욱 효과적이다. 이러한 진행통제는 미래의 변화가 너무 심해서 사전계획을 철저하게 수립하지 못한 채 실행 도중 통제활동을 통해 계획을 수정하기도 하고 생산방식을 바꾸기도 하면서 계획을 수행해 나가는 방식이다.

3. 사후 통제

사후통제(feedback control)는 미래가 불확실하여 그 예측이 어렵거나 사전통제나 진행통제가 업무의 진행을 방해할 때 업무가 종료된 후 계획과 결과를 비교하여 차이가 있는지, 차이가 나는 이유는 무엇인지를 분석하는 통제 활동이다. 이 경우 피드백만이 가능하기 때문에 결과의 변경은 불가능하다. 그러나 사전통제나 진행통제에 비해 경영자들은 사후통제를 통해 자신들의 계획이 얼마나 효과적이었는지에 대한 정보를 입수할 수 있고, 구성원들에게는 동기를 부여할 수 있다는 장점이 있다.

제 4 절 경영통제의 기법

1. 예산통제시스템

예산(budget)은 '미래의 경영계획을 수치로 표시한 것으로 조직내 재무적 자원의 사용을 통제하기 위하여 발전된 미래의 지출, 수익, 기대이익에 대한 공식적 기술'로 정의할 수 있다. 즉, 가계, 기업, 정부 등 한 조직에 있어서 단위기간 동안의 수입과 지출 예정계획서이다. 따라서 기업의 예산통제시스템(budgetary control system)은 기업 경영활동의 모든 계획을 예산으로 수립하고 이를 기초로 경영활동을 수행하며, 예산과 실제 실행 결과의 차이를 분석하는 관리기법이다.

예산통제의 주요 기능은 예산을 편성하는 계획기능, 예산의 실행을 통하여 조직 각 부문 간의 조정을 하는 조정기능, 예산의 계획과 실적을 비교 평가하여 피드백을 하는 통제기능 등이 있다.

예산의 유형에는 수익예산, 비용예산, 이익예산, 현금예산, 자본예산 등이 있다.

- 수익예산 : 단위기간 동안 기업이 만들어낸 수익에 관한 계획
- 비용예산 : 발생될 수익을 위하여 지불할 비용에 관한 계획
- 이익예산 : 수익예산, 비용예산과 연동되어 나타나는 이익에 대한 계획
- 현금예산 : 현금유입과 현금유출에 관한 계획
- 자본예산 : 자본적 지출(지출의 효과가 1년 이상 지속)에 대한 총괄 계획

2. 내부통제시스템

내부통제시스템(internal control system)은 경영활동을 효과적으로 통제하기 위한 조직 내부의 조직적 통제방법이다. 기업 내부의 영업 · 보관 · 회계에 관련된 통제제도로서 내부견제와 내부감사제도로 나눌 수 있다.

1) 내부견제

내부견제는 회계통제와 관리통제로 나뉘는데, 그 성격상 회계원칙이나 관리원칙 등을 통해 자동적으로 통제가 이루어지도록 되어 있는 통제활동이다.

- 회계통제 : 회계 상의 과실이나 부정을 발견하고 방지하기 위하여 기업이 정하는 회계규칙과 회계절차의 준수여부를 검사하는 절차로서 회계통제가 정상적으로 작동되면 회계장부의 정확성이나 신뢰성이 구축되며 기업재산을 보전할 수 있다.
- 관리통제 : 기업이 미리 정한 경영방침이나 제규정, 근무수칙이나 지침 등을 지키게 하여 조직의 안정과 그 능력을 유지하고자 하는 통제활동이다.

2) 내부감사

내부감사(internal audit)는 자동적으로 통제가 이루어지는 내부견제와는 달리 기업 내부의 특정한 감사인 활동에 의해 이루어지는 경영활동이다. 즉, 내부감사 스탭이나 재무회계 담당자가 경영을 자체적으로 평가하려고 할 때 사용하는 평가방법으로 재무구조의 정확성, 재무제표와 운영의 능률성을 함께 검토하여 통제시스템의 개선을 위해 경영자 의사결정을 지원하기 위한 통제방법이다.

내부감사는 전문적인 내부 감사요원에 의해 수행되므로 이를 실행할 감사인의 확보가 어려우며 감사의 범위와 깊이가 기업의 상황에 따라 상이하다. 따라서 내부감사는 많은 유용한 정보를 제공하지만 비용이 많이 소요되고 훈련된 유능한 전문요원이 필요하며 동기유발에 부정적인 영향을 미친다는 제한성도 있다.

3. 감사시스템

감사시스템(auditing system)은 잘못된 사항을 찾아내고 그 개선점이나 경영에 도움이 되는 정보를 발굴할 목적으로 시행되는 통제방법으로 주로 사후 통제에 중점을 둔다. 감사시스템은 내부감사와 외부감사로 나뉘는데 내부감사는 위에서 언급하였다. 외부감사는 외부적인 강제력에 의해 외부전문가가 진행하는 회계감사가 주종을 이루고 있으며, 여신분석, 투자분석, 세무감사 등이 여기에 속한다.

참고문헌

강민수(2005), 중소 제조공급자의 경쟁력 향상에 관한 연구, 서경대 박사학위논문.
김문종 · 김홍기 · 오장균(2010), 『창업경영』, 형지사.
김원수(1986), 『경영학사』, 경문사.
김원수(1987), 『입문 경영학원론』, 경문사.
김원수(1994), 『신경영학원론』, 경문사.
김재수 · 오장균(2012), 『인터넷마케팅전략』, 형지사.
김재수 · 오장균(2014), 『창조적 마케팅전략 수립을 위한 마케팅조사』, 형지사.
문영복(2005), 『중소기업론』, 청목출판사.
서울대학교 경영연구소(1983), 『경영핸드북』.
윤훈현 · 오장균(2008), 『글로벌마케팅』, 형지사.
윤훈현 · 김재수 · 오장균(2012), 『마케팅원론』, 청목출판사.
이상호(2009), 『조직과 리더십』, 북넷
장영광 · 정기만, 『생활속의 경영학』, 제3판, 신영사.
전성민 · 조성도 · 김경은 · 문연희(2008), 국내 지방 벤처기업의 실패요인에 관한 탐색적 사례연구, 벤처경영연구, 제11권 제4호.
정성민 외(2008), 국내 지방 벤처기업의 실패요인에 대한 탐색적 사례연구
정수영(1994), 『신경영학원론』, 제7판, 박영사.
한덕웅(1993), 『조직행동의 동기이론』, 법문사.
Ansoff H. I.(1965), *Coporate Strategy*, McGraw-Hill.
Ansoff, H. I.(1965), *Coporate Strategy: An Analytical Approach to Business Policy for Growth and Expansion*, NY.
Bass, B. M.(1985), *Leadership and Performance Beyond Expectations*, N.Y.: Tree Press.
Blake R. R. and J. S. Mouton(1964), *The Managerial Grid, Houston, TX:* Gulf Publishing.
Conger, J. A. and R. N. Kanungo(1987), Toward a Behavioral Theory of Charismatic Leadership in Organizational Settings, *Academy of Management Review*, Vol. 12, No. 4.
Conger, J. A. and R. N. Kanungo(1988), The Empowerment process Integrating Theory and Practice, *Academy of Management Review*, Vol. 13.
Taylor Cox and S. Blake(1991), Managing Cultural Diversity: Implications for Organizational Competitiveness, *Academy of Management Executive*, Vol.

5, No. 3.

Drucker, P. F.(1982), Management: *Task · Responsibilities · Practices*, New York, Harper & Row Publishers.

Drucker, P. F.(1985), *Innovation and Entrepreneurship : Practice and Principles*, Harper & Row.

Fiedler, F. E.(1967), *A Theory of Leadership Effectiveness*, N.Y., McGraw-Hill.

Fiedler, F. E.(1978), The Contingency Model and the Dynamics of the Leadership Process, in L. Berkowitz(ed.), *Advances in Experimental Social Psychology*, Vol. 11, N.Y. : Academin Press.

Fiedler, F. E. and M. M. Chemers(1982), *Improving Leadership Effectiveness: The leader match concept*, 2nd ed, NY: John Wiley.

Gitman, L. J. and C. McDaniel(2005), *The Future of Business*, 2nd Ed., Thomson Inc.

Hellriegel, D. and J. W. Slocum(1992), *Management*, Addison-Wesley, 6th.

Hersey, P. & K. H. Blanchard(1993), *Management of Organizational Behavior: Utilizing Human Resources*, Prentice-Hall.

Hicks, H. G. and C. R. Gullett(1981), *Management*, McGraw-Hill Book Company.

http://www.cbs.gov.il

Internal Revenue Service, as reported in Table 731, US Bureau of the Census, Statistical Abstract of the United States, 2003, washington DC: U.S. Government Printing Office 2003.

Kinsley M.(2008), Creative Capitalism: A Conversation with Bill Gates, Warren Buffett, and Other Economic Leaders.

Koontz, H. and C. O'Donnell(1984), *Management*, 8th ed., New York, McGraw-Hill Book Company.

Koontz, H.(1980), *The Management Theory Jungle Revisited* No. 2.

Kreitner R.(1992), *Management : A Problem-Solving Process*, Houghton-Mifftin.

Luthans F.(1973), The Contigency Theory of Management: A Path out of Jungle, *Business Horizons*, June.

Nickeis W. G., J. M. Mchugh, and S. H. Mchugh(2009), *Understanding Business*, 8th., McGraw-Hill.

Max R., T. Jick, and P. Frost(1991), *Management Live! The Video Book*, Englewood Cliffs, H.J. : Prentice-Hall.

Poter M.(1980), *Competitive Strategy*, Free Press.

SERI, CEO 인포메이션, 416호

Silver D. R.(1977), *Contemporary Management*, McGraw-Hill.

Stogdill R. M.(1974), *Handbook of Leadership: A Survey of Theory and Research*, New-York: Free Press.

Vroom, V. H.(1964), *Work and Motivation*, New York; Wiley.

Weihrich H. and H. Koontz(1993), *Management : A Global Perspective*, 10th ed., McGraw-Hill.

Wheelen T. L, and J. D. Hunger(1989), *Strategic Management and Business Policy*, New York, Addison-Wesley Publishing Company.

찾아보기

(ㄱ)

(ㄴ)

(ㄷ)

(ㄹ)

(ㅁ)

(ㅂ)

(ㅅ)

(ㅇ)

(ㅈ)

〈저자 약력〉

• 강신성

-서울대학교 경영학과
-서울대학교 대학원 경영학과(경영학 석사, 경영학 박사)
-미국 University of Illinois at Urbana and Champaign 객원 교수
-미국 University of Michigan 객원 교수
-한남대학교 경상대학장 역임
-공인회계사, 행정고시, 외무고시 출제위원

현: 한남대학교 경상대학 경영학과 교수

• 오장균

한남대학교 경영학박사 마케팅전공
한국전자통신연구원(ETRI) 연구원 역임
한국의료기기광고 사전심의위원
공정거래자율준수프로그램 등급평가위원.
공정거래위원회 CCMS평가위원
공정거래위원회 취약계층교육 강사.

현: 한국소비자교육원 상임이사
성결대학교 경영학과 겸임교수

경영학원론

2014년 12월 20일 초판인쇄
2014년 12월 25일 초판발행

저 자 강신성 · 오장균
발행인 유 성 열
발행처 청목출판사
서울특별시 영등포구 신길로 40길 20
전화 (02) 849-6157(代) · 2820 / 833-6090~1
FAX (02) 849-0817
등록 제318-1994-000090호

파본은 바꾸어 드립니다. 값 28,000원

http : //www.chongmok.co.kr

ISBN 978-89-5565-592-6